하빈 **신후담**의
학문 세계

하빈 신후담의 학문 세계

2021년 7월 10일 초판 1쇄 인쇄
2021년 7월 15일 초판 1쇄 발행

지은이	강병수
펴낸이	김영애
편 집	윤수미
디자인	엄인향
펴낸곳	SniFactory(에스앤아이팩토리)

등록일	2013년 6월 3일
등록	제 2013-00163호
주소	서울시 강남구 삼성로 96길 6 엘지트윈텔 1차 1210호
전화	02. 517. 9385
팩스	02. 517. 9386
이메일	dahal@dahal.co.kr
홈페이지	http://www.snifactory.com
ISBN	979-11-91656-05-3(93910)

ⓒ 강병수, 2021

가격 20,000원

동아시아 최초 서학에 대응한 학술적 논변자

하빈 신후담의 학문 세계

지은이 **강병수**

18세기 조선의 길목에서

본 연구자는 2001년에 쓴 박사학위논문을 18년 가까이 학계에 책으로 내놓지 못한 무능과 게으름으로 항상 무거운 빚을 진것 같았다. 이제 현재 내용과 이해 수준에서 18년 동안 새로운 지식과 연구 성과를 검토하여 보태고, 기왕에 잘못 이해하고 판단한 견해와 학설들은 떨쳐버리고 새로운 입장에서 과감히 수렴하려 한다. 막상 책 출간이라는 공론의 장을 의식하니 기대보다는 두려움이 앞선다.

본 연구자가 신후담이라는 인물을 논문주제로 선택한 계기는 조선 후기 실학사상의 선구를 형성했다고 해석되던 성호학파에 대한 관심에서 출발하였다. 그렇지만 18세기에는 조선적 문물의 새로운 학문추구와 제도적 개혁이 요구되던 전환기에 서학을 비판하는 측면으로 비춰지는듯한 인물을 실학자로 해석한 기존의 일부 연구 경향이 궁금하였다.

또한 신후담이라는 인물은 18세기 당대 참신한 개혁적 논지를 펴거나 당시까지의 연구 성과가 조선 후기의 중망이 있는 인물로 평가되는 학계 분위기는 아니었다. 더욱이 새로운 자료가 산견되기는 하지만, 그의 혁신적인 학문의 견해나 사상을 고찰할 수 있는 문헌이나 학문성과도 지속적으로 나오지 않고 있다는 주변의 염려는 본 연구자 스스로도 숙고하던 시간이었다.

그동안 그에 관한 연구 성과는 『서학변』과 교육사상 이외 성호학파의 한 학인으로 부각되는 측면이 강했을 뿐, 기타 그를 새롭게 평가할 수 있는 다른 분야의 연구나 천착으로 확대되지 않았고, 그가 가까이 교유한 성호학파들, 성호 이익·소남 윤동규·정산 이병휴·순암 안정복 등에게 더 많은 연구 관심이 집중되어 온 학계의 동향도 직시하면서 '서학 비판 등이 예리했다는 몇몇 제현의 연구 결과에 그치는 한계에서 다른 역사적 의미는 찾을 수가 있을까?' 하는 주저도 있었다.

그렇지만 '서학을 대응적으로 이해하고 비판하고자 한 신후담에 대해 그 동안의 연구 성과는 그를 왜 근대지향적 실학사상가로 그 의미를 부여하려는 측면이 되어왔느냐?'에 대한 의구심과 호기심도 있었다. 그러한 호기심과 의문으로 출발한 이면이 본 연구자가 하빈 신후담에 대한 연구를 시작한 동기였던 게 아닌가 한다. 그에 대한 그 동안의 논저들도 다시 들여다보게 되고, 그 과정에서 신후담의 독창적인 학인學人됨에 매료되면서 그 매력이 차츰 여기까지 온 동력이라고 생각된다.

이후 신후담을 새로이 알게 되면서 본 연구자의 능력으로는 벅차지만 그의 전반을 규명해 보겠다는 강한 신념이 그 한계를 넘어서 새로운 자료를 찾아 나서게 되었다. 숭실대박물관·서울대규장각·고려대학교 중앙도서관 등등의 기본 정보를 갖고 막상 자료를 찾아 나섰지만 당시 사정으로는 귀중본이라 쉽게 접근할 수가 없었을 뿐만 아니라 자료를 보여준다고 해도 복사도 쉽지 않았던 척박한 형편이었다. 더욱이 본 연구자가 누구의 도움도 없이 공공기관 소

18세기 조선의 길목에서

장본 외에 개인 수장본을 찾아내려고 거창신씨 종중을 몇 년 동안 찾아 헤매었지만, 그 종중에서 신후담의 자료를 보관하는 개인이 누구인지를 알지도 찾아내지도 못해 2년의 시간을 허비하였다.

그러나 학위논문의 허여된 시간은 다가오고, 기본 자료를 찾지 못하다가 우연히 서종태 박사를 만나 그 자료의 대부분을 여강출판사의 당시 이순동 사장이 영인본으로 출간할 준비가 되어있다는 정보를 얻게 되었다. 본 연구자는 '이순동 사장은 고문서를 많이 다룬 경험이 있구나!' 하는 것을 처음 만나 알게 되었다. 특히, 문집을 자료로 이용하는 인문학계의 동향을 본 연구자 보다 폭넓게 이해하고 있음을 깨닫고 학문 하는 사람으로서 대단히 부끄럽기조차 하였다. 본 연구자는 그를 몇 번 찾아가 출간하기 위해 편집한 자료를 어렵게 허락 받아 결정적 도움을 얻게 되었다. 이번 기회에 감사의 말씀을 전하고 싶다.

한편, 학위를 받은 지 5년이 지난 2006년도에 양승민 박사가 본 연구자를 찾았다. 하빈 신후담의 문집을 내려는 데 같이 참여하든가 도움을 달라는 것이었다. 반갑기도 하고 내가 해낼 수 있을까하는 두려움이 앞섰으나 양승민 박사가 모든 걸 추진하겠다는 약속을 받고 반은 승낙하였다. 그런데, 6년 전에 찾으려고 백방으로 노력했던 개인수장의 장본인 신용일 전 인하대 부총장을 공교롭게도 이 과정에서 알게 되어 허탈하기도 하고 너무 반갑기도 하였다.

신용일 교수는 그 동안 본 연구자가 보았던 공공자료 보다 많은 내용을 담은 자료들을 수장하고 계셨고, 그것을 보는 순간 학위논문을 책으로 출판하게 된다면 총합적으로 제대로 글을 전개하겠다는 욕심부터 생기게 되었다. 양승민 박사의 큰 노력으로 2006년에 『하빈선생전집』9권(아세아문화사 간)을 내게 되면서 본 연구자는 출판기념회 때 영광스럽게 한 편의 논문을 더 발표할수가 있었다. 그리고 이것을 기초로 이 책을 과감히 내게 된 것이다.

그 이후 하빈학연구소(초대소장 신용면)를 발족시켜 신후담에 관한 연구를 세부적으로 심도 있게 추진하고 있다. 본 연구자는 하빈학연구소가 격년으로 추진하는 연구 발표회 때마다 참석하여 발표하기도 하고 다른 연구자들의 연구 발표를 현장에서 목도해왔다. 하빈학연구소의 그 동안 연구성과를 본 연구자는 충분히 수렴하여 본서의 내용 보완과 수정에 많은 도움을 얻게 된 것도 사실이다.

주지하다시피 하빈 신후담은 성호학파로 알려져 왔고, 또한 경기 출신 인물로서 18세기라는 시대적 전환기에 처해 있던 학인學人이다. 그리고 그는 중국이라는 선진 문물을 지리적으로는 가장 일찍 그리고 쉽게 접할 수 있는 조선의 수도 한성과 경기 파주 교하를 오가며 생활했던 배경을 가진 인물이다. 그런데도 스스로 시대적 변화를 선도하지는 못할망정 밀려오는 새로운 변화의 물결 '특히 서학'을 강하게 비판, 배척하려는 사상과 신념을 지닌 인물이 근대적 실학사상가로 규정되고 있는 측면이 강한 그 동안 일부 선행적 연구 성과

랄까 그 내용이 매우 궁금하고 의심스럽던 국면이 그를 끝까지 연구하게 된 배경이 되었다.

사실 그러한 호기심과 의문을 가지고 그 사실을 명확히 확인하고 싶었던 것보다도 더 큰 고민은 조선시대 실학이나 실학사상에 대한 인식과 개념규정이 논문 전개에 앞서서 본 연구자가 나름대로 소화하고 있어야 할 선결과제였다. 물론 이 지면에서 실학이란 무엇인가를 논하는 것 자체가 매우 어리석다는 것을 잘 알고 있다. 그러한 한계를 전제하면서도 그 동안 역사 분야나 연구 성과에 의하면 통설로서는 여전히 이런 인물이라고 결론을 내릴 수가 없는 두 입장이 서로 맞서고 있다는 그의 학문과 사상의 성격규정에 대한 미제다.

한 인물의 사상이나 학문을 통해 얻을 수 있는 연구 성과로 실학이나 실학사상을 규명해내려는 그 동안 제현들의 연구 노력에 조금이나마 기여할 수 있는 측면에서도 많이 부족하다는 점을 잘 알고 있다. 그러함에도 불구하고 본 연구자는 아주 작은 편린이라도 이 연구성과가 학계에 쓰여지기를 소박하게 바라면서 이 글을 전개하는 또 하나의 기대와 욕심을 가져 본다.

본 연구자에게 많은 깨달음을 주신 분들은 모두 열거하기가 어렵지만 대표적인 분들을 소개하면 다음과 같다. 역사 분야에서는 김창수 선생님이 지도를 줄곧 맡아주셨고, 내용적으로는 박성수·이기동·임영정·유준기 선생님, 그리고 강세구·서종태 교수 등이 글을 전개하는 과정에서 직접 간접적으로 조언해준 바가 크다 하겠다.

그동안 본 연구자의 고향 경북 의성에서 줄곧 못난 아들을 지켜봐 주신 어머님(천필름)의 기대가 끝까지 저를 버텨내게 하셨으나 얼마전 돌아가셔서 영전에 이 책을 바친다. 어려운 가정생활에서 아내 김민정의 헌신적 노력과 시훈·태훈 두 아들이 아빠를 항상 응원해 주었으며, 늦게나마 응원을 보태준 며느리 김준영, 그리고 본 연구자 생애 진정한 사랑을 느끼게 해준 손자 시우 탄생이 큰 힘이 되었다. 특히 얼마 전 손녀 채원이의 탄생을 본서 출판과 함께 자축하고 싶다. 27년 전 돌아가신 아버님(강순구)이 계셨으면 더욱 기뻐하실 모습에 큰 그리움으로 다가온다.

이 책을 내는 데 큰 격려를 해준 같은 분야 서종태 교수님, 어려운 사정에도 출판을 허락해주신 김영애 대표님과 촘촘히 교열과 교정, 편집에 온 정성을 다해 힘써주신 분들, 출판여건을 마련해준 하빈학연구소, 그리고 거창신씨종친회 관계자 여러분들에게도 깊은 감사를 드린다.

2021년 5월 강병수

차례

서언 **18세기 조선의 길목에서** ---------------------- 04

Ⅰ. 연구사 검토   12

Ⅱ. 생애와 저술활동   23
  1. 가계   24
  2. 사우관계 및 학통   53
  3. 저술활동   68

Ⅲ. 제자백가에 대한 이해   86
  1.『팔가총론』·『팔가총평』의 저술 배경   87
  2.『팔가총론』·『팔가총평』의 체재와 내용   90
  3. 제가백가 인식에 대한 의미   125

Ⅳ. 이학관과 서학 경험   128
  1. 17세기 이전 조선 정치사회의 이단 비판론   129
  2. 신후담의 이학관   132
  3. 서학 정보에 관한 경험   139

V. 서학에 대응하는 비판과 이해   147

  1. 이익·이식·이만부와의 서학 담론   148

  2. 서학에 대응하는 학술적 논변   158

VI. 경학사상의 이해와 해석   215

  1. 경학사상 관련 자료   216

  2. 생애 시기별 경학사상   218

여언 동아시아에 미래의 길을 묻다   230

미주 --------------- 240

참고문헌   299

표 목록   304

부록 「하빈연보」 번역문 --------------- 306

  찾아보기   367

I. 연구사 검토

．
．
．

　신후담 사후 그에게 처음으로 관심을 보인 인물은 이기경李基慶(1756~1819) 의『벽위편闢衛編』이다. 신후담의『서학변』을 이 문헌에 실은 것인데, 책 제목 이 말해주듯『벽위편』은 천주교 비판서다.『벽위편』은 간행되지 못했지만, 신 후담 사후 한 세대 뒤에 그의 학문이 주목받고 있음을 알 수 있다. 그 뒤 1903 년 허식許侙 등이 편찬한『대동정로大東正路』에『서학변』이 선정되어 실리게 된 다.[1] 이 책은 조선 말기 천주교가 일반 백성들에게까지 퍼지자 척사론적斥邪論 的 입장에서 고석古昔의 유교흥학儒敎興學에 관한 사실과 명유의 격언·저술을 뽑아 엮은 것이다.

　이어 1909년 안종화安鍾和(1860~1924)가 간행한『국조인물지國朝人物志』에 신 후담이 선정되어 있는데, 이 책은 조선 건국 이후부터 철종 때까지 중요한 인 물들의 행적을 기록하고 있다.[2] 한편, 1931년에는 이기경李基慶이 미처 간행하 지 못한『벽위편』을 그의 후손 이만채李晚采가 증보하여 간행하게 되는데, 이 로써 신후담의『서학변』은 널리 주목받게 된다.

　1945년 일제강점기가 끝나자 신후담에 관한 연구를 처음 시작한 것은 홍이 섭洪以燮이다. 그는 1957년 내재적 발전론에 기초해 조선시대 실학이라는 학 문적·사상적 지향들을 발견해내려는 연구과정의 하나로 신후담의『서학변』 에 주목한 것으로 읽혀진다.[3] 그는 신후담의 서학비판 논리를 서양의 스콜라 철학에 비견하면서 유학이라는 동양적 입장을 학문적으로 잘 대변해주고 있 다고 해석해내고 있다.

　그는 한국사 연구 환경이 척박한데도 불구하고 신후담에 관한 기초사료를 찾아내어 연구, 고찰함으로써 신후담이라는 인물에 대한 연구자들의 관심을 갖게 하는 안목을 열어주고, 『대동정로』·『국조인물지』·『벽위편』 등 문헌적 기록에서 학문적 연구로 전환시켰다. 그의 연구는 신후담의 『서학변』이라는 국한된 자료에만 크게 의존하고, 내재적 발전론이라는 앞선 입장이 오히려 한계로 남는다.

또한 그는 『서학변』 저술시기도 「하빈연보」와는 다른 해석을 시도하고 있다. 그는 『서학변』에서 읽혀지는 유학적인 심원한 비판논리로 볼 때 신후담의 학문과 사상이 원숙해진 생애 후반기인 1754년(53세)에나 가능할 수준이라는 새로운 견해를 내놓고 있다.[4] 「하빈연보」에는 신후담이 1724년(23세)에 「서학변」을 저술한 것으로 기록되어 있는데, 이 기록과는 무려 30년이란 시간적 차이가 난다.

1960년대는 한국학 중흥을 위한 연구 분위기에 따라 신후담에 관한 몇 편의 논문이 발표된다. 이 당시 신후담에 관한 연구 성과를 낸 선학은 박종홍朴鍾鴻[5]과 이원순李元淳 등이다.[6] 이들은 신후담의 「서학변」을 중심 자료로 삼아 신후담의 서학관을 고찰한다. 특히, 박종홍은 신후담의 서학비판은 당대 구두선에 그치던 학자들과는 다른 중요한 업적으로 그의 학문적 지향이 매우 진취적이라고 해석한다.

그렇지만 박종홍의 주장도 크게는 홍이섭이 신후담의 사상과 학문적 성격을 규명한 수준에 이의를 제기한 부분은 없어 보인다. 다만, 「하빈연보」라는 자료를 자세히 인용, 신후담 가계를 보다 심도 있게 살피고 있다. 그는 신후담의 『서학변』에 선정된 세 편의 주제, 즉 〈영언려작〉·〈천주실의〉·〈직방외기〉 등에서 전개한 논리적 비판들을 열거, 홍이섭과 비슷한 관점으로 결론을 맺고 있다.

그리고 이원순은 『성호전서』에 기록되어 있는 신후담의 묘지명, 장지연의 『조선유교연원』, 그리고 전술한 『벽위편』의 「서학변」 관련 기사를 연구 자료로 삼는다. 그가 인용하는 이들 자료는 기왕의 연구자들이 미처 다루지 못한 자료가 몇 가지 더해진 것이다.[7] 신후담에 관한 다양한 사례를 두루 살피려는 연구자의 시각이라 돋보인다.

그는 신후담의 서학비판은 당대 유학자들의 시각과 크게 다르지 않다는 견해를 밝힌다. 신후담의 서학비판 논지는 상대적으로 서학 보다 유학을 우위적 입장에 세운다고 해석한다. 그럼에도 불구하고 그는 신후담의 서학비판의 의의는 당대 유학자들이 대부분 그랬듯이 구두선에 그치지 않고 저술을 통해 객관적 논리로써 비판하고 있다는 데에 의미를 부여한다. 이원순의 그러한 견해는 홍이섭·박종홍 등의 고찰 주장의 연장선에 있다고 이해된다. 하지만, 그는 결론적으로는 홍이섭·박종홍 등과는 다른 해석을 내놓고 있다. 그는 신후담의 『서학변』에서 비판하는 학문과 사상은 실학사상이라고 보기는 어렵고, 오히려 경학지로 보아야한다는 입장을 취한다. 그 동안 실학사상가로 보고자 한 선학들의 견해와는 달리 경학자로 해석하려는 새로운 주장을 편 것이다.

1960년대 세 분 선학의 연구결과는 신후담에 관한 연구를 본격적으로 전개하게 한 동력이 되었다. 아직 신후담 연구를 위한 영성한 자료뿐만 아니라 그에 관한 여러 사상과 다양한 학문분야와 연계된 연구고찰이 미진한 상태에서 고찰된 것들이라 그 한계는 여전히 남는다. 그 동안 신후담의 서학비판에 대한 연구 성과를 보완하는 후속 과제는 그의 서학 비판 이외 다른 분야에서 관심을 나타낸 자료들에 관한 고찰이다.

1970년대는 본 연구자가 앞에서 언급한 것처럼 신후담의 학문과 사상에 대한 연구방향이나 그 폭이 다양하게 전개된다. 최동희·이원순 등에 의해 본격적으로 다루어지고, 정치사 분야의 김한식金漢植도 이에 동참한다. 최동희는 신후담이라는 한 개인 인물에 집중하여 기초적 천착을 통해 그의 학문을 고찰하고자 하고, 이원순은 조선 후기 학인들의 실학관을 찾아내려는 연구과정에서 신후담의 서양 교육관에 주목하게 된다.

최동희는 1972년과 1974년 연이어서 발표한 논문에서 신후담의 『서학변』을 철학자로서 규정하는 연구 성과를 낸다.[8] 두 편의 논문의 차이를 크게 발견할 수는 없지만, 1974년의 논문은 신후담의 생애고찰에 필요한 「하빈연보」라는 자료를 1972년에 발표한 논문 보다 많이 그리고 자세히 인용하고 있다. 그의 이러한 촘촘한 연구시도는 『서학변』에 담긴 내용을 토파해보겠다는 신념이라 읽혀진다.

그리고 1975년 그는 이전의 두 편 논문의 연장선에서 신후담의 생애, 사우관계 등을 보완하여 당대 서학비판에 열중하던 순암 안정복의 그것과 함께 다루면서 학위논문으로 발표한다.[9] 이 논문에서 안정복의 서학비판을 함께 다룸으로써 신후담 서학비판 성격을 순암과 같은 반열로 보고자 한 것이다. 그 이전 홍이섭·박종홍 등이 신후담 서학관을 역사적 관점에서 고찰한 측면이라면 최동희는 철학적·사상적 관점에 비중을 둔 것이라고 할 수 있다.

한편, 1970년대 후반 이원순과 김한식은 각각 신후담의 교육사상과 정치사상을 고찰한 연구 성과를 낸다. 이원순은 조선 후기 실학자들의 서양 교육사상에 관한 대응이나 비판을 새롭게 살피는 과정에서 신후담의 그것을 다시 천착해 보려고 한 것임을 알 수 있다.[10] 그리고, 김한식은 기독교의 천당지옥설·영혼설 등은 실학의 정치사상에 미래지향성의 제시, 현세 비판의 폭 증대, 실리적 상공업의 장려, 개인의 중요성 증대 등에 영향을 끼쳤다는 관점에서 신후담의 서학관을 적용시키고 있다.[11]

김한식은 성호학파에 관한 기존 연구를 기초로 신후담의 천주교리 비판을 정치사상적으로 해석을 시도한다. 그는 천주교 교리가 지닌 개인주의가 싹틀 수 있는 영혼불멸사상, 상공업으로 관심을 돌릴 수 있는 구복사상의 이욕적 인성利慾的人性, 미래에 관한 가치를 발견할 수 있는 사후세계에 대한 논리를 갖춘 천당지옥설 등은 모두 실학사상으로 볼 수 있다는 해석이다.

김한식이 성호학파의 천주교 교리에 대한 입장을 실학사상으로 해석하려는 시도는 파격적이다. 하지만 성호학파 1세대인 이익·윤동규·이병휴·신후담·안정복 등에게 그의 견해를 적용하기에는 무리라고 생각된다. 성호 이익조차도 영혼불멸설, 천당지옥설 등에 대해 불교사상의 연장선으로 바라보던 당대 주변 분위기가 엄존한 상황에서 긍정도 부정도 못하고 주저하였다. 더욱이 신후담과 안정복은 천주교 교리 자체를 이해하려는 입장 보다는 배척적인 태도를 취했던 인물들이다.

1980년대와 1990년대에 대표적 연구 성과로 외국인으로서 도널드 베이커 (캐나다)가 영어로 저술한 것을 한국어로 번역한 『조선 후기 유교와 천주교의 대립』이라는 저술이다.[12] 도널드 베이커리가 저술한 본 연구서는 천주교 교리 입장과 1980년대까지 전개된 한국사학계의 실학사상에 관한 연구 성과 등에 기초하여 신후담의 『서학변』 내용을 평가한 부분을 싣고 있다.

결국 그는 그 동안 한국사학계의 실학에 대한 통설에 입각, 신후담은 경제 문제, 사회문제, 과학문제 등 18세기 조선이 당면한 문제 해결에 관심은 적고, 천주교의 입장인 영혼문제를 인간 이성을 초월한 잠재적 존재, 우주의 창제 등과 같은 속성의 문제에 다가서지 못하고, 현상적 존재 기능에만 머문 경학자로 결론내린 것으로 읽혀진다.

그러나 그는 1980년대까지 통설로 신후담은 경제적 문제, 과학에 대한 관심, 사회적 문제의 해결을 위한 방안과 문제의식이 결핍되었다는 측면을 들어 실학자가 아니라고 주장하는 부분, 신후담이 영혼과 창조의 문제에 대해 사상적·철학적으로 접근하고 판단한 천주교 교리를, 종교적 입장의 중심에서 신후담의 비판내용을 해석내린 결론은 또 하나의 논변과제로 남는다.

2000년대 들어 신후담의 천주교리 비판에 대한 역사적 위치를 명백히 규정하려는 선학은 금장태다.[13] 그는 『서학변』의 논지를 면밀히 살피면서 천주교 교리와 유학의 대척적인 차별성에 몰입한 신후담의 유학적 인식론의 의미를 찾는다. 그는 신후담의 천주교리 비판론은 그 논리 타당성에 앞서 천주교리에 대한 조선 최초의 학문적 비판서라는 역사적 입장과 유교에 대한 문제의식을 새롭게 각성케 하고 적용논리를 확장, 심화시켰다는 데 의미를 부여한다.

그러나 신후담은 성호 이익이 서양과학이나 세계지리에 대해 긍정적 태도를 취해간 사실과는 달리 하화적 세계관에서 전혀 벗어나지 못한 유학관을 지닌 한계를 지적한다. 그는 신후담의 학문과 사상은 결국 유교적 세계관에 사로잡혀 실학의 길에 들어서지 못한 경학자로 조심스레 규정한다. 그가 신후담의 『서학변』에 관한 고찰을 통해 전개시킨 논지와 평가는 본 연구자도 긍정적 측면이라 이해한다.

즉, 『서학변』에서 주장한 비판내용에 대해 현대적 관점만으로 이해한다면 그렇다는 것이다. 그렇지만 18세기 조선 학자라는 입장에서 본다면 그만큼의 역사적 시각을 가지고 있었다는 그 사실 자체는 물론, 신후담 생애 전후 사이 저술과 사승관계, 그리고 『서학변』 저술 시기나 배경 등을 좀 더 규명해낸 다음, 그것을 근거로 총합적 판단을 내릴 수 있는 해석선상에 있지 못하다는 문제점이 지적된다.

한편, 2000년대에 신후담의 서학관에 편중되던 연구지향은 새로운 분야로 관심이 전환된다. 성호학파 경학사상에 관심을 가진 최봉영崔鳳永은 『대학』의 격물치지장格物致知章에 대한 성호학파 학설들 가운데 신후담의 학설도 함께 소개한다.[14] 그는 신후담도 성호학파 1세대 대부분이 주자朱子 경학에서 선진先秦 경전經典 연구로 전환됨에 따라, 주자가 『대학』 격물치지장格物致知章을 보망補網한 구성과 체재는 필요하지 않다는 견해라고 해석한다.

한편, 신후담 유고遺稿 중 가장 많은 저술로서는 『주역』에 관한 연구를 통한 그의 해석을 가한 것들인데, 일찍이 신용일은 「신후담의 『주역상사신편周易象辭新編』에 관한 교육적 고찰」이란 논문을 발표했다.[15] 그를 이어 강병수도 신후담의 주역사상周易思想을 개괄적으로 살핀 바가 있다. 그는 이 검토를 토대로 신후담은 공자가 편차한 『역경』의 본류本流와 성호 이익의 주역사상을 함께 수용하여 역易이 주점主占에서 출발하고 있음을 전제하면서도, 정주程朱 역전易傳의 수용을 가미한 '동점동리同占同理' 사상을 결론해내고 있다는 측면을 고찰하였다.[16]

또한 최영진은 「하빈 신후담의 『주역』 해석 일고찰」에서 그의 철학적 이해를 자세히 살피고 있다.[17] 황병기도 「성호학파星湖學派의 주역 상수학설象數學說 연구 : 이익, 신후담, 정약용의 역상설易象說을 중심으로」라는 논제를 통해 세 학인의 효爻 해석에 대한 연관성을 살피고,[18] 이창일은 「신후담 『주역周易』 해석의 특징 – 정주역학, 성호星湖 역학, 다산茶山 역학 등의 해석을 상호비교 하며」라는 주제 하에 하빈 신후담→성호 이익→다산 정약용으로 이어지는 학설의 계승적 연관성을 고찰하였다.[19]

그리고 주자경학[20]에 경직된 조선 중기까지 정치사회적 관료사회 보다는 유연한 경학이해 연구로 접어들던 시기,[21] 『대학』·『중용』 등에 관한 새로운 해석서들이 나오게 된다. 이때 신후담도 『대학후설』·『중용후설』 등을 저술한다. 그런데 신후담은 근기남인으로서 그동안 남인공론이던 퇴계 사칠설四七說을 이 두 저술에서 비판하는 논지로 공희로이발설公喜怒理發說을 제기하는데, 본 연구자는 이 학설이 나온 배경을 고찰하였다.[22]

최근에는 신후담 저술을 번역함으로써 그의 연구지평을 넓혀주는 성과도 나오고 있다. 2014년에는 최석기와 정소이 등이 신후담의 『대학후설』과 『사칠동이변』를 번역하였다.[23] 이어 신후담의 서학인식에 관한 연구 지평을 넓히는데 크게 기여하는 신후담의 『서학변』을 번역한 김선희의 『하빈 신후담의 돈와서학변」이 번역, 출간되었다.[24] 그는 신후담의 『서학변』과 함께 『기문편紀聞編』[25] 도 포함시켜 번역해냄으로써 그에 관한 사상을 연구하는 데 크게 도움되리라 기대된다.

한편, 2015년 이부현은 「조선 최초의 서학 비판서인 신후담의 『돈와서학변遯窩西學辨』연구」를 통해 그의 철학적·사상적 위치를 규명하고자 하였다.[26] 또한, 같은 해 박지현은 신후담의 사단칠정에 대한 새로운 해석을 하면서 '공희로이발설公喜怒理發說'에 대한 천착을 본 연구자 보다 심도 있게 고찰한 바가 있고, 그의 독특한 사칠설이 자득의 견지에서 나온 것이라는 견해를 표명한다. 즉, 신후담의 공칠정은 이익이 말한 '사私가 확장된 것'으로서의 칠정私中之公과 의미가 다르며, 기대승이 말한 '맹자의 기쁨'이나 '순임금의 분노'와 같은 성인의 칠정과도 구별해 보아야 한다는 것이 그의 주장이다. 이 공칠정이발설은 처음부터 '성명의 이理'에서 발하는 칠정이라는 점에서 사단과 다르지 않기 때문에 그가 칠정에도 공과 사가 있다고 해석한 것을 고찰해낸 것이다. 신후담이 새로운 사칠론을 낼 수 있었던 배경은 스승 이익에게 배운 '자득'의 정신과 구체적 현실에서 실천 가능한 이론을 추구하고자 하던 그의 학문적 성향이 바탕이 되었다고 할 수 있다는 이해이다.[27]

그리고 손은석은 「조선 성리학 안에서 인간 아니마anima humana의 자립적per se subsistens 의미 충돌」- 신후담의 「서학변」에서 혼魂과 심心을 중심으로 -에서[28] 『서학변』의 구성 안에는 그리스도교 스콜라철학적 영혼 아니마론에 해당하는 한역서학서, 『영언려작靈言蠡勺』에 대한 비판이 담겨있다고 전제한다. 그리고 『서학변』을 통해 '지성적 아니마'와 '혼'과 '심'사이의 철학적 차이를 영혼의 '자립성per se subsistens'을 중심으로, 그리고 자립성과 연접하여 이해되는 '비물질성'·'불멸성'의 관계에 주목하였다.

그는 성리학적 의미의 혼은 물질적질료적 기氣로서 형체에 의존하여 있고,

심은 아니마와 같이 지성능력을 갖지만 혼처럼 자립적이지 않은 물질적 질료적 기氣로 보고 있다고 이해하고, 심은 육체의 죽음과 함께 소멸하여 불멸성을 갖지 않게 된다고 본 것이라는 해석이다. 왜냐하면 그것은 개별인간에 대한 구원관이 없는 성리학 안에서 심은 질료적 기의 범주를 벗어나 있지 않기 때문이고, 비록 성리학적 심이 현세의 삶에서 아니마와 유사한 성격을 일부 갖는다 하더라도 육체의 사멸 후를 논의한다면 인간의 지성적 아니마가 담지하고 있는 '비물질성'·'자립성'·'불멸성' 등에 대한 의미에서 큰 충돌을 초래하게 된다고 보기 때문이라는 해석이다.

임부연은 「신후담 『대학후설大學後說』의 새로운 성찰」-이패림李沛霖의 『사서주자이동조변四書朱子異同條辨』과 비교하여-[29]를 통해 당시 조선학자는 물론 성호학파 내에서도 그의 독특한 『대학』 이해가 그 연원과 특성이 어디인지를 고찰하였다. 한편, 홍성민은 『이익과 신후담의 사칠론四七論에서 중절中節의 의미』라는 제하의 연구에서 이익과 신후담의 사칠론은 '중절의 철학적 함의를 담고 있다'고 해석하고 있다.

그에 따르면, 퇴계의 사단칠정론에서 사단과 중절한 칠정 사이의 관계규정은 곤란한 문제로 남겨져 있다고 해석한다. 이익도 신후담과의 논변을 통해 중절한 칠정의 의미를 새롭게 분석함으로써 이 문제를 해결하고자 하였는데, 이익은 중절한 칠정의 도덕성을 인정하면서도 그것이 사단과 차별적이라는 점을 철학적으로 해명하고자 하였다는 견해가 그의 해석이다.

이익은 공정무사한 공감자共感者를 설정하여 이 문제를 풀고자 한 것이 그의 해법이었는데, 그러한 이익의 생각은 중절의 윤리적 가치에 대해 참신한 재평가를 수행한 것이라는 점에서 의의가 있는 것으로 보고자 하였다. 그러나 신후담은 스승 이익의 생각에 반대하면서 중절의 도덕적 가치를 평가 절하하였는데, 신후담은 성인聖人의 공칠정公七情과 중절한 칠정은 다른 것으로 보고

자 한 것으로, 두 학자의 중절의 도덕적 가치를 달리해간 측면을 입증하고자
하였다.

즉, 신후담의 주장은 성인의 공칠정은 공적 도덕성이 실현된 감정 상태이지
만, 중절한 칠정은 자연적 욕구와 생리적 기호가 적절한 상태에 놓인 것에 불
과한 것이라는 이익과 다른 해석을 가하고 있다는 견해이다. 전자가 이발理發
이라면 후자는 기발氣發인 것으로서, 스승 이익에게서 모호하게 표현되던 성
인聖人의 칠정을 명백히 공公과 사私의 두 부분으로 분별함으로써 퇴계학 전
통의 리발을 한층 강화하였다고 주장한다. 여기에 이르러 사단과 칠정이라는
오래된 구분선은 해체되고, 공과 사가 도덕 감정의 기준으로 부각된다고 결론
짓고 있음이 주목된다.[30]

그러나 그의 결론은 여전히 문제를 남기고 있다. 퇴계의 이발설을 강화했다
는 해석이 가능한 반면, 오히려 퇴계의 이발설에 의문을 제기한 것으로 본 연
구자는 일찍이 해석한 바가 있다. 왜냐하면 신후담의 학설이 퇴계의 학설을
강화하는 측면이라면 퇴계 정통학파 소남 윤동규와 순암 안정복, 그리고 대산
이상정 등이 그토록 신후담의 학설을 비판하려 했는지가[31] 선뜻 이해되지 않
기 때문이다.

한편, 신후담이 생애 절반을 주역연구에 몰두한 것은 그의 역저力著의 분량이
나 연보에서 잘 드러난다. 그의 『주역』 역저 연구가 최근 주목받기 시작한 것은
바람직한 지향이라고 본다. 김병애金炳愛의 「하빈 신후담의 『주역』 해석-『주역
상사신편』 효변을 중심으로-」라는 논제는 신후담의 『주역상사신편』의 효사를
중심으로 효변에 주목한 고찰이다.[32] 특히, 그는 신후담은 효변의 출발이 『춘추
좌씨전』에서 시작된다고 이해하고자 했던 사실과 정주역학과의 차이점을 밝히
려고 하였다는 사실이다. 그리고 신후담의 효변이라는 주역해석 방법이 정약용
의 사전四箋으로 연결되고 있지 않을까 하는 과제제기도 드러냈다고 읽혀진다.

II. 생애와 저술활동

1. 가계

2. 사우관계 및 학통

3. 저술활동

1
가계

. . .

　신후담은 1702년(숙종 28) 한성부漢城府 동부東部 낙선방樂善坊 외가에서 현령 신구중愼龜重1682~1744과 우계羽溪 이씨李氏 정관正觀의 딸 사이에서 3남 3녀 중 장남으로 태어나 60세를 일기로 1761년(영조 37)에 생애를 마친다. 그의 시조는 신수愼修로 중국 개봉인開封人이었으나 고려에 사신으로 왔다가 귀화하고, 그의 후대 어느 때인가 후손들이 경상도 거창현居昌縣에 자리를 잡게 되면서 그 곳이 관향貫鄉이 되었다.

　신후담의 호는 하빈河濱·돈와遯窩·금화자金華子·성암省庵·복재復齋 등이며, 자는 이로耳老·연로淵老 등이다. '하빈'이나 '금화'라는 호는 그가 경기 파주 교하交河 금척리金尺里에 세거하며 살았기 때문에 자신이 직접 지은 것이라고 한다. 그리고 그는 『주역周易』 연구에 전념할 때 꿈에서 동인괘同人卦를 점서占筮하여 '돈와'라는 호를 더 정했다고 한다. 또한 그는 스스로를 경계하는 뜻으로 호를 '성암'이라 칭하고, 『주역』의 복괘復卦에서 '잃어버린 양효陽爻를 다시 되찾는 상象을 익힌다'고 하여 '복재'라 자호하였다.

　한편, 신후담의 두 동생(후팽後彭, 후은後恩)과 아들 성倏과 문인들은 그의 사후에 유문遺文을 정리, 한 질을 남겨 후대의 평가를 받는다는 뜻을 가지고 있었다. 이어 그들은 앞으로 '세상에 은둔하면서 번민하지 않는 학자들이 신후담의 생평의 절조를 기리게 될 것'이라 자부하고, 그의 저술을 그의 점서괘占 筮卦의 호를 따서 '돈와진서遯窩全書'라 이름하여 길이 남기려 한다.[33] 그렇지만 그가 평생 동안 경기 교하를 중심으로 하여 학문을 전개하면서 붙여진 '하빈' 이란 호를 따서 『하빈전집』으로 바꾸는 과정이 명확하지는 않지만, 이후부터 본 연구자는 이 명칭으로 갈음하고자 한다.[34]

　그의 가계 고찰을 세 가지 측면에서 살펴보고자 한다. 첫째, 신후담의 친가 이자 부친 신구중이 양자로 입양된 가계의 고찰이다.[35] 둘째, 신구중이 입양 되기 이전 신구중 친가의 고찰이다. 셋째, 신구중의 처가이자 신후담의 외가 에 대한 고찰이다.

　신구중 양가와 친가, 그리고 외가 등 세 가계 고찰을 통해 신구중 때부터 양 가와 친가, 외가와의 혈연적 관계와 범주, 그리고 정치적 입장 등을 모두 살펴 보는 것이 신후담 학문과 사상의 본질에 좀 더 가까이 다가가는 데 필요한 순 서이자 당연한 과제라고 여겨진다.

　먼저 신구중 양가 고찰을 먼저 살펴보고자 한다. 왜냐하면 신후담 친가는 신 구중 입장에서는 양가가 된다. 그러면 신후담의 친가 가계 내력을 다음 [표 1] 을 중심으로 먼저 살펴보고자 한다.[36]

　시조 신수愼修는 고려 문종 때 수사도좌복야守司徒左僕射(정2품)를 역임한 바가 있고, 그 뒤 13세 판이주현사判利州縣事 신이충愼以衷의 세 아들이 신기 愼幾·신언愼言·신전愼詮이고, 셋째 신전이 황해도관찰사까지 역임한다. 그리 고 신전의 세 아들이 신승명愼承命·신승복愼承福·신승선愼承善(1436~1502)인 데, 조선 전기 현달한 인물이 바로 연산군 때 신승선이다.[37]

　그는 1468년(예종 즉위년)에 추충정난익대공신 가선대부 병조참판 거창군居 昌君으로 봉하여지고,[38] 이듬해 거창군으로 봉군되는 위치에 오른다.[39] 특히,

[표 1] 장성공章成公 승선承善 3세 사영파계보思永派系譜 4세 신도공信度公 수근守勤

19세	20세	21세	22세	23세	24세
○ 수售	○ 득인得仁 배우자: 강화최씨 승세承世의 딸				
	○ 득의得義 배우자1: 광주 정씨 배우자2: 순흥 안씨 문성공文成公 유후裕后의 딸	○ 희憙 배우자1: 강화최씨 시량始量의 딸 배우자2: 한양 조씨 성호聖豪의 딸	○ 휘전徽典 배우자: 의령남씨 득명得明의 딸	○ 처중處重 배우자1: 문화유씨 석창碩昌의 딸 배우자2: 안동권씨 시중始中의 딸	○ 후성後成 배우자: 진주강씨 원楥의 딸
				* 윤명은尹明殷 파영윤씨 인함仁涵의 현손	
			○ 휘오徽五 자는 여상汝常, (현종 경자년 생~숙종 병신 졸: 57세) 강박姜樸 찬 묘갈명, 강필신姜必愼 찬 묘지명, 상사上舍 이정양李廷揚 찬 행록行錄 배우자: 파평 윤씨 굉鈜의 딸. 전주 이씨 대년大年의 딸	○ 구중龜重 계자系子, 생부 지일之逸 배우자: 우계 이씨 참봉 정관正觀의 딸이고, 송파松坡 서우瑞雨의 손녀이며, 송파慶恒의 증손	○ 후담後聃 배우자1: 동복오씨 상억尙億의 딸 배우자2: 경주정씨 일鎰의 딸
					○ 후팽後彭 배우자1: 여흥이씨 양환陽煥의 딸 배우자2: 청송심씨 염濂의 딸
					○ 후은後恩 배우자: 전주이씨 양녕대군 후손
					* 윤필양尹弼襄 파평윤씨 이제以濟의 증손
					* 이규제李奎濟 전주이씨 처대處大의 아들
					* 심약沈鑰 청송성씨 달관達觀의 아들이고, 영의정 희수喜壽의 후손
				*최시걸崔時傑 강릉최씨 정억廷億의 아들	
			* 곽상징郭相徵 천주곽씨 지흠之欽의 아들		

19세	20세	21세	22세	23세	24세
			*신익수申翼壽 평산신씨 일역日易의 아들		
		○ 무懋 배우자: 박씨(수사水使 상준尙俊의 딸)	○ 휘국徽國 계자, 생부: 헌憲 배우자: 전주이씨 명빈明彬의 딸	○ 후중厚重 배우자: 정씨鄭氏	○ 후성後誠 배우자: 평양조씨
		○ 헌憲	○ 휘국徽國 출계, 무懋에게 입양됨		
			○ 휘언徽言 배우자: 창녕성씨 후증後曾의 딸	○ 정중正重 배우자: 덕수이씨 희급喜汲의 딸	
			○ 휘유徽猷 배우자: 밀양 박씨 수장壽長의 딸	○ 정중 출계, 휘언徽言에게 입양	
				○ 택중宅重 배우자:설성김씨 규圭의 딸	
				○ 덕중德重	
				* 이근李根 전주이씨 연부淵溥의 딸	
				* 이대영李大英 전주이씨 희우喜雨의 아들	
			○ 휘공徽恭		
			* 김일태金日泰 의성김씨 지정地精의 아들		
		* 이극인李克仁 연안이씨 후백後白의 손자			
		* 정행숙鄭行叔 동래정씨 지우之羽의 아들			
	○ 득례得禮				
	○ 지득得智				
	* 변호의邊好誼 원주변씨 순循의 아들				

*사위

1. 가계

남이南怡와 강순康純의 옥을 다스린 공으로 익대공신이 되어 예종의 다음과 같은 하교가 내려진 바 있다.

"생각지도 않게 간신姦臣 남이南怡 등이 몰래 다른 마음을 품고 신기神器를 위태롭게 하려 하니, 계획이 이미 주액肘腋에서 이루어지고 화禍가 소장蕭墻에 발하게 되었는데, 상제上帝께서 가만히 그 혼에 복을 주시는 데 힘입어 여러 흉악한 무리로 하여금 스스로 그 자취를 드러내게 하였다.

겨우 상변上變을 듣고서 먼저 근신近臣을 부르니, 경(신승선을 칭함)이 이때에 금내禁內에서 숙직하다가 충성을 발휘하여 능히 장사將士들의 마음을 격려하고, 주책籌策을 계획하기를 조용히 하여 효광梟獍의 무리를 모조리 사로잡으니, 호흡하는 짧은 사이에 흉악한 분위기가 사라졌도다. 이미 간난艱難을 크게 구제했으니, 어찌 그 공재功載를 크게 보지 아니하겠는가?

이에 신승선을 익대3등공신翊戴三等功臣으로 책훈策勳하고, 각閣을 세워 형상을 그리고, 비를 세워 공을 기록하고, 그 부모와 처자에게 벼슬을 주되 1계급을 뛰어 올리고, 적자嫡子와 장자長子는 세습하여 그 녹을 잃지 아니하게 하고, 자손들은 정안政案에 기록하여 이르기를, '익대3등공신 신승선의 후손'이라 하여, 비록 죄를 범함이 있을지라도 유사宥赦가 영세永世에 미치게 한다.

이어서 반인伴人 6인과 노비 8구와 구사丘史 3명과 전지田地 80결과 은 25냥과 표리表裏 1투套와 내구마內廐馬 1필을 하사하니, 이르거든 영수하라. 아아! 질풍疾風에 경초勁草이니, 그대의 공적을 가상히 여겨 돈독히 잊지 않으니, 철권鐵券과 단서丹書로 내 마음을 몸 받아 길이 변하지 말지어다."[40]

신승선은 예종 때 강순·남이의 옥을 다스린 공으로 익대공신으로 추대되고 조선왕실로부터 큰 신망을 얻는데, 1457년 그의 딸이 빈嬪으로 간택되고,[41]

연산군 때 마침내 왕비가 된다. 그는 연산군의 장인으로 우의정·좌의정 등을 역임하고, 1495년(연산군 1)에는 영의정에 오르며,[42] 이어서 거창부원군居昌府原君까지 이르게 된다.[43] 그가 죽자 연산군은 장례식에 부의賻儀로 쌀·콩 각 100섬, 종이 230권, 백정포白正布 30필, 백면포白綿布 30필, 정포正布 100필, 석회石灰 50섬, 저포紵布 10필, 청밀淸蜜·참기름·밀가루 각 2섬, 황밀黃蜜 70근, 6장張을 붙인 유석油席 2개, 면포綿布 100필을 내려주었다.[44]

또한 조정에서는 그의 졸기卒記를 짓게 하고, 시호諡號를 장성章成이라 내리면서 '온화溫和하여 올바른 몸가짐을 하는 것[溫克令儀]'이 '장章'이요, '임금을 보필하여 끝맺음을 잘하는 것[佐相克終]'이 '성成'이라 하였다.[45] 그 뒤 연산군은 그의 시호를 높이고자 '장章' 보다는 충성 '충忠'자로 고칠 것을 몇 차례 명하였으나 전례가 없다는 신하들의 완강한 반대로 연산군의 뜻이 관철되지는 못하였다.

또한, 신승선에 이어 그의 아들 신수근愼守勤도 중종 때 딸이 중종비가 됨으로써 2대에 걸쳐 국구國舅가 되는 외척外戚 권력 반열에 오른다. 신수근은 누이가 왕비가 되고, 좌의정 때는 부친 신승선에 이어 국구까지 되지만,[46] 중종반정 때 반정 주동자 성희안成希顔·유순정柳順汀·박원종朴元宗 등의 반정참여 회유를 단호히 거절하다 희생되고[47], 그의 동생 신수겸愼守謙·신수영愼守英 등도 희생되면서 외척 권세가문은 크게 몰락의 길을 걷게 된다.

중종반정 당시 신수근의 아들 신홍보愼弘輔·신홍필愼弘弼 등은 원방에 부처되고, 신수근의 누이는 왕비가 되었지만 반정 주동세력들이 뒷날의 화근을 없애기 위해 왕비가 된 지 7일 만에 폐비로 쫓겨난다.[48] 또한 박원종 등 반정 주동자들은 신수근의 동성同姓 삼촌과 사촌까지, 이성異姓은 사촌에서 오촌까지 원방에 부처하도록 중종에게 강청한다.[49] 또한 당시 신수근의 족친族親 분배단자分配單子에 대해서도 정승이 의논한 내용은 다음과 같다.

"지금 비록 일이 정하졌지만 훗날 일을 깊이 우려하지 않을 수 없습니다. 신수 근 족친에서 동성同姓은 4,5촌, 이성異姓은 3,4촌을 귀양 보내기로 의논하여 아 뢴 것은 그들이 죄가 있다하여 그렇게 한 것은 아닙니다. 신씨 족친을 한성에 함 께 모여 살게 하여서는 안 되기 때문에, 외방으로 뽑아 보내자는 것뿐입니다. 큰 일을 하자면 그렇게 하지 않을 수 없기에 신臣 등이 마련하여 아뢰게 된 것이라 고 하였다."[50]

정승들 논의에서 중종반정 당시 반동주동자들도 반정에 반대한 신수근을 제외한 그의 인척들은 죄가 없음을 인정하고 있었지만, 뒷날 자신들에게 닥칠 화가 두려워 후손들을 한성 가까이 모여 살지 못하게 할 목적으로 후환에 철 저히 대비하고자 하였음을 알 수 있다. 중종반정으로 신수근 삼형제는 모두 희생되지만, 신수근 아들 등은 유배 또는 중도부처中途付處 등의 벌을 내려 목 숨은 유지한다.

그런데, 중종반정이 있은 지 10년이 지나자 벌써 폐비신씨의 첫 번째 복위 문제가 거론되기 시작한다. 그 배경은 1515년(중종 10) 중종계비 장경왕후章敬 王后가 산후통으로 사망한 일로 발단이 된다. 중종계비의 빈 자리에 폐비신씨 를 복위시킬 것을 담양부사 박상朴祥과 순창군수 김정金淨 등이 봉사封事 소 를 올리면서 시작되었다.[51] 두 관료의 복위상소 내용은 '인륜의 단초는 부부에 서부터 출발하는 것'으로 '제왕의 배필의 폐해와 그 중요성'을 중국 고사를 들 어 다음과 같이 중종에게 아뢴다.

"당나라 고종은 왕황후를 폐함으로써 결국 종묘사직이 복멸覆滅되어 자손들 이 끊겼고, 송나라 철종은 맹황후를 폐함으로써 본말이 전도되고 음사陰邪로 정강靖康의 변이 일어나게 되었는데, 하물며 첩을 부인으로 삼아 떳떳한 예를 경멸하게 한다면 그 재앙이 어찌 작다고 하겠습니까?. 위나라 문제文帝가 곽귀빈郭貴嬪을 세워 황후로 삼으려 하자 중랑中郞 잔잠棧潛이 간언하고, 당나라 명황明皇이 무혜비武惠妃를 세워 황후로 삼으려 하자 어사御史 반호례潘好禮가 간언하였습니다. 대체로 예로부터 치란흥망의 자취를 이와 같이 명확히 징험할 수 있으니, 진실로 제왕의 배필을 엄중히 하고 풍화風化의 근본을 바로 세우고자 하신다면, 구차스럽게 할 수 있겠습니까?[52]

잘못된 폐비사건을 '종묘사직이 복멸되어 사직이 끊기고, 본말이 전도되어 정강의 변과 같은 국난이 일어났다'는 중국 고사로 중종에게 상기시킨다. 신씨愼氏가 현재는 비록 폐비이지만 도의적으로는 엄연한 정비로 살아있는데, 장경왕후 사후 후비 자리에 첩을 세우려는 것은 '떳떳한 예를 경멸하는 것으로 그 자체가 적지 않은 재앙'이고, '제왕의 배필은 엄중히 하여 풍화의 근본을 바로세우는 도리'에도 어긋난다고 주장하였다. 이어서 거듭 주장하기를

"한나라 광무는 원대怨懟 때문에 곽후郭后를 폐위시키고, 송나라 인종仁宗은 투기 때문에 곽후를 폐위하였습니다. 그러나 당세와 후세에서 오히려 헐뜯기에 바빠 밝은 임금의 큰 허물로 여겼습니다. 지금 신씨는 폐위할 만한 까닭이 없음에도 전하께서 폐위하신 것은 무슨 명분입니까? 정국靖國 초 박원종·유순정·성희안 등이 이미 신수근을 제거하고 난 뒤 왕비(뒤에 단경왕후)가 그의 딸이므로 그 아비를 죽인 그런 조정에 그녀가 들어서면 뒷날 후환이 있을까 염려하여 떳떳하지 못하게 자신들을 보전하려는 사사로움 때문에 폐위시켜 내보내자는 모의를 꾸몄으니, 이는 참으로 이유도 될 수 없고 명분도 없습니다."[53]

라고, 폐비신씨가 폐출될 만한 명분도 없고 죄도 없는데, 박원종·성희안 등 반

1. 가계

정 주동자들은 오직 자신들의 후환방지를 위해 왕비를 내친 것이라고 강변하였다. 그리고 폐비신씨는 중종 잠저 때부터 부부 연을 맺어왔고, 중종이 등극할 때 부부로서 예식을 이미 치렀으며, 왕실의 가장 어른이신 대왕대비나 다른 종친들도 전혀 반대하지 않은 지극히 정상적인 즉위과정이었다는 것이다.[54]

또한 그들은 오히려 중종의 허물과 반정주동자 성희안·유순정·박원종 등의 죄를 상세히 열거하면서 신수근의 죄도 종묘사직에 관계될 만한 사실이 없었고, 설령 신수근이 종묘사직에 관계될만한 죄를 지었다고 하더라도 그의 딸인 신비愼妃는 신수근과는 아무런 관련도 없었다는 사실을 세세히 아뢴다.[55]

한발 더 나아가 그들은 중종 등극의 명분을 제대로 세우지 못해 반정의 대의를 만천하에 밝히지 못하고, 왕위교체 형식만 갖춘 것이라고 반정 자체를 비판하기까지 한다. 그때 마침 장경왕후가 사망하자 중전 자리가 비게 되었으므로 이 기회를 빌어 폐비신씨의 복위를 추진할 것을 강력히 상소하고 나섰던 것이다.[56] 반정의 대의명분을 떳떳하게 만천하에 밝히지 못한 입장에서 즉위한 중종이 폐비신씨를 복위시키면 그 동안 떨어진 대의명분을 살려 보존할 수 있다고 주장하면서, '반정주동자들의 명분 없는 정치적 겁박에 휘둘리지 말고 폐비신씨를 정비로 지켜내야 했다.'고 반정 때의 중종 태도까지 들먹이면서 이미 사망한 성희안 등의 죄를 밝혀 삭탈관직 주장까지 전개시켜 나간다.[57]

당시 사신使臣과 조정은 반정을 비판하는 것에 대해서는 크게 문제를 삼지 않는 입장이었다. 그러나 조정 중신들은 폐비복위를 주장하는 측면은 이해되지만 폐비신씨 복위자체는 조정의논이 서로 다르고, 그러한 논란이 일어나게 될 경우 복위 이후가 더욱 심해져 조정자체가 혼란스러운 위험에 빠질 것을 염려하여 사간원은 다음과 같은 잠정적 논평을 한다.

"이런 의논들이 매우 바른 것이기는 하지만, 좌우에서 의논하는 주장들이 분분하여 서로 시비하고 끝없이 양시양비兩是兩非의 논란으로 치달으면, 결국 조정은 안정되지 못하고 사림士林이 반목反目하여 그 화禍의 계제階梯가 참혹할 것이라고 평하였다."⁵⁸

중종은 결국 사간원의 논평결의에 따라 신비복위상소愼妃復位上疏를 받아들이지 않았고, 여러 언론의 반대에도 불구하고 상소내용을 봉함하여 승정원에 보관할 것을 명하였다. 그렇지만 중종반정 때 신수근 형제들과 신비愼妃에게 가해진 처벌이 올바르지 못함을 주장하는 상소와 주변 신료들의 비판적 시선에 조정은 신수근의 복위와 폐비신씨가 정비로 다시 회복되길 바라는 분위기로 차츰 변해가고 있었다. 그러한 분위기는 중종반정 때 반정주동자들의 정치적 입장이 점점 약화되어 감을 반증하며, 신수근과 폐비는 물론 신수근 후손들에 대한 정치적 족쇄도 풀려가는 국면으로 바뀌고 있음을 보여준다.

박상 등의 상소로 반정 당시 정치국면에서 차츰 반전되어가던 상황은 신수근의 후손에게 관료의 길이 차츰 열리기 시작한 데서 드러난다. 신비愼妃의 친정 남매들, 즉 신수근 장남 신홍보는 주부主簿(종6품)를, 둘째 신홍필은 봉사奉事(종6품), 셋째 신홍조愼弘祚는 사지司紙(종6품)·주부主簿(종6품) 등의 관직을 역임하게 되는 관료 진출이 그것이다.

그 뒤 신수근 둘째 아들 신홍필의 아들 신사영愼思永(생몰년 미상)은 부사과副司果(종6품 무관)를 지내고, 신사영의 아들 신수愼售(1554~1592)도 부사과라는 관직을 역임한다. 그리고 신수의 아들로 신득인愼得仁과 신득의愼得義, 신득례, 신득지 등이 있는데, 신득의(1581~1656)는 음서로 첨지중추부사(정3품 당상관)까지 이르고, 그의 아들 신희愼熹는 현령을 역임하게 된다. 이어서 신희의 장남 신휘전愼徽典은 도사都事(종5품)·감찰(정6품) 등을 역임하지만, 둘째 아들 신휘오愼徽伍는 벼슬길에 나아가지 않았다. 이 신휘오가 신후담의 부친 신구중愼龜重을

1. 가계

양자로 들임으로써 신후담은 퇴락해진 외척가문을 이어가는 후손이 된다.

　그런데, 신구중이 양자로 들어간 시기를 전후하여 신수근과 신비의 복위문제가 다시 조정에서 거론되기 시작한다. 바로 1698년(숙종 24) 전 현감 신규申奎가 김정과 박상의 상소가 있은 지 거의 200여 년 만에 두 관료 소장疏狀의 내용을 다시 들추면서 다음과 같이 상소한다.

　　"당초 신수근을 죽인 것도 이미 반드시 부득이한 데서 나온 것이 아니었는데, 또다시 그것으로써 신씨를 폐출시키는 구실로 삼고 있으니, 신은 신씨가 연좌된 죄명이 무엇이며 폐출된 이유는 무슨 의리인지 알 수가 없습니다. 〔중략〕 김정金淨과 박상朴祥은 군자君子였습니다. 그들은 장경왕후가 돌아가셨을 때 박원종 등의 임금을 협박한 죄를 거론하며 신씨가 죄 없이 폐출당한 사유를 극진히 말하여 위호位號를 회복할 것을 계청啓請했는데, 그 말이 엄격하고 강직하여 지금 읽어보아도 오히려 늠름한 생기生氣가 있습니다. 아깝게도 그렇게 광명정대한 논의도 당시 모순된 의논들에 막혀서 시행되지 아니하였으니, 신은 매우 애통하게 여깁니다."[59]

　그의 상소는 1694년 갑술환국으로 남인이 물러나고 노론정권이 들어선 조정朝廷 국면이다. 이러한 국면은 당시 남인이던 신휘오·신구중 등이 처한 정치적 환경과 무관하지 않았는데, 숙종도 조정대신들 의견을 신중히 처리할 것을 명하면서, 시간이 아직 이르다는 이유로 폐비신씨 복위는 다시 후일로 미뤄지게 된다. 그 뒤 1739년(영조 15)에 세 번째로 폐비신씨 복위문제를 들고 나온 것은 유학幼學 김태남金台南이다.

　　"대체로 당초 신씨를 폐위한 것은 한때의 여러 의논이 핍박한 것에 지나지 않고 중묘中廟의 본의가 아니었는데, 이것은 처음부터 국사國史에 분명히 실려 있는 것이고 야사野史에도 상세히 기록되어 있습니다. 김정·박상은 그 당시 명현名賢인데, 장경왕후께서 승하하시자 상소하여 박원종 등이 임금을 겁박한 죄를 논하고 신씨가 까닭 없이 폐위된 억울함을 아뢰어 위호를 회복하기를 청한 글의 뜻이 삼엄하였습니다. 〔중략〕 당초 신수근을 죽인 명분도 반드시 부득이한 데에서 나온 것이 아닌데, 또한 이것을 가지고 신씨를 억지로 폐위하는 구실로 삼았으니, 신씨가 좌죄坐罪된 것은 무슨 명목이고 폐위되어야 하는 것은 무슨 의리인지 모르겠습니다.[60]

폐비신씨의 복위문제는 대체로 신규의 상소에서 도리는 물론 역사적 사실로서도 이미 절실한 것으로 드러나고, 당시 조정 신하들 의논도 모두 마찬가지였다는 주장이 김태남의 입장이다.[61] 그리고 그는 산림山林의 논의에서도 더욱 불쌍히 여겨 슬퍼하고, 삼사三司의 헌의獻議도 모두 같으며, 왕의 뜻도 마음 아파하고 연민하였다고 주장하면서, 다만 해결되지 않고 있는 것은 단경왕후와 장경왕후의 위차位次를 어떻게 정할 것인가가 가장 큰 문제로 남았다는 것이다.[62]

그러한 상황이 영조 때 이르러서는 곧 복위될 것이라는 소문이 조정 안팎으로 퍼져나가 폐비복위는 당연하게 받아들이는 분위기여서 이제 영조의 하명만 남게 된 국면이 된 셈이다. 폐비복위 분위기가 한 참 무르익은 조정에서 김태남의 상소가 있게 된 것이다.[63] 김태남의 상소를 접한 영조는 매우 기뻐하면서 조정의 의견을 모으라는 명령을 내린다.[64]

폐비복위가 당연하게 받아들이는 전환된 조정 분위기는 신후담 가문에게도 전해지고, 신수근의 7대손 신구중은 아들 신후담에게 신비복위를 위해 시장諡狀에 필요한 자료를 모두 준비하게 하여 그것을 봉상시奉常寺에 제출하게된다. 이어서 봉상시에서는 영조에게 폐비신씨 복위문제와 시장을 아뢰자, 영조는 다음과 같이 그 감회를 피력한다.

"내가 신수근 일에 대해서는 본말本末을 잘 몰랐는데, 그저께 시장諡狀을 보고 비로소 환히 알게 되었다. 그 대체를 논한다면 신수근은 대개 천명天命을 몰랐다고 하나 이것은 또한 세속의 말이다. 아! 신수근의 마음은 괴로웠고 그의 뜻은 확고하였다. 훈척勳戚에 연연하지 않고 섬기는 뜻을 바꾸려 하지 않았으며, 순박하고 강개하여 자신을 돌보지 않았으니, 만약 포장褒獎하지 않으면 어떻게 임금은 임금답게 신하는 신하다운 도리를 바루겠는가? 대신으로 하여금 품처케 하라고 명하였다."[65]

곧 이어 영조는 단경왕후의 아버지 신수근에게 영의정 익창부원군益昌府院君을, 두 어머니 권씨權氏와 한씨韓氏에게는 각각 영가부부인永嘉府夫人과 청원부부인淸原府夫人을 추증하라 명하였다.[66] 또한 신수근에게는 '신도信度'라는 시호가 내려지고,[67] 영조가 온릉溫陵에 나아가 전배까지 하기에 이른다.[68] 그 뒤 영조는 '고금동충古今同忠'이라는 4자를 써서 내려주고 이르기를 '신수근은 포은圃隱 정몽주와 함께 충의忠義가 같다 하고, 호조에 명을 내려 사우祠宇를 만들어 주고 그 곁에 각閣을 세워 네 글자를 새기어 걸어놓게 하라'고 명하였다.[69]

마침내 중종반정 이후 폐비신씨와 신수근이 신원伸冤되어 복위되는 그 결정적 시기에 신구중과 신후담 부자가 그 막중한 역할을 해냈던 것이다. 신후담의 부친 신구중이 국구國舅였던 신승선→신수근 가문을 잇는 인척에게로 출계하게 된 배경은 위와 같은 외척가문이라는 사실이다. 신구중은 신수愼睢의 4대손으로 출계하게 되는데, 신수와 같은 항렬인 신구중의 친가親家 신원愼愿은 신수와는 10촌이 된다. 그러므로 신구중은 17촌의 친족 집안에 입양을 하게 된 셈이다.

당시 족벌사회를 감안하더라도 17촌은 보편적 양자가 아닌 경우로 해석되지만, 그를 양자로 삼은 것은 외척가문을 계승시키려는 택현擇賢의 인물을 고려한 측면도 있었을 것으로 추측된다. 또한 신승선·신수근 부자 대父子代의 외척권력의 중심부에 있었던 과거의 명예를 최대한 회복하거나 지켜내려는 의지도 담긴 것으로도 이해된다.

신구중과 신후담 부자 대에 이르러 폐비신씨와 신수근 등이 복위되고, 당시 신후담이 편찬한『온릉지溫陵誌』에 의하면 '단경왕후의 가례 시기(1499년)'와 '복위된 시간(1739년)적 거리가 240년'이나 된다. 그런데, 조정 안팎에서는 '우연히도 가례한 연도와 복위된 연도가 기미년己未年이라는 부합된 사실'에 놀라움을 표시하기도 한다. 그리고『온릉지』를 근거로 단경왕후의 가례와 추복 내용을 왕실족보인『선원보략璿源系譜寶略』에 보궐補闕하기에 이른다.[70]

한편, 신구중에게 가학家學의 영향을 준 인물로는 신무愼懋(1629~1703)가 있다. 신무는 진사가 된 뒤 벼슬을 하지 않고 학문에만 전념한 학인이다.[71] 그는 신구중에게는 서조庶祖가 되는데, 신구중은 그에게 학문을 일찍부터 배운 것으로 보아 가학의 연원이 그에게 연결되어 있음이 읽혀진다.[72] 신무에 관한 사실은 사승관계에서 자세히 살피고자 한다.

신구중은 1711년(숙종 37) 사마시에 입격하여 생원이 되고, 1727년 증광문과에 병과로 급제한 뒤[73], 외관직으로 용강현령龍岡縣令(종5품)을 거쳐, 1739년(영조 15) 종묘서령宗廟署令(정5품)이 된다.[74] 이해 그는 영조의 부름을 받고 궁궐에 들어가 그의 7대조 신수근의 신원伸寃과 폐비신씨의 복위 하명을 받게 된 것이다. 신수근 신원이 있은 지 얼마 뒤 영조가 앞에서 논급한 바와 같이 신수근을 '포은圃隱 정몽주와 함께 충의忠義가 같다.'고 크게 칭송한 것이다.[75]

신구중이 역임한 종5품 현령과 정5품 종묘서령 관직은 각각 지방과 중앙관직으로서는 양반의 위치를 확인할 수 있음에는 틀림이 없다. 그러므로 신후담이 평생 학문 활동에만 전념할 수 있었던 기회도 신승선·신수근 부자 때의 왕비를 배출한 국구의 외척가문이라는 막중한 권력중심에 섰던 자부심의 여풍餘風과 함께 부친 신구중의 관력도 배경이 되었다고 볼 수 있다.

한편, 신후담은 일생동안 한성에서 멀지 않은 경기 파주 교하 금척리를 배경으로 학문 활동을 하면서 가끔 한성에 들렀던 것으로 이해된다. 그런데 거창 신씨가 처음 정착하기 시작할 때는 경상 우도를 중심으로 세거한 것으로 확인되고, 그 뒤 신구중 양친 집안이 한성을 중심으로 경기 지역으로 자리 잡기 시작한 시기는 신승선·신수근 대 이전인 것으로 보이며, 신승선·신수근 부자父子 대에 이르러 확고히 자리를 잡게 된 것으로 추정된다.

두 인물이 정승이라는 높은 관직을 역임하며 국구에까지 이르고, 경기도 양주시 장흥면 일영리 등에 신수근과 그의 후손들 묘군墓群이 자리하고 있다는 사실도 이를 증험한다. 특히 경기 파주의 교하로 신후담 가문이 이거移居한 것은 조부 신휘오 이전 시기인 것으로 보이며, 또한, 신후담의 고조高祖 선산先山이 경기 지평砥平, 현재 경기도 양주시 장흥면 일영리에 있고, 신후담의 서증조 신무가 이곳으로 이사를 한 기록 등도 이를 뒷받침해 준다.

그 이전에는 주로 경상 우도인 거창 지역을 중심으로 구산龜山(경남 거창), 율현栗峴(경남 거창), 안음安陰(경남 함양), 산음山陰(경남 산청) 등지로 흩어져 세거한 것으로 보인다.[76] 이들이 흩어져 살게 된 지역을 대체로 살펴보면 특히 경상 우도를 중심으로 세거하고 있었음이 확인된다.

신구중 친가의 가계 세보는 [표 2]와 같다.

앞에서 살핀 바와 같이 신구중의 9대조 신전愼詮에게는 세 아들이 있다. 신승명愼承命·신승복愼承福·신승선愼承善 등이 바로 그 인물들이다. 이들 중 둘째인 전의현감全義縣監 신승복이 신구중 친가 쪽에서 계상해보면 8대조가 된다.

[표 2] 양간공襄簡公, 전詮 둘째 아들 승복承福 3세 몽상파계보夢祥派系譜

19세	20세	21세	22세	23세
○ 원원原愿 배우자: 창녕성씨 학령鶴齡의 딸	○ 숭겸崇謙 배우자: 안동김씨 구정九鼎의 딸	○ 영영英盈 배우자1: 예안이씨 여강汝强의 딸 배우자2: 광주안씨 대련大連의 딸	○ 지현之顯	
			○ 지미之微	
			* 박효상朴孝相 밀양박씨 안길安吉의 아들	
			* 박수소朴守素 밀양박씨 세미世美의 아들	
			* 신상申湘, 미상	
			* 이담李醰, 미상	
			* 박세운朴世雲, 미상	
		○ 성성盛盛 배우자: 박씨(수사水使 상준尙俊의 딸)	○ 지항之恒 배우자: 평상신씨 첨헌僉憲의 딸	
			○ 지휘之徽 배우자: 청주한씨 세발世潑의 딸	
			○ 지민之敏	
			○ 지명之明	
			○ 지철之徹	
			○ 지욱之勖	
			* 최수崔樲	
			* 이도익李道益	
			* 심요沈橈	
		○ 익익益益 배우자1: 문화유씨 기문起門의 딸 배우자2: 전주이씨 덕빈德蕡의 딸	○ 지헌之憲 배우자: 전주이씨 유형惟亨의 딸	
			○ 지유之猷 배우자: 여흥민씨 광로光魯의 딸	
		○ 보보簠簠 배우자: 순천박씨 희성希聖의 딸	○ 지언之彦 배우자1: 경주김씨 정남廷南의 딸 배우자2: 합천이씨 건후乾后의 딸	
			○ 지면之勉 배우자: 의령남씨 찬燦의 딸	
			○ 지윤之胤 배우자: 전주이씨 각珞의 딸	
			○ 지일之逸	○ 만적萬迪 배우자: 전주이씨 명익命益의 딸
				○ 만길萬吉 출계出系, 지임之任

19세	20세	21세	22세	23세
				○ 구중龜重 출계, 휘오徽五
				○ 만중萬重 배우자: 평해황씨 단塸의 딸
				○ 만영萬英 배우자: 김해김씨
			* 조이한趙爾翰 양주조씨 상우相禹의 아들	
			* 원좌요元佐堯, 원주원씨	
			* 정영석鄭永錫, 동래 정씨	
			* 이세춘李世春 전주이씨 진발震發의 아들	
		○ 반盤 배우자: 안동 김씨 유유愉의 딸	○ 지임之任 배우자: 남양홍씨 기석箕錫의 딸	○ 말길萬吉 계자系子

*사위

그러므로 신구중 양가는 신승복의 아우 신승선 계열로 8대조에서 형제가 되는 셈이다. 신승복은 1483년에 전의현감이 되고,[77] 1497년에는 동생 신승선의 아들, 즉 조카 신수근이 도승지(정3품)가 되는데, 그는 조카 보다 품계가 낮은 연안부사(종3품)를 역임한다.[78]

당시 그의 동생 신승선이 국구國舅가 됨으로써 그도 그의 재능에 더해져 정치적 입지가 튼튼해진 것으로 볼 수가 있다. 이듬해 신승복은 형조참의가 되고[79], 1502년 외직으로 경주부윤을 역임하며,[80] 중앙으로 돌아와 승지가 되어 지근에서 왕을 보필하게 된다.[81] 그러나 연산군 비의 숙부라는 이유로 신료들로부터 많은 비판과 견제를 받고, 승진할 때마다 대간들의 극심한 비판을 받게 된다. 그런데도 불구하고 연산군 비호 등으로 1504년에는 개성부유수가 된다.[82] 그 뒤 1506년(중종 1) 중종반정 때는 오히려 신수근의 숙부라는 이유

때문에 원방으로 부처되는 역차별을 받기도 한다.[83]

신승복은 아들 신수정愼守正(1474~1520)과 딸이 셋이 있는데, 이광李珖은 그의 사위 중의 한 사람이다. 신수정은 벼슬을 하지 않은 것으로 보이며, 그의 휘하에 신방보愼邦輔·신방필愼邦弼·신방좌愼邦佐 등 세 아들을 두었다. 장남 신방보는 1536년(중종 31)에 판관(종5품)을 역임한 바 있고,[84] 셋째 신방좌는 1554년(명종 9) 군수를 역임하는[85] 등 양반가문을 잇고 있다. 한편, 장남 신방보의 아들이 신몽상愼夢祥으로, 신몽상의 아들이 위의 [표 2]에서 고찰되는 신원愼愿이다.

신구중 고조高祖 신원愼愿은 관찬기록과 같은 공적 자료에는 관직을 역임한 기록이 보이지는 않지만, 『거창신씨세보』에는 첨지중추부사僉知中樞府事(정3품)를 역임한 것으로 기록되어 있다. 그의 아들 신숭겸愼崇謙도 관찬사료에는 관직생활이 전혀 고찰되지 않지만, 『거창신씨세보』에는 광흥창봉사廣興倉奉事(종6품)를 지낸 것으로 기록되어 있다.

그리고 조부 신보愼簠는 별다른 관직을 역임하지 않은 것으로 자료에서 확인되고, 신구중의 부친 신지일愼之逸(1653~1703)은 무과출신으로 선전관宣傳官(정3품~종9품까지의 벼슬 이름)·도총都總 등을 역임한 것으로 『거창신씨세보』에는 기록되어 있다. 공식적 정사기록인 조선왕조실록에는 1700년(숙종 26)에 삼수현감을 지내고,[86] 이듬해 삼수군수를 지내는데,[87] 그 뒤 1703년에는 월경문제로 투옥되는 불미스런 일을 겪기도 한 사실 등이 있다.[88]

그런데, 신원은 앞서 살펴본 데로 신구중의 양가 신수愼售와는 벌써 10촌이 됨으로 신휘오愼徽伍와 신구중은 17촌이 되는데, 항렬로는 17촌 서숙庶叔이 되는 셈이다. 친족관계에 있어서 17촌이 되는 집안으로의 출계出系는 당시 일반적 양자관계를 고려해 보면 특수한 경우라는 앞의 견해를 다시 상기해서 특수한 경우의 양자관계로 유추해 보면 두 가지 측면이 추정된다.

첫째, 신휘오가 후사가 없어서 입양하였지만, 중종반정으로 정치적 타격을 크게 입은 신수근·단경왕후 이후, 대를 이을 학덕 높은 인물을 배출하거나 찾았을 것으로도 추정된다.[89] 둘째, 중종반정 때 신수근 직계 후손들의 정치적 타격으로 신승선·신수근 부자 대의 명성을 이을 재덕이 있는 인물로 성장할 수가 없었던 배경도 예상된다. 따라서 신승선·신수근 부자의 경우, 연산군비와 단경왕후 당시의 외척세력에는 훨씬 못 미치지만, 그런데도 불구하고 신구중을 택현擇賢하여 외척가문 과거 명예라도 찾을 인물로 성장시키려는 의도도 있었을 것이라는 추정이다.[90]

앞의 몇 가지 고찰로 미루어보면 신구중 친가는 5대조까지 양반 가문을 유지하고는 있었지만, 대체로 외척가문이던 양가 집안과 비교할 때 상대적으로 크게 권세를 누린 인물은 쉽게 찾아지지 않는다. 그들 중 일부는 문반文班으로 중앙 조정에 등용되기 보다는 외관직으로 지방에서 주로 활동한 인물이 많았음도 읽혀진다.

이제, 마지막으로 신후담에게 일정한 영향을 미쳤을 것으로 추정되는 외가 가문을 살펴보고자 한다. 신후담 외조부 이서우李瑞雨는 그의 친가나 양가와 크게 다를 바 없는 대북계열로 추정된다.[91] 그의 정파적·정치적 입장을 추정해 볼 수 있는 내용이 인사문제에서 엿보인다.

"허적許積이 '도당록都堂錄을 완료한 뒤 이미 세 사람을 추천하였는데, 또한 이서우를 추천하게 되니, 그렇다면 이조에서 추진할 것이지 어찌하여 홍문록을 하겠습니까? 그는 비록 문재文才가 있다지만, 바로 대북大北의 아들인데 어떻게 홍문록을 할 수 있겠습니까'라'고 하였다. 윤휴가 '이서우는 단지 홍우원洪宇遠을 배척한 이유로 벼슬길이 막혔습니다. 그런데, 대북 자손이라는 사실은 신이 아직 듣지 못하였다'고 하자, '허적이 손자라면 그래도 될 수 있지만, 이는 바로 이경환李慶桓 아들이니, 그가 대북이 되었던 것을 누가 알지 못하겠는가'라 하면서, 계해년(1623년 인조반정) 이후로 지금까지 대북과 서로 친하고 서로 관련된 자는 임용되지 못하고 있습니다."[92]

이서우는 미수 허목의 추천에 의해서 관료에 진출하여 조사기趙嗣基·이수경李壽慶·오정창吳挺昌·권수權脩 등과 정치적 친분을 갖는다.[93] 그 뒤 그는 윤휴·오정창·오정위吳挺緯·오시수吳始壽·이무李袤·장응일張應一·정지호鄭之虎·남천한南天漢·이태서李台瑞·남천택南天澤 등과 조정에서 당론을 같이하고,[94] 1623년 인조반정 후 대북으로서는 처음 청현직淸賢職을 얻게 된 인물로 재능이 뛰어났다.[95]

그는 사간원 정언正言(정6품)이 되어 당류黨類 조사기를 두둔하다가 체직되기도 하고,[96] 곧 다시 복직되는 등 조정에서 남인들과 정치적 명분을 같이하며 적극적으로 활동한다.[97] 특히, 이서우의 부친 이경환은 남인 거두 허목과 동향同鄉으로 일찍이 그와 친분이 있고, 그에 따라 이서우도 허목의 정치적 배경으로 청현직도 일찍이 할 수 있었던 것으로 추측된다.[98]

이서우는 오정창과 정치적 뜻을 같이 하고, 당시 효종 동생 인평대군麟坪大君의 아들 복창군福昌君·복평군福平君 등과 한 동리에 살면서 친분을 쌓은 일로 역모사건에 연루되어 두 왕자가 사사될 때 그도 귀양을 간다. 한편, 그는 자신을 끌어 준 권대운權大運이 영의정이 되는 등 남인 권력 하에서 1690년(숙종 16) 숙종을 측근에서 보필하는 도승지에 오른다.[99] 잠시 함경감사로 나갔다가 파직되었으나 복직하여 당시 남인이던 좌의정 목래선睦來善의 비호로 공조참판을 역임하고, 이어 예문관제학으로 발탁된다.

한편, 1694년 경신대출척으로 노론천하가 되고, 1725년 영조 등극으로 노론과 완소緩少 전권 하에서 1728년 이인좌 난이 일어난다. 이인좌 난은 조선 조정을 흔든 대사건으로 그 여파는 쉽게 가라앉지 않았다. 이 사건으로 남인과 준소는 정치적 입지를 크게 상실하였으나, 그 저항의 여파는 완전히 꺾이지 않았던 것으로 이해되는데, 신후담 외숙 이색李穡(이서우의 아들)이 영조에게 친국을 받게 된 사건은 그 연장선에 전개된 대표적 사례다.

이색은 그의 조카(누이의 아들) 권두령權斗齡과 1728년 이인좌 난을 일으킨 잔존세력들과 노론전권에 타격을 가하려는 은밀한 기도에 개입된 것으로 추정되는데, 당시 이 사건의 개략적 전말顚末은 영조가 거사 동기와 동참한 인물들을 친히 국문한 다음 진술에서 엿보인다.

"숙장문에 나아가 이색 등을 친국하였다. 이색에게 '너는 이순관李順觀의 가까운 친척으로서 책策을 지어 풍유諷諭하였다는데, 지적한 의도가 음흉스럽다. 낱낱이 바른 대로 고하라'고 하자, 이색은 '봄에 신의 누이 아들인 권두령이 저를 찾아왔습니다. 그는 임서린任瑞麟에 연좌緣坐되어 유배지에서 함부로 나왔기에 그가 온 까닭을 묻자, 이 지방에 적당賊黨들이 모여 있어서 거기에 들어가려고 한다고 하므로, 신은 너는 왜 또 이처럼 친족을 다 죽일 일을 하느냐고 나무랐습니다.'

그가 말하는 적당이란 곧 무신년(1728년) 이인좌 난의 여얼餘孼인 이유익李有翼의 아들 이천영李天英의 족속입니다. 또한 망명자亡命者 18명은 월강越江하였는데, 그 중에 서 황진기黃鎭紀·정중복鄭重福은 처음에 칠보사七寶寺의 중이 되었다가 서로 모여 모역謀逆하고 승군僧軍을 조직하였는데, 이른바 붕화상鵬和尙이라 함은 승적僧賊의 괴수魁首입니다. 18명은 호인胡人들에게 요청하여 곧바로 압록강을 건너 북변北邊을 할거割據하려고 하였는데, 이천영이 이들 중에서 괴수였다고 합니다.

한편, 경주에 사는 이덕해李德海의 아우 이덕하李德夏는 관상자觀相者인데, 이 사건 주도자들은 장차 이 사람을 북로北路에 보내어 적정賊情을 살펴본 뒤에 돌아와서 알리도록 하였다고 합니다. 그리고 원산元山에 사는 남익한南翼漢도 이들과 같은 무리인데, 부요富饒하여 배를 많이 가지고 있었기 때문에 북쪽과 통래할 수 있는 계제階梯를 만들려고 한다고 합니다. 이는 모두 권두령에게 들었던 내용입니다.

형장刑杖을 한 차례 가하면서 영조가 이용발李龍發에게 묻자 그는 '신은 이색의 보수인保授人으로서 그의 심부름꾼이 되었는데, 이색이 신에게 북도北道에 도적이 있어 중들과 체결締結하고 피중疲中에 도망쳐 간 무리들과 서로 내통하고 있으니, 네가 이 책策을 가지고 서울에 올라가 고변告變하면 마땅히 공功이 있을 것이라고 하였습니다. 또한 권두령이 처음에 차도림車道林 서당書堂에 찾아와서 사장師長 이색과 상의한 것을 들었는데, 이색이 권두령에게 너희들이 만일 남북으로 먼 길을 달려서 온다면 일이 반드시 성공치 못할 것이다. 성중城中에서 잠복해 있다가 몰래 급습하는 것만 못하다고 하였습니다.

형장을 한 차례 가한 뒤에 영조가 김덕재金德載에게 물으니, 김덕재는 고변할 때에 함께한 정상으로써 이용발의 공초에 나온 자이다. 김덕재는 이용발이 도적들이 북변에 있으니 고변하면 벼슬을 얻을 수 있다고 하면서, 이어 노비路費를 내놓으라고 졸랐습니다. 대탕책大蕩策에 대하여서는 처음부터 보지 못하였습니다.

다시 이색에게 묻기를, '대탕책이란 무슨 뜻이며, 거기에 인용한 황소黃巢·이경업李敬業에 대한 일과 손은孫恩의 당黨이 건강健康에 잠복하였다는 말 및 곽광霍光의 제서諸婿, 허·사許史의 자제子弟라는 말은 무슨 뜻인가?'하자, 이색은 권두령이 일찍이 명천明川의 이가李哥에게 편지를 받아다가 영성군靈城君에게 전하고, 이어 편지를 심양瀋陽 사신使臣의 군관軍官 우하형寓夏亨에게 부쳤다고 하였습니다.

그러므로 책策 중에 인용한 손은의 당이란 우하형의 무리를 지적하는 것으로, 그가 서울에 있었기 때문에 건강이라고 하였고, 황소·이경업은 황진기·정중

복을 비유한 것이며, 곽광의 제서란 곧 장병掌兵한 자를 지적한 것이고, 허·사의 자제란 곧 국가의 훈척신勳戚臣을 지적한 것입니다. 대탕의 '탕蕩'자는 청탁淸濁을 가려서 탕척蕩滌한다는 뜻이 아니고, 이름이 역적의 진술에서 나오지 않은 자는 모두 크게 탕척하는 범위에 든다는 뜻입니다고 하였다. 이색에게 형장을 두 차례 가하자, 이어 남들을 악역惡逆으로 무함하고 조정을 무망誣罔하였습니다는 진술로써 지만遲晩하였다.

경온慶醞을 국문하였는데, 경온은 곧 이색의 처남妻男으로 이용발을 접촉하게 한 자이다. 임금이 소위 대탕책이라고 하는 것을 보고서 내가 깨닫는 바가 있다. 곽광과 허·사許史에 대한 말은 밝혀서 말하지 않으려고 하였으나 은연중에 조징趙徵의 말과 같은 뜻이다. 그 부도不道한 말을 말 첫머리에 내놓아 스스로 대역大逆을 범하였으나, 날마다 형신刑訊을 가하게 되면 경폐徑斃할 염려가 없지 않으니, 친국親鞫은 다시 하교할 때까지 기다리도록 하라고 명하였다.

집의 윤득재尹得載가 전계前啓를 거듭 아뢰었으나 윤허하지 않았다. 또 아뢰기를, '역적과 연좌된 자들을 검칙檢飭하지 못하고 간혹 도망가는 자가 있어도 살피지 못하여 마침내 외국으로 망명하는 데까지 이르렀으니, 각도의 전후 수령守令을 일일이 적발하여 나문拿問하여 죄를 바로잡고 도신道臣도 중추重推하소서.' 하니, 임금이 윤허하고, 이어 해당 가산군수嘉山郡守를 먼저 멀리 귀양 보내라고 명하였다."[100]

다소 긴 인용문은 신후담도 이 사건으로 영조의 친국을 받게 되는데, 그가 이 사건에 연루된 지 여부를 묻는 영조의 친국 경위를 미리 살펴보기 위함이다. 당시 신후담 외가이자 조정에서 밀려난 소론과 남인들이 함께 일으킨 이 사건은 이인좌 난 이후에도 여전히 노론정권에 대항하여 은밀하게 재야에서 항거계획을 벌이고 있었음을 보여주는 사례이다.

본 사건을 개략적으로 정리하면 이인좌 난에 참여하였다가 살아남은 남인과 소론 인물들, 그리고 그 후손들이 함께 계획한 사건으로 실행시키지는 못했다. 영조 친국 때 초사招辭에 의하면, 주동자들은 이인좌 친족 중에 살아남은 이천영李天英과 그 족속, 그리고 칠보사七寶寺에서 승승僧으로 신분을 속여 지낸 황진기黃鎭紀·정중복鄭重福 등과 북쪽 국경을 넘어간 18명, 서당의 사장師長 이색 등인 것으로 해석된다.

그리고 동참한 인물로는 경주의 관상자觀相者 이덕하李德河는 북쪽 월강자들의 동정을 살펴 전하는 역할, 부유하여 많은 배를 소유한 원산元山의 남익한南翼漢은 배를 이용하여 북쪽으로 왕래하며 압록강 월강자들과 내통할 수 있는 역할을 맡은 것으로 이해된다. 기획된 일들이 탄로 난 당시 이 사건에 참여한 인물들 대부분은 압록강을 넘어가 죄를 다스릴 수가 없었던 것으로 추측된다.

이 사건은 국경을 넘어 달아나지 못한 이색·이용발·김덕재 등 자신들이 참여해 알고 있는 전말顚末만이 친국을 통해 밝혀지는 한계를 지닌다. 영조의 친국으로만 추정해 본다면 이 사건의 주동자는 이색과 이천영李天英, 그 외 승승僧으로 가장한 황진기黃鎭紀·정중복鄭重福 등 월강자 18명, 권두령 등인 것으로도 해석된다.

하지만 친국에 대한 공술만으로 유추해보면, 신후담 외숙 이색은 권두령을 통해 그들의 기획의도를 간접적으로 도운 측면으로도 해석이 가능하다. 경주의 이덕하李德夏, 원산元山의 남익한南翼漢 등도 깊이 참여한 것으로 보이며, 특히 남익한은 부유하여 배를 많이 가지고 있었기 때문에 북쪽과 내통할 수 있는 계제階梯를 만드는 역할을 하려고 한 것으로 해석된다. 1745년 10월 10일 이색은 결국 신문 도중에 물고物故되는데, 그의 이 사건에 참여한 죄목은 영조의 전교로 에 의하면

"임금이 명정전明政殿에 나아가 친제교문親製敎文을 반포하였는데, '왕은 말하 노라. 모든 일에는 근본과 지엽적인 것이 있으니, 근본이 다스려지지 않고서 지 엽적인 것이 다스려진다는 것은 내가 듣지 못하였다. 아! 난역亂逆이 어느 시대 인들 없었겠는가마는 어찌 무신년 이인좌 난과 같은 경우가 있었겠으며, 그 근 본은 무엇이었던가? 〔중략〕 무신년에 재적載籍에도 없었던 역란逆亂을 빚어내게 한 것은 하루아침이나 하루저녁의 사고가 아니며, 말미암아 온 것이 점차 이루 어진 것이다.

〔중략〕 그리고 그 뒤에 또한 이색李穡과 이염李濂이 있었으며, 또 권혜權憓·권집 權緝 등이 있었는데, 이색과 이염은 역종을 모아 감히 불궤를 도모하였고, 권혜 와 권집은 교묘하게 음서陰書를 만들어 그 뜻을 행하려 하면서, 거의 10년 동안 몇 십 명의 역적들이, 사건은 비록 각각 다르다고 하지만 마음은 똑같았으니, 이 것은 마음이 서로 연관되었다고 말할 만하다.[101]

고 결론내린데서 엿볼 수 있다. 1755년(영조 31) 영조는 이색 등이 주동이 된 역 모사건이라 결론적으로 판단하여 중간처리를 명하고, 사간원의 거듭된 사건 연루자에 대한 강력한 치죄를 아뢰었으나 영조는 허락하지 않았으며, 정언 송 문재가 권두령 등을 국문하라고 상달했으나 또한 불허하였다.[102] 노론 전권 조정에서는 이들의 재차 항거를 우려, 먼 섬에 위리안치된 권두령 등을 모두 가혹하게 처리하려고 하였다. 그러나 영조는 탕평정국의 운영이나 그들의 모 의 참가 경중 등을 참작하여 결국 허하지 않았다.

기획한 대로 전개되지 않았던 이 사건은 학문에만 전념하던 신후담에게까 지 그 파급이 미치고 있었다. 신후담이 그의 동생 신후팽愼後彭과 사촌 동생 신후일 등과 함께 영조에게 친국을 받게 된 사실은 이 사건의 연장선에서이 다.[103] 신후팽은 신후일이 상변할 내용이 있다고 하여 신후일과 함께 친국을 받았는데, 영조는 신후팽의 인물됨이나 정황상으로 볼 때 이 사건 모의에 가담할 혐의가 없다고 판단하고 바로 사면하였다.[104] 그러나 신후일은 친국 도중에 장독으로 결국은 사망하였다.[105]

그가 사망하기 전 친국과정에서 드러난 사실은 노론전권에 무력으로 대항하는 한편, 다른 인물들은 새로운 세상을 만들려는 이상적인 꿈을 전개하려는 시도를 하고 있었다. 즉, 이를 '함께 모의한 자들로는 고치룡高致龍과 윤서尹嶼·김호金湖·조담趙潭 등 수 만 여 명의 사람들을 모아서 일본과 내통했다'는 내용, 그리고 '그 장소의 하나로 각골도角骨島라고 하는 허황되게 소문으로만 전해지는 듯한 내용'을 털어놓기도 한다.[106] 신후일이 진술한 김호라는 이름은 원래 '호湖가 아니라 호壕인데, 물수 변(氵)을 붙여서 호湖로 이름을 고친 것은 고치룡의 고의적 작위라고 영조는 이 사건의 본질을 의심하기도 하였다. 또한, 고치룡의 2차 국문 때는 청윤淸潤이라는 이름의 승僧과 이황필李黃必(이색의 조카)이란 이름이 나오기도 하였다.[107]

한편, 신후일이 상변하려 궁궐로 불려갈 때, 신후담의 어머니는 자신의 아들 신후팽을 함께 딸려 보냈는데, 그 이유는 자신의 친정 동생 이색의 동정을 파악하여 알려달라는 뜻이 담겨 있었을 것으로 추정된다. 그런데, 이 사건의 가담자 권두령이 사돈 관계인 신후담의 집으로 찾아 왔을 때, 신후담·신후팽 형제는 마침 집에 없었고 신후담 모친만 있었는데, 그녀는 의리를 내세워 권두령을 강력히 돌려보냈다는 사실이 뒷날 신후일의 고변에서 확인된다.

신후일의 고변으로 신후담은 영조에게 국문을 받게 되는데, 그가 무사히 풀려날 수 있었던 이유도 영조가 신후일을 국문하는 과정에서 전후 사정을 충분히 파악하여 신후담은 전혀 관련이 없었음을 확신한 때문이라고 읽혀진다. 영조가 숙장문에 나아가 이 사건에 신후담의 관련여부를 친국親鞫한 사실은 다음과 같다.

"권두령을 국문하니 영성군靈城君은 누구인지 모르나 심부름꾼을 시켜 편지를 전하였다는 이야기를 단지 이색에게서 들었다 하고, 이색은 무신년의 여얼들이 특별히 나라를 원망한 단서가 없는데, 박문수朴文秀·조현명趙顯命·심수현沈壽賢 등 여러 소론들이 반드시 그 여얼들을 죽이려고 한다고 하였다. 숙장문에 나아가 권두령·이용발·신후담·신후함 등을 서로 면질시키자, 권두령이 이용발에게 네가 이덕하李德夏가 이색이 있는 곳에 와서 관상觀相을 보았다고 하지 않았느냐, 그리고 이색도 이덕하가 나의 관상을 보고 정승이 될 만하다고 하지 않았느냐고 하자,

이용발은 이색이 너와 함께 의논하여 변서變書를 주었으므로 나는 가지고 올라왔을 뿐이다. 다른 것을 어찌 알겠느냐고 항변하므로, 이용발에게 형장刑杖을 두 차례 가하고, 신후담에게 너는 어찌하여 감히 이색의 시체를 거두고 권두령을 유숙하도록 허락하였느냐고 하자, 신후담은 이색은 신의 외숙입니다. 이색이 죽은 뒤 신의 어미가 울면서 옷을 만들어 놓고 사람을 시켜서 뼈를 거둬오라고 하므로, 마지못하여 이색의 종 방량放良을 시켜서 과연 시체를 거두어 왔습니다. 그리고 계해년(1743)에 권두령이 신의 집을 찾아 다녀온 일이 있다고 하나, 신은 고향에 있었으므로 보지 못하였습니다 하였는데, 권두령과 면질시키니 과연 서로 얼굴을 알지 못하였다.

신후함愼後咸을 심문하자 그는 계해년에 '권두령이 휴가를 얻어 왔다.'고 스스로 말하므로, '그가 망명亡命한 사실을 몰랐고, 신의 어미가 과연 나가서 그를 보았습니다. 그때 신의 두 형은 모두 시골에 있었고, 신만 혼자 집에 있었습니다.'고 하니, 임금이 신후담의 어미는 여자로서 능히 이색의 시체를 거두었으니 진실로 쉬운 일이 아니다. 신후담은 별로 범한 바가 없으니 특별히 석방하고, 신후함은 적노賊奴로서 도피한 자를 감히 머무르게 하였으니, 그냥 풀어줄 수 없다. 정배定配하도록 하라고 명하였다.[108]

권두령이 이 사건에 참여한 비중은 권두령이 체포된 뒤 그를 잡은 자들에게 내린 상금에서 추정된다. 즉, 포교捕校가 권두령을 잡았을 때, 영조는 맨 앞장서서 잡은 사람 양천표梁天杓에게 두 품계品階를 올리고 천금千金의 상을 주고, 그 나머지는 혹은 상금을 주고 혹은 변장邊將으로 제수하였으며, 포졸捕卒들에게는 쌀이나 포목布木을 내려주었다.[109]

이 사건은 1728년 이인좌의 난 실패로 불만을 크게 품었던 신후담의 외숙 이색이 기획하여 모의한 사건이라고 조선 조정은 파악하게 되었던 것임이 다음과 같은 내용에서 읽혀진다.

"대사간 이중협李重協이 전계를 거듭 아뢰었으나, 윤허하지 않았다. 또 아뢰기를, '이번 요망한 역적들 계모計謨가 흉참스러운 것이 무신년보다 더 하였습니다. 역적 이색이 흉서凶書를 지어낸 것이 실은 이 옥사獄事의 핵심인 것이니, 이용발이 그의 지시를 받아 흉서를 가지고 서울로 올라온 것에서 역적 이색과 마음을 함께 하였다는 것을 분명히 알 수 있습니다.

권두령은 연좌되자 망명亡命했으니, 진실로 해당되는 율律이 있는 것입니다. 그런데다가 제도諸道를 왕래하면서 흉당凶黨들과 체결締結하였고, 일이 발각되어 체포되는 데 이르러서는 전후에 공초供招를 올린 것이 역적 이색이 한 말을 그대로 인용한 것에 불과할 뿐 본디 특별히 적정賊情에 대해 고한 일이 없습니다. 이렇게 말을 꾸며 형벌을 면하려 하니, 그 실정을 숨기고 있다는 것이 환히 드러났습니다.

김덕조는 처음 역적들이 체포되었다는 소식을 듣고 겁에 질려 어찌할 바 몰라 했으니 참으로 매우 수상하였습니다. 그런데 대질할 때 말도 매우 군색하기 그지없었고, 이계강에 이르러서는 이는 본래 역종逆種인데, 권두령의 초사招辭에서 비록 이름을 지칭하지는 않았지만, 이미 이순관의 양자라고 하였으니, 어떻게 파양된 이철강만 핑계대어 용서해줄 수 있겠습니까?

국체鞫體로 논한다면 엄히 신문하고 철저히 핵실覈實하지 않을 수 없습니다. 그런데 작처하라는 명이 뜻밖에 내려졌습니다. 청컨대 죄인 이용발·권두령·김덕조·이계강 등을 작처하라는 명을 도로 중지시키시고, 이어 국청으로 하여금 엄한 형신을 가하여 실정을 알아내게 한 다음 쾌히 왕법王法을 바루게 하소서 하였으나, 윤허하지 않았다.[110]

노론정권은 무신난 주동자 후손들이 살아 있으면서 계속 후일을 도모할 것을 우려하여 국문에서 파헤치지 못한 사건 전말을 모두 적발하여 연좌제로 치죄할 것을 영조에게 강청하였으나 영조는 끝내 받아들이지 않았다. 이 역모사건은 신후담 외삼촌 이색이 핵심 주동인물 가운데 하나로 참여하여 은밀히 기획, 전개하려 하다가 발각된 것으로 추정되지만, 신후담은 그의 생애 말기까지 정치적·사회적 입지와 사회적 처신이 위중한 처지에 놓여 있었음을 알수 있다.

2
사우관계 및 학통

:

1) 자방적自放的 교육환경과 노장사상

신후담은 7, 8세 때 재야 학인 박세흥에게 『통사通史』, 그리고 사서四書 및 삼경 중에서 이경二經을 배운다.[111] 그는 경전에 구두점을 찍어 신후담의 경서 이해를 돕고, 신후담이 독서하다가 어떤 질문을 해오면 여가 시간일지라도 온화하게 대해주었다고 한다. 특히, 그는 어린 신후담의 자방적自放的(자유를 일컫는 용어로 원문에서 그대로 옮겨 옴)인 언행에도 돈후敦厚한 교화敎化로 순화시켜 나갔다고 한다.

박세흥은 엄격한 가르침 보다는 온화하게 학문성취를 이루도록 이끌어준 스승으로 신후담은 기억한다.[112] 박세흥과 사승관계에서 자방적인 교육환경에서 자란 신후담은 청소년기에 들어서 정통 유학과는 동떨어진 세외世外·방외方外 학문에 심취해서 그러한 성격의 저술을 하게 되고, 사회생활도 그런 측면으로 습관화 되었다. 또한 자방적 학문태도와 방외 학문에 관심을 가지게 만든 청년기 스승으로는 선경善卿 정현주鄭顯周가 있다.

그는 신후담이 살던 경기 파주 금성金城 등원藤原에 가까운 자곡紫谷에서 살았는데, 나이는 신후담 보다 16세가 많다.[113] 그는 성품이 고항정결高亢貞潔(교만하게 보일 정도로 자부심이 대단하고 절개를 굳게 지켜나감)하고 세속 인물과는 다른 혼자 지내기를 좋아하였는데, 신후담도 속세와 떨어진 궁벽한 곳에서 자방적 학문을 전개하던 자신의 도道와 같다고 생각했다는 사실에서 그에게 일정한 영향을 받았음을 짐작할 수 있다.[114]

　신후담이 자신의 도와 비슷한 행적을 가진 정현주-정주경학에 비판적이던 서계西溪 박세당朴世堂의 문하에서 체유逮遊한 적이 있는 인물-에 관심을 가졌다는 측면이 주목된다.[115] 정현주는 당시 박세당의 서론緒論을 얻어 듣게 되었다고 하는데, 그 핵심은 박세당이 학문연구의 본말시비를 논함에 있어서는 당색黨色에 구애되지 않았다는 측면이다.[116]

　실제로 신후담도 당색을 초월하여 학문적 시비곡직을 전개했던 박세당·정현주의 학문추구 자세를 본받고자 했다. 그러한 일면은 신후담이 '일찍이 박세당과 윤증尹拯이 각각 율곡栗谷 이이와 우암尤庵 송시열과의 관계에서 스승의 학문지향과는 학문적 입장을 달리 해갔던 사례를 추고追考해내고 있다는 사실에서 드러난다.[117] 그는 마치' 박세당이 이이를 존숭하면서도 그가 편벽偏僻된 학문추구 부분을 알고 있어야 하고, 윤증이 송시열 문인이면서도 그와 단절하면서까지 학문적 시시비비를 명백히 가리려 한 입장'과 같이 학문추구 전개만큼은 초당적 자세를 취한 그들로부터 본받고자 한 것이다.[118]

　또한, 신후담은 청년기 저술『쌍계야화』에서 '붕당의 원인이 유학의 원형에 대한 해석차이, 즉 학술적 견해차에서 비롯된다.'[119]고 인식한 측면은 그 연장선에서 나온 견해로 해석된다. 그는 이후부터 학문적 자신의 견해는 당색에 구애되지 않고 전개해 나갈 것임을 분명히 하는데, 이는 어린 시절부터 길러진 자방적 학문태도와 박세당의 학문추구 방법의 사숙과 정현주의 영향이 큰 배경이 되었다고 생각된다.

　또 한편, 방외 학문 활동을 전개하던 풍수지리에 밝은 경기 평택인 김지황金之璜과,[120] 어떤 사건에 연루되어 국옥鞫獄을 치른 이도부李道夫라는 학인과

도 얼마 동안 교유한 적이 있다.[121] 김지황은 신후담 보다 나이가 적었고, 이도부는 나이 차이는 알 수 없지만, 신후담과 오랜 친분이 있었던 인물이다. 특히, 김지황에 대한 신후담의 평가는 매우 긍정적이며, 그를 열사烈士에 가까운 인물로 전傳으로 남길 정도였다.

박세흥·정현주 등은 모두 청소년기에 신후담에게 큰 영향을 준 인물들로 재야에서 학문을 성취해 간 공통점을 가진다. 그리고 이도부·김지황 등은 방외 학문을 추구했다는 측면, 그리고 신후담이 그들과 교유한 사실은 그가 지향하고픈 학문적 추구를 추측할 수 있다. 더욱이 정현주·이도부·김지황 등은 공통적으로 과거를 포기하고 방외 학문을 추구하던 인물들이다.

그렇지만 신후담이 정현주와의 교유를 통한 직접적 영향을 받았는지의 여부를 확인할 수는 있는 근거는 명확치 않다. 그렇지만 그를 통해 박세당의 학문과 사상의 서론緖論을 인식하게 된 계제가 되었다는 사실만은 분명해 보이며, 생애 중기 이후 박세당 저술들을 직접 구입해서 연구한 사실 등에 미뤄보면 그러한 측면을 읽을 수 있다.[122] 따라서 신후담은 청소년기에 재야에서 자방적 학문을 추구하던 인물들과 교유를 통해 방외 또는 세외世外 학문에 관심을 쏟고 있었고, 또한 정현주·박세당 등의 영향을 크게 받아 당색을 초월해서 학문적 견해를 내세울 수 있는 교육적 환경이 주어졌던 것이라고 해석된다.

한편, 방외 학문에 관심이 높았던 이 시기를 전후하여 신후담은 노장사상老莊思想의 저술들을 많이 남긴다. 1714년 13세 때 지은『금화외편金華外篇』·『속열선전續列仙傳』·『계수신기繼搜神記』·『태평유기太平遺記』·『용왕기龍王記』·『해신기海蜃記』·『요동우신여기遼東遇神女記』·『홍장전紅粧傳』·『기문도설奇聞圖說』등은 모두 정통 정주경학과는 다른 방외 저술들이다.[123] 이듬해 저술한『속도가續道家』·『옥화경玉華經』등도 노장설老莊說이 주류다.[124]

선도仙道[125] 또는 도가道家·소설패사小說稗史 등의 내용을 담은 이들 저술들

2. 사후관계 및 학통

은 신후담 생애 동안 경학사상에도 직·간접적으로 영향을 미쳤다고 생각된다. 특히, 1718년에 부친 신구중은 신후담에게 정통경학의 도학道學 공부로 되돌아갈 것을 다음과 같이 훈계한 사실이 있다.

"외와공畏窩公(부친 신구중의 호)이 그를 불러 타이르기를 너는 근래 노장부탄설老莊浮誕說과 같은 잡가설雜家說에 빠져 있는데, 그것은 군자가 마땅히 즐길 것은 못되고, 『손자孫子』·『오자吳子』와 같은 병법서도 선비의 급무急務는 아니며, 그 외 소설패사는 우리 인간의 마음에 그 보다 더 해를 끼치는 것이 없다. 너는 이미 마음속에 그러한 병이 깊어져 있다. 빨리 그것으로부터 벗어나 유교경전 공부에 전념함으로써 그 동안 잘못된 습관을 떨쳐버려야 한다고 경계하였다."[126]

2) 노론 전권專權 하에 처한 남인의 위기의식

신후담은 자방적이고 자득적인 학문방법 추구와는 달리, 남인 당색이던 그의 정치사회적 입장은 그러한 측면으로 전개해 나가기가 어려웠다. 근기남인 동소桐巢 남하정南夏正(1678~1751)의 '서인西人은 문자 날조를 통해 남인을 공격하는 증원證援으로 삼으려 한다.'는 비판은[127] 17세기 말 노론전권에 대한 근기남인의 정치사회적 입장을 잘 대변해준다. 또한 근기남인 안정복도 남하정의 『동소만록』을 읽어본 뒤 그가 여러 권의 만록謾錄을 통해 '당론이 인심人心을 옥죄어 사유를 얽어맨다고 통탄하였다.'[128] 는 인식을 깊이 하고 있었다는 사실이 당시 남인이 처한 정치사회 현실이다.

그리고 남하정의 『동소만록』에서 드러난 당대 정치현실에 대한 근기남인들의 위기의식은 성호 이익에게는 더욱 심하게 각인되어 있었다.[129] 이익은 일찍이 자신의 실제 스승이던 중형仲兄 이잠李潛의 정치적 참화慘禍를 직접 목도하였다. 또한 그의 부친 이하진李夏鎭도 자신이 두 살 때 유배지에서 생애를 마친 사실을 알게 되면서 저간의 사정을 순암을 처음 만난 자리에서 '가끔 서인들이 찾아오지만 자신은 화살에 한 번 상처를 입은 새와 같아서 그들에게 어떤 함정이 숨겨져 있을지 항상 두렵다'.[130]고 탄식했다는 사실이다. 또한, 그는 동소의 재기才氣가 꺾여 능력이 제대로 발휘되지 못하는 당대 정치사회의 안타까운 현실이 노론 전권 치하의 폐해라고 다시 한 번 개탄했다는 것이다.[131]

그리고 이익의 조카 이병휴도 당대 노론 전권은 주자의 집전장구集傳章句 가운데 한 글자라도 의심을 제기하면 주자를 배반한다는 죄인으로 몰아 '현인을 모욕하는 죄율[侮賢之律]로 그를 얽어매려 한다'.는[132] 당대 정국비판을 가하고 있었다. 또한 그는 주자 집주集註에 대해서도 '한 자字의 치의致疑도 용납되지 않은 저들의 학술탄압의 지속'은 점점 학문연구의 가장 기초인 치변致辨조차도 허락지 않음으로써 '조선사회를 학문적 범죄의 그물망[世網]으로 둘러씌운 것이나 다름없다'.[133]고 혹하게 비판한다. 그는 저들의 학술적 세망은 '모든 자제子弟나 후학들이 평생토록 눈먼 장님으로 외우기만 하고 서로 분열되어 '시豕와 해亥', '노魯와 어魚'조차도 분별하지 못하는 데까지 흘러가게 만든다'.는 주자학만의 세태를 개탄한다.[134]

그런데, 이병휴는 노론 전권의 학술적 세망의 근원을 따져 들어가 보면 '이욕利慾' 두 글자를 떨쳐버리지 못한 '내리외의內利外義'적 위선이라고 간파하여 비판한다.[135] 즉, 저들 근본 마음은 '이욕'에 있으면서 명분적 표방은 '의리'를 내세우는 '내리외의'적 이중태도, 즉 '거짓을 세워 진실을 배척하는 꼴[立僞排眞]'로서, 이를 지켜내기 위해 노론전권은 자신들이 잡은 권력을 마음대로 하면서 한 세상의 이목耳目을 금고禁錮시키고 있다는 비판을 서슴지 않는다.[136]

노론 전권에 가장 위협받던 남인들 중 성호학파라 부르던 이익·이병휴·안정복 등의 당대 정국에 대한 비판의식이 신후담이 처한 조선의 관료사회이 자 정파적 형세였다. 그가 관료생활의 길을 일찍이 포기하고 학문에만 전념 하게 된 측면도 그러한 노론 전권이던 조선 정치사회를 바라보는 암담함과 우려가 충분히 고려되어 있었을 것으로 해석된다.

3) 자득의 공부방법과 정주학 극복 과정

성호학파가 정주경학을 비판하기에 앞서 공개적으로는 주자를 지존으로까 지 표방한 뒤 그들은 가학家學과 사우師友 사이에 전수되는 '자득과 의양'이 란 두 가지 공부 방법을 가지고 주자집주에 대한 학술적 진리여부의 증험證驗 을 하게 된다. 일찍이 자득의 공부 방법은 『예기』의 한 편명인 『중용』에 처음 보이고 있다. 다만, 자득이 이로부터 시원始原되었는지 대해서는 확실하지 않 다, 또한 논지 전개에서 자득의 시원을 논할 중요성과 그 의미도 크지는 않다 고 여겨진다. 자득의 시원으로 이해되는 『중용』원문 내용을 그대로 인용하 면 다음과 같다.

"군자는 처지에 마땅하게 처신을 할 뿐이고, 자신의 처지 밖의 것은 바라지 않는다. 부귀에 처해선 부귀에 맞게 처신하고 빈천貧賤에 처해선 빈천에 맞게 처 신한다. 이적夷狄에 처해선 이적에 맞게 처신하고, 환난患難에 처해선 환난에 맞 게 처신하므로 군자에게 있어서는 자득自得하지 못할 데가 없는 것이다."[137]

그리고 『맹자』에서도 자득에 관한 내용은 더욱 구체적으로 학문적 해석에 근접할 정도의 정의로 규정되고 있다.

"맹자는 군자가 깊이 추구하여 들어가는 데 있어서 도로써 하는 것은 스스로 그 진리를 깨달으려고 하는 것이다. 스스로 진리를 깨달아 얻게 되면 거기에서 마음의 안정을 찾게 된다. 마음의 안정을 찾게 되면 그러한 바탕 위에서 무궁무진한 응용을 하게 된다. 그리고 무궁무진하게 응용을 함으로써 일용사물日用事物·좌우신변左右身邊의 만사가 본원本源을 보게 될 것이다. 그러므로 군자는 스스로 진리를 깨달으려 하는 것이다."[138]

『맹자』의 견해에 의하면 '자득은 스스로 진리를 깨닫는 데 있고, 스스로 진리를 깨닫게 된 것을 기초로 무궁무진한 응용을 하게 된다.'는 해석이 가능하다. 그러므로 자득적 학문추구는 무궁무진한 응용전개를 위한 공부 방법이자, 본원처本源處에 다가서는 데 있어서도 남들의 견해를 따르는 것이 아닌 자신의 주체적 해석이라는 인식에 의한 것임을 의미하게 된다. 성호학파가 『맹자』의 자득사상을 적극적 수단으로 논급하지는 않지만, 경학 공부에 『맹자』는 제외될 수 없는 경서이기에 충분히 소화했을 가능성이 있다.

이익은 서인들이 '노론 전권=주자 집주集註 경서經書'을 지켜내는 수단으로 '근수규구謹守規矩' 공부 방법을 주지시켜 나가고자 했던 의도를 간파한다.[139] 그는 안정복을 처음 만나 '학자들의 공부 방법에서 자득 우선이 학문성취의 요체라고 주장한다.[140] 나아가 그는 '선배들을 많이 만나 보았지만 쾌연快然하게 자득하는 학자가 없었다.'고 개탄하면서 학문전개에 있어서 그 수단인 자득의 중요성을 안정복에게 주장한다.

또한, 그의 조카 이병휴는 이익의 자득심구自得深究에 대해 '성호의 경학은 육경을 향해 소급해서 집주한 것들로서 모두 '심사자득深思自得'에서 나온 저술들'이라고 주장한다.[141] 특히, 주자경학을 새롭게 해석하면서 성호의 학문적 주견을 담은 성호질서星湖疾書는 자득의 공부 방법을 통해 이루어진 대표

적 저술이라는 사실이 당대에서도 널리 알려지고 있었다.[142]

한편, 신후담도 이익을 만나기 전인 23세까지 가학을 통해 자유로운 분위기에서 학문을 추구한 사실[자방적 학문추구]은 앞장에서 이미 고찰한 바가 있다. 그는 유학 원형을 규명하고자 제자백가를 다시 고찰하고,[143] 정주경학도 비판하면서 선진 경학을 추구하고자 하였다. 그는 자득의 공부 방법을 통해 선현들의 구설舊說에 크게 구애되지 않고 자신의 학문세계를 펼쳐 나갔다. 특히, 30년 이상 교유한 그의 스승 이익은 신후담의 사단칠정설과 『심의深衣』고제古制는 자득의 공부 방법을 통해 얻은 대표적 학설이라 고 칭송한다.[144]

그리고 이병휴의 경우도 숙부인 성호와 마찬가지로 성호가문의 가통을 이어받아 자득의 공부 방법을 추구한다. 그의 자득의 공부 방법 전개는 성호가문의 가학으로 전수되고 있었다는 데에 기인한다 하겠다. 이미 논급한 바와 같이 이병휴가 이익의 학문성취는 자득심구의 결과에 의하였음을 주장한 사실 등은 그 자신의 학문추구방법이 자득에 있었음을 보여주는 대목이다.

그런데, 윤동규와 안정복은 학문성취에서 자득의 중요성은 인정하면서도 의양衣樣의 공부 방법이 먼저라는 인식을 갖는다. 윤동규는 '육경을 자신의 말처럼 외울 정도였고, 그 뜻까지 이해하고 있었다.'[145] 는 이익의 칭송은, 그가 자득의 공부 방법 보다는 의양을 우선시한 반증으로 읽혀진다. 또한, 안정복도 이익과 첫 만남에서 이익이 자득의 중요성 주장을 편 것과는 달리 오히려 자신의 의양의 공부 방법의 우선과 그 중요성을 주장하고 나선 것이다.[146] 특히, 안정복은 주자경학을 비판하고 서학에 관심이 높아가는 성호학파 2세대 중 한 사람인 권철신에게 '학문 추구방법이 먼저 자득으로 흐르게 되면 전배前輩는 물론 선유先儒의 학설을 무시하려는 태도로까지 일탈할 수 있을 것을 우려한다.'는 충고를 한다.

그러나 이병휴는 윤동규·안정복 등의 학문추구 방법과는 달리 자득의 공부 방법을 강하게 추구하고 있었다. 그는 '노론 전권이 자신들 권력을 지켜내는 수단으로 주자학 비판을 용납하지 않던 학술적 세망世網'을 강력히 비판하면서도 노론의 권력적 위압의 힘을 의식하지 않을 수가 없었다. 그래서 그는 주자경학을 비판할 수 있는 논리적 명분을 찾아야 하였고, 그것은 또한 노론의 '학술적 세망'을 타파하는 전략이기도 하였다.

그는 주자경학을 비판할 빌미를 '주자가 자득의 공부 방법을 통해 스승인 정자程子의 학설을 비판했던 사례'에서 발견한다. 즉, 그는 '주자의 학문이 정자로부터 나왔고, 주자는 정자를 존숭하였다. 그런데도 주자가 '경전문의經傳文義'에는 정자와는 다른 경전해석과 주장을 폈던 측면은 주자가 정자를 존숭하지 않아서 그런 것은 아니다.'[147] 고 주자 자신도 학술적으로는 스승과 다른 견해를 표방한 부분이 있다는 사례를 들춘다.

그는 '주자의『역易』이론 가운데 '획괘실畫卦說'은 소강절邵康節의 학설을 좇아 정자의 견해와는 다르고, 괘변卦變 해석도 정자 견해를 위반하였다. 그와 같이 주자는 차츰 정자의 학설과 달리해 간 소소한 사례들은 일일이 열거할 수가 없을 정도'[148] 라고 증험해낸다. 즉, 주자가 정자를 존숭하면서도 스승의 학설과는 다른 견해를 세워나갔던 사실과 같이, 이병휴 자신도 주자를 존숭하지만 주자 견해와는 다른 학술적 해석을 펼 수 있다는 논지근거를 확보하게된 것이다.

한편, 성호 이익 생전에 학문적으로 깊은 교유를 서로 가지던 윤동규·신후담·이병휴·안정복 등은 공부 방법에서는 현격한 차이를 드러낸다. 1758년 자득적 공부 방법을 추구하며 주자학까지 비판하던 이병휴는 학문추구 방법이 너무 의양적이던 안정복을 향해 '학문의 도를 얻는 방법이 확고하지 못해 자기 소유로 만들지도 못한다.'고[149] 직설적으로 비판한 데서 증험된다.

또한 신후담도 스승 이익과 마찬가지로 자득의 공부 방법을 추구해갔다. 신후담은 자득의 공부 방법을 통해 '공희로이발설公喜怒理發說'이라는 새로운 사칠설四七說을 들고 나왔다. 신후담의 이 학설에 대해 스승 이익의 이의 제기로 이익과 신후담 사이에는 8년간의 논변이 있었고, 그 뒤를 이어서 윤동규와 이병휴 사이에도 이 학설을 두고 20여 년 간 논쟁을 벌인 바가 있다. 그러나 서로 합의된 결론적 견해를 내리지 못한 상태에서 이익의 『사칠신편四七新編』 중 발重跋로 신자는 조정안으로 잠정 타협된 것이다.[150]

신후담의 '공희로이발설'은 사실 퇴계의 사칠설에 대한 일정한 비판을 담은 학설이라 이해된다. 당시 안정복의 문인 한정운韓鼎運이 영남의 퇴계학자 이상정李象靖을 찾았을 때 이상정은 한정운에게 '신후담의 공희로이발설은 터무니없는 학설'이라고 혹평하였다. 그러자 한정운이 이상정의 비판사실을 안정복에게 전했고, 안정복은 다시 이병휴에게 전한 것이다. 이에 이병휴는 이상정의 혹평에 격분하면서 안정복·이상정 등을 향해 학문추구에 대한 평가는 그 학설의 득실을 가지고 따져야지 '선철先哲의 학설(=퇴계학설)과 견해를 달리한다는 이유만으로 배척하는 자세는 옳지 않다.'는[151] 신후담의 자득적 학문추구 방법을 옹호하고 나섰다.

그와 같이 이병휴와 안정복의 학문전개 방법에 대한 견해차가 차츰 벌어져가는 연장선에서 정주경학에 회의적이기 시작하는 성호학파 2세대들인 녹암鹿庵 권철신權哲身·사흥士興 이기양李基讓·사응士凝 한정운韓鼎運 등을 가르치는 교육방법에서 그 갈등이 불거져 나온다. 안정복은 당시 권철신·이기양 등이 뛰어난 기재奇才이지만, '평실온중平實穩重'하고 '관후정대寬厚正大'한 자세로 학문을 꾸준히 추구해야만 무엇인가 이뤄낼 수 있다고 주장하면서, 이병휴에게 이들을 교육적으로 억양抑揚해 줄 것을 권유한다.[152]

그러자 이병휴는 안정복의 권유를 오히려 탐탁찮게 여기면서 후학들의 자득 공부방법과 태도를 적극 옹호하였고, 특히 권철신의 진취적 학문자세에 대한 그의 기대는 대단하였다.[153] 이병휴는 후학들에게 자득의 공부 방법을 적극 옹호해갔던 측면과는 달리 안정복은 자신의 충고를 무시하는 권철신에게 의양의 공부 방법으로 돌아갈 것을 강권하고 나선다.[154] 그는 권철신·이기양 등에게 정주학으로 돌아갈 것을 계속 권유하고, 그들이 추구하는 자득의 공부 방법에 대해 다음과 비판한다.

"나는 비록 독서에서 자득이 중요하지만 자득하려는 뜻이 앞서서 마음속을 가로 막으면, 선유先儒들 학설에 대해 억지로 하자瑕疵만 찾아내려는 병폐가 생겨날까 염려가 되는 걸세. 그러므로 선유들이 주석註釋한대로 여러 번 읽고 오래도록 음미하여야 한다네. 그래도 의문이 생기면 다시 한 번 나 자신을 헤아려 또 다시 읽고, 질정해 보기도 하고 선각자들에게 질의해서 온당한 길을 찾아야 한다네. 그러고도 자신의 견해가 그나지 틀리지 않다고 확신되면 그때서야 자네도 자득의 일설一說을 내 놓을 수가 있을 걸세."[155]

안정복은 자득이 앞선 학문만 추구하려는 권철신에게 선유들 학설을 비판적 시각으로만 바라보지 말고 진밀縝密하게 익힌 뒤에 그래도 의문점이 없으면 그때서야 자신의 자득의 견해를 내 놓으라 충고한다. 권철신은 계속된 안정복의 의양의 공부 방법 우선을 자신에게 권유하는 것에 대해 받아들이지 않았다. 또한 권철신과 가까운 이기양·이인섭·한정운 등도 자득공부 방법을 통해 양명학을 적극 수용하려는 태도로 바뀌고 있었다.[156]

자득의 공부 방법으로 학문을 추구한다는 의도는 '선진先秦 경서經書를 다시 해석할 수 있다.'는 새로운 깨달음과 명분을 얻는다는 국면이다. 그러한 변화는 성호학파가 정주경학 비판선상에서 선진 경전을 '주자 주석대로만 받아들이지 않고 자신들 주견대로' 새로운 해석을 해보려는 입장에 서게 됨을 의미한다. 그렇지만, 당시 '노론전권의 정주경학 비판을 조금도 용납하지 않겠다는 학술적 세망世網'에 정면으로 도전하는 것은 위험하고 삼가야하였다. 그래서 그들은 '자득의 공부 방법이라는 수단'을 빌어서 '선진 경학의 새로운 해석의 가능성'에 대한 명분을 발견하고자 한 것이 아닌가 생각된다.

그러한 입장의 연장선에서 선진 경학의 새로운 해석 전개는 이단사상을 새롭게 해석해 보려는 본질적 파악으로까지 파고든다. 일찍이 성호 이익은 이단사상을 비판해왔던 기왕의 시각을 성찰한다. 그의 성찰에 의한 견해는 그동안 이단비판이 이단 자체 본질문제를 벗어나서 전개되어 나갔다고 보았다. 그는 이단 본질을 찾으려는 성찰은 거의 없었고, 단지 이단이란 기존주장에 대한 몰이해沒理解로 전개되어왔음을 간파해낸다.[157]

그리고 그의 조카 이병휴도 양주楊朱와 묵적墨翟 학문의 본질은 처음부터 이욕利慾에서 기초하여 나온 논리가 아니었다고 해석한다.[158] 이상과 같이 신후담의 자득의 공부방법도 성호 이익이나 이병휴 등과 함께 기왕의 학설에 대한 비판의식과 비슷한 논리로 논론전권이 노리는 '정주경학 세망의 사유'에서 차츰 벗어나려는 입장에서 출발하고 있음을 엿볼 수 있다.

4) 가학家學과 학맥

17세 이전 정통 유학경전 공부 보다는 노장학과 소설패사 등에 빠졌던 신후담에게 부친 신구중은 이를 '황탄부설한 학문'이라고 비판하며 신후담에게 그만두라고 충고하였다. 부친의 충고를 받은 뒤부터 또 다른 사문師門이 된 것은 부친 영향이 크던 가학家學이었다. 신구중은 양부養父 신휘오愼徽五를 통해 서조庶祖 신무愼懋(1629~1703, 신휘오의 숙부)의 학문을 듣게 되고, 신무에게 직접 배우게 된다. 신무는 신후담이 태어난 다음 해에 사망한 인물로 관직생활은 하지 않았던 것으로 이해된다.[159] 따라서 신무의 학문의 여적餘滴을 부친 신구중을 통해 신후담은 사숙私淑하게 된 셈이다.

신무는 청소년기 서북출신 유학자 선우협鮮于浹(1588~1653)을 사문師門으로 한다. 그는 신무의 생애초기 스승이며, 관서지역에서는 유일한 도학자로 손꼽히는 뛰어난 학인이다. 특히, 그는 영남남인 한강寒岡 정구鄭逑·여헌旅軒 장현광張顯光 등과 노론 김집金集 등과도 도학道學에 관한 학문적 교유를 넓혀간 인물로 알려져 있다.[160]

신무는 선우협으로부터 『역경』·『대학』 등을 배웠다.[161] 『하빈전집』에는 신무의 세용世用·세무世務 사상이 돈계遯溪 허후許厚(1587~1660)에게 전수받은 것으로 기록되어있지만[162], 선우협의 가르침도 있었을 것으로 사료된다.[163] 신무는 당대 학문폐해는 심오한 것에만 관심을 두고 일상생활과 가까운 일에는 소홀히 하는 세태를 비판하였다.[164] 그리고 신무의 스승 허후는 당시 벽유僻儒들이 편당偏黨을 지어 자신들 이익만 추구하는 위선적 도학자道學者들이라고 격렬히 비판한 사실이 있다.

신무도 스승 허후의 가르침을 계승, 학문적 논견論見에서는 당론黨論을 경계하였고, 그의 공평한 성품까지 본받고자 하였다.[165] 한편 허후는 정구의 문인으로 정통 남인학맥을 잇고 있던 학인이다. 그는 경기에서 서인과 정치적·학문적 대립각을 세우던 미수眉叟 허목의 사촌 형이기도 하다. 그와 같이 신후담가학 학맥은 정구와 허후또는 선우협의 그것을 잇는 신무→신구중으로의 연원임을 읽을 수가 있다.

신후담의 또 다른 학맥으로는 장년기부터 성호星湖 이익李瀷과 그의 문인 소남邵南 윤동규尹東奎(1695~1773)·정산貞山 이병휴李秉休(1710~1776)·순암順庵 안정복安鼎福(1712~1791) 등과의 교유관계에서 찾아진다. 또한, 신후담의 경학사상에 영향을 준 정통도학자는 외암畏庵 이식李栻(1659~1729)과 식산息山 이만부

李萬敷(1664~1732) 등이 신후담과의 학문교유 선배로 포함시킬 수 가 있다. 이들 모두는 신후담 장년기 이후 그의 경학과 도학사상을 성숙하게 하는 데 영향을 주고받았던 학인이다. 특히, 이들 중에서 안정복을 제외하면 관료로서의 꿈을 처음부터 포기하고 재야 학인으로만 생을 마친 공통된 특징이 있다.

5) 붕당 비판

신후담의 경학사상 형성배경 중에서 가장 중요한 것 중 하나는 가문내력에서 찾아진다. 부친 신구중이 먼 친척에게 양자로 들어갔지만, 그의 친가 선대와 양가의 선대는 서로 형제 또는 종형제 사이로 세종 때는 영예가 높던 양반이었고, 연산군대와 중종대에는 8대조 신수근愼守勤의 누이와 딸이 각각 연산군비와 중종비가 된 외척권세 가문이란 사실은 앞에서 살핀 사실이 있다.

신후담은 '가숙연원家塾淵源'을 통해 8대조 신수근 형제의 참화사건을 알게 된 것이다. 신수근은 연산군비이던 누이와 중종비로 쫓겨났던 딸(뒤에 단경왕후 端敬王后로 추존) 사이에서 중종반정의 중심인물 박원종·유순정·성희안 등의 역모동참 강압에 고뇌한 사실이 있다. 그러나 그는 결국 매부와 사위가 되는 두 왕의 안위를 지키기 위해 '군신지의君臣之義'의 도리를 희생으로 굳건히 지켜낸 사실도 고찰하였다.

앞 장절에서 고찰한 신수근과 단경왕후와 관련된 중종반정의 전말과 신수근의 신원伸寃·추시追諡 사실, 단경왕후로 추복된 사실 등을 담은 내용이 신후담에 의해 1739년에 각각 『소은록昭恩錄』 1권과 『온릉지溫陵志』 상·하편으로 편찬되게 된다.[166] 신후담은 두 문헌 편찬과정에서 중종반정 사건전말을 자세히 알게 되고 신하에 의해 왕비가 쫓겨나는 사건이 '자신의 가문이라는 사실'에 매우 충격받았을 것임이 추측되는 장면이다. 자신 가문이 당한 역사적 비극은 '군신의 도리'나 '군신간의 질서' 등의 본질적 문제로 신후담에게는 깊이 다가왔을 수가 있을 것이다.

또한 그의 당대인 18세기 영조 때는 탕평정국이라고들 하지만, 여전히 왕권과 신권간의 당쟁이 극에 다다른 시기였다. 따라서 신후담도 당쟁의 근본원인에 대해서 깊은 관심을 가질 수밖에 없었다. 그가 1718년 17세라는 청년기 저술한 『쌍계야화』의 일부 내용은 그러한 입장배경에서 나온 것으로 이해해 볼 수 있다. 그는 이 저술에서 '붕당 원인'을 '유학 원형에 대한 학술적 해석 차이'에 기인한다고 진단하고, 그 학술적 견해차가 낳은 붕당의 타파 없이는 국가나 조정이 다스려질 수가 없다.'[167] 는 확고한 신념을 가진 것으로 해석된다.

2. 사후관계 및 학통

3
저술활동

:
.

신후담의 유고遺稿는 1945년을 전후한 근대 이전까지는 여러 사정으로 간행되지 못했다. 그의 문인과 후손들이 유고 정리와 문집 간행을 위해 준비는 하였으나 결실은 맺지를 못했다. 그의 유고는 그의 사후 50년 뒤인 1811년에 이미 20%~30%가까이 산실散失되었던 것으로 전해진다. 즉, 그의 아들 신신慎信(초명은 신풍慎儂)이 「하빈연보」의 발문跋文에 그의 유고에 관한 사정을 밝힌 데에서 그 전말이 추측된다.

> "불초자가 세거지(본 연구자주: 경기 파주 금릉)를 떠나 다른 지역(본 연구자주: 현재 경기 용인 수지구 손곡)으로 이사하여 생활하느라 선친 신후담의 문적文籍을 제대로 보전하지 못한 처지로 인해 열 가지 중에 두 셋은 산실되고 말았다. 선친께서 돌아가신 지 50년이 지난 지금 연보(「하빈연보」)를 편찬하여 그 분의 행적을 드러내고자 하나, 그 정치精緻한 말씀과 독실하고 경외敬畏스러운 행적을 누구에게 물어서 알아볼 것이며, 어디서 찾아내어 증험해 낼 수 있을지 모르겠다."[168]

본 연구자는 여기서 신후담 유고에 대한 서지학적 고찰을 할 수 있는 능력이나 입장에 있지 않음을 밝힌다. 또한 본 주제에서 다룰 중심내용으로 열거하기에는 본 연구자와 함께 사료의 한계를 가지고 있다. 그러함에도 불구하고 그 동안 그의 유고 전승傳承에 관한 서지학적 연구 성과는 간략히 살펴보아야 할 것으로 생각된다. 본 연구자는 지금까지 직접 신후담 저술을 찾기 위해 적지 않은 노력을 기울여 왔다. 그 과정에서 1998년도 여강출판사에 『하빈전집』 상·하 두 권을 영인본으로 간행하기 위해 편집 작업을 완료한 상태의 자료를 개인적으로 접한 바가 있었던 사실은 앞에서 언급하였다.[169]

그런데, 본 연구자는 개인적으로 수장자手掌者와 소장처를 확인하는 데 많은 한계를 안고 있었고, 여강출판사 영인본 미간행 등 문집의 해제조차 나오지 않아 원래 자료의 소장처·수장자 등 하빈 유고의 현전과정을 자세히 파악할 수가 없던 처지였다. 그러다가 2006년 마침 필사본을 영인한 『하빈선생전집』(아세아문화사 간) 9책이 나왔는데, 이 전집을 만드는데 핵심적 역할을 한 양승민의 해제를 통해 그 전말을 파악하는 기회를 얻었다.[170] 그 뒤 양승민은 2013년에 2006년의 해제 보다 좀 더 보완한 유고 전말에 대한 서지학적 고찰을 다시 한 바가 있다.[171]

그는 하빈의 생전 초고본은 『하빈집』과 『하빈잡저』로 구성된 『하빈전서河濱全書』(가칭)였을 가능성이 높다는 견해를 피력한다. 그리고 그는 1762년 신후담의 사후 1년 만에 신후담 두 동생 신후팽愼後彭과 신후은愼後恩, 그리고 그의 아들 성侹이 『하빈집』과 『하빈잡저』를 모아 수정한 정고본定稿本을 만들어 『돈와전서遯窩全書』로 이름 짓고자 하였다는 것이다.[172]

그렇지만 정고본으로 『돈와전서』나 『하빈전서』 등이 편집을 마친 뒤에도 간행되지 못한 이유는 앞에서 언급한 사실과 같다. 즉, 신후담 아들 신신 때부터 벌써 그의 유고 중 30% 가까이 산실되고, 그 뒤 정고본 『돈와전시』와 초고본 『돈와전서』 등이 여러 공공 장서기관에 관리되거나 개인 수장으로 흩어졌으며, 신후담 친필본, 그리고 초고본·정고본 등이 뒤섞인 상태로 현전하고 있다는 이해에 도달한 것이다.

2021년 현재 뒤섞여 전하는 그의 유고들은 국립중앙도서관, 숭실대학교 한국기독교박물관, 서울대학교 규장각(현재 규장각한국학연구원)으로 변경, 한국학중앙연구원 장서각, 고려대학교 중앙도서관, 신후담의 여러 후손들이 각각 개별적으로 수장하고 있는 것으로 알려져 있다. 그러므로 앞으로 신후담의 아들 신신이 간행하지 못한 정고본 정도의 사료라도 모아 정리하는 선행연구가 뒤따라야 한다는 바람이다. 나아가 정고본 이전의 신후담 유고전체를 아우를 수 있는 정본화사업의 필요성에 대한 원론적 문제도 제기한다.

1) 초기의 편저술

신후담은 6세 때부터 자신이 중요하다고 생각된 내용은 반드시 그것을 기록으로 남기려 하였다.[173] 그러한 습관은 그의 생애 60여 년 동안 많은 저술을 남기게 된 결과로 증험되고 있다. 또한, 그는 부친 신구중의 평소 가르침을 기록한 『추정기문趨庭記聞』이란 이름으로 편술한 사실도 이를 뒷받침한다.[174] 한편, 그의 생애 초기 저술들은 단편적 내용을 담은 작품적 성격이 짙다.

한편, 그는 12세 때 구두점을 찍은 『능엄경』을 이미 읽을 정도였다.[175] 같은 해 그는 저술을 위한 사전준비로 그가 평소 독서한 내용을 모두 초록하기 시작한다. 비록 병서兵書이기는 하지만 『병학지남兵學指南』 초록과 병학의 공수지법攻守之法의 익힘은 그 사례이다.[176] 이때 그는 어린 시절 장재張載가 행했던 것처럼 『손자孫子』·『오자吳子』 등에 깊이 빠진다. 뒷날 장횡거張橫渠가 우주만물을 기氣로 인식한 측면은 신후담이 영향을 받았을 가능성이 없지는 않다.

[표 3]은 그가 13세가 되던 1714년(숙종 40)에 이미 저술하기 시작하면서 이후 생애 초기 말경에 해당되는 1724년(23세)까지 편저한 36종의 역저다.

[표 3] 신후담 생애 초기의 편저술 목록

저술 연도	저술명	표제 및 권/책 수	소수장처 및 현전 여부
1714	『금화외편金華外篇』	『하빈잡저』	규장각 일사문고−衰文庫, 현전
	『자경설自警說』	『하빈잡저』	규장각 일사문고−衰文庫, 현전
	『옥화경玉華經』	『하빈잡저』	규장각 일사문고−衰文庫,**어린 시절 저술 당시의 생각과는 달리 나중에 노장사상의 황탄한 저술로 판단되어 스스로 삭제한다고 기술함.
	『잡설雜說』	『하빈잡저』	규장각 일사문고−衰文庫,**어린 시절 저술 당시의 생각과는 달리 나중에 노장 사상의 황탄한 저술로 판단되어 스스로 삭제한다고 기술함.
	『잡술오편雜述五篇』	『하빈잡저』	규장각 일사문고−衰文庫, 현전
	『제수초병학지남후 題手抄兵學指南後』	『하빈잡저』	규장각 일사문고−衰文庫, 현전
	『제태평유기후 題太平遺記後』	『하빈잡저』	규장각 일사문고−衰文庫, 현전
	『제사운간자초후 題四韻艱字抄後』	『하빈잡저』	규장각 일사문고−衰文庫, 현전
	『잡기제편雜記諸篇』		저술당시 생각과는 달리 나중에 자신의 입지를 생각해 삭제한다고 하였음. 전하지 않음
	『속열선전續列仙傳』		전하지 않음
	『속수신기續搜神記』		전하지 않음
	『태평유기太平遺記』		전하지 않음
	『용왕기龍王記』		전하지 않음
	『해신기海蜃記』		전하지 않음
	『요동우신여기遼東遇神女記』		전하지 않음
	『홍장전紅粧傳』		전하지 않음
	『기문도설奇聞圖說』		전하지 않음
	『문자초文字抄』		전하지 않음
	『잡서초雜書抄』		전하지 않음
	『수필록隨筆錄』		전하지 않음
	『경설經說』	경설經說	13여 편으로 현전하지 않음
	『잡록雜錄』		전하지 않음
1715	『독서록讀書錄』	『하빈잡저』	규장각 일사문고−衰文庫, 현전
	『물외승지기物外勝地記』	『하빈잡저』	규장각 일사문고−衰文庫, 현전
	『찰이록察邇錄』	『하빈잡저』, 속담집	규장각 일사문고−衰文庫, 현전
	『물산기物産記』	『하빈잡저』, 우리나라 특산물 출산지	규장각 일사문고−衰文庫, 현전
	『동식잡기動植雜記』	『하빈잡저』, 동식물 분류	규장각 일사문고−衰文庫, 현전

3. 저술활동

저술 연도	저술명	표제 및 권/책 수	소수장처 및 현전 여부
	『해동방언海東方言』上·下	『하빈잡저』 우리나라 방언어휘의 집대성	규장각 일사문고-袁文庫, 현전
	『속설잡기俗說雜記』	『하빈잡저』 의성어 모음집	규장각 일사문고-袁文庫, 현전
	『중뇌통설衆籟通說』	『하빈잡저』, 의성어 모음집	규장각 일사문고-袁文庫, 현전
	『백과지百果志』	『하빈잡저』	규장각 일사문고-袁文庫, 현전
	『사운간자초四韻艱字抄』		전하지 않음
	『속도가續道家』		전하지 않음
	『옥화경玉華經』		전하지 않음
1716	『잡설雜說』	『하빈잡저』	규장각 일사문고-袁文庫, 책제만 전함
1717	『곡보穀譜』	『하빈잡저』	규장각 일사문고-袁文庫, 현전
	『세시기歲時期』	『하빈잡저』	규장각 일사문고-袁文庫, 현전
1718	『아언雅言』	『하빈잡저』	규장각 일사문고-袁文庫, 현전
	『책문삼수策問三首』	『하빈잡저』	규장각 일사문고-袁文庫, 현전
	『쌍계야화雙溪夜話』	『하빈잡저』	개인소장 신용일愼鏞日, 현전
	『몽사夢史』		전하지 않음
1719	『자경설自警說』	『하빈잡저』	규장각 일사문고-袁文庫, 현전
	『팔가총론八家總論』 저술 유가, 도가 등	『하빈전집』, 「내편內篇」	숭실대 한국기독교박물관, 현전
	『사서의四書疑』로 식년시 입격		개인 수장
	「축편조변逐篇條辨」	『금강경』·『반야경』을 배척한 글	오직 이기겠다는 마음만으로 학문을 하지 말고 내공을 쌓을 것을 부친이 권고해 성찰한 저술, 전하지 않음
	『여지비고輿地備考』 부록	『여지비고』 일찬一贊을 담은 부록형식의 내용을 실음	사이四夷의 개요를 이 저술에 붙여서 중국을 숭모하고 우리나라를 높이고 외이外夷를 낮추는 뜻을 보인 내용이다. 현재 전하지 않음.
1720	『역학계몽보주易學啓蒙補註』	『하빈전집』 내편, 권14	숭실대 한국기독교박물관
	『탁옥기琢玉記』		친구들과 절차탁마하는 말을 엮음 글이나 현전하지 않음
	『존상存想』		수양 수련서로 현전하지 않음
	『조기調氣』		위와 같음
1721	『당시광평唐詩廣評』		개인 수장
	『과독課讀』		『주자대전朱子大全』을 초록한 것으로 현전하지 않음
	『참동계찬요參同契纂要』		『참동계』를 읽고 찬요를 지음 현전하지 않음
1722	『음부경陰符經』 주해		전하지 않음
	『자경삼장自警三章』		전하지 않음
1723	『우감온공비寓感溫公碑』	진사시 입격 시제문.	개인 수장

특히, 1715년에 저술한 『물산기』·『동식잡기』·『해동방언』·『속설잡기』·『백과지』 등은 조선의 문물에 관한 내용을 담은 것으로, 지리·농산물·동물·언어 등을 서술한 사전형식의 저술이다.[177] 1718년 17세 때 지은 『쌍계야화』는 신이神異한 구전설화나 역사적 사실들에 호기심을 가졌던 청년기의 그것을 보여준다. 특히, 전술한 것과 같이 당쟁에 관한 비판인식과 당쟁 원인이 '선진先秦 유술儒術[유학의 원형]'이 후대로 다양하게 전개되면서 '유술 원형의 왜곡 및 상실'을 초래했다는 진단이 특히 주목된다.

그리고 『팔가총론』은 제자백가 중에서 유가·도가 등만을 평론, 비판한 저술로서 『쌍계야화』에서 보인 신후담의 당쟁원인 진단의 연장선에서 나온 것으로도 읽혀진다.[178] 그는 원시유학이 후대로 내려오면서 유학 원형을 벗어나 다양하게 전개되었다고 보았다. 그리고 그 다기하게 전개되기 시작한 때를 제자백가사상이 나온 춘추전국시대라 이해하였다. 특히, 그러한 그의 관심은 성호학파 1세대가 제자백가에 상대적으로 관심이 거의 적었던 측면과는 다른 모습이다.

한편, 『사서의』·『역학계몽보주』·『주자대전초록』 등은 신후담의 주자경학의 이해를 보여주는 저술들이다. 저술 제목만으로 본다면 신후담 스스로 주자학에 대해서 자기해석을 시도하는 신념을 이미 드러낸 측면도 있다. 즉, 『주자대전초록』은 신후담이 주자학을 이해하는 차원으로, 『사서의』·『역학계몽보주』 등은 주자경학에 대해 자기해석이 이미 조금씩 가해지고 있는 단초로 보인다.

또 하나 주목되는 저술은 『당시광평』이다. 그는 당대 시문詩文으로 평판이 높던 송곡松谷 이서우李瑞雨(1633~1709)의 외손자로서 시작에도 뛰어났다고 이해된다. 그리고 그가 어릴 때부터 부친 신구중을 따라 산천을 유람하고 돌아와선 반드시 시 한 수를 짓곤 하였는데, 그가 남긴 현전 시문은 개략적으로 1,200여 수가 넘는 것으로 확인된다.[179]

2) 중기의 편저술

[표 4]의 신후담 중기저술 중에서 주목되는 것은 『서학변』이다. 그 동안 연구 성과가 말해주듯 『서학변』은 그의 학문과 사상을 대표하는 저술처럼 조선 당대부터 주목받고 있었고, 조선 말기에는 척사위정의 대변서로 선택되었으며, 광복 이후는 조선실학 여적을 찾는 학자들의 시선에 발견된 것이다. 한편 그의 『서학변』은 1719년 18세에 『팔가총론』에서 유가·도가 등을 다루고, 그 뒤 5년 만에 나머지 법가·종횡가·병가 등 6가를 다룬 『팔가총평』을 완성한 같은 해에 저술하기 시작한 측면이 주목된다. 전자는 그가 동양문화 관점에서 서양문화를 향한 대응적인 논리를 편 저술이고, 후자는 정통 유학입장에서 유가를 포함한 제가諸家를 유학 원형과의 동이同異, 제가의 시원 등과 분변分辨하고자 한 신념에 찬 저술이다.

한편, 이 시기 가장 주목되는 측면은 정주경학으로 대표되는 사서四書에 관한 신후담의 자득적인 견해를 드러낸 저술이다. 즉, 『논어차의論語箚疑』·『맹자차의孟子箚疑』·『대학해大學解』·『주용해中庸解』 등은 그러한 저술들로 추정된다. 또한 『황명제가평요皇明諸家評要』는 명대明代의 경학을 이해하고자 하였음을 읽을 수가 있다.[180] 또한 그는 명대 양명학자 및 노장학설까지 고구考究, 천착한다. 그렇지만, 그는 결국 정주경학 본령의 우위성을 문헌자료를 통해 확인한다.

위의 세 가지 저술특징은 정주경학을 계제階梯로 유학 원형을 규명해 보려는 신후담의 신념이 반영되어 있음이다. 그렇지만, 사서四書를 이해한 '차의箚疑'나 '해解' 등과 『소학차의』·『심경차의』 등의 저술내용은 이 시기까지 신후담은 여전히 정주경학 중심에서 크게 벗어나 있지 않았음이 읽혀진다.

신후담 생애 중기 저술특징 가운데 또 하나는 『주역』에 대한 본격적 연구와 자기해석을 가하기 시작했다는 사실이다. 특히 『잡서수필』은 도가道家의 역易을 고구考究한 저술로서 초당焦戇·역림易林에서부터 안씨가훈顔氏家訓에 이르

[표 4] 신후담 생애 중기의 편저술 목록

저술 연대	저술명	분류 권/책 수	원본 소장처 및 현전 여부
1724	『돈와서학변遯窩西學辨』	불분권 1책	국립중앙도서관
	『필가총평八家總評』	『하빈전집』 내편, 권17~권19	숭실대 한국기독교박물관
	『소학차의小學箚疑』 저술 시작	『하빈집』 내편, 권4	숭실대 한국기독교박물관
	『갑진기문편甲辰紀聞編』		국립중앙도서관
	『동유기東遊記』		개인 수장
	『금릉일기金陵日記』 편찬	신구중과 신무가 저술	동문생이 빌려간 뒤 소실
1725	『소학차의』 저술 완료	『하빈전집』 내편, 권4	숭실대 한국기독교박물관
	『가숙연원家塾淵源』 편저		개인 수장
	『추정기문移庭記聞』 저술		개인 수장
	『을사기문편乙巳紀聞編』		국립중앙도서관
1726	『청현사찬淸賢四贊』	전국시대 이후 청현으로 노중련魯仲連·장자방張子房·제갈공명諸葛孔明·도원량陶元亮 등 4인이라고 생각함	개인 수장
	『병오기문편丙午紀聞編』	성호 이익의 친형 이진李瀷과 주자의 『대학』 보망장에 대한 논의를 적은 글로 추정	현전하지 않음
1727	『무신기문편戊申紀聞編』		국립중앙도서관
	『독호쌍호계몽익전지의讀胡雙湖啓蒙翼傳識疑』	『하빈전집』 내편, 권14	숭실대 한국기독교박물관
1728	『주역상사신편周易象辭新編』 찬술 시작		개인 수장
1729	『기유기문편己酉紀聞編』		전하지 않음
	『숭인편崇仁編』		전하지 않음
	『동종특지同宗特誌』 편찬	선조의 특별한 행적을 편찬	미상
	『내교內敎』 찬술	상·하 두 권	숭실대 한국기독교박물관
1730	「전의기행全義紀行」		전하지 않음
	『정양록正養錄』		전하지 않음
	『독역경통해도설보지의讀易經通解圖說補識疑』	『하빈전집』 내편, 권14	숭실대 한국기독교박물관
	「엄무집후기弇州集後記」		전하지 않음
	「약천집후제藥泉集後題」		전하지 않음
1731	『상사신편象辭新編』 上·下의 『괘사卦辭』		전하지 않음
	『효사해爻辭解』		전하지 않음
	『서비록西悲錄』		전하지 않음
	『대학해大學解』		전하지 않음
	『대학도의大學圖義』		전하지 않음
	「신해기문辛亥記聞」	최도명을 뵙고 그와 역경을 강론한 기록	전하지 않음
1732	『논어차의論語箚疑』 저술 시작		전하지 않음
	『맹자차의孟子箚疑』 저술 시작		전하지 않음
	『논어차의論語箚疑』 저술 완료		전하지 않음
	『단전해彖傳解』		전하지 않음
	『상전해象傳解』		전하지 않음
	『문언전해文言傳解』		전하지 않음

저술 연대	저술명	분류 권/책 수	원본 소장처 및 현전 여부
	『상계도설上系圖說』 찬술		전하지 않음
	『하계도설下系圖說』 찬술		전하지 않음
	『독소씨한중괘서도지의讀蕭氏漢中卦序圖識疑』 찬술	『하빈전집』 내편, 권14	숭실대 한국기독교박물관
	『잡서수필雜書隨筆』	『하빈전집』 내편, 권17 초당·역림에서부터 안씨 가훈에 이르기까지 28가家의 내용을 적은 글	숭실대 한국기독교박물관
	『유의사서幼儀四篇』 상중하 및 부록	어린이의 교육을 위해 저술한 책	전하지 않음
	『중용해中庸解』 저술 시작		전하지 않음
	『중용총의도설中庸摠義圖說』	『중용』의 요체는 성性·교도·도敎에 있음을 그린 도표	전하지 않음
	『임자기문편壬子紀聞編』	성호 이익과 서학에 관한 질의 응답기록	전하지 않음
1733	『계사통의繫辭通義』		전하지 않음
	『황명제가평요皇明諸家評要』	『하빈전집』 내편, 권17	숭실대 한국기독교박물관
	『심경차의心經箚疑』		전하지 않음
	『역도외편易圖外篇』		전하지 않음
	『계축기문편癸丑記聞編』	지평에 있는 최도명을 찾은 뒤의 후기	전하지 않음
1734	『계사전繫辭傳』		개인 수장
	『설괘전說卦傳』		전하지 않음
	『서괘전序卦傳』		전하지 않음
	『잡괘해雜卦解』		전하지 않음
	『논어차의論語箚疑』	성호 이익에게 15조에 달하는 의심나는 부분을 질의함	전하지 않음
1736	『맹자차의孟子箚疑』		전하지 않음
	『장성공유사章成公遺事』	신승선의 유사를 찬술한 것임	전하지 않음
	『신도공유사信度公遺事』	『하빈잡저』	숭실대 한국기독교박물관
	「신수근행장」	신수근의 행장을 강박姜樸과 홍문관제학 오광운吳光運 등에게 요청, 찬술함	전하지 않음
1737	『거창신씨보巨昌慎氏譜』		구연서원龜淵書院에 소장함
1738	『무오기문편戊午記聞編』	성호 이익을 찾아 기문을 남김	전하지 않음
	「익창공시장益昌公諡狀」	대제학 이덕수李德壽에게 유사를 가지고 시장을 요청하여 찬술함	전하지 않음
1739	「일락집一樂集」	할머니 60세 기념 잔치를 연 후 그 감회를 기록함	전하지 않음
	「육남매전六男妹傳」	『하빈잡저』	숭실대 한국기독교박물관
1740	『소은록昭恩錄』		개인 수장
	『온릉지溫陵志』 상·하편		장서각 등에 소장됨
	『가례차의家禮箚疑』		전하지 않음
	『관혼예설冠婚禮說』		전하지 않음
	『경신기문편庚申記聞編』	성호 이익을 뵌 뒤에 기문을 남김	전하지 않음
1741	『사칠동이변四七同異辨』	『하빈전집』 내편, 권9	숭실대 한국기독교박물관
	『심의서深衣書』	『하빈전집』 내편, 권3	숭실대 한국기독교박물관
	『신유기문편辛酉記聞編』	성호 이익을 찾아 기문을 남김	전하지 않음
1742	『역도찬요易圖纂要』		숭실대 한국기독교박물관
	『중용해中庸解』		전하지 않음

기까지 28가家의 논지를 적시하고 있다.[181] 이는 그의 생애초기에 심취해 있었던 노장사상에서 정주경학으로 완전히 탈바꿈하지 못했음을 보여준다.[182]

한편, 신후담의 가학家學 전통계승을 보여주는 『가숙연원』·『추정기문』 등의 저술과 신승선·신수근 부자 대代 외척가문의 명예를 회복하고자 신구중과 신후담 부자 중심으로 『온릉지』·『소은록』 등을 편찬한 사실도 신후담 경학사상에 적지 않은 영향을 주었다. 그 중에서 『소은록』의 주요한 내용은 이익이 지은 신후담의 묘지명墓誌銘에도 다음과 같이 투영되고 있다.

"사실 신수근의 딸인 단경왕후를 폐비시킨 것은 중종 본인의 뜻이 아니다. 박원종·유순정·성희안 등 3인이 들고 일어나 당시 백료정청百僚庭請을 강박하고, 그러한 협박뿐만 아니라 군권도 중종에게 거듭 간청했으므로 대개 부득이 해서 따랐을 뿐이다. 조정이 있는 한성의 동문 안에 폐비가 치마를 말리는 바위[쇄상암曬裳巖]가 있었는데, 지금까지도 옛 자취의 전설로 남아 있다. 뒤에 1등 공신인 박원종 등 3인이 죽고 난 뒤 김정金淨·박상朴祥 등이 조정에 항소하였으나 오히려 죄를 받기도 하였다.

이 사건은 명확히 여러 야승野乘에 실려 있어 신후담이 그러한 기록들을 수집하여 『소은록』이라 이름을 붙였음을 알 수 있다. 단경왕후 복위와 익창군 신수근의 추시追諡는 모두 『소은록』으로부터 시작되기에, 그 공은 사실언어私室言語(개인 서재에서 쓴 글)의 가치수준이 아니다. 학사學士 오광운吳光運이 서문을 썼는데, 그 기록에는 '익창군은 청명淸明을 몸소 실천하고, 그의 지기志氣는 신神과 같았으며, 그는 대의大義를 앞장서서 떨쳤다.'고 극찬하고 있다."[183]

한편, 신후담의 『서학변』의 저술배경은 같은 시기 그의 생애 중기의 다른 저술들의 신념과 다르지 않다. 그의 『서학변』의 천주 교리 비판적 성격은 그의 생애 중기의 사서四書 중심 주자경학관을 보여준다. 그가 『서학변』을 통해 천주 교리를 비판한 논리는 주자경학 범주라는 이해이다. 따라서 신후담 연구를 위한 기초자료로 활용된 『서학변』은 그의 생애 중기 학문과 사상이 반영된 결과물이다.

한편, 신후담의 『사칠동이변』은 학파와 정파政派를 초월해 학문을 추구해 가던 과정에서 생애초기 자방적 공부 방법이 습관화된 자득의 견해에서 나온 역저다. 이 저술에서 주장하는 사단칠정설은 퇴계 이황과 율곡 이이, 고봉 기대승 등과 같은 선현 학자들 한 인물만의 논지를 전적으로 수용하지 않고 있다. 특히, 그의 저술 『사칠동이변』은 『심의深衣』와 함께 스승 이익도 다음과 같이 높이 평가한다.

> "그(신후담)는 장년이 되어 마음을 다른 데 쓰지 않고 일할 때는 몇 날을 그 일에만 전념하여 포괄해내곤 하고, 제자백가서도 그 심오한 축적의 깊이를 궁구하여 내곤 하였다. 22세인 1723년에 진사시에 입격하였으나 대과를 포기하고 오로지 성인 문헌에 전력하면서 자득을 가장 숭상하여 구설舊說에 구애받지 않았다. 그리고 반드시 '성의유통誠意流通'으로 규준規準을 삼았는데, 특히 『이기사칠변』과 『심의深衣』고제古制는 기존 학설의 와오訛誤의 증정(證正, 변증)으로 바로 잡음을 통해 하나의 학설을 이룬 것이다."[184]

신후담의 사단칠정설의 핵심적 주장인 '공희로이발설'은 정산貞山 이병휴李秉休를 통해 오히려 천주 교리를 받아들이던 당대 신진기예新進氣銳들, 즉 권철신權哲身(1736~1801)·이기양李基讓(1744~1802) 등이 수용하면서 양명학 토대이론으로 적용시켜간 흐름으로 읽혀진다.[185] 한편으로 퇴계의 사단칠정론을 근수규구謹守規矩하던 대산大山 이상정李象靖과 순암 안정복 등에게는 비판을 받게 된

것이다.[186]

신후담 당대에 같은 남인이면서 영남을 대표하는 이상정과 근기의 대표적 남인 안정복 두 학인이 신후담 사단칠정설을 비판한 측면은 몇 가지 해석이 가능하다. 첫째 남인종주 퇴계학설을 같은 남인으로서 그것도 후학이 이설異 說을 제기했다는 무례한 측면, 또한 퇴계학설에 이의를 제기하며 7년 동안 논변을 불러왔던 기대승 주장을 일부 수용했다는 측면이 그것일 것이다.

둘째, 퇴계학설을 철저히 수용했던 안정복·이상정 등 남인학인들의 관점에서는 오만하게 비친 신후담 학설을 역설적으로 해석해 본다면, 오히려 퇴계 사칠설의 문제점이나 한계를 극복해내고자 하는 초학파적 학문태도로도 읽혀지는 국면이다. 남인들 사이 퇴계학설 비판도 어렵던 학파적 카르텔에서 신후담이 남인들로부터 극심한 비판을 받고 있는데, 그의 그러한 학파적 학문풍토 타파시도는 주자경학 늪에서 한 발자국도 빠져나오지 못하는 조선학인의 자기성찰을 불러일으킬 계제階梯로 작용할 수 있었을 것이라는 해석도 해본다.

3) 말기의 편저술

신후담은 생애 중기 이후 생애 말기에도 영남을 유람한다. 그런데 이때 그는 자신의 학문적 성취에 대한 자부심을 가지고 남인 종주 퇴계학문의 본거지를 두루 방문하고자 한 것으로 보인다. 그는 영남 흥해興海로 유배 간 동생 신후함愼後咸을 찾아보기 위해 겸사로 떠났다고 하지만, 자신의 학문적 고향인 영남의 퇴계여적과 그의 후손들과 후학들을 만나서 학술적 교유와 논의를 하고, 서원 등을 찾아 선학들 학문적 자취를 돌아본다.

그는 역로歷路에서 충청도와 영남에서 만난 학인과 방문한 서원은 다음과 같다. 충주에서 괄낭무구括囊無咎(아무 말을 하지 않아도 허물이 없음)의 지우 홍광국

[표 5] 신후담 생애 말기의 편저술 목록

저술 연대	저술명	분류 권/책 수	원본 소장처 및 현전 여부
1743	『대학후설大學後說』 저술 시작	『하빈전집』 내편, 권5	숭실대 한국기독교박물관
	『중용후설中庸後說』 저술 시작	『하빈전집』 내편, 권7~권9	숭실대 한국기독교박물관
1744	「추이기문趣庭記聞」	부친이 평소 훈교를 할 때마다 그것을 빠짐없이 기록함	전하지 않음
1745	『대학해大學解』 저술 시작	「대학도大學圖」를 저술 아래에 붙였음	전하지 않음
	『주역통의周易通義』 저술 시작		
	『계사통의繫辭通義』 저술 완료		
	『조석설潮汐說』 저술 시작		전하지 않음
1746	『주역설괘통의周易說卦通義』 저술 완료		전하지 않음
	『주역잡괘통의周易雜卦通義』 저술 완료		전하지 않음
	『남정기南征記』	영남 순방 기록	전하지 않음
	『병인기문편丙寅記聞編』	성호 이익을 만난 뒤 남긴 유문	전하지 않음
1747	『하락설河洛說』 저술 시작		전하지 않음
	『낙서후설洛書後說』 저술 시작	『하빈전집』 내편, 권11	숭실대 한국기독교박물관
	『도서요론圖書要論』 저술 시작	『하빈전집』 내편, 권11	숭실대 한국기독교박물관
	『괘시도설卦蓍圖說』 저술 시작		전하지 않음
	『주역상하경통의周易上下經通義』	1732년부터 저술하여 15년 만에 완성	전하지 않음
	『범수도설範數圖說』 저술 시작	『하빈전집』 내편, 권11	숭실대 한국기독교박물관
	『정묘기문편丁卯記聞編』	성호 이익을 만난 뒤 남긴 유문	전하지 않음
1748	『역의수록易義隨錄』 저술 시작	『하빈전집』 내편, 권12	숭실대 한국기독교박물관
	『역경질서찬요易經疾書纂要』	이익의 『역경질서찬요』를 읽고 그 이해를 보인 저술	전하지 않음
	『교금문역기의喬今文易記疑』	임당林唐과 양씨楊氏 당시 『교금문역』을 이해한 저술	전하지 않음
	『독구당내씨역도설찬요讀瞿唐來氏易圖說纂要』	『하빈전집』 내편, 권15	숭실대 한국기독교박물관
	「역구결약평易口訣略評」	최립崔岦의 「역구결易口訣」을 평한 저술	전하지 않음
	『서경집해書經集解』 저술 시작		전하지 않음
1749	『서경집해書經集解』 저술 완료		전하지 않음
	『서경집해총설書經集解總說』	『하빈전집』 내편, 권12	숭실대 한국기독교박물관
	『춘추경전총안春秋經傳摠按』 저술 시작		전하지 않음
1750	『춘추경전총안』 완성		전하지 않음
	『춘추잡지春秋雜識』 저술 시작		숭실대 한국기독교박물관
	『시경통의詩經通義』 저술 시작		전하지 않음
	『시집해詩集解』 저술 시작		전하지 않음
1756	『남흥기사南興記事』 완성	소설	전하지 않음

저술 연대	저술명	분류 권/책 수	원본 소장처 및 현전 여부
1757	『상제례설喪祭禮說』완성 1740년부터 저술하기 시작		전하지 않음
	『가례차의家禮箚疑』완성		전하지 않음
1758	『주역상사신편周易象辭新編』 수정		개인 수장, 신용일
	『주역상사신편周易象辭新編』 수정		전하지 않음
1760	『천문략天問略』		부전不傳
	『곤여도설坤輿圖說』		부전不傳
1761	『독서기讀書記』		전하지 않음
	「삼전三傳」	『하빈잡저』	숭실대 한국기독교박물관
	『해조설海朝說』		전하지 않음

洪光國을 찾아 단양 청풍산수를 구경한다. 영남에서는 순흥 소수서원, 안동 삼계서원三溪書院 등을 차례로 들르고, 도산서원은 1737년에 처음 찾아보았는데, 9년 만에 다시 찾게 된 것이다. 그리고 영덕 남강서원南岡書院, 흥해 곡강서원曲江書院, 경주 구강서원龜岡書院, 옥산서원玉山書院 등도 차례로 방문한다.[187]

학인들로는 안동에서 정랑正郎 권만權萬(1688~?), 봉사奉事 이광정李光庭 (1674~1756) 등을 찾아 사단이기설에 대해 서로 논변한다. 그리고 안동 퇴계退溪에 있는 고인이 된 사서司書 이세진李世震 가가家와, 시직侍直 이수연李守淵, 주서注書 이세태李世泰 등을 차례로 방문하는데, 이들은 모두 퇴계 후손들이다. 이어 도산서원 원장을 만나 서원에 관리된 퇴계유문退溪遺文 10여권을 가까이서 목도한다.[188]

안동에서는 이령李坽(1653~1700)의 후손 상사上舍 이굉李紘, 상사 이만용李萬容 등을 만나고, 도산서원 원장 권덕수權德秀와 사칠이기설을 논변하며, 빙천에 있는 고故 이형상李衡祥(1653~1733) 유거遺居를 찾았는데, 그곳에는 그의 막내아들 상사 이여적李如迪이 살고 있었다. 그는 신후담에게 청하淸河의 동석動石, 의성의 빙혈氷穴, 문경의 산중山中 조석潮汐 등이 가볼만한 곳이라고 안내

해 준다.[189]

이어 신후담 자신의 공희로이발설을 비판한 안동에 있는 주서注書 이상정李
象靖을 방문하고, 안동에서 서원원장 권구權榘를 찾아 『중용』·『대학』·『주역』
과 이기사칠설을 강론하고, 돌아오는 길에 충주에서 판윤判尹 윤하원尹夏源을
만나 『중용』·『대학』 등에 관해 서로 논변한다. 이상과 같이 영남과 충청의 인
물과 서원을 돌아보고 온 뒤에 신후담은 『남정기南征記』 한 편을 남긴다.[190]

생애 말기 신후담의 저술 특징은 크게 두 가지 방향으로 그 내용을 담아낸
것으로 읽혀진다. 첫째, 생애 중기에 집중했던 공부가 사서四書라면, 이때 와서
는 오경五經 중심 경학經學 연구로 전환되어 간다. 오경 가운데 생애 중기 이후
부터 가장 심혈을 기울인 경전이 『주역』이다. 이 시기 『주역』에 관한 그의 저술
로는 『계사통의』·『설괘통의』·『잡괘통의』·『하락설』·『낙서후설』·『도서요론』
·『괘시도설』·『주역통의』·『범수도설』·『역의수록』·『주역상사신편』 등이다.

특히, 1747년 46세 때는 『괘시도설』을 저술하면서, 괘도卦圖로는 「이기삼재
도二氣三才圖」·「기우도奇耦圖」·「팔괘생출서도八卦生出序圖」·「팔괘분열서도八卦
分列序圖」·「팔괘변도八卦變圖」·「중괘도重卦圖」·「서괘전도序卦全圖」·「상경서괘분
삼절도上經序卦分三節圖」·「분삼절변도分三節變圖」·「분육절변도分六節變圖」·「분
칠절도分七節圖」·「주객분류도主客分類圖」·「하경서괘분삼절도下經序卦分三節圖」
·「분삼절변도分三節變圖」·「분육절도分六節圖」·「분팔절도分八節圖」·「주객분류
도主客分類圖」·「부모삼삭배서괘도父母三索配序卦圖」·「상경전도上經全圖」·「하경
전도下經全圖」·「잡괘도雜卦圖」·「잡괘상하교역도雜卦上下交易圖」·「복체도伏體圖」
·「반체도反體圖」·「호체도互體圖」·「변체도變體圖」·「이체육위도二體六位圖」 등 무
려 27도를 제시한다.[191]

시도蓍圖에 속하는 것으로는 「태극오수도太極五數圖」·「태극소연성십도 太極
小衍成十圖」·「태극대연성십도太極大衍成十圖」·「태극대연성오십도太極大衍成五十

圖」·「대연오십제일도大衍五十除一圖」·「대연분이괘일도大衍分二卦一圖」·「천수지수사설도天數地數四揲圖」·「천지분수불균도天地分數不均圖」·「천지설수불균도天地揲數不均圖」·「사설여수재륵도四揲餘數再扐圖」·「귀기통위재륵도歸奇通爲再扐圖」·「재륵이후괘도再扐爲後卦圖」·「삼변성효도三變成爻圖」·「설수천지분성태극도揲數天地成太極圖」·「설수천지합성태극도揲數天地合成太極圖」·「사상관점도四象觀占圖」 등 16도를 제시하고 있다.[192]

특히, 이때에 이르러 괘시제도卦蓍諸圖 아래에 각각 논해論解를 붙이고 있는데, 이것으로써 옛 성인들 서괘序卦의 뜻이 창명彰明해진다고 그의 후손은 신후담의 저술 의미를 부여한다. 그렇지만 '시법蓍法이 전해지지 않은 지가 오래되었다.'는 사실 인식에서 신후담은 이에 다시 그것을 추정하여 밝혀내려 한다. 그는 '서괘에 별개의 뜻이 있다.'는 판단에서, 그 다음을 이어 아래에다가 천도天道로써 입증하려하고 인도人道로써 참소하여 마침내 성인사聖人事와 학자사學者事로 상경上經과 하경下經으로 분속分屬시킨다.[193]

> "이것은 모두 신후담의 역학이 뛰어나서 천고千古에 복희→문왕→주공→공자 등으로 차례로 전해져 내려온 역학易學을 바로 이어받은 것이니, 후세에 역학을 자잘하게 담론하는 그런 사람들과는 차원이 다르다."[194]

한편, 『예기』는 전체 내용과 체재를 다루지는 않았지만, 『예기』 편명인 『대학후설』·『중용후설』 및 『상제례설喪祭禮說』 등 저술을 통해 자기해석을 가하고자 하였다. 그리고 『서경』을 집약적으로 이해하고자 한 『서경집해』, 『시경』 맥락을 파악하는 『시경통의』, 『춘추경전총안』을 통해 『춘추』를 통합적으로 수렴해서 이해하고자 하였으며, 『춘추』를 둘러싼 다양한 견해를 총합한 『춘추잡지』까지 저술로 남기고 있다.[195]

둘째, 서학 이해를 생애 후반기에 마름하고자 한 것으로 보인다. 생애 중기 『서학변』에 드러난 그의 비판내용은 정주경학 중심의 학문과 사상을 강하게 표출하고 있었다. 그러나 스승 이익과의 몇 차례 서학에 관한 질의응답과 서양과학에 대한 이해를 넓히려고 하는 흔적이 보이는데, 그러한 그의 태도변화는 천주 교리를 강하게 비판하던 당시 입장과는 달라져가는 모습이라 해석하려는 연구지향도 있다.[196]

그러므로 현전하지 않은 『조석설朝夕說』·『천문략』·『곤여도설』 등은 그의 서양문명에 대한 성찰을 추측해볼 수 있는 저술이다. 이들 저술이 역법曆法과 지리에 관한 그의 해석을 보여주는 것으로 추측해본다면, 서양과학에 대한 신후담 생애 후반기 사상 변화여부를 고찰할 수 있는 중요한 자료임에는 틀림없다.[197] 그렇지만 현전하지 않은 문헌자료로서 이들의 발굴과 해석여부는 기대과제로 남는다.

신후담의 서학비판은 그의 생애 중기 저술 『서학변』에 강하게 드러나 있는 견해만으로 그의 학문과 사상을 자리매김하려는 연구지향은 무리라는 본 연구자의 입장이다. 그 외에 앞 장절의 고찰에서 살피지 않은 신후담 유고 중에서 그의 경학사상을 직접 담고 있거나 기타 경학사상과 관련된 참고할 만한 기본자료로 이해되는 저술들은 [표 6]과 같다.

[표 6] 기타 연대 미상 편저술

저술 연대	저술명	분류 권/책 수	원본 소장처 및 현전 여부
연대 미상	전傳에 관한 작품 1.「육남매전六男妹傳」 2.「삼전三傳: 박선생전朴先生傳・정장전鄭丈傳・김생전金生傳」	『하빈잡저河濱雜著』권5	숭실대 한국기독교박물관
	유사遺事에 관한 기록 1.「선조신도공유사先祖信度公遺事」 2.「만호선생유사晩湖先生遺事」・「이수재수량유사李秀才遂良遺事」	『하빈잡저河濱雜著』권5	숭실대 한국기독교박물관
연대 미상	『금화만고金華漫稿』	『하빈잡저河濱雜著』	개인 수장愼鏞日
	『제문 祭文』	『하빈잡저河濱雜著』	개인 수장愼鏞日
	『기삼백주설 朞三百註說』	『하빈전집』 내편, 권11	숭실대 한국기독교박물관
연대 미상	『이성호역경질서찬요 李星湖易經疾書纂要』 저술 완료	『하빈전집』 내편, 권13	숭실대 한국기독교박물관
	『독호쌍호계몽익전지의讀胡雙湖啓蒙翼傳識疑』	『하빈전집』 내편, 권14	숭실대 한국기독교박물관
	『독역경통해도설보지의讀易經通解圖說補識疑』	『하빈전집』 내편, 권14	숭실대 한국기독교박물관
연대 미상	『독소씨한중괘서도지의讀蕭氏漢中卦序識疑』	『하빈전집』 내편, 권14	숭실대 한국기독교박물관
	『독임당양씨시고고금문역기의 讀林塘楊氏時喬古今文易記疑』	『하빈전집』 내편, 권15	숭실대 한국기독교박물관
	『독구당래씨역도설찬요讀瞿唐來氏易圖說纂要』	『하빈전집』 내편, 권15	숭실대 한국기독교박물관
	『주역성의팔론周易正義八論』	『하빈전집』 내편, 권15	숭실대 한국기독교박물관
	『논제가설역論諸家說易』	『하빈전집』 내편, 권15	숭실대 한국기독교박물관
	『아동간역최씨립역구결략평 我東簡易崔氏笠易口訣略評』	『하빈전집』 내편, 권15	숭실대 한국기독교박물관
연대 미상	『내교 內敎』	『하빈전집』 내편, 권20. 여성의 가정교육 지침서	숭실대 한국기독교박물관
연대 미상	『가숙연원家塾淵源』		개인 수장
연대 미상	『온릉지溫陵志』 편찬	중종 폐비단경왕후에 대한 기록	장서각 등
연대 미상	『소은록昭恩錄』 편찬		개인 수장

3. 저술활동

III. 제자백가에 대한 이해

1. 『팔가총론』·『팔가총평』의 저술 배경

2. 『팔가총론』·『팔가총평』의 체재와 내용

3. 제가백가 인식에 대한 의미

1

『팔가총론』·『팔가총평』의 저술 배경

⋮

　신후담은 청년기 제자백가를 자신의 견해로 정리한 『팔가총론』·『팔가총평』
(신후담은 8가를 『팔가총론』과 『팔가총평』의 하위에 각각 분속시켜 놓았는데, 두 문헌처럼 이
름을 달리하고 있다)을 저술한다. 이 문헌은 장년기에 들어서기 직전 신후담 대표
적 저술의 하나이다. 저술 서문에서 그는 제자백가에 관심을 가지게 된 배경
을 밝히고 있다. 그가 서설삼단序說三段으로 제제題한 서문은 다음과 같다.

　"나는 어린 시절 박학博學에 전념하여 그 요체를 파악하는 것을 생애의 임무
로 삼았다. 일찍이 명나라 대학자 왕세정王世貞(1526~1590)이 '삼엄三弇'이란 서
재를 지어 백가百家 서적을 장서藏書하였는데, 그는 백가서를 통해 많은 저술을
남겼다는 사실을 알고 들뜬 마음으로 그를 배우고자 하였다. 나는 한 권의 책
을 지어 제목을 「후독서지後讀書志」라 하였다. 〔중략〕 나는 14,5세 때 명나라 심진
沈津의 『백가류찬百家類纂』을 읽고 선진시대인 삼대三代 이후 학교에서 가르침이
명확하지 않다는 것을 알게 되고, 학문하는 자가 앞으로 성현의 성법成法을 성
찰하고 사리事理의 당연함을 궁구하고자 한다면 학문하는 방법을 버려서는 안
될 것이라 생각한다. 〔중략〕 제자백가의 유란謬亂하고 황잡荒雜한 학설은 우리 유
학의 치지致知와 성의誠意의 학문적 입장에서 보면 처음부터 아무런 실익이 없

다. 하물며 마음에 주견主見 없이 허둥지둥 욕심만 부리고 즐긴다면 한갓 무익한 해악이 될 뿐이니 반드시 그만두지 않으면 안 된다. 또한, 그 정正과 사邪를 변별하여 혹세무민에 이르지 않도록 하고자 한다면 도가 이뤄지고 덕이 바로선 뒤에나 차츰 학문적으로 접근할 수가 있다. 이러한 입장에서 볼 때 경사經史를 초월하여 제자백가서에 담긴 잡설을 먼저 접해서는 안 된다는 것이 점점 명확해진다.

그렇지만 나에게 있어서는 그렇지 못했다. 어릴 때는 경사를 슬쩍슬쩍 엿보는 수준에 점점 길들어져 경사공부를 한다는 법식만 갖추고 눈을 막아버리는 형국이었고, 대충대충 지나치며 제자백가에 빠지게 되었다. 돌이켜 보면 침식을 잊을 정도로 제자백가에 빠져 정신을 피곤하게 하였다. 그런데도 그것이 잘못되고 있다는 것을 스스로 깨닫지 못했다. 뒤에 그러한 공부가 잘못되었다는 걸 차츰 알게 되면서도, 경사 상에서 착실히 반구反究하여 경사내용을 매우 긴요하게 수용하는 지경에 이르지는 못하였다. 오히려 구습舊習의 잘못된 굴레에서 벗어나지 못하고 한 가지 생각에만 빠져 돌이킬 줄을 모르고 결국 이 저술을 완성하게 되었다. 이러한 나의 학문태도는 학자로서 학문하는 방법의 순서가 점점 어그러져 있었음이 매우 심하지 않았던가 생각한다. 비록 그러하나 이미 저질러진 과거이다. 지금부터라도 도모圖謀하여 마음을 긴절緊切한 데로 이끌고자 할 뿐이다.[198]

박학이란 '문헌을 통해서 널리 배우고 익힌다[박학어문博學於文].'는 뜻이며, 선진시대에 유래한 것으로 추측되지만 『논어』「옹야편雍也篇」 '박문약례博文約禮'에서도 기록상 증험되고 있다. 신후담은 일찍이 사서이경四書二經 공부로써 박학에 관한 지식을 얻게 된 것으로 생각된다. 인용문에서 이미 읽혀지듯이 신후담은 어린 시절부터 세상 중요한 모든 문헌은 모두 토파하려는 박학추구 신념을 가진다.

그는 왕세정의 박학추구를 본받아 자신도 그러한 태도를 가지려 하였고,[199] 또한, 14~5세 때는 심진沈津의『백가류찬』을 보고, 제자백가에 심천深穿한 그의 지식에 감복한다.[200] 따라서 그의『팔가총론』·『팔가총평』등은 박학추구 과정에서 심진의『백가류찬』에 직접 영향을 받아 저술한 배경은 앞에서 논급한 것과 같다. 그런데, 그의『팔가총론』·『팔가총평』등은 박학과정의 저술이기는 하지만, 제자백가 비판을 통해 유학의 원형을 분변分辨해 내고자하는 학문적 신념의 반증이기도 하다.[201]

그의 유학원형이라는 도학정통 규명은 정학正學과 이학異學과의 대립구조를 분변分辨하는 학문추구로의 심천과 확대를 예고한다. 그는 유학원형을 규명하는 과정에서 자연스레 도출되는 정학正學과 이학異學 분변 등을 통해, 일찍이『쌍계야화』에서 '당쟁 원인은 유학원형이 변실되어 학설이 난무한 데 시작되었다.'고 진단한 사실과 맞닿아 있다.

그는 유학경전을 먼저 익히고 배워야한다고 하였다. 왜냐하면 그는 의리의 정밀, 학문을 닦는 길, 국가의 치란 등이 경전에 갖추어져 있기 때문이라는 것이다.[202] 또한, 그는 학문하는 순서로 유학경전과 정통 사서史書를 먼저 공부하고, 유학경전 공부로 자신의 주견을 세운 뒤에 제자백가서 등에 다가가야 미혹되지 않는다고 반성한다.[203] 그같이『팔가총론』·『팔가총평』등은 유학경전 공부가 먼저여야 함에도 불구하고 학문하는 순서가 잘못되었다고 신후담 스스로가 성찰한 저술이다.[204]

2

『팔가총론』·『팔가총평』의 체재와 내용

∷

1) 체재

신후담은 박학과정에서 명대明代 심진의 『백가류찬』을 보게 되는데, 그의 『팔가총론』·『팔가총평』 저술동기와 구성, 분류체재는 『백가류찬』을 좇았다. 심진은 『백가류찬』에서 제자백가를 유가·도가·법가·명가名家·묵가墨家·종횡가縱橫家·잡가雜家·병가 등 8가八家로 분류하고 있다. 신후담도 『백가류찬』 분류체재를 따라 8가로 분류하고, 제가諸家 인물들 분류순서도 그대로 좇고 있다.

하지만, 그는 8가를 『팔가총론』·『팔가총평』 등의 두 가지 상위개념에 분류하여 배치하고 있다는 측면이다. 즉, 유가와 도가 2가만 『팔가총론』의 하위개념으로 분류하고, 나머지 6가는 『팔가총평』의 하위개념으로 분류하고 있다. 그가 두 가지로 분류한 배경은 밝히지 않고 있다. 또한 내용으로 보면 '총론'과 '총평'의 의미적 차이에 불과하지만 그 의도가 무엇인지는 다음과제로 남기고자 한다.

한편, 8가는 각각 대표적인 저술을 소개하여 체재와 내용을 개략적으로 설명하고 있다. 그리고 8가 각각의 편 끝마다 '총론'이라는 소제목을 만들어 자신의 견해를 펼치고, 다시 『팔가총론』과 『팔가총평』을 합하여 전편全篇 마지막에 '팔가총론'을 다시 설정하여 신후담 자신의 해석으로 끝맺는다. 특히, 묵가류는 8가 중 다른 7가 체재와는 달리 묵자墨子 이외 인물은 제외하고, 『묵가류총론』 대신 『묵자론墨子論』・『묵씨원류墨氏源流』・『묵·불론墨佛論』 등 3편으로 대치代置하고 있다. 그는 심진의 분류체재를 좇아 제자백가에 유가를 8가에 포함시키면서 하위분류에서도 유가를 7가와 같은 반열에 두었다. 그러나 그는 유가를 유가 이외 7가와 차별적으로 우위에 자리매김하고자 상위개념으로 내용을 전개시키고 있다.

2) 내용

첫째, 유가류儒家類로는 『공자가어孔子家語』・『국어國語』・『안자춘추晏子春秋』・『용문자龍門子』 등 22개 저술을 소개, 비판하면서 결론적 성격의 「유가류총론」에서 자기해석을 가한다. 그는 공자가 만년에 제자들에게 강의할 때 육경 중에 시를 첫머리로 삼았던 『시경』을 끄집어내어, 공자의 『시경』 찬술 목적은 '왕도王道 행적이 사라짐을 드러내고자 함이었다'[205]고 해석한다.

그는 『시경』 풍風・아雅・송頌 체재와 내용은 3대 왕도지치王道至治의 역사적 행적들인데, 동주시대부터 황실권력이 쇠퇴하고 열국列國 패도覇道시대가 되면서 '아雅는 민속가요로', '왕풍王風은 열국의 풍風과 구별이 없게 되었다.'[206]고 이해한다. 즉, 그는 전국시대부터는 성현聖賢의 미언微言은 끊어지고, 제유諸儒 학설은 분열되어 오경五經의 범주도 흐려졌다고 진단한다.[207]

또한 육예六藝의 원류규구源流規矩는 문자훈고文字訓詁로 전해지면서 원류대본源流大本의 정미精微가 애매해져가고, 말이 편벽되고 설說은 만방에 난무하여 일치된 견해로 모아질 수가 없는 지경이 되었으며, 그 결과 백가분분百家紛紛의 주장들로 왜곡되면서 원류대본이던 원시유가原始儒家도 7가七家와 별반 차이가 없게 된 세태로 변했다고 그는 분변分辨한다. 그는 『팔가총론』은

'공자가 왕풍王風을 드러내려는 깊은 유의遺意에 부합되는 저술'208이라 자부하면서 팔가八家를 객관적으로 서술코자 한다는 입장을 보인다.

그리고 그는 유가서儒家書 고찰로써 자신의 견해를 증험해내고자 하였다. 그는 유가서 중에서 『공자가어』는 공씨孔氏를 종宗으로 삼아 성인聖人 유훈을 많이 담고 있지만, 그 중 부박浮駁한 말은 의탁依托에서 나온 내용이 적지 않다고 지적한다.209 또한 『국어』는 열국 사실事實만 기록하여 왕풍王風이 퇴색되었고, 『안자춘추』는 특히 안자晏子 언행을 기록하고 있지만, 그 말은 유술儒術에서 나온 것이 없고 순치도 되지 않았다고 비판한다.210

한편, 그는 유가 인물도 고찰한다. 그는 전국시대戰國時代부터 수당隋唐까지 이름 높은 대유大儒로서 순자·동중서·양웅揚雄·마융馬融·왕통王通 등 다섯 인물을 선정한다.211 그는 순자의 성악설·예위비설禮僞非說 등은 도에 위반되고, 이理에 어그러짐이 심하다고 비판한다.212 또한 그는 도의 원천은 하늘에서 나온다는 동중서의 정의正誼, 정명도程明道의 학설은 탁연卓然한 논리이고, 동중서의 『춘추번로』는 참위讖緯로 흘러갔다고 해석한다.213

또한, 그는 신망新莽 정권에 귀부한 양웅과 후한後漢 때 척신 양기梁冀에게 아부한 마융 등은 이미 그 출처出處가 어그러졌고, 양웅의 『법언』·『충경忠經』 등은 우유부단한 곁가지에 불과하다고 혹평한다.214 그는 왕통의 『중설仲說』은 온수溫粹한 말이 제유諸儒를 능가하지만, 그 속편에 해당되는 『시경』과 『서경』을 수정한 『원경元經』은 성인을 참람하게 폄하했다고 비판한다.215

그리고 그는 공총자孔叢子의 『위서僞書』, 육가陸賈의 『신어新語』, 가의賈誼의 『신서新書』, 한영韓嬰의 『한시외전韓詩外傳』, 유향劉向의 『신서新序』·『설월說苑』, 환관桓寬의 『염철론鹽鐵論』, 왕부王符의 『잠부론潛夫論』, 중장통仲長統의 『창언昌言』, 순열荀悅의 『신감申鑑』, 서간徐幹의 『중론中論』, 피일휴皮日休의 『녹문자鹿門子』, 왕위王禕의 『위사卮辭』, 김렴金濂의 『용문자龍門子』, 유기劉基의 『욱리자郁

離子』, 장시철張時轍의 『설림說林』 등은 범람汎濫이 많고 요긴하지 않아 뒤틀리고 막히어 명료하지 않다고 개괄적 비판평가를 내린다.[216]

이상과 같은 유가 고찰을 통해 그는 특별히 뛰어난 인물과 저술은 찾아볼 수가 없고, 편언片言이나 척어隻語에서 취할 부분은 있지만 허물없는 것이 없다고 총평한다. 그러한 한계에도 불구하고, 그는 '열국列國에서 왕풍王風적 성격에 편성시킬 수 있는 사실은 있지 않겠는가.'라고 제유가諸儒家 자취에서 선정할 만한 내용의 자취가 있음을 역설적逆說的으로 평한다.[217]

둘째, 도가류로는 『도덕경道德經』·『열자列子』·『장자莊子』·『문자文子』·『관윤자關尹子』·『항창자亢倉子』·『음부경陰符經』·『참동계參同契』·『할관자鶡冠子』·『포박자抱朴子』·『천은자天隱子』·『현진자玄眞子』·『제구자齊丘子』·『소서素書』 등 16개 문헌을 소개하여 논평論評하고, 결론적 성격의 「도가류총론」으로 자신의 견해를 밝힌다.

신후담은 도가 비판에 앞서 '인간품성'을 음양오행의 이理와 기氣로 각각 나누고, 전자를 공公, 후자를 사私로 대별하는 성리학에 기초한 이론을 꺼낸다. 또한, 그는 우주만물 공공의 도道로써 물성物性과 인성人性과의 관계를 연계지어 '사물과 나物我' 사이에 경계 짓는 장벽은 없다고 전제한다. 즉, 그는 공공의 도로써 자기본성이 다 발휘되면 타인 본성을 발휘케 하는 것은 물론 사물 본성에까지 통할 수 있다면서, 이것이 '공公이 되는 까닭이다.'라고 해석한다.[218]

그러나 그는 음양오행의 기氣와 같이 형체를 이룬다는 것은 이것과 저것의 구획된 분별이 있게 되는 사私가 됨으로써 형체와 형체 사이가 막히게 된다고 본다. 그 막혀있는 형체는 자기만 위할 줄 알지知爲我 타인에게 미루어 나아갈 수가 없고 사물에게도 나아감이 없게 되는 형국인데, 그것이 사私가 되는 까닭이라고 설명한다.[219] 그러므로 그는 형체만 따르면 스스로 그 본성을 다스릴 줄 안다고 하더라도 그 다스림은 자기 한 몸만 이롭게 하는데 그쳐, 형체

의 편협偏狹이라는 것이 주체가 되어 공公이 사私가 된다는 것이다.[220]

형체만 좇아서 본성을 어그러뜨리면서 자사自私됨이 심한 것을 그는 도가道家라고 보았다. 그는 도가의 도는 추연推延해 보면 결국 황로사상黃老思想에서 출발하고 있다고 보았다. 그런데 그는 본래 유가사상인 황제의 정도正道는 의약법醫藥法을 만들 때에 '인간들이 요절하는 우환을 구제하기 위해서였다.'고 끄집어 낸다.[221]

그런데 그는 도가인 노씨老氏(노자)는 처음부터 원시 유학의 양형보생설養形保生說(형체를 기르고 생명을 보전한다는 학설)에 가탁假託하여 자사自私의 마음을 다하는 길로 나아갔다면서,[222] 노자의 설이 유학에 기초하고 있음을 일깨운다. 또한, 그는 도가의 자사自私의 마음, 단학서丹學書의 '공경함이 게으름을 이기면 길하고, 게으름이 공경함을 이기면 멸하고, 의로움이 욕심을 이기는 자는 남들이 그를 좇아가고, 욕심이 의로움을 이기는 자는 피폐해진다.'는 견해도 그 시원始源은 결국 유학에서 나왔다고 보았다.[223]

그는 노씨老氏는 처음에 원시유학의 양형보생설을 빌어다가 자사自私의 마음을 다하였을 뿐이고, 『도덕경』·『음부경』 등이 정좌靜坐하는 마음을 지켜내는 것을 발명은 하였지만, 그것이 백성들에게 인仁을 베푸는 성인聖人의 경지에 이르는 데까지는 이르지 못한다고 지적하면서 그 시원의 유래와 도가의 도의 한계를 분명히 한다.[224]

그리고 그는 열어구[列禦(御의 誤記)寇, 列子의 이름]·장주莊周(장자)·현진자玄眞子 등이 분연히 여기저기서 자기주장을 펼치지만, 다양한 그들의 견해가 국가통치를 대계大戒로 삼고 있지만, 결국 자신만 다스리는 것을 요법要法으로 삼는다고 비판한다. 즉, 도가들은 '이理를 살펴 후유後儒의 허물을 들춰내고, 기氣를 살펴 옛 성인을 추앙하는데, 그러한 추향은 결국 형形을 좇는 자사自私의 마음이다.'라고 비판하면서 그들 논지는 대부분 노자사상에 부합되지 않은 적

이 없다고 그는 역설한다.[225]

또한 적송자赤松子·위백양魏伯陽·노생盧生·갈홍葛洪·사마승정司馬承禎 등과 『황정내외경黃庭內外經』·『대통경大通經』·『청정경淸淨經』·『동고경洞古經』·『정관경定觀經』·『태식경胎息經』·『심인경心印經』 등 도가 또는 도가와 관련된 경經들은 완전히 연양복식법煉養服食法(수련을 통해 양생養生을 하고, 단약丹藥을 복식하는 방법)을 담은 내용이고, 장도릉張道陵·구겸지寇謙之·두광정杜光庭, 그리고 후세 황관黃冠을 쓴 도사 등이 부록符籙(부符는 옛 전주篆籒 문자나 성뢰星雷의 무늬를 구불구불하게 그린 것이고, 녹籙은 흰 비단에 천조天曹의 관서官署와 관리의 이름을 쓴 것을 지칭)이나 과교科敎(도교의 신조와 계율의 술법을 말함)의 술術을 들고 나온 것 등은 모두가 노자 설說을 변화시킨 것들이라고 그는 해석한다.[226]

나아가 신후담은 그들 학술은 연년구시延年久視(수명을 연장하여 오래도록 사는 것)·장생불사長生不死(오래 살면서 죽지 않는 것)가 최종 귀착점이라는 사실, 그 귀착점은 사유私有의 형체形體에 집착하여 자신을 위한 사사로운 마음만을 좇아가는 것이기 때문이라는 것 등 그 맥락의 근본적 유래는 오직 자사自私에 뿌리를 두고 있다는 비판이다.[227]

그러므로 그 폐단은 작게는 공적空寂(고요하고 적막함)·염양恬養(고요히 수양함)의 인습을 숭상하여 마침내 인도人道를 폐하게 되고, 드물기는 하지만 크게는 신선이 되어 비승飛昇(하늘로 날아오름) 변화의 기회를 얻어 요술妖術, 사망邪妄, 괴탄怪誕의 설說을 세상에 널리 퍼지게 함으로써 천하국가의 우환이 시대를 지속하여 사라지지 않게 만들고 있다고 그는 비판한다.[228]

그렇게 되면 그는 막강한 천하의 군사君師 책임을 맡은 자도 그 도道를 불식시키는 것은 불가능하다고 비판한다. 즉, 그는 도가의 도는 형체로 구획된 자사自私를 추구하는 형세이므로, 아무리 권력 있는 군사君師라도 수많은 개개인의 자사自私 추구의 도를 세상에서 없앨 수가 없다고 본다. 결국 이를 해결할 수 있는 길은 유학儒學의 성리性理의 올바름을 밝혀내어 그것을 가르치는 데 달려 있다고 그는 결론을 내린다.[229]

셋째, 법가류로는 『관자管子』·『한비자韓非子』·『정론政論』·『대복론大復論』 등 4개의 문헌을 소개하여 논평論評하고, 그리고 결론적 성격의 「법가류총론」을 전개한다. 신후담은 법가류에서 국가나 조정을 사람의 몸 전체인 '사지四肢와 백체百體'로, 범법자에 대한 형벌과 법집행을 '질병과 대응치료 방법'에 각각 비유한다.

그는 사람의 사지와 백체는 모두 소중하므로, 사람인 이상 자신을 아끼기 마련이고 자신을 아끼려면 몸 전체를 기르고 조절하면서 배양해야 한다고 이해한다. 그러나 외부환경으로부터 질병이 발생하면 치료를 위해서 사람들이 싫어하는 쓴 탕약 처방과 아픈 침을 놓아야 함은 물론, 생명을 위협하는 중병 치료 시에는 뼈를 깎고 살을 도려내는 극단적 방법까지 적용할 수밖에 없을 것이라고 해석한다.[230]

그는 대부분 사람들이 사지백체를 아끼듯 자신을 돌아보면서 떳떳한 도리로 생활하고자 하고, 그 과정에서 자신을 변화시키고 교화의 노력을 하는데도 어쩔 수 없이 징계 받아만 하는 범죄가 발생하는 경우가 있다고 보았다. 그런 경우에 부득이 법제도를 만들어 그 경중에 따라 다스릴 수밖에 없다는 것이다. 따라서 그는 그 죄과에 법을 적용할 때는 대부분 사람들이 자신을 아끼고 떳떳한 도리로 생활하고자 하고, 자신 잘못을 스스로 변화시키려 하며, 교화하려는 노력 등을 참작해야 함을 상기시킨다.

그는 선진시대 형벌로 묵형墨刑·비형劓刑·의형劓刑·궁형宮刑·대벽大辟, 사형死刑 등 다섯 가지 육형肉刑의 상법常法, 유형流形·유형宥刑(용서함)·편형鞭刑(관리를 벌주는 채찍)·박형朴刑(학생을 벌주는 채찍)·금작속형金作贖刑(재화를 바치고 죄를 면하는 것) 등을 열거하면서, 이러한 모든 법 적용과 집행은 저지른 범행에 대해서

어진 사람들이 사람을 아끼는 마음처럼 하여야 하고, 그 범죄에 대한 처벌은 천리天理에 근거한 본질을 척도로 삼아야 한다고 주장한다.[231]

> "그렇기 때문에 형刑을 가하지 않을 수가 없는데도, 법제도를 적용하는 마음 속에는 반드시 애긍연민哀矜憐憫이 있게 되어 형벌을 가할 수가 없을 뿐이다. 그 애긍연민의 마음이 바로 사람을 아끼는 본심이다. 이로써 어진 사람이 형刑을 적용하는 방법에 대해서 말해 본다면 병을 다스리는 법과 뭐가 다르겠는가. 『우서虞書』 몽형전蒙刑典 기록에는 흠휼欽恤의 취지를 반드시 드러내고 있다. 또한 『주례』는 사구司寇의 직책을 설명하면서 삼유三宥(周代에 죄를 용서하던 세 가지 사례, 즉 ① 알지 못하고 죄를 범하는 불식不識, ② 부주의로 죄를 범하는 과실過失, ③ 건망증으로 죄를 범하는 유망遺忘)의 사례를 기록하고 있다. 그 까닭은 대성大聖은 살인을 싫어하는 것을 보여주고, 임금은 생명을 아끼는 덕을 기르는 것이 지극하다는 것을 알리고자 한 것이다."[232]

그런데, 전국시대가 되면 각박하고 엄한 무리들〔刻核之徒〕이 '이름 있는 집안의 어진 사람은 사람을 아끼는 본심이 있다.'는 것을 알면서도, 나라가 엄한 법제도로 다스렸기 때문에 천하가 그 형세로 휩쓸려 감으로써 사람을 아끼는 본심을 잃게 되었다고 그는 비판한다. 그들이 주형·참형·단형·절형 등과 같은 참혹한 형벌을 후대로 전하면서 위겁威刦을 앞세워 잔인함을 상위에 두고 두애杜哀(애절한 사람을 가로막음), 절긍絶矜(긍휼한 사람을 끊음), 상은傷恩(은혜를 입힌 사람을 상처냄), 해친害親(친한 사람을 해롭게 함) 등으로 휘둘려 사람을 아끼는 성현의 본심을 헤아릴 기회조차 없게 만들어 간다면, 그것 또한 병을 다스리는 방법으로 뼈를 깎고 살을 도려내는〔刮骨剜치〕 마음의 큰 상처를 덮을 수가 없게 되는 형국이 된다고 그는 비판한다.

한편, 그 죄의 경중도 판단하지 않고 한 결 같이 무거운 형벌만으로 얽어맨다면 이것은 탕약으로 다스릴 질환을 뼈를 깎고 살을 도려내는 치명적 과오를 저지른다고 그는 비판한다. 또한 그는 그 죄과를 분별하지 않고 오직 육형戮刑으로 다스리는 것만을 책무로 삼는다면 그러한 법집행 운용은 병이 없는 데도 스스로 그 지체支體를 잔인하게 치료하는 방법과 다름없을 뿐만 아니라 본심까지 잃게 되는 결과를 낳는다고 개탄한다.

그는 법가는 대체로 관자管子를 시원으로 두고, 법가서는 그 후대 인물들에 의해 편술되었다고 본다. 그 중에서도 그는 법법法法·임법任法·명법明法·판법版法 등의 편명篇名은 법가가 각박하고 엄함을 논한 것들이고, 신불해·한비자·상앙 등에 이르면 잔인하고 참혹한 형벌이 심해져서 형륙刑戮이 마치 일상생활에서 음식을 먹는 것과 같은 형세가 되고, 상앙의 법은 마침내 진나라를 망하게 하는 데까지 이르게 되었다고 한탄한다.

또한, 한漢은 진秦을 답습하여 혹리酷吏들을 높이 등용하였는데, 후대 당나라 최식崔湜과 같은 인물의 경우가 그 대표적인 사례라고 그는 비판한다. 특히 그는 진·한 같이 가혹한 법제도 집행 감행을 통해 잘 다스렸던 형국은 임시방편적 술수일 뿐이었다고 평가한다. 결국 이런 법제도 집행감행 과정에서 『정론政論』이 저술되었다고 그는 보았다. 그런데, 그는 『정론』 등은 형법으로써 덕德을 먼저 가르치는 변질된 국면을 가져온 저술로 깎아내린다.

또한, 그는 명 태조 때는 송宋·원元을 이어받은 결과로 치우침에 엄준함이 더해져 대황제도 살육위복殺戮威服 정책에 많은 힘을 쏟았다고 비판한다. 그는 명나라 사람들은 진·한·당의 시문을 좇아 저술한 하경명河景明(1483~1521)의 『대복론大復論』에 대해서도 완전히 엄준한 법과 무거운 명령命令을 요체로 하고 있는 것과 같이 오해하고 있었다고 해석한다. 그러므로 형법으로써 먼저 덕을 가르치려는 입장에 서있는 견해들은 진실로 깊이가 없고 각박하게 흘러

어진사람 본심을 잃는 것과 다를 바가 없게 되었다는 것이다.

그는 어진사람의 본심을 잃은 법가사상에 대해 혹심한 비판을 가하지만, 그는 기강이 천리를 어기고 범법사실이 명확히 드러난다면, 그 죄를 평범하게 다스려서는 안 된다고 다음과 같은 결론을 맺는다.

> "비록 그러하나 이것도 혹시 죄악이 이미 드러나고 남을 해친 범죄가 명확해서, 기강이 천리를 어긴 지경에 이르면 그 죄는 오히려 평범하게 다스려서는 안 되는 것이다. 이 또한 나쁜 종기와 큰 부스럼이 목구멍과 뇌와 등과 옆구리 사이에 불거져 나왔는데도 차마 뼈를 갉고 살을 도려내지 못하고 몸의 한 부분에 고름이 터져 나오는 지경에 이르도록 방치해서 죽게 내버려 둔다면 이 또한 어진사람이 사람을 아끼는 본심은 아니지 않는가."[233]

넷째, 명가류로는 『윤문자尹文子』·『등석자鄧析子』·『공손자公孫子』 등 3개의 문헌을 개략적으로 소개하여 논평論評하고, 이어 결론적 성격의 「명가류총론」으로 자신의 견해를 분석, 비판한다. 그는 세상에 이름이 있는 것들은 실질實質이 되는 까닭이 있으면서 그러한 실질을 명명命名하고 있다고 전제한다.

> "이름[名]이란 그 실질實質을 명명命名하고 있다. 하늘은 하늘의 실질이 되는 까닭에 그에 의해 하늘이라는 이름이 거기에 따르고, 땅은 땅의 실질이 되는 까닭이 있어서 땅이라는 이름이 거기에 따라 붙게 되며, 사람은 사람의 실질이 되는 까닭에 그에 근거하여 사람이라는 이름이 거기에 따라붙게 된다. 곤충·초목·만물 같은 자연도 각각 그들의 실질이 되는 까닭에 그에 근거해서 거기에 맞는 이름이 따라붙게 된다."[234]

그는 만물의 이름이 정의된다는 것은 위대하고, 모든 이름에는 그 이름에 걸 맞는 실질이 되는 까닭이 있기 때문이며, 그 이름을 얻는 까닭도 당연하다는 입장에서 이를 증험해 보겠다는 자신의 명가류에 대한 천착입장을 밝힌다.[235] 그는 사람이 사람이란 이름을 얻는 실질이 되는 까닭은 꾸미지 않아도 자연스럽게 드러난다고 보았다.[236]

특히, 사람은 태어나면서 바른 기氣를 얻게 되고, 어느 곳이나 막힘이 없는 이理가 거기에 부여된 이통기국理通氣局의 실질이 존재하기 때문에 사물이 편벽된 기氣를 얻어 이理가 막혀 통하지 않는 형국形局과는 다르다고 이해한다. 또한 그는 편벽된 물성物性과는 달리 이통理通인 인간만이 하늘과 땅과 함께 삼극三極: 천·지·인의 반열에 들게 된다고 변별한다.[237]

그러한 이치로 미뤄가 보면 그는 사람의 성性에는 인의예지라는 체體가 있고, 정情에는 애공의별愛恭宜別(아껴줌: 신후담 당대 愛를 사랑이라고 해석하는 것은 무리라고 생각됨, 공손, 옳음, 분별)의 용用이 있으며, 윤리로는 부자·군신·형제·부부·붕우의 빛남이 질서정연하다는 것이다. 또한 사람의 성性은 천지오행의 이치가 완전히 갖추어져 있어서 밖에서 만물이 간여할 수가 없는 그런 형국 때문에 사람이 사람다운 실질實質이라고 그는 이해한다.[238]

그리고 인의예지의 본성은 아껴줌·옳음·공손·판별하는 이름이라 정의하고, 정情은 부자·군신·형제·부부·붕우의 이름이며, 그 윤리도 반드시 그 실질에 의한 이름이 따른다고 그는 강조한다.[239] 그는 인의예지의 실질이 없으면 인의예지라는 이름도 얻지 못하고, 아껴줌·옳음·공손·판별하는 실질이 없으면 아껴줌·옳음·공손·판별이라는 이름도 얻을 수가 없다고 생각한다. 그러므로 그는

"부자·군신·형제·부부·붕우가 부자·군신·형제·부부·붕우의 실질을 다하지 못하면, 아버지는 아버지가 아니고 아들은 아들이 아니며, 임금은 임금이

아니고 신하는 신하가 아니며, 형은 형이 아니고 동생은 동생이 아니며, 남편은 남편이 아니고 부인은 부인이 아니며, 붕우는 붕우가 아니어서 그 이름을 올바르게 얻지 못한 셈이 된다."[240]

고 확신한다.

한편, 그는 사람됨의 실질이 없으면 짐승과 다를 게 없어서 인류가 금수禽獸의 함정에 빠지는 것을 두려워해서 그 지경까지 이르지 않도록 깨닫게 해준 자가 성인聖人임을 상기시킨다.[241] 그는 이름과 실질이 부합된 성정性情에 기초해 보면 성인의 처음 뜻이 담긴 그 교훈에서 당연한 윤리를 찾아내어 후세대에게 그 가르침을 알게 해야 한다는 주장이다.

또 한편, 그는 이름과 실질이 부합된 인·예·의·지의 시원始源에 근거하여 보면 ① 아껴줌을 알게 하면 아버지는 자애하고 자식은 효도하는 도가 밝아지게 되고, ② 공손을 알게 하면 형이 먼저고 아우가 뒤를 따르는 질서가 드러나며, ③ 의로움을 알게 되면 일이 올바르게 돌아가고, ④ 판별하는 것을 알게 되면 사리에 대한 판단력이 서게 되는 등, 군신이 합치되는 이치라든가 부부가 분별되는 까닭도 자연스레 드러날 수밖에 없다고 보았다.[242]

또한, 그 이름에 기초하여 그 실질을 다하는 그런 연유緣由가 자리하는 형세에서 친구와 교유할 때는 믿음(信)을 위주로 하고, 그 믿음이란 것도 실질을 가지고 말하는 것으로서 거기에는 인의예지의 성과 애(아껴줌)·공(공손)·의(마땅함 또는 옳음)·별(판별 또는 변별)의 정情, 부자·군신·형제·부부의 윤리가 존재하지 않는 곳이 없다는 해석이다. 그러한 사실로 비춰보면 성인이 인간에게 교명教命을 내린 뜻도 그 이름과 실질이 서로 맞아떨어지도록 하려는 데에 지나지 않는다고 그는 해석한다.[243]

그는 삼황오제三皇五帝가 천하를 다스린 이유가 바로 위와 같은 사실이고,

　　　　　　　　　　　2. 『팔가총론』·『팔가총평』의 체재와 내용

그들의 교훈과 법은 그러한 이유 때문에 위대하다고 주창한다. 그는 삼황오제 때 예악형정禮樂刑政의 정미精微·굴신屈伸 등과 같은 무궁한 극치極致의 실질을 집약해서 고찰해보면 성정性情에서 벗어난 윤리 밖 절목은 하나도 없는데, 주나라 말기 이후부터 성인의 교훈이 쇠퇴하면서 명분名分·대사大事·성정性情이 어그러지고 분열로 치달아 윤리가 문란하게 되었다는 것이다.[244]

그는 자식이 아버지를 도적질하고 신하가 임금을 시해하며, 형제가 서로 단절하고 부부가 서로를 욕되게 하는 지경에 이르자 공자가 나와서 『춘추』를 수찬修撰하여 위아래 질서를 밝히고, 사됨[邪]과 올바름[正]을 분변分辨케 하였던 관계로 군자가 『춘추』에 대해 '명분을 바르게 밝힌 전서典書'라 한다는 공자의 명훈明訓을 상기시킨다.[245]

그는 성인과 멀어진 전국시대가 되면 세상은 실질이 천박해지고 명분도 깎이는 논란이 일어나서 인도人道와 이적夷狄의 차이도 변별하지 못하는 형국으로 치닫게 되었다고 비판한다. 그러한 과정에서 구유拘儒(융통성 없는 유학자)·곡사曲士(올바르지 않은 선비) 등이 세상에 명물名物이 되는 시대로 변해갔다고 개탄한다.[246] 그는 그 같이 헝클어진 형세에서 선진시대 시원始原의 명분과 실질을 임시방편의 도로써 변별해 내려는 시도는 성인의 뜻을 방임되게 하였거나 서로 더욱 엉키게 만들었다고 예리하게 분변分辨한다.

그는 명분을 가르치는 교훈은 위대하기 때문에 명가가 지향하는 '사람됨이라는 명분을 돌이켜 증험해내고 사람됨의 실질을 밝혀내는 데에 전력을 다하려는 뜻'은 긍정한다. 그러나 명가는 성인의 원초 뜻으로 돌아가 명분과 실질을 규명하기 보다는 임시방편적 도로써 규명하려다가 결국 그 목적을 달성할 수가 없었다고 그는 비판한다. 더욱이 그 폐단의 극치에는 실질의 핵심까지 깎아내리게 되고, 괴이한 논리단계로 전개되어 '명분과 실질에 의탁하는 명가들의 태도'는 마치 '한비자가 증험을 통해 논리를 맞추는 술수와 같은 모습이었

다.'고 그는 간파한다.[247]

또한 그는 명가로 유명한 등석자鄧析子의 「삼루사책론三累果四責論」은 명분을 좇아 실질을 책責으로 삼는 것을 강령으로 하고, 실질의 핵심을 깎아내리는 인습을 위주로 한다고 비판하고, 윤문자의 「과정명황설科程命況說」과 공손公孫의 「이일거이지변離一舉二之辨」은 실질을 끌어들여 명분을 총합적 요점으로 하고 있어서 실질이 괴이한 견해로 흘러갔다고 해석했다.[248] 그들 명가류의 치우친 학설이 세상에 퍼지면서 그는 명분과 실질이 더욱 혼란되어 실질을 버리고 명분을 천하게 방치한 결과, 진나라 사람들의 경우에는 청허淸虛하는 풍습으로 흘러감으로써 그것은 명물로 엉기는 혼란을 야기하였다는 것이다.[249]

그리고 한유漢儒의 훈고訓詁는 실질과 명분의 핵심을 깎아내리는 것이 인습되어져 혹리酷吏를 등용시켜 그들로 하여금 심지어는 도필문刀筆文(원문을 칼로 깎아내고 다른 글자로 수정하는 행위)의 과두법科斗法(황제 때 창힐이 지었다는 문자)을 통해서라도 법을 적용할 수 있도록 하는 술법까지 서슴지 않기에 이르렀다고 보았다. 그는 헐뜯고 괴이한 견해로 둘러대고 헛됨을 꾸미고 특이한 것들만 크게 부각시킨 흐름이 남긴 화禍와 여열餘烈은 지금까지 없어지지 않고 있음을 개탄한다.[250]

결론적으로 명분과 실질이 극단적으로 어그러진 근원은 성인聖人의 명교名敎의 교훈이 세상에 밝게 알려지지 않아 잘 알지 못함에 있다고 보고,

"명분과 실질의 혼란의 근원을 따져 들어가 이렇게 극단적인 데까지 가게 된 것은 바로 성인의 명교名敎가 밝지 못함에 기인하고 있다는 사실이다. 지금 그 교훈을 바르게 하고 싶지만, 그 교훈을 밝혀서 드러내는 것 보다는 성인이 당대 명분을 밝히려는 그 교훈을 아는 것이 더 중요하다. 성인이 인륜의 명분을 밝히는 그 교훈이라는 것은 '인仁에 기초하여 그들을 아껴준다는 자세로 가르쳐서

부자간의 친함을 밝히고, 그 예의 근원에 따라 공손함을 가르쳐 형제간의 질서를 밝히며, 그 의義의 근원에 따라 올바름을 가르치고 그 지혜의 근원에 따라 변별辨別을 가르쳐서 군신과 부부의 이치를 밝힘으로써 그 사람됨의 실질을 다함을 얻게 하도록 하여 사람이라는 이름에 걸 맞는 데에 추호의 남음이 없도록 해야 한다."[251]

라고 해석하면서, 지금 자신의 고찰에서 실현가능한 성찰은 성인의 교훈을 밝히는 것 보다는 성인이 당대 명분을 밝히려는 그 교훈을 천착하여 밝히는 것이 더 중요하다고 보았던 것이다.

다섯째, 묵가류로는 『묵자』 한 가지 문헌만을 거론하고 있고, 주제 형식의 「묵자론」·「묵자원류」·「묵불론墨佛論」 등 세 편篇을 다루고 있다. 묵가류는 총론이 없으며, 여기서 신후담이 다룬 「묵자론」 견해는 다음과 같다.

그는 『역경易經』의 불역不易의 원리에 근거해서 자연현상과 인간현상은 정연한 질서와 불변의 법칙이 있다는 유학적 입장을 전제한다. 그는 그러한 질서 내에서 중용에 이르는 길은 세 가지 단계로 차별화하여 전개한다. 첫째는 성인聖人은 자득自得에 힘쓰지 않아도 스스로 중용단계이고, 두 번째 단계는 반드시 치밀한 생각에 의한 선택을 통해 중용에 이르는 수준이며, 세 번째 단계는 반드시 굳건하게 지켜내는 것을 기다린 뒤에 중용에 이르는 수준'[252]이라는 『논어』를 그는 인용, 응용한다.[253]

그런데, 신후담은 중용에 이르는 길에서 저절로 자득自得인 성인 다음의 두 단계, 즉 ① 위로는 치밀하게 생각하며 힘써 매진하여 이르는 수준, ② 아래로는 반드시 굳건하게 지켜내는 간절한 바람이 보태지는 그 수준도 되지 못하면서 사사로운 지혜와 천박한 견해로 의기양양해 하는 자들을 묵가라고 비판하

고, 『묵자론』의 귀결점도 겸애兼愛와 절검節儉이 핵심 논지라고 파악한다.[254]

그는 묵가의 겸애는 군신·부자·형제 사이에서 서로가 자기 자신처럼 여긴 뒤에야 자애롭지 않는 폐단, 그리고 불효의 폐단이 없어지게 된다는 논리라고 비판한다. 그리고 남의 몸·가정·집·국가 등도 각각 자신의 그것처럼 바라보게 된 뒤에야 남의 것을 도적질하거나 남의 나라를 침범하고 빼앗는 폐단이 없게 된다는 그런 견해에 지나지 않는다는 비판이다.[255]

그리고 그는 저들 절검사상에 대해서도, 묵가는 비판근거를 옛 성왕聖王의 특수한 고사를 들어 자신들 주장을 펼친다고 고찰해낸다. 즉, 저들은 옛 성왕의 음식법에서 밥은 투박한 뚝배기와 음료는 흙 그릇에 담았고, 의복법衣服法은 겨울에는 따듯한 감색과 검붉은 검소한 옷으로, 여름에는 소박한 갈포 옷을 입었으며, 장사법葬死法에서 관棺은 삼촌三寸, 옷은 세 벌로 제한하였고, 무덤은 그 정도 수준에 맞춰 절검하였다는[256] 저들 논지 전개를 그는 적시한다.

또한, 거상법居喪法(상을 당하였을 때 입는 상복에 관한 예법)에서 의식衣食과 재화財貨는 필요한 만큼 제한하고, 상례 의식은 죽고 사는 문제에 영향을 주지 말아야 한다는 것이 저들 논지의 핵심이라고 그는 덧붙인다. 그리고 저들은 유학의 면앙주선俛仰周旋(위와 아래 사방을 두루 세상 이치를 살피는 제도)의 거문고와 간척무干戚舞(방패와 도끼를 가지고 추는 춤)와 같은 음무音舞의 예제禮制는 사치스러운 제도로서 이를 숭상하지 말아야 한다는 저들 주장에 대해 신후담은 당연히 정해진 이치가 있음을 들어 반박한다.[257]

"저들이 겸애와 절검의 극단적 특수한 경우의 문제점만을 끄집어내어 비판하는 것은 합당하지 않다. 저들의 주장을 이렇게 이해한다면 묵자는 그 당연히 정해진 이치에 비춰보면 지나치거나 모자라는 실失이 없지는 않다. 어찌 그렇게 말할 수 있는가 하면, 특히 저들은 다음과 같이 세상을 바라보고 있다는 측면이다.

2. 『팔가총론』·『팔가총평』의 체재와 내용

임금이 된 자가 자신만 아끼고 신하를 아끼지 않게 되는 까닭에 휴신虧臣을 낳게 되어 그 휴신은 자신의 이로움만을 추구하게 된다. 아버지가 되는 자가 자신만 아끼고 자식을 아끼지 않는 까닭에 휴자虧子를 낳게 되어 자식은 자신의 이로움만을 추구하게 된다. 형이 되는 자가 자신만 아끼고 동생을 아끼지 않는 까닭에 휴제虧弟를 낳게 되어 동생은 자신의 이로움만을 추구하게 되는 결과를 낳는다."²⁵⁸

저들 절검의 논지대로라면 결국 군신·부자·형제가 각각 자신만을 아끼고 자신들의 이로움만 추구하는 자신만을 위하는 폐단이 확충되면, 세상 사람들은 남의 가정을 도적질하고, 대부는 남의 집을 강탈하며, 제후는 다른 나라를 공격하여 각각 자신들의 가정·집·국가 등을 이롭게 하는 방향으로 전개될 것이라고 그는 비판한다.²⁵⁹ 세상이 자신만 아끼는 그러한 전개는 저들의 처음 목적이던 '세상을 바로잡으려는 근본적인 뜻'과는 전혀 다르게 부족하거나 오히려 지나치는 데로 흘러가 당연히 정해진 이치를 모르거나 잃게 되는 결과를 낳는다고 그는 비판한다.²⁶⁰

또한, 저들이 '선왕이 행하였던 유학적 의례에서 사치스럽게 차린 수많은 그릇과 음식들이 남아돌아 얼고 부패한 극단적 사례, 비단옷을 입고 그 위에 가죽외투를 덧입는 유혹에 빠져 사치스러움을 느끼지 못한다는 특수한 경우, 나아가 면앙주선의 음악숭상까지 특수한 경우를 끄집어내어 과장, 왜곡시켜 비판하는 저들의 간사한 말'에 동요되어 놀라고, '궤변을 늘어놓거나 이치를 나누는 부질없는 꾸밈들에 기뻐하게 되는 혼란스러운 국면'으로 치닫게 됨을 신후담은 강력히 반비판한다.²⁶¹

그리고 그는 원시유학에서 보편적으로 의식으로 치르는 거문고와 간척무干戚舞라는 음무音舞의 일부를 지적해 사치로 과장 해석해서 그 부당성을 부각시키려는 저들은 유학 의례의 극히 특수한 사례를 내세워 '지나침을 바르게 고치려다가 오히려 미치지 못하게 됨'으로써 당연히 정해진 이치를 모르게 되는 결과를 초래한다고 비판한다.[262]

"어찌해서 그렇게 말하는가? 대체로 이른바 당연히 정하여진 이치라는 것은 임금이 되면 인仁하지 않을 수가 없고, 신하가 되면 충성하지 않을 수가 없으며, 아버지와 아들이 있으면 자애로움과 효도하는 것이 바로 그 원칙이고, 형과 아우가 있으면 우애와 공손함이 있는 것이 마땅하다. 자기로부터 미뤄나가 자기가 자신을 아끼면, 똑 같이 남 또한 자기 자신을 아끼는 것이 자신으로부터 미뤄나가 그것이 가족·사회·국가로 서로 확충되어 국가를 보전하고자 하는 마음이 발생하게 되며, 남도 자기가 군신과 부자와 형제에게로 실천하고자 하는 그 까닭을 보전하고자 함으로써 만물과 자기 사이 경계선이 허물어지고 서로 미뤄나가 확충하게 된다."[263]

나아가 '예의는 몸을 다스림으로써 그 의례儀禮는 면앙주선에서 드러나고, 음악은 마음을 기르는 것으로써 그 이치는 거문고와 간척무에 의지하여 시행되는 제도로서 의복·음식·상장喪葬 등에서 예악禮樂의 가르침으로 나타나고 있다'는 '거문고와 간척무의 도道의 당연히 정해진 이치가 있음'을 그는 역설한다. 또한, '음식이 넘쳐나는 데로 흘러가고 의복이 사치로 지나치며 장례와 상장이 예제禮制를 넘어서고 번문과 간사한 논변이 혼란을 야기한다.'는 저들의 비판논리는 모두 그 당연히 정해진 이치를 배반하는 데서 나온 억측이라고 그는 반비판한다.

저들은 절검의 도로써 세상 사람들을 지나치게 교화시키고자 하여 제사 그릇인 변기籩器와 두기豆器를 구별할 줄도 모른다고 그는 폄하한다. 그리고 그는 유학에서는 고깔과 면류관 등은 마지막 보냄을 신중히 하고 상복으로 그

슬픔을 널리 폄으로써 몸소 자기 자신을 다스리고 마음을 기르는 것에 미치도록 하는 것인데, 이는 당연히 정해진 이치인데도, 저들의 절검이란 도는 오히려 미치지 못하는 논지로 귀결된다는 것이다.[264]

한편, 저들 겸애 논리에 대해서도 신후담은 다음과 같이 고찰한다.

　"저들은 겸애의 학(學)으로써 세상 사람들을 바로잡으려다가 그것에 이르지 못하게 되어 임금의 어짊과 신하의 충성, 부자의 자애와 효도, 형제간의 우애와 공손을 깨달을 수가 없게 된다. 자기로부터 미루어 나가서 남을 아끼는 데까지 확충되는 것은 유학에서는 당연히 정해진 이치인데도, 이른바 겸애라는 것은 어찌해서 오히려 너무 지나치는 데로 흘러가고 있는가?"[265]

저들 겸애 논리는 지나치는 데로 흘러가서 부자간과 형제간이 서로 보기를 다른 사람이 다른 집을 보는 것과 같이 혼돈스러울 정도로 차별이 없게 된다고 신후담은 비판한다. 그래서 저들 논지 전개대로라면 '그 친함이 있어야 하는 데 오히려 박함을 면치 못하게 됨으로써 그것은 지나침으로 흘러가고, 또한 미치지 못하게 되는 까닭으로 작용하게 된다.'고 그는 비판한다. 그는 저들 절검과 겸애논리대로 선왕의 제도를 무시한다면 그것은 미치지 못할 뿐만 아니라 지나치게 됨으로써 어그러져 떨어져나감과 중도를 잃음을 여기서 확인할 수가 있다고 결론 내린다.[266]

이상과 같은 묵가의 비판을 신후담은 결론적 성격으로 다음과 같이 정리한다.

　"아아! 묵씨가 여기까지 온 것은 과연 어째서 그런 것인가? 그것은 역시 위로는 부지런히 힘쓰는 데까지 생각이 미치지 못하고, 아래로는 치밀한 선택과 견고하게 붙잡으려는 노력이 보태지지 않아 사사로운 지혜와 얕은 견해로 구구한 데까지 무턱대고 나아갔을 뿐이다. 저 치밀한 선택이 못된다는 것은 이 당연히 정해진 이치를 간파하여 지나치고 미치지 못하는 치우침으로 좇아가지 못함을 이른다.

견고하게 붙잡으라는 의미는 이 당연히 정해진 이치를 붙잡아서 과불급의 잘못되는 방향으로 흘러가지 않도록 하는 것이다. 지금 만약 이것을 버리고 사사로운 지혜와 그 얕은 견해를 지키고자 한다면, 저들이 주장하는 그 이치가 되는 까닭은 당연한 이치가 아니라 지나치거나 모자람이 자연스레 그러한 형세로 반드시 흘러가게 되어 있다. 이것이 묵씨가 이 지경까지 이르게 된 까닭이다. 아아! 경계하지 않을 수가 있겠는가!"[267]

여섯째, 종횡가류로는 『귀곡자鬼谷子』·『전국책戰國策』·『전국론戰國論』 등 세 가지 문헌을 개략적으로 소개하여 신후담 자신의 견해를 밝힌다. 그리고 결론적 성격의 「종횡가류총론」을 신후담은 다음과 같은 비판적 해석으로 당시 종횡가들을 개괄적槪括的으로 먼저 정리한다.

"제후에게 아첨을 잘하는 사람은 제후의 마음을 읽어내어 거짓 술수로 마음대로 하여 만족할 줄 모르는 데까지 치닫는다. 그들은 제후의 욕심을 간파하여 그 욕심을 채우는 방향으로 인도하면서 제후가 두려워하는 마음을 찾아내어 그것을 허점으로 공격하면서 제후를 도와주는 척하는가 하면, 다양한 비유를 들어가며 여러 가지 사례를 끌어들여 제후를 현혹한다. 이해득실·복잡한 언어와 말재주로 그 제후를 의혹스럽게 만든다. 그 제후에게 이해利害가 걸린 문제를 끄집어내어 적시하면서 제후가 그 문제에 귀를 기울이지 않으면 안 되게끔 유도함으로써 쉽게 마음이 흔들리도록 변화시켜 놓는다."[268]

2. 『팔가총론』·『팔가총평』의 체재와 내용

이 같은 다양한 저들 유세遊說 방법에 몰입된 제후들의 감정을 그 누구도 쉽게 깨트리기는 어렵기 때문에 저들 논리는 깊다고 하지 않을 수가 없고, 제후에게 도움을 주려는 유세가들 변론은 매우 교묘하여 다른 나라에 화를 미치게 되는 국면도 혹독하다고 할 수가 있다고 신후담은 개관한다.[269] 그는 전국시대 합종연횡설合從連橫說도 그러한 사례들을 거울로 삼는 것과 같은 이치라고 보았다.

전국시대 당시 진秦나라는 중국 산동山東 지역 제후국들과 서로 대립하고 있었다. 진나라 한 국가만이 강력한 위엄을 가지고 약소제후국을 마음대로 대하게 되자 약소제후국은 스스로 갈라서서 독립국가로서 역할을 제대로 할 수가 없을 때가 이 시기였다. 그리고 약소제후국들이 가장 원했던 것은 자국을 스스로 보호하는 것이고, 가장 두려워하는 국면은 진秦 나라 권역 내에서 스스로 자국을 지켜내는 문제였다.

또 하나는 진나라가 득得과 실失 두 가지 모두 가지고 있는 국면을 약소 제후국이 두려워하고 있었기 때문에 이들 약소제후국의 이해利害에 대해 꾀를 내어 앞으로 문제될 일들을 미리 깨우쳐줄 방법이나 그런 인물들이 약소제후들 주변에는 거의 없었다고 할 수가 있다. 또한 서로 전쟁을 하게 되는 경우에도 말로써 회유하는 방법은 그러한 위중한 당시 상황을 안정시킬 수단도 되지 못했다. 이 같은 두 가지 문제가 가로놓인 도전이 당시 약소제후국이 처해있던 냉엄한 현실이다. 그러한 형세와 국면에서 간사하고 교묘한 유세가들이 그 정황을 엿보고는 어려운 처지에 있던 약소제후국을 홀려 현혹시키는 변설을 내놓게 되었는데, 이것이 합종연횡설이 나오게 된 배경이라고 신후담은 총합적으로 정리한다.[270]

"합종을 해야 한다는 유세가의 주장은 힘이 부족하다고 판단한 제후가 자국을 스스로 보호하고 싶어 한다는 것을 알아채고, 그 제후가 진나라에 대해 두려움을 가지고 있으므로 '반드시 합종을 한다면 자국을 보호하여 진나라의 악으로부터 벗어날 수 있다'는 논리이다. 그 연횡을 해야 한다는 유세가의 주장도 힘이 부족하다고 판단한 그 약소제후국이 자국을 보호하고 싶지만 진나라에 대해 두려움을 가지고 있기 때문에 '반드시 연행을 한다면 자국을 보호하여 진나라의 악에서 벗어날 수가 있다.'는 변설이다.

   합종을 권하는 유세논리의 측면에서 본다면 '그 약소제후국이 합종을 하게 되면 합종을 함으로써 이롭게 되고 연횡은 해害가 되며', 그 연행을 권하는 유세논리 입장에서 보면 '약소제후국이 연횡을 하게 되면 연횡을 함으로써 이롭게 되고, 합종은 해害가 된다.'는 취지가 바로 그 요지다. 이와 같이 약소제후국이 처한 위험한 국면을 이용하여 속이고 꾸미는 간사한 유세객들 논변은 모두 약소제후국 스스로를 방이하는 데에 힘을 쓰고자 하는 책략에 기반을 두고 있는 것도 사실이다."[271]

실제로 약소제후국은 스스로 자국을 보호하고자 하는 신념 때문에 진나라의 속셈에 대한 두려움을 항상 가지고 있었지만 그 해결방법을 찾지는 못하고 있었다. 그런 연유로 합종을 주장하는 유세객 논설을 듣게 된 뒤에야 그 뜻을 알고 나서는 그 변설을 의심할 줄을 모르게 된다고 신후담은 진단한다.[272] 그러한 입장에서 연행을 주장하는 유세객의 변설이 그 정황에 적중하게 되면 그 말을 받아들인 이후에 새로운 변화된 국면이 닥쳐와도 약소제후국은 다른 방법을 택할 줄도 모른다고 그는 개탄한다.[273]

   한편, 신후담은 그 변설들을 전하고 있는 문헌으로 『귀곡자』·『전국책』 등을 꼽는다. 그는 이러한 문헌에서도 저들 유세객 변설의 원류를 궁구하고 그 정상의 심오한 기교를 살필 수가 있다는 고찰이다. 그는 먼저 『귀곡자』에 실린 변설 중에서 패합揮闔(귀곡자가 주장한 개패開閉의 끝없는 변론술)은 그 실책實責을 구해서 그 지침을 얻는 방법이고, 내첩內捷은 반드시 그 정情을 얻어 그 술책을 성취하게 되는 방법이라고 이해한다.[274]

그는 자신의 술책을 실행하고자 하는 유세객은 먼저 약소제후의 마음을 반드시 살피는 일이라고 읽어낸다. 또한 유세객은 약소제후가 가장 이롭다고 느끼는 시기에 반드시 그 제후를 찾아감으로써 그의 욕망을 극대화시키는 효과를 노리고, 그 제후가 가장 두려워할 시기에 찾아감으로써 그 악을 극대화시키는 효과를 얻으려는 정황을 만든다고 신후담은 간파한다.[275] 그러한 술책은 제후의 욕망에 순응하려 하거나 제후가 가장 두려워하는 국면을 파고들어 위협하려는 도道라고 신후담은 비판한다.

그것은 마치 대소大小를 재고 중과衆寡를 꾀하며, 재화財貨의 유무를 저울질하고, 인민의 많고 적음을 헤아리며, 지형의 험난하고 평이함을 분별하고, 천시天時의 화복과 제후의 친소親疎를 살펴서 누구는 등용되고 누구는 안 되고, 백성의 거취를 살펴서 누구는 평안하게 하고 누구는 위태롭게 하고 있는가를 간파해내는 그런 사례들이라고 그는 자세히 고찰해 낸다.[276]

"당시 지혜로운 변설자는 앞으로 제후에게 어떤 일을 실행시키고자 하는 방법이 있으면 먼저 그것으로써 술책을 삼고자 한다. 이른바 합종연횡의 본원은 『전국책』에 이르러서 나타난다. 그리고 소진蘇秦의 합종책合從策은 대체로 제후가 연횡책에 대해서 그 징벌함을 계산해보는 입장에 논리적 기반을 두고 있고, 장의張儀의 연횡책은 대체로 제후가 합종책에 대해 싫어하는 뜻을 실험해보는 입장에 논리적 기반을 두고 있다.

이것이 저들이 제후의 마음을 엿보는 이유이며, 대개는 교묘할 뿐이다. 만약 유세논리가 아주 심하게 치닫는 경우에는 이른바 "닭의 머리가 될 지라도 소의 꼬리는 되지 말아야 한다."는 유세가 그런 예이다. 그 제후가 하고자 하는 욕망을 이용하여 그에 순응하게 하는 방법이다. 또한 이른바 "양떼를 몰아서 사나운 호랑이를 적으로 삼아야 한다."는 유세로써 제후가 두려워하는 국면을 건드리는 수단으로써 위협을 가한다."[277]

신후담은 이해득실을 따지는 유세논리로 제후들을 혼란스럽게 만들게 되면, 약한 제후국은 많아지고 진秦 나라는 하나로 강하게 되는 국면이 군건하게 형성됨으로써 저들의 화려한 언사와 뛰어난 말솜씨가 착종錯綜스럽게 나올 수밖에 없다는 형세 만듦을 비판한다.[278] 그는 형세가 그렇게 되다보니 당시 유세하는 무리들은 그 술책을 들먹이며 제후들에게 자신의 방법을 실행하게끔 이끌어 나가게 하는 결과를 만들어 나갔다는 것이다.

그는 합종연횡의 흐름은 저들이 앞으로 그것을 실행시키기 위해 먼저 술책으로 삼기 위함이고, 그 술책은 은밀하게 이루어지게 된다고 보았다. 또한 그는 만약 합종연횡을 거론하며 기어이 실행시키려는 자가 교묘하다면, 제후는 그것을 진실로 순리로 받아들여 전혀 의심도 못하게 만든 형세가 되고, 나아가 두려워하는 제후를 위협함으로써 '이해득실이란 입장이 거짓을 쉽게 덮게 만들어' 제후들이 경청하지 않으면 안 되게 하는 국면에 처해진다고 비판한다.[279]

"당시 약소제후국이 쏠려가는 힘에 저절로 좇아가는〔從風而靡〕 형국이어서 소란은 없었다. 아첨하는 유세객의 변화무쌍한 속임수 폐단은 한 결 같이 이 지경까지 이르게 되었다. 아아! 저 합종연횡을 주장하는 유세객들은 그 말이 이랬다 저랬다 실질實質이 없이 제후들을 비방하고 헐뜯게 된다. 세상도 그 실상을 제대로 알아채는 이가 없게 되었는데, 그 이유는 불안정한 제후의 마음을 엿보다가 그 변화무쌍한 거짓술책을 아리고 그 심리를 이용해 말솜씨를 부리는 형국이 지배적이던 그런 까닭 때문이다. 만약 그러한 흐름이 깊고 교묘하여 간혹 그것을 막지 못하는 형국으로까지 치닫는다고 가정해 본다면, 특히 이러한 형세적 입장은 세상에서 왕이 되는 자들에게 들려주는 경계이므로, 여기서 그 살핌이 있어야 하지 않겠는가.[280]

라고 자신의 합종연횡설 천착, 비판이 왕도王道 실천에 경계를 위한 것임을 밝히고 있다.

일곱째, 잡가류로는 『죽자鬻子』·『여씨춘추呂氏春秋』·『회남자淮南子』·『회남자후론淮南子後論』·『논형論衡』·『백호통白虎通』·『풍속통風俗通』·『자화자子華子』·『유자신론劉子新論』 등 여덟 가지 문헌을 개략적으로 소개하여 신후담은 논평論評한다. 그리고 그는 결론적 성격의「잡가류총론」으로 자신의 견해를 다음과 같이 전개한다.

신후담은 군자학君子學은 위로는 천도天道의 신묘神妙함과 아래로는 물리物理의 미묘함을 밝히는 두루 넓은 학술이라고 전제한다. 세상은 수없이 뒤섞여 얽혀있는 경우의 수들을 통섭하는 '종회宗會의 원두元頭'가 있어서 그것들을 모두 섭렵하고 총괄하는 자가 있는 것인데, 그것이 바로 이理라고 그는 정의한다.[281]

그러한 이유로 그는 배움이란 세상을 넓게 아는 것이지만 반드시 이理로써 근본을 삼아서 하나로 통괄統括하게 된다고 본다. 신후담은 이理를 배움이 실학實學이라고 해석하고, 그것이 실학이 되는 까닭은 멀리서 널리 찾아 헤매는 것이 아닌 가까운 우리 내면세계에 있는 것을 발견해내는 것이기 때문이라고 강조한다.[282]

"공자는 자공에게 '너는 내가 많이 배워서 그것을 알고 있다고 생각하느냐?'

하고 말씀하시면서, '나는 그것을 한 가지 진리로 꿰뚫고 있다.'고 하셨다. 그렇게 말씀한 이유는 대체로 공자는 일찍이 배우는 과정에서 강론하는 것을 꺼리지 않고, 배우는 과정에서 싫증을 내지 않았기 때문이다. 공자는 스스로 여기에 거居하셨으니, 공자 학문도 박학하지 않으면 안 되었다. 그렇지만 그러한 그의 말은 '배운다는 것은 결국 모두 하나의 이理로 관통하고 있는 것'과 같은 것임을 의미하고 있다. 공자와 같은 성인聖人도 그러한 경지까지 도달하지 못해 끝없이 가르치고 배운 이유가 거기에 있었던 것이다."[283]

그는 공자가 '군자의 박학은 유문遺文에서 예禮로써 단속하여야 한다.'고 설파한 논지도 '군자학은 비록 박학을 추구하되 그것을 반찰反察하여 예로써 단속하여 걸러낸 요체를 얻어야만 도에서 벗어나는 폐단에 이르지 않는다고 하고, 그러한 순리대로 추구하여 상달하게 되면, 공자가 '하나로 관통하고 있다'는 그곳에 거의 다가갈 수 있음에 불과하다고 해석한다.[284]

그는 공자가 남을 가르치는 그 도에 동의하는 것으로 미루어 이해해 본다면 학문하는 것은 당연히 한 가지 근본을 찾는 데에 있는 것이지 박식추구 그 자체는 단연코 아니라고 강조한다. 그러므로 후세 박학추구가 말단에만 매달려 중사만물衆事萬物의 궁극적인 이理를 근본으로 삼지 않으면 그 실實을 궁구할 수도 없다고 그는 단정한다.[285]

그는 제자백가설은 무엇이든 통하지 않는 것이 없어서 그 종국적 요체가 산만散漫하여져 지향해 가리키는 종지宗旨가 없는 형세라고 비판한다.[286] 더욱이 산만함을 면치 못하면서 실제적 활용에 통섭이 없으면 결국 부지런히 힘쓰는 노력에만 그칠 뿐이라고 그는 이해한다. 그는 실實이 없이 도道로부터 더욱 멀어져 있는 제자백가설은 마치 모두가 박학에 힘은 쓰면서도 한 가지 근본을 캐는 데는 눈이 멀어지게 되는 그런 잘못을 저지르는 결과를 초래한다는 것이다.

"잡가류도 그러한 폐단을 거울로 삼고 있다. 내가 보는 잡가서는 그 근원이 대체로 옛날 의관議官 사사司史의 유의遺意에서 나왔다고 생각한다. 그들은 처음에는 미래에 만방萬方으로 통하고 백도百塗, 백과百科를 총괄하는 것처럼 자만하여 그 파급은 마침내 범람하여 되돌아갈 줄을 모른다. 사치스럽게 넘쳐나며 문文이 지나쳐 실實이 사라지게 되면서 마음대로 방탕해지고 제멋대로 굴게 된다. 그 박문博文이 극에 달하여 그러한 추구를 근본으로 한다면 결국에는 사라져 없어지게 된다."[287]

그는 문文이 지나쳐 실實이 사라지게 되는 박문博文이 극에 달하는 추구를 근본으로 삼는 '문文이 실實을 압도하는 형국'을 제자백가설로 정리한다. 그는 잡가류도 제자백기설과 다름이 없다고 해석한다. 그는 제자백가설과 마찬가지로 잡가류도 박문을 근본으로 하는 추구라서 저들 논리는 산만하여 최종 지향이 가리키는 종지宗旨가 없는 형국으로 흘러감으로써 결국 모두 흩어져 사라지게 된다고 본다.

한편, 그는 잡가류 중에서 최고로 간질簡質한 책이 『죽자』로 이해한다. 그리고 『여씨춘추』에 대한 이해에서 그는 유가儒家를 언급한 내용은 일부 긍정하면서도 열개 중에 여덟아홉이 황잡荒雜(황망하고 잡스러움)하고 오류이며 어그러진 말이라고 이해한다.[288] 또한, 반고班固의 『백호통白虎通』, 응소應邵의 『풍속통』 등은 인의仁義의 근본을 추구하고 사실事實을 살핀 내용은 긍정하면서도 패리悖理의 말이나 정밀하지 못하고 뒤섞여 지리멸렬한 견식의 실失을 비판한다.[289]

또한 그는 왕충의 『논형論衡』은 어지러운 덩굴처럼 무성한 상흔을 내고 있고, 유주공소劉晝孔昭의 『신론』은 치밀한 데로 흐르며, 『회남자』·『자화자』 같은 문헌은 우열에 조금 차이가 있을 뿐 박학에만 힘써 하나의 근본을 찾는 데에 어두운 잘못을 똑같이 저지르고 있다고 보았다.[290] 결국 잡가류는 모두 하나의 말단을 얻는데 지나지 않고, 어지럽게 치닫기만 하였다는 것이 그의 결론이다.

> "우리 유학은 본말本末 일치의 학學으로서 당연히 처음부터 지나치지 않고 만수일본萬殊一本(수많은 특수한 경우에 한 가지 근본)의 묘妙의 도道도 어찌 이에 책임이 없겠는가. 비록 우리 유학이 그러한 학문이란 것은 말이 진실로 박약상수博約相須(널리 배우되 그것을 예에 근거하여 핵심을 찾아 서로 바라는 대로 따르게 함)의 뜻을 살피지 못하여 내외양진內外兩進(몸과 마음으로 나감)의 공업功業에 지극히 결격 사유가 있어서 단지 많이 아는 쪽으로만 힘쓴다면, 그러한 흐름의 폐단도 저들과 같게 되는 형세를 면하지 못하니 경계하지 않을 수가 없다."[291]

그는 유학도 본말일치本末一致·만수일본萬殊一本·내외양진內外兩進에 힘쓰지 않고 한쪽으로 치우치면 저들 제자백가설과 같은 폐단으로 흐를 수 있다고 경계하고 있다.

마지막으로 여덟째 병가류로는 『육도六韜』·『사마자司馬子』·『손자孫子』·『초초간草草看』·『오자吳子』·『삼략三略』·『위료자尉繚子』·『공명심서孔明心書』·『위공대문衛公對問』·『도령내편韜鈴內篇』·『도금속편衿續篇』 등 아홉 가지 문헌을 소개하여 총평論評한다. 그리고 신후담은 결론적 성격의 「병가류총론」 주제로 견해를 밝히는데, 그 전개를 중심으로 살펴보고자 한다.

> "병兵을 도모하는 가家에는 세 가지 설說이 있다. 세 가지 중에서 첫째가 인의仁義이고, 둘째가 모략謀略이며, 셋째는 행진법行陣法이 그것이다. 개략적으로 말해 본다면 이 세 가지 설說은 서로 관련을 가지고 함께 갖춰져 있어서 어느 하나를 폐기할 수가 없으며, 이 세 가지 중에서는 인의가 근본이 된다."[292]

신후담은 세상에서 흉하고 완악顧惡하며 잔인한 무리들이 백성들을 해치고 학대하며 천하를 어지럽힌 만행에 대해서 성인聖人은 반드시 병兵을 동원하여 그 흉을 제거하여 백성을 편안케 하고, 그 잔학殘虐을 없애 천하를 평정한다는 선진先秦시대 탕왕과 무왕과 같은 성현聖賢의 병력사용 당위성을 전제한다.[293] 그리고 잔악하고 흉포한 자들을 제거하고 없애려는 그 이유는 의義에 있고, 백성을 편안케 하여 평정하는 그 이유는 인仁에 있으며, 그러한 이유로 인의는 폐지할 수가 없다는 것이 그의 주장이다.

이어 인의를 펼치기 위해 정벌에 나서 정벌군과 피정벌군이 승부를 다투다가 결판이 나지 않으면 임기응변적 책략이 뒤섞여 나오고 지혜로운 꾀가 번갈아 나타나는 모략謀略이 나오는 당위과정을 그는 읽어낸다. 또한 그는 그러한 꾀와 책략을 내지 않을 수 없는 이유로 ① 꾀를 내는 자는 반드시 이기고 꾀를 내지 않는 자는 반드시 지며, ② 책략이 많은 자는 반드시 승리하고 책략이 적은 자는 반드시 실패하기 때문이라고 진단하고, 그런 연유로 꾀와 책략도 폐할수가 없다고 주장한다.[294]

한편, 그는 병兵을 동원하게 되면 군대가 포진하는 과정에서 군사들이 정렬되지 않고 어그러지고 이탈하며 흩어지고 혼란스러운 통솔되지 않는 상황설정의 문제를 해결하는 행진법의 탄생배경을 고찰한다. 그러한 무질서한 상황에서 병사들을 일렬로 세워 행동하게 하고, 그들을 모아 일정한 곳에 주둔케하는 제도가 행진법인데, 그런 연유로 행진법은 폐할 수가 없다는 것이 또한그의 주장이다.[295]

그는 세 가지 설 모두를 놓고 보더라도 병兵을 일으키는 근본적 이유는 흉악을 제거하는 의리와 백성을 편안하게 하는 인仁을 지향하는 데 지나지 않기때문이라고 해석한다. 인의가 근본이 되는 것도 바로 그런 이유 때문이므로그는 선진시대 성인聖人들이 병력을 동원하여 모략謀略을 내고 행진법을 익힌 사실적 고사古史를 들어, 그 모략과 행진법도 인의仁義의 연장선에서 전개되었다는 자신 견해의 당위성을 증험하고자 한다.[296]

그는 모략과 행진법의 본령本領은 당연히 인의仁義에 있고, 탕왕과 무왕 같은 성인들이 정벌과정에서 모략을 지름길로 택해서 '모든 백성에게 자신이 하던 일들을 멈추게 하고, 행진법을 익히게 하던 용병의 본심'도 결국은 백성을 구휼한다는 목적에 있었을 뿐임을 강조한다.[297] 또한 성인이 흉악한 죄罪를 범한 뒤에 처벌한 사실에 대해서 비판을 가하는 사람조차도 반드시 탕무湯武의 인의仁義와 같은 그런 관점이라고 그는 해석한다.[298] 그는 인의·모략·행진법 등 세 가지 설은 모두 폐할 수가 없음을 다시 확인하고, 셋 중에서 인의가 마땅히 근본이 되는 것임을 다시 강조한다.

> "전국시대에 천하가 크게 혼란스럽게 되자 공격적인 전쟁이 나날이 심해져가서 세상의 용병하는 자는 인의가 당연히 근본이 된다는 것을 잊게 되기에 이르렀다. 그래서 그 모략을 꾀려는 자는 모략에만 치우치고 행진법을 주장하는 자는 행진에만 치우쳐서 모략은 더욱 교묘해져감에 따라 그 해독도 더욱 심하게 되었다. 그 행진법도 더욱 발전하여 그에 따른 반작용적인 우환도 더욱 많아지게 된 것이다."[299]

그는 병兵을 일으키는 세 가지 설說 중에서 인의라는 근본을 잊어버림으로써 그 연장선에 나오는 모략과 행진법도 인의를 망각한 채 모략은 모략대로 행진법은 행진법대로 각각 그쪽으로만 발전되어간 나머지 병兵으로써 이름을 떨친 인물들 모두 가 '하나의 바퀴자국처럼 일렬로 쏠려가는 형세'로 변함으로써 인의의 설이 어떠한 것인지조차 다시는 알지도 못하게 되어갔음을 비판한다.[300]

한편, 그는 세상에 전해지는 병가서兵家書『육도』는 범태공犯太公이 편찬하였으나, 그 논지는 전국시대 기휼機譎을 완전히 답습하고 있고, 사마자司馬子의 여러 편은 주나라 관제의 유법遺法을 기술하였으나, 그 귀착점은 우두머리의 권모와 거짓에 근본을 두고 있는 설說이라 비판한다.[301] 그는 손무孫武의『신전설愼戰說』도 오기吳起가 병兵으로써 예禮를 가르쳤다는 거짓말을 만들었고, 전삼략戰三略을 주主로 하고 있는 부분은 힘을 빌려서 백성을 기른다는 것에 지나지 않는다고 비판한다.[302]

그리고 위료尉繚가 잔혹한 사람을 깊이 경계한 논리는 긍정하고, 인의를 논한 부분은『공명심서』를 좋은 것이라고 보았으며, 형공衡公의『문대問對』도 위작僞作이라 믿을 수가 없다고 그는 간파한다. 이와 같은 저들 논리는 후대로 내려오면서 기회를 타서 속이는 술법들로 넘쳐나고, 그 논리도 인의에 근본을 두지 않고 그릇된 모략적 측면만을 숭상하기에 이르렀다고 그는 비판한다.[303]

한편, 그는『도령내편』·『유씨속편兪氏續篇』등의 저술은 완전한 행진법을 담아내는 단계에 이르렀다고 해석한다. 그렇지만, 저들 저술은 방형方形과 원형圓形, 권도權道(기습)와 정도正道(정면 공격)의 변화를 유추해 논리를 펴고 있고, 음양 허실虛實의 세勢를 논한 부분은 그 정박精博을 극대화하여 병학兵學에 보탬은 되지만, 그 인의에 근본을 두고 있느냐의 관점에서 바라보면 당연한 인의는 한 마디도 없다고 그는 혹평한다.[304]

그는 결국 두 문헌은 모두 옛 성인의 병兵의 본질인 인의가 근본이어야 했던 목적적 부합에 부족하다고 비판한다. 그는 세상에서 용병하는 자는 진실로 이것을 살필 줄 알아야 하고, 반드시 인의로써 본질을 삼은 뒤에야 모략과 행진법의 술간術干을 겸할 수 있다고 다시 상기시킨다. 그렇게 함으로써 그 흉악을 제거하여 백성을 편안케 하고, 그 잔학殘虐을 없애 천하를 평정하여 옛 성인이 병兵을 일으켰던 본질인 인의를 잃지 않게 함으로써 모략과 행진법의 폐

단도 벗어날 수가 있다고 그는 결론짓는다.[305]

　이상과 같이 신후담은 팔가八家가 주장하는 그들 각각의 견해와 방법은 있었지만, 각각의 폐단도 있었음을 분변함으로써 객관적 이해와 비판으로 임한다는 자신의 입장을 분명히 보여주고 있다. 즉, 그는 먼저 팔가 가운데, 자신의 견해와 입장이 실려 있는 유가儒家를 중심에 두고 나머지 칠가와의 관계에 대해 자신의 주장을 편다.

　그는 인의라는 근원에 기초해서 제자백가를 깊이 들여다 보면 유가를 제외한 칠가는 유가와 동등한 반열에 놓을 수가 없다고 보았다. 그 이유는 도가·법가·명가 등 칠가는 원류적으로 유가라는 뿌리에서 갈라져 나왔기 때문이라는 것이다.[306] 그러므로 칠가의 경우 부분적으로는 긍정할 수는 있지만, 그 부분도 이미 유가의 주장 속에 내포되어 있는 내용이라고 그는 읽어낸다.

　또한, 그는 도가의 청정허적清淨虛寂은 유가의 청심과욕清心寡慾·허중무아虛中無我라는 논지와 비견되고,[307] 법가의 신상필벌信賞必罰은 유가의 '상당기공賞當其功·벌당기죄罰當其罪' 등과 다를 바가 없으며,[308] 명가의 순명책실循名責實은 유가의 당명실當名實과 같은 의미라는 해석을 가한다.[309] 또한 그는 묵가의 귀검貴儉·겸애兼愛 등의 논리도 유가의 검儉과 애愛를 높이는 이론과 다를 바가 없다는 것이다.[310] 그 외에 잡가의 박식겸통博識兼通, 병가의 기략機略·절제節制 등도 유가에서 이미 충분히 제도화되거나 이론적으로 유가이론에 녹아져 있다는 것이 신후담의 해석이다.[311]

　한편, 신후담은 주周가 쇠퇴하면서 사사로운 학문이 전개되고, 그런 흐름으로 학자들 사이에서도 이론이 나눠지면서 팔가로의 분열로 전개된 것으로 생각한다. 그리고 그런 학술의 분열이 오랜 시간이 지나면서 유가들조차도 광대한 유도儒道가 칠가의 사상을 이미 모두 포함하고 있다는 사실조차 깨닫지 못하고, 유도의 한 단서를 지니고 있는 칠가의 근원이 바로 유도儒道에 있다는 사실도 간파하지 못하게 되었다."[312] 고 비판한다.

그 결과 그는 유가는 유도의 근본적 도인 인의를 잃게 되면서 한 쪽으로 치우치는 결점을 지니게 되고, 칠가의 경우도 각각 유가의 단서 일부를 얻은 이론에 지나지 않지만, 그것이 폐단으로 치닫게 되면서 그 근원을 제대로 파악하지 못하게 되는 형국에 이르렀다는 사실史實을 성찰한다. 그러한 형세로 학술과 사상이 혼란스럽게 전개됨으로써 칠가는 물론 유가 자신조차도 자신들 정당성만 주장하고 서로를 비판하며 혼란에 빠지는 결과를 초래하여 칠가의 실지가 모두 유도에 근원하고 있다는 것을 어찌 논할 수가 있느냐고 한탄한다.

신후담은 칠가 모두가 자신들 학문적 뿌리를 제대로 살피지 못한 채 각각 자신들의 독창적 견해인 것처럼 굳건하게 주장해 나감으로써 그러한 오류를 바로잡을 논의조차 할 수 없을 정도로 변화된 형국에 이르렀다는 해석이다. 그런 변화된 형국 때문에 '유도가 칠가의 그것을 모두 내포하고, 칠가는 유도에 근원하고 있다는 사실을 돌이켜 다시 재정립할 수 있는 기회를 바라겠는가'[313] 라고 그는 역설한다.

그러한 회의에도 불구하고 그는 자신의 해결책을 제시하기 전에 그렇게 변화되어간 형세를 인간의 품성에서 일단 살펴보자고 다음과 같은 견해를 밝힌다.

"사람은 타고난 기질의 품부가 같을 수가 없다. 그러므로 사람마다 마음의 앎이 있음은 그 지각하는 바에 따라 각각 한 가지 견해가 있게 마련이다. 참으로 천하에서 중립을 지키고 만백성에게 군림하는 자가 아니라면 본연本然의 이치를 밝혀내어 하나로 될 수 있는 도리를 지시하여 정학正學인 우리 유학으로 끌어 들일 자가 누가 있겠는가."[314]

그는 모든 사상분열은 인간의 사유능력이 지닌 편향성이라는 불가피한 현실을 전제한다. 그리고 그는 인간 사유능력이 지닌 편향적 한계 때문에 필연적으로 발생할 수밖에 없는 사상적 분열을 이해하면서 이를 해결하기 위해서는 분열된 각각의 논지를 뛰어넘는 통합된 하나의 원리를 찾을 수 있는 인격, 곧 성인을 찾는다. 그러나 그는 현실에서는 성인이 쉽게 나타나지 않고 있고, 당장 칠가의 분열을 해결할 방법도 쉽지 않다는 것이다. 그렇지만 그는 속수무책으로 수수방관하고만 있을 수는 없다는 인식에서

> "천하가 쇠퇴한 이후로 선왕先王의 가르침이 비록 다시 행해지지는 못하지만, 그 가르치는 법도로 말하면 완전히 없어져서 전하지 못하는 데까지는 이르지 않았으니, '육경'에 실려 있는 내용에서 그런 자취를 살펴야 할 것이다. 배우는 자들은 참으로 그 말씀을 맛볼 수가 있기 때문에 그 '도'를 체득하게 된다면 어찌 그 들어가는 문을 얻지 못할까 근심만하고 앉아서 여러 갈래의 미혹에 벗어나지 않으려고 하는지 모르겠다."[315]

라고 그는 선왕들의 유도 원형의 가르침에 근원한 육경六經지향이 당대 학자로서의 책임과 역할이라고 이해하고 있음을 읽을 수가 있다. 그는 현전하는 육경고학에 담긴 정통 유도의 근본을 성인의 말씀에서 읽어내고, 그 도를 체득함으로써 제자백가의 여러 갈래 분열에 따른 사상적 혼란에서 벗어날 수 있는 길을 모색할 수 있다고 결론적 판단을 한 것이다. 그 자신이『팔가총론』·『팔가총평』등을 저술하여 칠가의 모든 폐단을 비판하게 된 동기도 칠가의 분열로 나아간 잘못된 형국에서 벗어나 정통 유도와 칠가의 관계를 바로 정립해 보려는 데 있었다고 해석된다.

그는 제자백가 중에서 유가儒家와 도가류道家에 대한 관심과 이해에 가장 큰 비중을 두었다고 해석되는데, 특히, 하나의 저술을『팔가총론』과『팔가총

평』 두 문헌처럼 분류하고, 6가를 제외한 유가와 도가만 『팔가총론』의 하위 단위로 별도 분류한 사실이 그것이다. 그가 두 가家에 중점적 관심을 쏟은 이유는 유가류 내에서도 정통 유도에서 벗어나 왜곡되어간 학설과 그 자취를 고찰하여 그 원형을 규명해내고자 함과 한편으로는 정통 유도에 사상적으로 가장 위협적인 도가사상에 대한 경계심 때문이었을 것으로도 해석해 본다.

3

제자백가 인식에 대한 의미

⋮

　18세기 조선 후기는 주류사상으로 통치이념을 뒷받침하던 도학-정주경학이 사회적 문제해결에 일부 한계를 드러내면서, 새로운 지향의 학풍도 출현하는 등 사상적 변화가 일어나고 있었다. 주류 노론 정치세력의 대척권對蹠圈에 있었던 남인 신후담은 성호 이익의 문인이면서도 청장년 초기에는 제자백가를 검토, 비판하는『팔가총론』·『팔가총평』등과 서학을 정리, 비판하는『서학변』을 저술함으로써 정통 도학을 지켜내려는 신념에 찼던 사실이 주목된다.

　그의『팔가총론』·『팔가총평』등은 제자백가에 관한 조선 후기 학자의 연구 성과로는 매우 독특한 위치를 가진다. 도가道家인『노자』와『장자』에 대한 이해와 비판은 다른 여러 학자들이 관심을 표출하였지만, 조선시대 학인들이 중국 제자백가의 저술을 찾아서 읽어내고 그에 대한 자기견해를 저술로 남긴 경우는 허목의『문총文叢』이외는 쉽게 찾아지지 않는다.

　또한 허목의『문총』도 박학을 위해서 제자백가의 저술들을 초록하는 형식을 취한　그 수준이라 해석해본다면, 신후담의『팔가총론』·『팔가총평』등은 그 보다는 앞서가는 측면이 있다는 해석이다. 특히, 정통 유학 입장에서 제자백가에 대해 엄격하고 체계가 있게『팔가총론』·『팔가총평』등의 저술을 통해 비판하고 있다는 측면에서 그 입장과 성격이 선명하다고 할 수 있다. 그런 측면에서 바라본다면 『팔가총론』·『팔가총평』 등은 제자백가 전반에 관한 연구에서 매우 중요하고 독보적 저술로도 평가된다.

그의 『팔가총론』·『팔가총평』 구성은 자신의 자주적 해석체계라기 보다는 명나라 심진沈津의 『백가류찬』을 텍스트로 삼아, 그 체재를 거의 그대로 수용하면서 자신의 선택과 비판의 입장을 밝혔다. 그러므로 『백가류찬』과 대조하여 『팔가총론』·『팔가총평』 등의 특성을 확인하는 것이 다음과제로 남지만, 본 연구자는 목차만 대조하고 내용을 일일이 대조하는 그 단계까지는 노력하지 못하였다.

그러나 신후담은 심진의 견해를 존중하면서도 완전히 그대로 따른 것이 아니라, 여러 곳에서 자신의 비판적 견해를 더욱 엄정하게 제시하고 있다. 제자백가의 유파마다 끝 부분에 '총론'總論을 붙여 비판적 자기해석을 내놓고, 『척로편斥老篇』·『독장론讀莊論』·『묵자론墨子論』·『묵불론墨佛論』·『전국론戰國論』·『회남자후론淮南子後論』 등 여러 편은 자신 견해를 전개하기 위해 새로운 체재로 구성하여 논지를 전개하고 있다. 그러한 측면에서 이해해본다면 『팔가총론』·『팔가총평』 등이 『백가류찬』을 간추려 서술하는 수준을 넘어서서 자기해석이라는 자득적인 논지를 펴고 있음을 확인할 수가 있다.

『팔가총론』·『팔가총평』 등에서 팔가 내에 유가를 함께 수록한 것은 『백가류찬』의 구성 체재를 받아들인 것이지만, 제자백가의 칠가에 대한 비판만이 아니라 유가에 대해서도 비판을 가한 측면은 유학자로서 유도 원형을 규명하려는 신념을 실천해내려는 하나의 과정이라는 입장에서 독특한 의미를 가진다고 볼 수 있다. 또한 그는 제자백가의 다양한 견해를 비판하는 논리로서 '도'의 기준이 무엇인지도 명확히 하고자 하였다.

물론 그는 유학의 도道를 도의 정당한 기준으로 삼지만, 천리天理와 인욕人欲의 가치나 공公과 사私의 가치를 분변分辨하여 상대화시켜 천리와 공은 취하고, 인욕과 사를 누르려는 입장은 분명히 한다. 또한 그는 명분과 실리나 박博과 약約의 두 가지 가치에 대해서 한쪽으로만 치우치는 폐단을 경계하고 양쪽을 조화시켜 하나로 관통하는 중용의 도를 추구한다. 나아가 병가의 경우 인의仁義와 모략謀略 사이에서 인의가 근본이 되고, 모략이 수단이 되는 질서를 도道의 모습으로 신후담은 제시하고 있다. 그는 이러한 도의 진밀함이 유가의 도道요 성인의 도道라고 전제함으로써, 제자백가의 도가 어디에서 폐단이 발생하기 시작하였는지를 진단해내고 그 비판을 가하면서 교훈으로 경계한 것이다.

신후담의 제자백가에 대한 비판은 비난적 사邪로 배척하려는 극단적 주장이 아니라, 제자백가의 이론의 객관성에 대해서는 이해하고자 하였다. 다만, 그는 도의 근본을 깨닫지 못하고 중용을 잃어버린 데서 오는 그러한 폐단을 비판논리 형식으로 전개하고, 유도儒道를 칠가의 근본적 뿌리라고 전제하여 칠가의 논리적 단초들도 모두 원형 유도 내에서 출발하고 있음을 천명한다.

그러한 관점에서 그의 제자백가에 대한 고찰은 그 오류와 폐해에 관한 부분은 엄격히 가려서 비판하면서도 유도 내에 모두를 포용하는 큰 틀도 확립하려 하였다. 그리고 그러한 포용적 비판론은 사실상 도학의 정통론에 입각하면서도 이단배척이라는 정치사회적 운동으로 전개된 조선 말기의 그것이 아닌 학술적 수준의 접근으로서 그의 제자백가에 대한 인식이 지니는 의의라 해도 좋을 것이다.

Ⅳ. 이학관異學觀과
서학 경험

1. 17세기 이전 조선 정치사회의 이단 비판론

2. 신후담의 이학관異學觀

3. 서학 정보에 관한 경험

1
17세기 이전 조선 정치사회의
이단 비판론

:

　조선 초기부터 정치적으로 유학에 대응되는 이단의 구극究極으로 치달은 종교·사상으로는 불교가 그 대척점에 있었다. 그리고 조선에서의 신유학 탄생의 하나의 배경이 된 샤머니즘 계보, 즉 무격신앙도 조선이라는 국가의 정체성 확립를 위해 유교사회를 이루려는 기초다짐에 걸림돌로 비판되고 있음은 주지의 사실이다.[316] 그 뒤 1410년에 불교 교단이 치르던 정치사회적 의례까지 이단으로 비판되어 갔다.

　이단에 대한 비판 잣대는 공식적으로 한·당대의 문물과 고려시대 잔재 등이 남아 있는 과거, 즉 사장詞章 제도까지 미치고[317], 조선 조정은 1526년에 노장사상을[318] 그리고 도교자체도 이때부터 이단시된다.[319] 조선의 정치사회가 앞장서 정주학적 경학으로 자리잡아가던 16세기 후반부터는 송학宋學 가운데 정이程頤의 학문적 입장을 계승한 주자학의 교의성教義性이 이단기준의 척도로 굳건하게 자리를 잡아나간다.[320]

　선조의 만류를 뿌리치고 명종의 복상기간이 끝나기도 전에 퇴계 이황이 귀향한 사실을 두고 조선 조정을 중심으로 한 정치사회 일각에서 그의 귀향 처신을 이단행위로 간주한 때가 정학과 이단과의 분기점 출발이 아니었는가 이해된다.[321] 이단적 처신으로 지탄받게 된 이황은 이후 학문적 논지로 이학異學과 이단사상을 조선사회에 제시하게 되는데, 정치사회적으로 이황은 자신이 비판받고 있는 처지를 어떤 방식으로든 극복하고자 한 것으로 이해할 수가 있다.

1571년에는 조정의 공식적 입장으로 '闢佛벽불'이라는 불교비판 용어가 자주 나오기 시작하고, 같은 시기 유희춘柳希春 같은 경우는 정주학을 비판하던 육구연陸九淵을 반비판하고 나선다.[322] 그 뒤 택당 이식李植(1584~1647)은 이황에 대해 '그는 모든 인물들에 대해 그 인물 면면의 장단점에 대해서는 일체 말을 하지 않았고, 그가 정치를 잘하고 못하는 부분에 대해서도 왈가왈부하지 않았지만, 이단사상에 대해서만은 조금도 양보함이 없었다.'라고 자신의 이단사상 비판을 이황의 입장과 다름없음을 분명히 밝힌다.[323] 이같이 유희춘·이식 등과 같은 학인들의 이단에 대한 비판적 입장은 16세기 후반부터 조선성리학을 만들어가는 사람들이 중심이 되어 사회적으로 공공연화되어간 형세였다고 이해된다.[324]

이황을 사숙했던 조익趙翼(1579~1655)도 이단비판에 적극적으로 나서고 있었던 것으로 보인다.[325] 그 뒤 율곡 이이의 문묘배향을 위한 서인의 배향운동에 대해 반대의 입장에 있던 유림들이 '이이 문묘배향 반대'의 명분으로 삼고자 했던 것 중의 하나도 이단비판이다. 즉, 그들의 강력한 반대 이유가 '율곡 이이의 학문이 이단불교에서 출발하였고, 그의 사단칠정론은 양명학과 불교이념인 이단에 그 이론적 배경이 깔려 있다.'[326]는 비판이었다.

정주학의 조선적 전개과정에서 16세기 후반부터는 심지어 정주학 이외의 다른 학문이나 사상에의 관심과 지향을 누릴 수 있는 사유자체까지 옥죄어간다. 즉, 정주학을 중추로 정치사회 지배력을 유지하려는 권력에 의해 하나의 통제수단으로 강화되어 간 국면이 그것이다. 정치사회의 통제수단으로 강화된 이단비판의 전개는 정주학에 반하는 학문행위는 물론 반정주학적 학문

추구 자체에 대한 몰사유沒思惟로 몰아갔을 정도였다는 것이 본 연구자의 해석이다.[327]

1. 17세기 이전 조선 정치사회의 이단 비판론

2

신후담의 이학관異學觀

∴

　앞에서 살펴본 바와 같이 신후담은 태어날 당시부터 정주학과 이단비판이 팽배해가던 조선후기 정치사회 환경에 있었다. 그는 박학博學에 몰입한 생애 초기에는 정주학은 물론 제자백가까지 깊이 추구한 사실은 전장에서 이미 고찰하였다. 공자의 '博學而約禮박학이약례'의 논지 등 그가 박학을 배우던 시기 조선 전체사회는 아직 이단비판이 강경하게 폐쇄적이지는 않았다고 생각된다.

　1713년 13세 때 그가 구두점을 찍은 『능엄경해楞嚴經解』를 읽은 사실은 당시에는 이학異學 또는 이단이던 불교 경전이다.[328] 그는 불교경전 공부로써 불교에도 접근하고 있었다는 것이다. 한편으로 14세부터 16세 청소년기 그의 저술들 대부분이 노장학과 관련 있는 측면은 생애초기 이학에 대한 신후담의 입장은 상대적으로 유연한 자세에 있었다는 사실이다.

　후술하겠지만 신후담은 '이단' 보다는 '이학異學'이라는 용어를 자주 사용하고 있는데, '이단'과 '이학'이란 용어는 당대인들이 다르게 받아들이고 있었을 측면도 배제할 수는 없다는 이해이다. 왜냐하면 '이단'이 현실적 문제에 직면하는 그 선에서 보다 포괄적 범위를 상정한 개념을 지니고 있다면, '이학'은 유학과 다른 학문 그 자체를 대상으로 하고 있다는 해석이 가능하기 때문이다.[329]

　또한 그가 1718년에 저술한 『쌍계야화』에서 '붕당의 폐해를 노장사상과 불교의 폐해보다 심하다.'고 비판한 논리에 비춰보아도 생애초기 이단을 강하게 배척하는 태도는 아니었다고 생각된다.[330] 그리고 이듬해 유도儒道 입장에서 제자백가를 총평하는『팔가총론』·『팔가총평』등을 저술하는데, 제자백가인 팔가 중에 유학적 입장에서는 이학異學인 묵가·도가 등도 학문적으로 연구, 저술하고자 하였음을 그는 보여준다.

청소년기에 신후담은 이단비판이 융성하던 정주학 일변도 정치사회에서 이학異學을 무비판적으로 기피하지 않고 배우고 있었다. 그렇지만 정주학 사회로 점점 강하게 자리잡아간 조선 후기 정치권력 구도에서 신후담이 이단 학문을 자방적自放的으로 지속하기는 어려웠다. 17세 때 부친 신구중으로부터 이학異學 공부를 그만두고 정주학에 힘쓸 것을 훈계 받게 된 사실,[331] 이런 사실이 신후담이 직면하고 있던 정주학 세망世網(세상의 그물망)의 18세기 조선후기 사회였다.

신후담이 이학 특히, 노장학과 소설패사 등에 몰입한 시기에 정주학으로 학문적 관심을 되돌리게 된 측면은 부친 신구중 같은 가족권은 물론, 같은 정파인 근기近畿 성호학파라는 학파권에서도 분위기적 강요가 존재해 있었다.[332] 특히, 성호학파 중 제1세대 활동이 활발하던 18세기 중기 노론전권 천하였던 정치사회를 상정해 본다면 남인으로서 저들에게 학문적·사상적 공격의 빌미를 주지 말아야 할 입장이었음도 살필 대목이다.

성호 이익이 사서四書에 관한 질서疾書를 저술하고 그것들을 간행한 뒤에 전개되던 한 가지 사례가 그러한 사실을 증험한다. 순암 안정복은 휘원輝遠 이기李瓔로부터 '성호가 저술한 질서의 특정내용을 지목하여 비판을 가하고 있다.'는 세간의 소식을 전해 듣게 된다. 이 소식에 접한 안정복은 평소 스승 이익의 성품과 몸가짐을 익히 알고 있던 터라 이기에게 다음과 같이 스승을 비호한다.

"그 어른(성호 이익)께서는 한 평생 근신謹愼하고 또한 외약畏約해서 비록 직접 지은 글은 한 구절이라도 만약 칭찬을 하여도 반드시 섬뜩 놀라 두려워하곤 하신다. 그러한 분이 사서四書에 관한 질서疾書를 저술하면서 남의 입질에 오르내려 괜스레 불란不亂을 일으킬 만한 내용을 구태여 담을 필요가 뭐가 있었겠는가."³³³

안정복은 이익이 저술한 질서의 특정한 구절을 꼬집어 이익에게 비판을 가하려는 이기에게 '그 분의 근신·외약의 성품'을 내세우며 '절대 그럴 리가 없다.'는 두려움에 찬 마음으로 변호하려는 태도를 취하고 있음이 읽혀진다. 또한 이익을 위한 안정복의 단호한 변론에서 '친형 이잠李潛이 정쟁과정에서 희생된 사실이 있는 성호가 현실정치에서 자신 문제로 조그마한 일에도 회자되는 것이 두려워 남의 시선을 예민하게 받아들이던' 당시 근신외약謹愼畏約적인 태도를 엿볼 수가 있다.

한편, 이기의 이익의 질서 내용에 대해 비판했다는 사실은 이익의 학문적 영향력이 정치사회적으로 그만큼 커지고 있었다는 반증이기도 하다. 그러므로 성호학파 1세대이던 신후담을 둘러싼 정치사회적 환경도 이익의 그것만큼은 아니었지만 어느 정도 위험이 존재하고 있었다고 할 수 있다. 그러므로 당시 재야에 머물던 신후담 가문이지만 남인이라는 정파에 속한 입장이라서 정치사회적 문제에 휘말릴 수도 있었던 처지였다.

다만, 정치사회에 관한 책임의식과 위기의식에서 거리를 둘 수 있었던 그의 청소년기에는 이학과 이단사상에 관심을 가질 수도 있었다고 이해된다. 그러나 그가 사회적 활동이 많아지고, 학문적·사상적 영향력이 커져가는 장년기부터는 학문적 성과에 대한 책임성으로 말미암아 그것의 결과에 따른 파급을 전제하지 않으면 안 되었던 것이다.

이후 신후담은 『주자대전』·『성리대전』 등의 연구에 전념하고, 정주 경학에 대한 고구考究는 물론 하학 공부도 병행하기 시작한다.[334] 이어 공맹孔孟 경학과 조선성리학으로까지 그 연구범위를 넓혀 나가는데, 그 과정에서 『서경해書經解』·『시경해제』·『대학후설』·『중용후설』·『사칠동이변四七同異辨』 등을 저술하게 된다.

그는 선진 경학과 정주 경학이라는 유도儒道의 기초를 공부하면서 '이단' 보다는 '이학'이란 용어를 자주 사용하게 되는데, 당시 그는 '이단'과 '이학'이라는 두 용어에 대한 차이점을 밝히지는 않고 있다. 다만, 그가 사용하는 사례에서 유추해서 본다면, '이학'은 학문적 논변이나 학설문제로 자신의 견해를 표방하고자 하는데 적용시키고 있음이 읽혀진다.

그는 대체로 '이학'이라는 용어를 자주 사용하고, 이학의 주된 대상으로 양명학을 지목한 사실, 양명학도 명나라 말기의 역사적 사실에 주목한 사례 등은 직접 당대의 현실문제와 결부시켜 이단비판을 반비판하던 스승 이익의 경세론적 '이단'과는 다소 차이가 있다. 즉, 신후담 자신이 처한 조선적 현실 문제 해결이라는 측면보다는 학문적 입장에 비중을 둔 '이학'이라는 용어 사용이라고 해석된다.

한편, 그는 중국의 명말 청초 학자 가운데 수정주학자守程朱學者의 정주학에 관한 저술들과 양명학 비판론에도 주목하였다. 그런데, 신후담이 전개하고 있는 이학은 당시 정치사회를 반영한 입장보다는 학술적 논지로 국한하고자 하였기 때문에 정주학 한계를 지적할 수준단계는 아니었다. 당시 그의 관심사는 이학과 차별화시킬 수 있는 정주경학의 다양한 학설을 고찰하는 그 수준이라는 본 연구자의 해석이다.

유학과 노장학의 정통성과 차이를 명확히 하기 위해 '태극도'의 시원始原을 가지고 논란해온 노장학자 진단설陳搏說과 정통유학자 주돈이설周敦頤說에도 그는 주목하였다. 이 논쟁은 신후담 당대까지 두 학설이 팽팽히 맞서왔다는 측면은 중국 사상계에서 유학만의 독존이 아니었다는 사실을 반증해주는 것이다. 그리고 신후담이 이 논쟁에 대해 자기이해를 가지겠다는 입장을 보인 것이다. 또한 그가 주돈이의 사상을 계승한 설선薛瑄의 도론道論에 주목한 것도 정주학 정통성은 노장학의 계보와는 차이가 있다는 것을 증험하기 위해서라고 이해된다.[335]

신후담은 청소년기 노장학에 심취하고, 장년기는 정주학과 선진 경학을 터득해가던 학인學人이다. 그가 장년이 되어 노장학과 노설패사 등에 관한 관심에서 유학공부로 돌아와 태극도를 처음 창견創見하게 된 학자가 누군가에 대해 주목을 하게 된 것은 당연하다고 생각된다. 사실 태극도의 창견이 '유학에서 나왔을까? 아니면 노장학에서 나왔을까?'에 관한 여러 이견들이 그의 당대까지 제기되어오던 것도 사실로 여겨진다. 그런데, 신후담은 '태극도를 창견한 학자는 노장학의 진단陳搏이 아니라 유학자 주돈이周敦頤다.'라고 확신한 것이다.[336]

또한, 신후담은 명나라 말기 양명학이 주류였던 당시에 정주학을 지키던 학자와 그들 저술에도 주목한다. 명 말기 『근사잡록』을 저술한 진진陳璡이 정주학을 긍정하고 있는 대표적 학자로 이해한 것은 바로 그러한 이유에서이다. 그는 『근사잡록』이 비록 주도면밀하지는 않지만 정주학 정통성을 지켜내고자 하는 뜻은 매우 높다고 평가한다.[337]

또한, 신후담은 정주학자 나흠순羅欽順이 '주자와 육상산의 학설상 차이점을 명백히 밝힌 부분은 매우 통쾌하다.'고 극찬한다.[338] 그리고 명대 왕수인에 관한 여러 어록들과 경전해석에 나타나 있는 주장이나 학설들은 모두 이학異學이라고 그는 비판한다. 특히, 나흠순이 『대학』을 해석한 부분은 모두 선가禪家인 불교사상과 다를 바가 없는 이학이라는 신후담의 비판이다.[339]

그는 명대 정주학을 고수하던 학설과 학자를 통해 정주학 정통성의 당위를 변별해 내고자 하고, 한편으로는 양명학자의 학설과 저술내용을 비판하면서 이학적 사실을 드러내려는 입장에 선다. 신후담은 양명학 비조인 왕수인 학설은 선배학자들이 이미 이학이라 누누이 강조한 것이 정설이라고 단언한다. 그리고 왕수인의『대학』주소注疏를 고찰한 결과 그가 주장하는 중심이론은 선가사상禪家思想인 불교사상과 다를 바가 없는 이학이라 결론짓는다.[340]

이어 육상산의 학문과 사상을 계승한 진헌장陳獻章(1428~1500)의 순허유물론循虛有物論도 그는 적극 비판한다. 진헌장의 순허유물론은 '문장文章·공업功業·기절氣節이 모두 마음의 함양에서 나온다는 견해'로 이 세 가지 모두 실학이라 견지한 주장이 있음을 고찰한다.[341] 그러나 그러한 그의 주장에 대해 신후담은 '문장·공업·기절 등이라는 이름만 내세운 측면은 근본에 근거하고 있지 못하기 때문에 믿을 수가 없는 이론'이라고 비판한다.

또한, 신후담은 명 말기 양명학 이론인 치양지致良知 학설은 물론 정주학 근본이념인 '이理'와 '성性'이라는 용어 그 자체를 부정하려는 비판에 대해 '이와 성까지 부정하게 되면 인의仁義가 모두 사라져 생민生民의 윤리가 없어진다.'고 반비판한다.[342] 그렇지만 그는 양명학자가 주장하는 학설과 논지에 대해서는 비판을 위한 비판을 하지 않는다. 그는 양명학자 견해도 정주학에 부합되는 내용이 발견되면 그것을 변별적으로 긍정한다. 대표적 사례로 양명학자 왕기王畿의 견해, 즉 '치양지설은 결국 허적설虛寂說에서 나온 것으로 성학聖學의 종지宗旨다.'라는 논지에 대해서 신후담은 수긍한다.[343]

또한 양명학자 정선부鄭善夫는 '진한秦漢 이후 경전의 본령本領이 잘 전수되지 않아 잘못된 내용이 많고, 남송의 효종(1174) 이후는 모든 학설이 수사학洙泗學과는 다르게 전개되어 나갔다.'는 견해에 대해서 신후담은 적극 동의한다. 남송의 효종 이후 양명학뿐만 아니라 정주학까지 포함한 유학 전반이 원형原型 수사학洙泗學과는 멀어져 전개되었다는 정선부의 학설에 대해서 신후담은 그가 양명학을 긍정한 측면은 비판받아 마땅하지만, 수사학이 잘못 계승되어

        2. 신후담의 이학관異學觀

갔다는 비판논지는 옳았다고 해석한다.[344]

신후담은 왕기나 정선부가 양명학설을 수용한 자체에 대해서는 엄정한 비판 잣대를 들이대지만 두 학자의 성학聖學 지향과 수사학에 대한 견해는 분변적分辨的으로 수용한다. 따라서 신후담의 양명학자 견해에 대한 분석적 비판과 이해는 그가 지향하고자 하는 학문과 사상이 결국은 수사학, 즉 선진 경학을 지향해가고 있음을 드러낸 것으로 읽혀진다. 그렇지만 생애전반기 그의 선진 경학 지향은 선진 경학의 우위관점에서 정주학을 재구성하는 수준단계에 들어서지는 못했다는 해석이다.

3

서학 정보에 관한 경험

:

    신후담이 중국에 들어온 예수회 선교사가 전하는 서양문물을 접하기 시작한 시기는 18세기 전반이다. 그런데, 그의 활동 생애 2세기 전인 1534년 에스파냐의 이냐시오 로욜라Ignatius de Loyola(1491~156) 등 6명이 조직한 예수회는 다음과 같은 두 가지 창설목적을 가지고 출발한다. 주지하다시피 그 창설 목적은 루터 등 종교개혁에 맞서 가톨릭 교리를 명목상 새롭게 정립하는 것이 그 첫째 목적이고, 종교개혁에 의한 가톨릭 교세의 쇠퇴를 막기 위해 기독교 신교가 아직 선교활동을 펴지 못한 아시아·아메리카 지역을 선점하여 교세를 확장하려는 것이 비공식적인 두 번째 목적이라 이해된다.

    저들이 선발대로 나선 동아시아 가톨릭 선교는 인도 고아를 식민지로 포르투갈이 점령하면서 시작되었다고 할 수 있다. 1542년 예수회 창립멤버 한 사람인 사비에르Francisco de Xavier(沙勿略, 1506~1552)는 교황청 도움을 받아 고아에 가톨릭 선교센터를 설립하여 인도인들에게 가톨릭을 선교한다. 그 뒤 1549년 사비에르는 토레스 신부 등 수사 1명과 함께 일본 가고시마[鹿兒島]에 들어가 다이묘로부터 선교활동을 허락받고 2년 동안 선교활동을 하는데, 이 것이 일본에서 가톨릭교 선교의 시작이다.

    이어서 발리야노Alessanddro Valignano(范禮安, 1539~1606)가 파견되어 일본에

들어오는 등의 관계로 임진왜란 때 조선침략 선봉장으로 나선 한 사람인 고니시 유키나가小西行長가 가톨릭 신자가 되기도 하고, 조선침략군에 선교사 세스페데스Gregorio de Cespedes(155~1611)가 종군한 사실史實은 이러한 선교과정에서 일어난 사실이다.

한편, 포르투갈이 마카오를 조차지로 획득할 무렵에 사비에르는 이 지역을 거점으로 중국선교를 시작하기 위해 1552년에는 상천도上川島에 도착한다. 그러나 명의 쇄국정책으로 거절당해 입국하지 못하고 사망한다. 그 뒤 쇄국정책에도 불구하고 중국에서 가톨릭 선교를 본격적으로 시작한 인물은 이탈리아의 마테오리치Matteo Ricci(1552~1610)이다.

그는 철학을 전공하면서 라틴어·그리스어·수사학·고전 등에 조예가 깊고, 수학·천문학·지리학·물리학 등 당대 자연과학에도 정통한 인물이다. 1578년 인도 고아에서 인문학 강의를 시작으로, 1580년 마카오에서 중국선교를 위해 방법론적 적응주의[345] 를 채택해 3년 동안 중국 언어와 문화를 익힌다. 이어 1583년 조경肇慶에서 출발하여 1589년에는 소주韶州, 1595년에는 남경南京과 남창南昌을 거쳐, 1598년 북경에 1차로 도착하였으나 거절당한 뒤 3년 만인 1601년에 마침내 북경 입성에 성공한다. 마테오리치가 마카오에서부터 중국 북경 입성까지 무려 21년 동안 공을 들인 성과이다. 마테오리치의 중국 입성은 한 개인의 예수회 선교사 활동이지만, 16세기 말 17세기 초기 동아시아 유교문화를 대표하는 중국과 서양문화를 대표하는 교황청의 권위를 대리하는 동서양 문화권의 첫 만남이자 대응이 전개되어 간 사건이라고 넓게 해석해 볼 수가 있다.

마테오리치는 그러한 과정에서 중국학자 서광계徐光啓·이지조李之藻·양정균楊庭筠·풍응경馮應京·이천경李天經 등 우수한 인물들을 천주교도로 만든다. 그리고 천주교 교리는 물론 서양의 자연과학·세계지도·서양문명 등을 소개하는 문헌을 한문漢文으로 저술하여 선교사들이 직접 선교할 수 없는 지역에 서도 직·간접적으로 선교를 할 수 있는 '서적 선교'의 방식을 정립시킨다.

그는 1602년에 『곤여만국전도坤輿萬國全圖』, 1603년에는 『천주실의』 등 모 두 26종의 문헌을 저술하고, 중국 지식인들과 함께 지구의地球儀·해시계·자 명종·세계지도 등을 제작한다. 그러나 그의 이러한 자연과학과 과학기술 등 의 지식 보급은 천주교 선교를 위한 하나의 수단일 뿐 그 궁극목적은 천주교 교리 전파에 있었음은 물론이다.

그가 1610년 사망한 뒤에도 선교사들은 그의 방법론적 적응주의를 택해 선교를 이어갔고, 1584년 루지에리Machele Ruggieri(羅明堅, 1543~1607)의 『천주성 교실록天主聖敎實錄』이 출간되기 시작한 이후 1759년 중국에서 선교사들이 추 방될 때까지 175년 동안 60여 명의 선교사들이 남기고 간 서학에 관한 문헌 들은 500여 종에 이른 것으로 이해된다.[346]

교황청의 선교 대상지역이 아니던 조선에는 18세기 전반까지 공식적으로 예수회 선교사들이 단 한 명도 들어오지 않았다. 조선에 서학이 들어오게 된 배경은 중국에서 예수회 선교사들이 적응주의 수단으로 제작, 저술한 천문· 역법·산학·지리서 등의 문헌과 지도·지구의·자명종 등의 기기器機가 조선의 대중국 사절단이나 인질로 잡혀 간 소현세자昭顯世子 등을 통해서이다.

이들 중에서 한문서학서로 불리어지는 문헌들이 조선 조정, 그리고 관료나 학인들에게 보급된다. 조선에 최초로 들어온 서양문명은 1603년 주청사奏請 使로 북경에 사신으로 간 이광정李光庭이 구입한 마테오리치가 그린 6폭의 「곤 여만국전도」라고 이해해 볼 수 있다. 당시 홍문관에 보낸 것을 이수광李睟光이 검토한 뒤 자신의 견해를 덧붙여 1614년경에 편찬한 『지봉유설芝峯類說』에 실 어 1634년에 간행함으로써 서양세계를 널리 알리게 하는 계기를 만든다.[347]

그 뒤 1631년 명나라에 사신으로 간 정두원鄭斗源이 화포火砲·천리경千里鏡

·자명종自鳴鐘 등의 현대적 기기와 함께 마테오리치 등이 제작, 저술한 천문서天文書와『직방외기職方外記』·『서양국풍속기西洋國風俗記』·『천문도天文圖』·『홍이포제본紅夷砲題本』등의 서적을 포르투갈 출신 예수회 선교사 로드리게즈Johannes Rodorigues(陸若漢)로부터 얻어가지고 이듬해 돌아왔다.

특히, 정두원은 역관 이영준李榮俊에게 천문법을 계산하는 방법을 배우도록 하고,『치력연기治曆年紀』·『천문략天文略』등을 익히도록 하는 등 서양과학 정보 습득에도 관심을 나타낸다. 또한 1636년 후금에 볼모로 잡혀간 소현세자가 귀국길에 아담 샬Adam Schall(湯若望)과 친분을 맺고 1644년 천문·산학·역법 등에 관한 서적을 선물 받고 몇 차례 토론을 한 뒤 돌아왔다.

이상과 같이 17세기부터 신후담이『서학변』을 저술한 1728년 전후인 18세기 초반까지 조선에 들어온 예수회 선교사들의 각종 주요 저술이나 지도들을 저자·제작자들로 살펴보면 대략 다음과 같다. 괄호 안은 제작 또는 저술 연도이다. 이하의 저자와 제작자 및 저술연도, 문헌·기기 등은 모두 앞의 인용에서 이미 밝힌 바와 같이 이원순의『조선서학사연구朝鮮西学史硏究』(1986)의 내용을 좇아 본 연구자가 다시 정리해 본 것이다.

마테오리치의 저술로는『교우론交友論』(1595)·『곤여만국전도坤與萬國全圖』(1602)·『천주실의』(1603)·『이십오언二十五言』(1604)·『양의현람도兩儀玄覽圖』(1604)·『건곤체의乾坤體義』(1605)·『기하원본幾何原本』(1605)·『측량법의測量法義』(1607)·『혼개통헌도설渾蓋通憲圖說』(1607)·『흉고의匈股義』(1607)·『기인십편畸人十篇』(1608)·『동문산지同文算指』(미정, 간행 1614)·『환용교의圜容較義』(출간, 1614)·『변학유독辨學遺牘』(미정) 등이다.

알레니Giulio(예유략艾儒略)의 저술로는『만국전도萬國全圖』(1623)·『직방외기織方外紀』(출간, 1623)·『서학범西學凡』(출간, 1623)·『만물진원萬物眞原』(출간, 1628)·『천주강생언행기天主降生言行紀』(출간, 1642)·『회죄요지悔罪要旨』(미정) 등이고, 우르시스

Sbatino de Ursis의 저술로는 『간평의설簡平儀說』(출간, 1611)·『태서수법泰西水法』(출간, 1612)·『표도설表度說』(1614) 등이다.

그리고 과학 분야로 잘 알려진 『천문략天文略』(출간, 1615)은 디아즈Emmanuel Diaz의 저술이고, 천주교 교리로 알려진 『영언려작靈言蠡勺』(출간, 1624)은 삼비아시Sambiasi(필방제畢方濟)의 저술이다. 아담 샬Adam Schall(탕약망湯若望)의 저술로는 『원경설遠鏡說』(1626)·『주제군징主制群徵』(1629)·『진복훈론총론眞福訓全總論』(1634)·『진정서상進呈書像』(1640)·『주교연기총론主敎緣起總論』(1643)·『시헌력時憲曆』(1644)·『건상곤여도乾象坤與圖』(미정)·『천문도남북극天文圖南北極』(미정) 등이다.

그리고 배그노니Alphonsus Vagnoni(高一志)의 저술로는 『동유교육童幼敎育』(1620)·『제가서학齊家西學』(1630)·『여학고언勵學古言』(1632)·『경학警學』(1633)·『달도기언達道紀言』(1639)·『수신서학修身西學』(1644)·『시헌력時憲曆』(1644)·『비언답휘斐言答彙』(미상)·『환우시말寰友始末』(미상) 등이다

그리고 우르시스의 저작, 저술로는 『간평의簡平儀』(1611)·『표도설表度說』(1614) 등이 있고, 마일라Joseph de Mailla(풍병정馮秉正)의 저술로는 『성년광익聖年廣益』(출간, 1738)·『성세추요盛世芻蕘』(미상) 등이고, 로우-Giacomo Rho(라아곡羅雅谷)의 저술로는 『성기백언聖記百言』(미상)·『재극齋克』(미상) 등이며, 터렌즈Johannes Terrenz(등옥함鄧玉函)의 저술로는 『태서인신설개泰西人身說槪』(1621)·『기기도설奇器圖說』(1627) 등이 있다.

그 외에 롱고바르디Licolas Rongobardi(용화민龍華民)의 저술로는 『천주성교사말론天主聖敎四末論』(1602)·『영혼도체설靈魂道體說』(미상) 등이 있고, 판토야Diago de Pantoja(방적아龐迪我)의 저술로는 유명한 『칠극七克』(출간, 1614)이 있으며, 그리고 또한 샤바그나Emeric Chavagna(사수신沙守信)의 『진도자증眞道自證』(출간, 1718)이 있다.

기타 페르비에스Ferdinand Verbiest의 제작으로는 『곤여전도坤輿全圖』(제작, 1674)가 있고, 페레이라Andre Pereira(서무덕徐懋德)의 저술로는 『옥혼십오단·瑰十五端』(미상), 로드리게즈Joao Rodriguez(육약한陸若漢)의 『치력연기』(1631), 저자 미상의 『도해고적기渡海古積記』(미상)·『천리경설千里鏡說』(미상)·『서양풍속기西洋風俗記』(미상)·『홍이포제본紅夷砲題本』(미상) 등이 그것이다.

그런데, 신후담이 『서학변』에서 언급한 『천학초함天學初函』은 1628년 이지조李之藻(1565~1630)가 간행한 서학 총서인데, 그가 내용을 비판적으로 다룬 서적은 『천주실의』·『영언려작』·『직방외기』 등이며, 이들 문헌들은 『천학초함』에 모두 실려 있다. 특히, 『영언려작』은 천주교에서 가장 중시하는 '아니마 anima(영혼)'의 개념을 다룬[348] 철학서라 해도 좋을 것이다.

또한 삼바아시는 『영언려작』 서문에서 아니마에 대한 학문은 서양의 필라소피아(철학, 격물궁리格物窮理)에서 가장 유익하고 존귀한 것이라 하면서, 고대 서양대학에서는 "너 자신을 알라"라는 소크라테스의 명언을 걸어 두었는데, 그것은 학문의 뿌리로서 '나의 아니마를 알라'는 뜻이라고 기록하고 있다.

또한 그는 서문에 '수신·제가·치국·평천하를 하려는 사람은 모두 아니마의 학문을 배워야 한다.'고 기술하고 있고, '아리스토텔레스는 의사가 육체의 병을 치료할 때도 아니마의 학문을 배우는데, 더욱이 사람을 다스리는 자가 영혼의 마음과 병을 치료하려면 이것 보다 더 깊이 배워야 한다.'고 강조했다는 사실을 소개하는 중요한 내용도 담고 있다.[349]

위와 같은 주장을 서문에 담은 삼비아시는 『영언려작』 체재와 본문을 아니마의 실체實體, 능력能力, 존엄성尊嚴性, 선성善性(美好) 등 네 편으로 나누고, 결론적으로는 자신을 깨닫고 천주를 앎으로써 복을 누리게 된다는 뜻을 담아내려고 하였다는 것이 신후담이 검토 정리한 내용이다. 신후담이 그의 『서학변』에서 『영언려작』에 대해 철저한 비판과 이해에 많은 지면 할애와 열정을 쏟은 국면이 여기서 찾아진다.

사실 서학 용어는 서학·서태학·서태지학·서태자지학西泰子之學·태서학 등과 같이 학인과 시대마다 다른 개념과 의미로 조금씩 변하되어 다양하게 사용된 것으로 이해된다.[350] 그리고 서학서의 명칭도 양서洋書·서서西書·요서妖書·서태서書泰書·한역서학서漢譯西學書·한역서구학술서·한역서양서·한문서학서·동전한문서학서東傳漢文西學書·동전한문서양서 등과 같이 조선 선조대 이전의 중국 이외의 서적을 포함한 '서학'의 연원과 그 범위 등을 매우 포괄적으로 담고 있다.[351]

그런데, 서학의 경우 용어와 문헌 등에 관한 내용은 신후담이 활동하던 기간을 전후한 시기를 대상으로 제한하고자 한다. 또한 서학은 천주교 교리를 전하려는 유럽인들에 의해 한문으로 된 서양과학과 천주교 교리가 섞여있다는 차원에서 일반적 이해수준 범위로 한정한다. 사실 신후담은 서학정보에 관한 직접 경험[352]을 갖지 못하였다. 또한 그가 간접경험을 한 측면도 ① 한문서학서를 입수해서 읽은 경우, ② 문헌 명칭이나 서학정보를 간략히 소개한 자료를 통해서 한문서학서라는 정보이해에 그치는 경우 등일 것이다. 신후담의 서학 경험도 ①과 ②의 범주에 국한된다고 할 수가 있다.

신후담이 서양문물을 널리 접할 수 있는 기회를 가진 중요한 국면은 성호 이익을 만나면서부터이다. 청소년기 노장학과 정주학 중심으로 학문을 쌓아왔던 그가 서학에 관한 관심을 주의 깊게 갖게 된 시기는 1724년 23세의 장년기에 이르러서였다고 생각된다.[353] 그렇지만 그는 이익을 만나기 이전에 이미 한문서학서 일부를 읽은 경험은 있었던 것으로 이해된다.[354]

이익이 신후담에게 들려준 서학에 관한 정보(한문서학서)는 『천주실의』·『천문략』·『기하원본』 등이다.[355] 3가지 문헌 중 『기하원본』을 신후담이 직접 읽은 사실은 확실하지 않지만, 이식李栻과의 만남 중 회고한 것에 미뤄보면 문헌

이름은 알고 있었던 것으로 추측된다.[356] 주지하다시피 『천주실의』는 천주교 교리를 담고 있고, 『천문략』·『기하원본』 등은 과학사상을 담고 있는 한문서학서이다.

그리고 디아즈E.Diaz(양마락陽馬諾)의 『천문략』은 천문역법과 우주론을 담고 있고, 『기하원본』의 내용은 수학을 주로 담고 있다. 신후담이 서학정보를 처음 접하면서 이익을 만난 그해에 알게 되었던 문헌들이다. 그렇지만 이들 한문서학서를 신후담은 모두 적극 연구하지는 못한 것으로 보이고, 직접 독서를 한 것은 『천주실의』·『천문략』 두 문헌인 것으로 이해된다.[357]

이들 서적 외에 『영언려작』·『직방외기』 등은 이익을 처음 만난 전 후 시기에 직접 읽었음이 그의 저술 『서학변』에서 확인된다. 그리고 신후담의 생애말기인 1759년에 『곤여도설坤輿圖說』을 구하여 본 뒤 『곤여도설』을 편술한 사실에 미루어보면 『곤여도설』도 읽었음은 확실해 보인다.[358]

V. 서학에 대응하는
비판과 이해

1. 이익·이식·이만부와의 서학 담론

2. 서학에 대응하는 학술적 논변

1
이익·이식·이만부와의 서학 담론

:

　신후담이 이익을 처음 만난 시기는 1724년(숙종 50)이다. 당시 이익은 44세로 장년기 후반이고, 신후담은 23세로 장년기에 들어선 때이다. 신후담은 이익을 만나기 전에 서학에 관한 문헌정보를 통해 알게 된 것은 일본 천주교 전래와 천주교 신자들에 관한 것들이라 이해된다.[359] 하지만 앞에서 고찰한 바와 같이 그의 가족권 내의 환경에서는 서학에 관심을 가질 기회를 크게 얻지는 못한 형편이었다.

　한편, 이익은 신후담을 만나기 전에 신후담 보다는 서학에 관한 많은 정보를 접했다고 추청해 볼 수 있다. 뒤에 서술하게 되는 신후담과 이익 사이에 전개된 서학담론과 『성호사설』·『성호사설유선』 등에 기술된 한문서학서가 모두 21권이나 된다는 사실에서 그렇게 이해해 본 것이다. 물론 그가 신후담을 만나기 전에 모두 문헌에 실은 것인지, 그리고 그가 21권 모두 이미 읽었는지는 확실하지 않다. 다만 그가 신후담과 서학에 대해서 주고받은 대화로만 추정해 본다면 신후담 보다는 서학에 관한 인식과 이해가 넓고 깊다는 사실은 분명해 보인다.

　그런데 1724년 이익은 신후담을 만나기 전에 이천에 살고 있는 대유大儒 이식李栻(1659~1729)과 서학담론을 이미 벌인 적도 있다. 두 학인이 벌인 논변論辨

주제는 사람의 정신精神(또는 精과 神)에 관한 의학적인 관심사항이었던 것으로
생각된다. 사실 동양철학 또는 동양의학에서 이른바 '정신'이란 용어와 통할
수 있는 이칭으로는 정신精神·정精·신神·심의心·意·지志·영靈·혼魂·백魄·혼
백魂魄·영혼靈魂·지智·혈血·맥脈·기氣·성性 등등일 것이다.[360]

특히, 혼백·영혼·정신 등이 인간육체와 서로 독립적 존재냐 종속적이냐에
대한 논변들은 예수회 선교사들 입장과 중국학인들 사이에 이미 전개된 사건
이다. 그리고 일찍이 중국에서 전개된『천주실의』·『영언려작』등 예수회 사제
들의 성리학 이해와 비판도 이러한 문제에 초점이 맞춰져 있었다. 당시 이익이
이식과 벌인 논변도 그 연장선으로 해석할 수 있는 의학적 관점차이였다.[361]

대표적인 예로 예수회 입장이 반영된 이익의 뇌낭설腦囊說과 성리학관이 반
영된 심신론心腎論이 맞부딪친 논변이 바로 그것이다. 한문서학서에서 '뇌낭腦
囊'이란 용어를 이해하게 된 이익과 유학적 의학관이 반영된 심신론을 인식한
이식과의 대척적인 입장의 논변은 서로 견해차만 확인한 채 그친 것으로 추정
된다. 두 학인 사이에 전개된 논변은 몇 년의 세월이 지난 일인데, 마침 신후담
이 이익으로부터 서학정보를 듣게 되면서 두 학인 사이에 전개되었던 논변이
다시 불거져 나온 것이다.

당시 이익과 신후담 사이의 서학담론도 사문師門 사이에 전개되었지만, 신
후담의 유학적 의학관도 이익과 이식 사이에 벌어진 논변의 연장선에서 벗어
나 있지가 않다. 왜냐하면 신후담은 이익의 서학관을 전적으로 동의하지 않았
고, 오히려 이식의 견해에 기울어져 있던 입장이었기 때문이다. 한편, 이익과
신후담의 네 차례에 걸친 서학담론은 서로 자기견해를 주고받는 논변은 아니
었고, 대체로 신후담이 질문을 하면 이익이 답변을 하는 형식을 취했다. 두 학
인 사이에 있었던 서학담론의 전개내용은 다음과 같다.

신후담과 이익은 1724년(갑진년)에 두 번, 1725년(을사년)과 1726년(병오년)에 각

각 한 차례씩 모두 네 번에 걸친 만남에서 서학담론을 가졌다. 당시의 담론내용은 신후담의『서학변』의『기문편』에 모두 실려 있다. 모두 네 번의 만남에서 ① 과학론 중에서는 천문역법과 의학론, ② 천주교 교리 중에는 천주의 창조설, 뇌낭설에 근거한 영혼론 등을 중심으로 문답한 서학내용이 대부분이다. 그리고 ③ 익위翊衛를 지낸 이식李栻과 식산息山 이만부李萬敷 등과 각각 한 차례씩 만나 담론한 사실을 정리한 내용도『서학변』의『기문편』에 함께 실려 있다.[362]

한편, 신후담이 이익과의 첫 번째 만남에서 그의 관심은 '이익이 서학을 어떻게 받아들이고 있는가.'였다고 생각된다. 이익은 신후담의 서학에 대한 부정적 의문에 '저들의 학문을 소홀히 넘겨버릴 수가 없고,『천주실의』·『영언려작』 등과 같은 서학 문헌의 내용은 유학과 반드시 합치되는지는 모르지만, 저들이 주장하는 도道를 살펴보면 성인聖人이라 할 수 있다.'는 서학전반에 대한 우호적 견해를 밝힌다.[363] 또한 '저들이 내세우는 도道가 유학의 심성설心性說과 반드시 같지는 않더라도 그러나 결국에는 그렇지 않다는 것을 또한 어찌 알겠는가?!'[364] 라는 견해를 듣게 된 신후담은 이익이 서학을 긍정적으로 바라보고 있음을 확인하게 된다. 그리고 불교를 이학異學이라 여겼던 신후담에게 이익은 서학은 불교의 사상과는 다르다는 주장을 편다. 그는 '서학에는 불교의 천당지옥설과 같은 내용이 있지만, 불교는 결국 적멸寂滅일 뿐이고, 서태지학西泰之學은 실용적 내용도 담겨 있다.'[365] 는 것이다. 그러자 신후담은 '그 실용적 측면은 요순시대 성세盛世와 같은 치도治道를 담고 있는지?'[366] 등 서학을 비판적으로 바라보는 질문을 계속하자, 이익은 다음과 같은 사실을 들어 설명한다.

"저들의 주장을 들여다보면 치도를 내세우는 것도 있고, 성군현주聖君賢主의 일을 살핀 내용도 있네. 그리고 실용적 측면으로는『천문략』·『기하원본』 등과 같은 천문주수법天文籌數法을 소개한 내용도 있는데, 이는 우리 유학에서는 지금까지 미처 깨닫지를 못하여 상세히 밝혀내지 못한 것일세. 그렇기 때문에 이들은 경세經世에도 크게 도움이 되는 유익한 내용을 담고 있다네."[367]

상대적으로 서학정보와 그에 관한 이해가 부족했던 신후담은 이익에게 서학정보를 얻고는 싶었지만, 이익과 대화에서 자신의 입장에서는 생경한 서학을 스승이 긍정적으로 바라보고 있다는 사실에 놀랐을 것으로도 추측해 볼 수 있는 대목이다. 이익과 첫 만남 뒤 4개월 동안 『직방외기』를 읽고서 두 번째로 찾아간 신후담은 듣기만 했던 전과는 달리 '서학은 사학邪學이다.'는 견해를 밝힌다.

신후담은 이익에게 '『직방외기』의 도는 불교를 완전히 답습한 것으로서 사학邪學임에 틀림없다.'고 자신 있게 주장한다.[368] 그리고 첫 번째 만남에서 '서학에서 취할 만한 부분이 있다'는 이익의 견해가 궁금했던 신후담은 '서학에 관해 자신이 모르는 무언가'를 듣고자[369] 이익에게 첫 번째 국면을 상기시켜 질문한다. 이에 이익은 신후담의 '서학은 사학이라는 비판'에 대해 '그렇지 않다'고 하면서 '서학은 그렇게 가볍게 볼 수만은 없다.'[370]는 입장을 밝힌다.

신후담은 '서학을 가볍게 보지 말라'는 이익의 충고에도 불구하고 서학을 비판하고 다녔고, 그러한 신후담을 직접 보게 된 윤동규尹東奎가 그 사정을 이익에게 전한다. 그러자 그 이듬해인 1725년 가을 신후담이 세 번째 이익을 방문한 자리에서 이익은 다음과 같이 신후담의 서학비판 태도를 충고한다.

"내가 윤유장(윤동규尹東奎, 자가 유장幼章, 호는 소남邵南)에게 들은 바에 의하면 자네는 서학을 배척하는 데 온 힘을 쏟고 있다는데, 자네는 서학이 도대체 어떤 것인지 알고나 그렇게 언행을 하고 다니는가?. [중략] 저들의 천주학설도 비록

1. 이익·이식·이만부와의 서학 담론

애매하지만 그 이론을 유학 경전의 상제귀신론上帝·鬼神論과 비교해 보면 연관이 되는 부분도 있다네. 그 때문에 중국 학인들이 천주학설을 무턱대고 배척하려고만 덤비다가 서양학인들 논리에 굴복하게 된 것이네. 그렇다면 자네가 취하고 있는 강경한 서학배척 태도도 저들의 이론을 제대로 공부하지 않고 경솔하게 행동하는 것이 아닌가 하는 매우 염려가 되는 부분이네."[371]

이익은 신후담의 서학비판 태도가 서학을 제대로 알지 못한데서 나온 경솔한 행동이라고 질정叱正한 것이다. 이익의 질정에 그는 자신의 경홀한 언행의 잘못을 인정하면서 『직방외기』의 내용도 황탄하다는 심회를 윤동규에게도 털어놓았음도 이익에게 고백한다.[372] 그러자 이익은 신후담에게 서양 학인들이 중국으로 건너온 과정을 구체적으로 들려주자 신후담은 자신의 소회를 다시 밝히며 질문을 이어간다.

"지금에야 선생님 가르침으로 서학의 시비是非를 저의 짧은 학식으로는 타파할 수 있는 가벼운 것이 아님을 비로소 알게 됩니다. 그러나 저의 소견으로 저들은 대개 재주가 있고 술術에는 단수가 높은 것 같습니다. 따라서 저들의 성력이론星曆理論은 정묘精妙하기에 수용할만합니다만, 저들이 도道를 논함에 있어서는 황탄하여 현지賢智가 지나친 것 같습니다. 도대체 저들의 성력론星曆論은 우리 유학의 성력론과 같은 점과 다른 점은 어떤 것인지요."[373]

신후담은 서학의 술術, 즉 역법이론은 수용할만 하지만 천주교 교리와 같은 도道는 도저히 믿을 수 없다는 강한 비판태도를 취한다. 이어서 그는 저들 역법도 수용할만 하지만 유학역법의 한계 내에 있는 수준에 불과할 것이라는 추정에서 유학역법과 저들 역법과 차이점을 이익에게 질의한다. 이익은 신후담의 질문에 일식과 월식에 관한 서학이론은 지구의 관점에서 입론되었음을 알려준다.

이익은 '일식이나 월식이 서쪽에 있으면 서쪽에서는 볼 수가 있지만 동쪽에서는 보지 못하는데, 어느 쪽에서는 볼 수가 있고 어느 쪽에서는 볼 수가 없는 것으로 인하여 일식·월식이 된다는 것을 저들이 일경도日景圖를 그려냄으로써 그 이유를 증험해 낸 것이다. 대개 저들의 모든 역법론은 지금 중국역서에는 없는 이론들이다.'374 라고 구체적 예시로 들려준다. 또한 이익은 신후담에게 구체적 논증을 통해 알려주고도 미흡했던지 다음과 같이 거듭 강조한다.

"저들 서학이론은 서국西國이라는 먼 곳에서 와서 하루아침에 창견創見한 이론은 아니라네. 나는 일찍이 서학을 접하면서 저들 이론을 증험해 보고자 하였는데, 그 하나하나가 참으로 옳아서 믿지 않을 수가 없었다네. 나는 위서緯書 중에서 정현鄭玄의 학설 하나를 보았는데, 지구 두께가 3만 리라는 견해가 그것이네. 정현의 학설은 '지구 둘레가 9만리' 라는 서태학설西泰學說과 암묵적으로 서로 부합되고 있다네. [중략] 이미 그 논리의 당연한 이치를 알았다면 유학전통의 학설인 옛날 것과 다르다는 그 이유만으로 저들의 것을 취하지 않으려고 하는가.375

이익의 확신에 찬 서학이치의 긍정적 주장에도 신후담은 여전히 비판적 시각을 거두지 않았다. 그는 서학이론에 대한 자신의 의구심은 앞으로 서학과 전통유학에 관해서 더 많은 연구를 통해서 스스로 찾고자 다짐한 것으로 여겨진다. 그러한 다짐과 함께 그는 계속 마음속에 남아있는 의혹을 풀지 못하자 이익에게 서학자들의 역학曆學을 중국의 학자들은 얼마나 따르고 어떻게 믿게 되었는지에 관해 또 다시 질의한다.376

신후담의 그 질문에 이익은 '당시 중국학인들 중에서 역학이론을 접해 본

학자들은 그 이론을 믿고 많이 경청하였는데, 이지조李之藻는 저들 학설을 혹신酷信(확실히 믿음)한 뒤 저들 학설을 널리 전하려고 『혼개통헌渾盖通憲』을 저술하기도 하였다.'[377] 는 저술동기에 관한 정보를 들려준다.

신후담은 이익과의 세 번째 만남에서 돌아와 『천주실의』·『영언려작』 등에 관한 공부를 한 뒤 1726년 네 번째로 이익을 찾는다. 신후담은 '두 문헌에서 논하는 내용들은 완전히 불씨佛氏(불교)를 답습하고 있고, 영혼설을 뒷받침하는 신비한 흔적을 사실처럼 기록한 논리로서 모두 교탄矯誕(교만하고 허무맹랑함)하고 이치에 닿지 않으며, 혹세무민의 뜻이 현저히 담겨있어서 그 도를 배척하지 않을 수가 없다.'고 자기가 독서한 경험논리로써 비판하게 된다.[378]

그러자 이익은 신후담의 그러한 비판태도에 '서양의 선비들이 어찌 꼭 혹세무민하기 위해 그렇게 하였겠는가?. 다만 저들은 귀신을 너무 믿어서 그런 것일 뿐일세.'[379]라고 신후담의 강경한 비판태도에 저들을 객관적이고 유연하게 바라볼 것을 권유한다. 계속하여 신후담은 서학이론에서 양명학설을 일부 적용한 것으로 의심하고 저들이 정주학의 태극설을 비판한 사실을 들어 이익에게 마지막 질문을 한다. 신후담의 '태극설 비판은 서학자들에게서 나온 견해가 아니라 중국의 호사자好事者들이 견강부회하기 위해 만들지 않았을까'[380] 하는 끝없는 비판적 의문에 대해 이익은 '태극설을 변척辨斥하는 이론도 비록 육왕학陸王學과 우연히 합치되기는 하지만, 그 학설도 스스로 주견主見이 담겨져 있다네.'[381] 라고 해명해 준다.

네 차례 서학담론에도 불구하고 신후담은 이익이 이해하고 있는 서학에 관한 인식을 전적으로 수용하려는 태도를 취하지 않았다. 신후담과 이익의 서학정보에 관한 해석 차이는 몇 가지 측면으로 분석해 볼 수가 있다. ① 유학에 관한 학술적 깊이에 의한 관점차이, ② 하화夏華문물 몰입정도의 차이, ③ 유학 외의 학문과 사상에 대한 대응 차이, ④ 서양문명에 대한 정보차이 등등일 것이다.

하화문물 정보에 지속적으로 몰입되어 온 두 학인이지만, 신후담은 자신과 같은 유학입장이었던 이익이 서학에 대해서 포용적 입장을 취하는 태도를 의아해할 수밖에 없었다고 여겨진다. 이익과의 네 차례 만남이 있는 뒤 신후담은 당대 정통정주학자로 명성이 높던 이식李栻(1659~1729)과 이만부李萬敷(1664~1732)를 차례로 찾게 된 측면도 그 같은 의구심을 풀기위한 것으로 추측된다.

1728년에 신후담은 익위翊衛를 역임한 이식을 먼저 찾아 이익이 들려준 서학이론으로 '뇌낭설'과 '삼혼설'이 있다는 사실을 알려주면서 이익은 두 학설을 믿고 있는 것 같다고 전한다. 그러자 이식은 몇 년 전에 자신과 이익이 '심신설心腎說'을 가지고 논변을 벌인 사실이 있었음을 신후담에게 회고한다. 결국 이익과 이식 두 학자 사이의 '심신설'에 관한 논변은 결론을 내지 못한 채 그치고 말았다는 사실[382] 은 전술한 내용과 같다.

이식을 만난 이듬해인 1729년 가을에 신후담은 또 다른 정주학자 이만부를 찾아간다. 이 방문에서 서학정보에 멀어져 있던 지역적·연륜 등의 처지나 입장이었는지는 확실치 않으나 이만부는 신후담에게 서학에 대해서는 금시초문이라는 사실을 토로한다. 그러자 신후담은 이만부에게 이익에게서 들은 '삼혼설'과 '뇌낭설'이 있음을 전해준다.[383] 신후담의 자세한 설명을 들은 이만부는 '삼혼설'은 유학에서도 그 연원이 있는 이론으로 성리학의 '인물통색지론人物通塞之論'에 불과하다는 견해를 피력한다.[384] 또한 그는 '뇌낭설'도 유학전통 의서醫書에서 '수해隨海'를 논하는 내용과 서로 깊이 연관된 이름만 다른 새롭게 붙인 용어에 불과하므로 그 술術이 절출絶出한 견해는 아니다.'[385]라고 대수롭지 않다는 견해를 표명한다.

한편, 기존연구에서는 신후담의 「하빈연보」에 근거해 「서학변」 저술시기를

1. 이익·이식·이만부와의 서학 담론

1724년으로 이해하여 왔다. 그런데, 본 연구자는 1724년 보다는 적어도 1725년 이후 시기로 신후담의 『서학변』 저술을 조심스럽게 해석해보아야 한다는 입장이다. 왜냐하면 『서학변』 「기문편」에서 신후담과 이익 사이의 대화내용이 『서학변』에서 신후담이 전개한 비판내용과 부합된다는 측면이 많기 때문이다.

앞에서 살펴본 바와 같이 이익·이식·이만부 등을 만나 서학관련 정보를 나눈 여섯 차례의 시기가 1724년부터 1729년 사이라는 점, 그 담론내용도 『서학변』에 그대로 담겨져 있다는 사실에서 그러한 해석을 해보고자 하는 것이다. 신후담은 이익과의 서학문답, 이식과 이만부와의 서학담론을 끝마친 뒤에 저술을 완료하였을 것이라는 추정, 그가 『서학변』을 처음 저술할 때 전체 저술내용을 「기문편」을 포함하여 편집하고자 한 전후사정을 고려해보면 더욱 그러하다고 해석된다.[386]

그리고 1724년 봄에 신후담은 서학이 어떤 것인지에 대한 질의를 이익에게 겸손한 태도로 임하면서 서학에 관한 문헌을 한 권 보았다고 밝힌 바가 있다.[387] 그런데, 신후담이 읽은 그 문헌은 『서학변』에서 검토, 비판한 『영언려작』·『직방외기』·『천주실의』 등 세 책 모두 아니라는 사실이다. 또한 같은 해 가을이 되어서야 『직방외기』를 읽었다고 하고,[388] 1725년에는 신후담이 서학을 비판하고 다닌다는 윤동규의 전언에 이익이 서학을 가볍게 보지 말라는 충고와 함께 서학의 과학적 측면에 관한 정보로써 이해시키려 했다는 사실이다.[389] 그리고 1726년에는 신후담이 『영언려작』의 내용을 들추면서 뇌낭설에 관한 이익의 입장을 전해 듣고 심층적으로 질문을 하면서 비판적 태도를 보였다는 사실이다.[390]

그가 1728년 이식과 1729년 이만부를 찾아 이익과의 서학에 관한 질의 응답한 사실을 가지고 주고받은 대화는 『서학변』 저술완료를 위한 마지막 확인

차원의 내용들로도 해석해 볼 수 있다. 그가 1728년 이식을 찾아 천주학설과 관련된 뇌낭설에 대응되는 심신설心腎說과 영혼에 관련된 삼혼설, 천문과 역曆에 관련된 『천문략』·『기하원본』 등의 문헌내용을 전해주면서 이식의 견해를 듣고자 했던 사실,[391] 또한 1729년에 신후담이 이만부를 찾아 삼혼설과 뇌낭설을 전해주자, 이만부는 삼혼설의 의미는 유학의 인물통색론人物通塞論에서 나오고, 뇌낭설은 우리 유학의 의서醫書에서 수해髓海를 논하는 것과 일맥상통한다는 견해를 듣게 된 사실[392] 등이 그것을 방증해준다고 볼 수 있다.

　결국 1724년부터 1729년 사이의 「기문편」의 대화내용이 『서학변』의 기초 자료가 되었다는 추측이고, 그 내용들이 정제되어 『서학변』에 적용, 수렴되지 않았을까 하는 것이 본 연구자의 해석이다. 그러므로 「하빈연보」를 좇아서 『서학변』 저술완료를 1724년 그대로 긍정한 연구 성과나 그 보다 노년기인 1754년으로 훨 씬 늦게 잡은 선학의 긴해는 모누 재고할 여지가 있다.

　한편, 그의 서학 대응태도는 이익과의 담론에서 차별적으로 드러난다. 즉, 그는 이익이 서학의 과학적 측면에 관심을 높이 두면서 천주학설에 대해서도 비판적이지 않았던 측면과는 달리, 천주학설에만 집중적 관심을 두고 강한 비판적 태도를 취해가고 있었다는 측면이 대조적이다. 신후담의 그러한 입장과 태도는 이식과 이만부를 만나고 난 뒤 서학배척 입장을 더욱 확신하게 된 국면에서 선명해진다.

2

서학에 대응하는 학술적 논변

⋮

    마테오 리치 등 당시 천주교 선교를 위해 중국에 온 예수회 선교사들이 선교의 방편으로 천주교리와 함께 서양의 과학문화를 내포한 문헌을 저술, 발간한 것은 주지의 사실이다. 그런데 이들 선교사들이 전한 천주교리는 근대가 아닌, 중세 스콜라철학을 기반으로 한 철학사상이다. 예수회 선교사들은 천주교리를 중국사회에 거부감 없이 전파하기 위해 중국 주류사상인 유학에 주목한 것이다. 결국 그것은 보유론補儒論에 입각한 천주교 교리를 설명하고자 하는 것이다. 보유론이란 중국의 유학사상과 서양의 천주교리가 도道에 있어서는 서로 충돌하는 것이 아니라 후자가 전자의 부족한 부분을 보완하여 완성시켜준다는 논지이다. 이 보유론은 동양적 유교사회에서 서양의 천주교 교리를 거부감 없이 선교하기 위해 창견해낸 논리인 셈이다.

    17세기부터 조선에 들어온 한문서학서는 천주교 교리에 국한할 경우 대부분 이와 같은 보유론적 입장이 반영된 내용을 담고 있다고 할 수 있다. 또한 그들은 서양의 수학·천문학·생물학·의학·지리학 등 자연과학을 포함시켜 과학적 진리의 신빙성을 높이면 천주교 교리도 자연스럽게 신뢰할 수 있다는 통합 문화적 포교방식을 택한 것이기도 하다. 조선에 들어온 서학의 이러한 삼중구조는 한문서학서에 그대로 담겨서 18세기 이익이나 신후담·안정복 등 성호학파에게까지 전해진 것이다.

　신후담 자신은 서학을 처음 접할 때는 그러한 측면을 모두 간파하지는 못한 것으로 읽혀진다. 이익과 서학담론을 전개하는 과정에서 이학異學으로 도외시하는 듯한 신후담의 비판적 태도를 이익이 이해시키려는 과정에서 자연스레 드러나는 차이단계로 발전해갔다고 보아도 좋을 것이다. 한문서학서는 보유론적 입장과 천주교 교리와 자연과학이라는 삼중구조로 뒤섞여서 이들을 검토 정리한 신후담의 비판내용도 이익 등과의 서학담론에서 이미 복잡하게 나타나게 된 것으로 봐야 할 것이다.

1) 천주교 교리 비판과 이해

　신후담의 천주교 교리 비판과 이해는 앞 절에서 살펴본 바대로 그의 『서학변』의 「기문편」에 전반적인 입장을 보여준다. 그렇지만, 구체적 그의 견해는 『서학변』에서 〈영언려작〉·〈천주실의〉·〈직방외기〉 등을 검토 주제로 다루면서 명확히 드러난다.[393] 여기서 한 가지 분명히 해 두고 갈 것이 있다. 한문서학서로서 『영언려작』·『천주실의』·『직방외기』 등은 각각 개별저술이므로 문헌표시〔『　』〕를 하는 것이고, 신후담이 『서학변』에서 다른 〈영언려작〉·〈천주실의〉·〈직방외기〉 등은 주제표시〔〈　〉〕이므로 '문헌' 표시와 '주제' 표시를 본 연구자는 구별하고자 한다.

　한편, 본 연구자가 『직방외기』를 천주교 교리 비판과 이해의 문헌으로 포함시키고자 한 것은 세계지리와 서양교육에 관한 내용을 대부분 담고 있지만, 천주교 교리 내용도 포함되어 있고, 신후담도 천주교 교리비판을 부분적으로 다룬 내용이 있다는 측면을 고려한 것이다.

　신후담은 한문서학서의 소복차에 기초해 검토, 비판하고 있지만 그가 다룬 내용은 크게 천주교 교리와 서양의 교육, 그리고 세계지리 등에 관한 것이다. 그는 『영언려작』·『천주실의』 등 두 문헌의 소목차별 구성을 그대로 좇아 『서학변』의 〈영언려작〉·〈천주실의〉 등의 주제로 검토를 통한 비판과 이해를 전개한다. 그렇지만, 『직방외기』에 관한 『서학변』에서 다룬 주제는 문헌명대로 좇으면서도 한문서학서의 목차별구성은 그대로 좇지 않았으며, 내용도 개괄적으로 다루고 있다.

그러므로 『서학변』에서 다룬 〈직방외기〉의 비판과 이해 가운데, 서양의 교육과 세계지리 부분은 서양과학이란 다른 절에서 살피고자 한다. 한편, 본 절에서는 『서학변』 세 가지 주제, 즉 〈영언려작〉·〈천주실의〉·〈직방외기〉 등에서 소목차별로 다룬 내용들을 모두 검토하지 않고 핵심 주제별로 선정해서 전체 내용이 빠지지 않게 고찰하고자 한다. 왜냐하면 그의 『서학변』에서 전개한 주제별 소목차를 차례대로 모두 다루는 문제는 핵심주제가 중복되는 내용이 많기 때문이기도 하다. 사실 천주교 교리의 경우 신후담은 한문서학서 『영언려작』을 검토하여 『서학변』의 하나의 주제 형식으로 설정[〈영언려작〉]하여 비판하는 내용이 〈직방외기〉·〈천주실의〉 내용과 중복될 경우 그 스스로도 생략한다고 밝힌 사실에서도 본 연구자가 논지 전개방식을 그렇게 택한 이유와 같은 연장선임을 밝힌다.[394]

신후담은 한역서학서 『영언려작』의 여섯 개 소목차를 『서학변』에도 그대로 반영하고 있다. 『서학변』에서 구성한 〈영언려작〉의 소목차는 ① 제일편 논아니마지체論亞尼瑪之體, ② 제이편 논아니마지능論亞尼瑪之能, ③ 제삼편 논아니마지존여천주상사論亞瑪之尊與天主相似, ④ 제사편 논지미호지정論至美好之情 등이다.

또한 한역된 『천주실의』의 여덟 개 소목차도 『서학변』에 그대로 반영한다. 『서학변』에서 구성한 〈천주실의〉 소목차는 ① 수편首篇 논천주시제천지만물이 주재안양지論天主始制天地萬物而主宰安養之, ② 제이편 해석세인착인천주解釋世人錯認天主, ③ 제삼편 논인귀불멸대이금수論人鬼不滅大異禽獸, ④ 제사편 변석귀신급인혼이론이해만물불가위일체辨釋鬼神及人魂異論而解萬物不可謂一體, ⑤ 제오편 배윤회육도계생살지류설이게재소정지排輪迴六道戒生殺之謬說而揭齋素正志, ⑥ 제육편 논사후필유천당지옥지상벌이보세인소위선악論死後必有天堂地獄之賞罰以報世人所爲善惡, ⑦ 제칠편 논인성본선이술천주문사정학論人性本善而述天主門士正學, ⑧ 제팔편 논전도지사소이불취이병석천주강생서토래유論傳道之士所以不娶而幷釋天主降生西土來由 등으로 구성하고 있다.

그런데, ⑥ 제육편과 ⑧ 제팔편의 경우는『천주실의』의 원본 소목차 일부 단어를 생략하거나 필사하는 과정에서 누락시켰을 가능성을 추정해 보았다. 즉,『천주실의』원본은 제육편 논사후필유천당지옥지상벌이보세인소위선악論死後必有天堂地獄之賞罰以報世人所爲善惡인데,『서학변』에서는 제육편 논사후필유천당지옥이보선악篇論死後必有天堂地獄以報善惡으로 기록하여 '지상벌之賞罰'과 '세인소위世人所爲'를 생략 또는 누락시킨 것으로 보인다. 그리고『천주실의』원본은 제팔편 논전도지사소이불취이병석천주강생서토래유論傳道之士所以不娶而幷釋天主降生西土來由인데,『서학변』은 제팔편 논전도지사소이불취이병석천주강생래유論傳道之士所以不娶而幷釋天主降生來由로 '서토西土'를 생략 또는 누락시킨 것으로 이해된다.

한편, 한역『직방외기』의 원본은 ① 오대주총도계도해五大州總圖界度解, ② 아시아총설亞細亞總說, ③ 구라파총설歐邏巴總說(유럽총설), ④ 이미아총설利未亞總說(아프리카총설), ⑤ 아묵리카총설亞墨利加總說(아메리카총설), ⑥ 묵와랍니가총설墨瓦蠟尼加總說(마젤라니카총설), ⑦ 사해총설四海總說 등으로 구성되어 있다. 그러나 신후담은 한문서학서『영언려작』·『천주실의』등에서 소목차를 그대로 반영한 것과는 달리 소목차를 생략한 채 내용도 개괄적으로 검토, 비판하고 있다.

신후담의 한문서학서『직방외기』에 대한 개괄적 이해는 서양지리에 대한 관심의 결여일 수도 있고, 서학의 지리정보에 대해 신뢰를 갖지 못한 측면이 반영되어 있는 것으로도 해석해 볼 수가 있다. 전자의 경우 서학의 천주교 교리에 보다 많은 관심을 가지고 있다는 측면은 이익과의 서학담론에서 이미 드러난 것이고, 지리서로 보아도 좋을『직방외기』에 대해 다룬 내용은 적은데 비해서 천주교 교리를 대체로 다룬『영언려작』·『천주실의』등의 검토와 비판에 더 많은 지면을 할애하고 있으며, 세계지리정보를 대체로 담고 있는『직방외기』에서조차도 천주교 교리 비판내용을 담아내려고 하였다는 사실 등이 그러한 측면을 보여주는 사례이다.

후자의 경우는 한문서학서『직방외기』에서 소목차별로 상세히 다룬 세계지리정보를『서학변』의 〈직방외기〉에서는 소목차를 생략하고 있다는 사실이다. 이는 한문서학서『영언려작』·『천주실의』를『서학변』의 〈영언려작〉·〈천주실의〉로 재구성할 때 저들 소목차를 그대로 좇아 상세한 비판을 가하고 이해하려한 형식과는 다른 국면이다. 그가 중국을 여전히 세계중심으로 보고 있는 하화관夏華觀 등은『직방외기』에서 '유럽인들이 경험하지 않았거나 직접 확인되지 않은 세계 지리정보를 모두 경험한 것처럼 세계지리와 국명 등을 상세히 기록하고 있다.'는 비판적인 시각을 떨치지 못하고 있다는 측면이다.

이제 앞에서 그가 한문서학서 세 문헌의 목차에 따른『서학변』에서 소목차별로 다룬 천주교 교리 비판과 이해를 살펴볼 차례이다. 그가 한문서학서의 천주교 교리를 비판하는 국면은 크게는 동양문화 관점에서 서양문화 관점에 맞선 논리적 대응이라 할 수 있다. 그렇지만 그 하위개념으로 내려다본다면, ① 신후담 당대 18세기 조선문물의 관점에서 ② 예수회가 전개시킨 서학 자체, ③ 서학이 중국에서 들어온 17세기 중국의 입장 등이 반영되어 있는 삼중의 얽힌 장면이라 할 수 있다.

여기서 문물이라고 하는 것은 예수회 선교사들의 서양과학에 대한 입장, 특히 의학·자연과학·우주관 등에 관한 지식이 천주교 교리에 융화되어 있다는 전제다. 그리고 18세기는 신후담의 『서학변』의 저술시기를, 17세기는 예수회 선교사들과 특히 서광계徐光啓(1562~1633)·이지조李之藻(1571~1630)·양정균楊廷筠 (1562~1627) 등 중국학자들과의 공동저술이라는 해석이다.

신후담은 한역된 『영언려작』의 내용 검토와 비판에 어느 문헌보다 많은 지면을 할애하였다. 특히, 아니마anima(亞尼瑪), 즉 영혼과 천주의 문제를 다룬 서학적 주장의 검토에 기초한 철저한 대응논리를 편다. 그는 먼저 유학의 사생관死生觀의 대척적 입장에 서있는 『영언려작』 서문에 제시한 프란체스코 삼비아시(필방제畢方濟, 1582~1649)의 영혼불멸설의 논지를 다음과 같이 정리, 요약한다.

"저들이 아니마亞尼瑪라고 주장하는 것은 바로 영혼靈魂을 말한다. 이제 하늘에서 영원히 사는 것을 구한다는 논리는 영혼은 없어지지 않아 선행을 하는 자는 천당에 오르고 악행을 하는 자는 지옥에 들어가므로 배우는 사람은 당연히 마음을 다해 천당에 오르는 일을 구해야한다는 주장이 그것이다."[395]

이 같은 예수회 선교사의 주장에 대해 그는 우리 유학과는 다르다는 견해를 밝히며 강하게 비판한다. 우리 유학의 『역경』·『예기』 등의 경서에도 이미 사생관이 기록되어 있다. 그리고

"사람의 생명은 음양의 정기가 모아져서 물物을 이룬다. 사람이 죽으면 혼은 공중에 떠돌다가 흩어지고 백魄은 땅으로 내려가서 변한다. 이미 흩어지고 변한다면 생존하는 것은 없어지는 것이다. 견고한 것이 썩어 다시는 물物이 없게 되는 형

세이다. 그들이 영원히 상재常在한다는 주장은 과연 어디에 근거하고 있는가?"[396]

라고 반문비판을 가한다.

이어 그는 『서학변』의 〈천주실의〉 제삼편에서 한역 『천주실의』의 영혼불멸설을 다시 상기시켜 비판한다. 하지만, 그는 이미 그의 〈영언려작〉 주제편에서 충분히 그 논지를 피력하였기 때문에 중복비판을 피해 생략한다는 견해를 밝힌다. 그런데, 앞에서 살핀 그의 『기문편』에서 이익·이식·이만부 등과의 서학담론에서는 사람의 영혼이 불멸한다는 설에 대한 신후담 자신의 입장을 밝힌 사실이 없다. 그러므로 앞 절에 이어 다시 거론하자면, 『서학변』의 저술시기를 자신의 초고원고 수정을 거쳐 완성을 해가는 단계로 해석할 경우 서학담론 마지막 시기인 이만부와의 서학담론을 전개한 1729년 이후로 보는 것도 무리한 해석은 아니라고 판단된다.

한편, 서학의 영혼불멸설을 비판하는 연장선에서 그는 불교의 천당지옥설에 대해 비판적 논지를 넓힌다. '저들의 천당지옥설을 보면 가령 천당지옥이 있다손 치더라도 사람이 죽은 뒤 몸 형체는 부식되고 혼도 공중에 날아다니다 흩어지는데, 천당과 지옥이 앞으로 어디서 베풀어질 수가 있단 말인가"[397] 라고 허망한 논리라고 비판한다.

또한 그는 일찍이 이익과의 서학담론에서 불교의 천당지옥설과 서학과의 관련성에 대해 의문을 가지면서 질의하고[398], 불교에서 주장하는 정신이 멸하지 않는 것[情神不滅]과 윤회응보輪回應報 등의 이론은 일찍이 정주程朱가 변척辨斥하여 허위로 밝혀져 불교 교리는 사라지게 된 사실을 끌어들인다. 그런데, 서학이 명나라 말기 중국으로 들어와 남아있는 불교이론을 변화시켜 천주天主라는 새로운 개념에 의탁해 더욱 합리적 논리를 갖추기에 이른 것[399] 이라는 논지가 그의 진단이다.

더 나아가 그는 『서학변』의 〈천주실의〉 제5편에서 불교 윤회설을 비판하고, 제6편에서 서학의 천당지옥설을 검토하는 과정에서 저들이 윤회설을 배척하는 입장을 취한 부분은 일단 수용한다. 그러나 불교의 인과응보설이 현세를 벗어난 가설인 것처럼 서학의 천당지옥설도 이와 다르지 않다고 해석하고, 저들이 주장하는 사후의 화복禍福이란 실제로 불교의 천당지옥설의 찌꺼기 이론에 불과한 것으로서 불교 입장에서조차 웃음거리가 될 것이라고 비하한다.[400]

그는 서학이 중국을 거쳐, 조선에서도 차츰 관심을 나타내는 사람들이 늘고 있다는 우려를 가지게 된다. 그는 천주학은 불교의 영향을 받아 불교와 다름없다고 단정한다. 신후담은 저들의 '천주교 교리를 전파하는 노력은 불교의 권선勸善과 같고, 천주교 미사彌撒는 불교 정례頂禮와 같으며, 신부들이 결혼하지 않고 평생 수양修持하는 것은 불교의 출가出家에 비견되고, 고해성사〔恭棐桑之禮〕는 불교에서 죄를 참회하는 것과 다를 바가 없다'[401] 고 분석, 비교한다.

또한 그는 저들이 '사후에 천주심판으로 상벌을 준다는 논리는 불교에서 지옥에 가면 자르고, 태우고, 찧고, 갈아버린다는 찌꺼기 이론에 지나지 않으며, 미래를 알고 예언하는 일 등의 경우 불교에서도 식견이 있는 자는 오히려 그것을 하지 않는다'며 사악한 마귀의 이단설〔外道〕[402] 이라고 강하게 비판한다. 그리고 그는

"이 문헌에서는 특히 아직 오지 않은 일을 미리 아는 것을 신성神聖의 지극한 공이라 하여 많은 유럽 성인聖人들은 천주로부터 명받았다고 여긴다. 대체로 의심나는 일이 있으면 반드시 묵시를 받아서 미리 알게 된다는 것은 모두 경전에 실려 있는데, 이는 훗날에 맞지 않는 것이 없다고 한다. 예를 들면 천주가 강생하여 사람의 죄를 구원하는 일이 경전 가운데 매우 상세하게 예언되어 있는데, 뒤에 유대〔如德亞〕의 베들레헴〔白德稜〕 땅에 강생하였다고 운운하는 것 등이 그

것이다. 저들의 그러한 말들은 불교에 비해 더욱 얄팍함을 보여주는 것으로 단지 스스로 그 황탄함만 드러내고 있으니 심히 가소로울 따름이다.'[403]

라고 깎아내리면서 오히려 불교보다도 얄팍하고 황탄하다고 개탄한다.

이어서 신후담은 서학이 주장하는 천주의 천지만물 창조설에 주목하여 살핀다. 그는 서학의 '제일편의 강령이 천주가 천지만물을 창조하여 주재하며 편안히 길러낸다.'[404] 는 논리에 대해 비판을 이어간다. 그는 저들의 '우리 유학 경전의 상제上帝라는 개념을 빌어서 여기에 천주를 대입시켜 거짓으로 현혹시키는 계책은 결국 스스로 모순에 빠진 꼴'[405] 이라는 것이다.

그는 정자程子가 '하늘을 주재로 말하면 제帝라 한다.'[406] 고 한 입론에 의탁하여 서학의 '천주가 천지를 주재한다.'고 주장하는 대비적 논리는 긍정한다.[407] 또한 그는 '천주가 만물을 길러낸다.'는 주장에 대해서도 주자의 '만물이 제帝에 따라 출입出入한다.'는 견해에 비추어 보면 주자의 뜻에 가깝다고 이해한다.[408] 그러나 천주가 천지만물을 창조하였다는 이론에 대해서는 '이치상으로 징험할 데가 없고, 경전에도 상고할 바가 없기 때문에 단지 특이하게 나온 억측'[409] 이라고 강하게 부정한다.

그는 유가의 상제와 서학의 천주가 만물천지를 주재한다는 측면에서는 공통점이 있다고 원론적으로 긍정하고, 또한 서학의 천주가 '편안히 길러낸다' 는 것과 유학의 상제가 '만물이 제帝를 따라 출입한다.'고 하는 견해도 서로 근접한다고 해석한다. 그렇지만 천주가 천지를 창조하였다는 저들 주장에 대해 그는 이치상으로 징험할 데도 유학 경전에서도 상고할 수 없다는 강한 배척적인 비판을 가진다.

신후담은 서학의 '천주의 창조설' 비판에 이어서 '천주가 민간 세상인 땅으로 내려왔다'는 천주강생설을 검토한 뒤 몇 가지를 들어 비판을 가한다. 서학에서 '하늘의 운행이 법칙에 따라 조금도 어긋남이 없는 것은 천주가 하늘을 주재하기 때문'[410] 이라는 저들 논지에 대해서, 그는 '하늘은 하루도 비울 수 없도록 차질이 없이 운행해야 하는 데, 천주가 33년 동안이나 그 자리를 비우고 인간 세상에 내려왔으므로 그 동안 그곳은 주재자가 없는 한가한 물物에 지나지 않는 상황이 된 셈'[411] 이라고 간파하면서 이러한 상황은 '하늘이 머무는 바〔차사, 次舍〕와 운행하는 도수度數 사이에 조금도 오차 없이 어긋날 우려가 없다고 할 수가 없지 않는가.'[412] 라는 논리적 모순을 지적한다.

또한 저들은 '천주가 고금의 위대한 아버지이고 공평한 임금이라고 주장하고 있다.'[413] 면서 그러한 임금이라면 '세상 모든 곳을 찾아 사해를 두루 감싸 안아야할 텐데, 유럽국가에만 강림하는가.'[414] 라고 반문한다. 그는 저같이 '천주가 은혜를 베푸는 도리의 치우침과 사사로움이 심한데, 그가 어찌 위대한 아버지이고 공평한 임금이라고 할 수 있는가.'[415] 라고 그의 불공평성을 비판한다. 또한 그는 천주가 '33년 동안 하늘을 비운 국면과 유럽에만 강림한 사실 두 가지만 보더라도 이미 저들 주장이 거짓임이 드러나고 있다.'[416] 고 지적하면서 저들이 허위라는 사실은 더 이상 말할 필요조차 없다는 것이다.

한편, 신후담은 저들 영혼불멸설은 불교의 천당지옥설과 윤회설 등의 찌꺼기 이론이라는 비판 연장선에서 영혼불멸설을 뒷받침하는 영혼 실체설과 영혼 능력설 등을 차례로 검토한다. 먼저 그는 서학의 『영언려작』의 영혼 실체설의 여섯 가지 개념 분류, 즉 ① 자립체自立體, ② 본자재자本自在者, ③ 정신류〔神之類〕, ④ 불사체不死體, ⑤ 자아 체모〔我體模〕 ⑥ 성총聖寵(그라시아) 등을 들고 있다.

① 그는 자립체에 대해 '『영언려작』에서 사물을 탐구하는 이론〔格物致知說〕에는 자립과 의뢰依賴가 있고, 자립자自立者는 스스로 체體가 되어 다른 사물이 의존하게 하는 바가 된다. 그리고 의뢰자依賴者는 스스로 설 수가 없고, 자립자에게 의존하여 존재한다.'는 서학적 입장을 검토, 정리한다. 이어 자립자

2. 서학에 대응하는 학술적 논변

와 의뢰자에 이러한 서학의 논리를 신후담은 다음과 같이 비판한다.

"사람이 태어남에는 먼저 형체가 있고, 그 형체에 따라 양기陽氣가 와서 붙게 됨으로써 혼魂이 있게 된다. 그러므로 『춘추전』에서 '물物이 생겨나 처음으로 태어나는 것을 백魄이라고 하고, 백이 생긴 뒤에 양陽을 혼이라 한다.'고 하고, 「태극도설」에 '형形이 생겨나면 신神이 지知를 발휘한다.'고 하며, 사람이 죽으면 형체는 썩어 없어지고 혼도 바람에 흩어져 스스로 존재할 수 없기 때문에 장자莊子는 '유혼遊魂이 변한 것은 자신의 존재가 없게 되는 것이다'라고 한다. 그리고 주자는 '혼기魂氣가 하늘로 날아간다는 것은 바로 기氣가 흩어진다는 것을 의미한다.'고 하였다.'417

그러므로 신후담은 영혼은 결국 홀로 자립할 수 없고 형체에 결합, 영혼이 생겨나서 형체에 의존한다고 이해하고, 사람이 죽으면 형체가 이미 썩어 없어지고 혼도 사라지니 혼만 독립적으로 존재할 수가 없다는 것으로 『춘추전』·「태극도설」 등과 주자의 학설을 인용하여 해명한다. 그리고 그는 혼은 형체에 의지하여 존재하는 것이고, 형체가 죽으면 혼은 흩어져서 결국 무無로 돌아가는 것이라는 해석이다.

이어서 그는 서학의 ②『영언려작』의 본자재자설本自在說에 대해 저들은 '형질에서 나와 형체에 의존하는 생혼生魂·각혼覺魂은 그 물物(형체)이 생명을 다하면 모두 사라지지만, 사람의 영혼은 형질에서 나오는 것이 아니므로 그 형체에 의존하여 존재하지 않아 사람이 비록 죽더라도 소멸하지 않기 때문에 본래 그 자체로 존재할 수 있다.'라고 검토, 정리한다. 이러한 저들 본자재설의 입론에 대해 그는 다음과 같이 비판한다.

"서학은 인간의 영혼은 생혼·각혼과는 다르기 때문에 죽어도 없어지지 않는
다고 하는데, 그렇지가 않다. 한 사람의 몸에는 하나의 혼만 있으니, 생장하는
것도 이 혼이고 지각하는 것도 이 혼이다. 다만, 만물 중에서 사람만 천지의 빼
어난 기氣를 품부 받았기 때문에 그 혼은 만물에 비해서 영명靈明한 건 사실이
다. 〔중략〕 그렇지만 인간 영혼은 하나로 통합된 영명한 혼으로서 그 가운데 서
학이 주장하는 생혼과 각혼이 여기에 포함되어 있다. 그러므로 생혼과 각혼이
죽어서 없어지면 영혼도 함께 흩어져 없어지는 것이지, 영혼만 분리되어 어찌
홀로 존재할 수가 있단 말인가.·418

　　그는 서학의 입장이 영혼은 생혼·각혼과 다른 별도의 독립된 존재라는 저
들 주장에 대해 세 개의 혼은 독립된 개별존재가 아니라 통합된 하나의 혼이
라 주장한다. 그러므로 물物(형체)이 죽게 되면 그 영혼은 생혼·각혼 등과 함께
모두 흩어져 없어진다는 견해를 피력한다. 다만, 사람의 영혼은 만물 중에서
가장 영명靈明하다는 측면을 상기시켜 강조하는 유학적 입장을 분명히 한다.
　　또한 그는 서학의 ③『영언려작』의 정신류〔神之類〕의 입장을 '신神의 부류에
속하지 않는 생혼·각혼 등과 구별하기 위해 영혼을 정신의 부류라 주장하는
가 하면, 혼魂을 기氣라 여기기도 한다.'라고 검토, 정리한다. 서학이 영혼을 '신
神의 부류라고 하고, 기氣라고 여기기도 한다.'는 논리적 입장에 대해서 신후담
은 다음과 같이 비판한다.

　　"서학 이론은 '생혼·각혼은 사람과 동물이 모두 갖추고 있지만, 영혼은 사람
만 갖추고 있기 때문에, 영혼은 신神의 부류에 속하여 생혼·각혼 등과는 구별
된다는 입장'을 취하고 있다. 그러나 저들의 '사람의 혼이 동물의 혼과 구별된
다.'는 견해는 이해되지만, '영혼이 생혼과 각혼 등과 다르다는 견해'는 마치 삼

혼이 각각 하나씩 독립적으로 존재한다는 미심쩍음이 있다. 따라서 그 폐단은 앞의 단락에서 논급한 '본자재설本自在說과 마찬가지라 할 것이다.[419]

신후담은 서학에서 영혼을 생혼과 각혼과 구별하기 위해 신의 부류라고 주장하는 견해에 대해 삼혼은 통합된 하나이고, 그 폐단은 앞에서 논급한 본자재설本自在說의 문제점을 지적한 논지와 다를 바가 없다고 주장한다. 이어서 그는 '혼을 기氣라고 여기기도 한다.'는 서학의 입론에 대해서 다음과 같은 입장을 편다.

"서학이 주장하는 '혼을 기'라고 여기는 저들 견해는 일정한 부분 의미가 있지만, 그 말도 분명히 통하는 이론은 아니다. 혼과 기의 관계는 백魄과 정精의 관계와 같다. 백은 정精의 신神이고, 혼은 기氣의 신이다. 이미 기氣의 신神이라고 해서 그것을 바로 기라고 할 수는 없지만, 반대로 그것이 기가 아니라고 한다면 혼 또한 혼의 존재를 말할 수 없는 것과 같은 것이다. 다만, 혼이 기가 아니라고만 하고 그것이 기의 신이라고 하지 않는다면 앞으로 모르는 사람들에게 기氣 바깥에서 혼을 찾게 하는 셈이 되는 것이니, 어찌 잘못된 이론이 아니겠는가[420]

신후담은 '혼은 기'라는 저들 주장에 대해서 일부는 맞고 일부는 틀린다는 주장을 펼친다. 그는 혼을 기와 신과의 관계로 설정해서 분변하는 논지에서 혼이 '기의 신神'이라고 해서 바로 '혼이 기'라고 할 수는 없지만, '혼이 기가 아니다.'라고 한다면 혼의 존재로 파악될 수 있는 곳이 없게 된다는 이기론에 입각한 논지를 펼친다. 또한, 그는 혼과 백은 하나로 분리될 수 없는 것으로서 '혼은 기氣의 신神이고, 백은 정精의 신'이라는 성리학적 입장을 여기서도 견지한다.

그리고 그는 서학에서 영혼을 생혼과 각혼과 구별하려는 또 하나의 이론으로 영혼의 불사설不死說을 검토, 정리한다. 즉, 그는 서학의 입장인 ④『영언려작』의 불사설不死說의 견해를 다음과 같이 정리한다.

"어찌하여 영혼은 죽지 않는다고 하는가? 사람과 다른 생물의 생혼과 각혼은 자립할 수가 없어 자신의 몸과 생사를 함께하는 것과 구별하기 위해서다. 그리고 유학적 입장인 '사람이 죽으면 혼도 함께 사리진다.'는 망설을 바로잡기 위해서다. 또한 사람에게는 세 가지 혼이 있어서 죽으면 생혼과 각혼은 사라지고 영혼만 존재한다는 잘못된 이론도 바로잡기 위해서다. 사람의 영혼은 하나이지 셋이 아니다. 다만, 이 영혼이 바로 생혼이면서 각혼이다. 사람이 죽은 뒤에는 육신이 없기 때문에 생혼과 각혼은 쓰이지 않는다. 만약 다시 살아난다면 영혼이 육신과 함께 다시 결합하여 생혼과 각혼이 죽기 전과 같이 다시 작용되는 것이다.'[421]

신후담은 서학의 입장을 받아들인다 해도 '사람도 만물과 마찬가지로 생혼과 각혼은 몸에 의존하고, 다른 생물이 몸과 함께 생혼과 각혼이 소멸하는 것처럼 사람의 그것도 소멸한다.'[422] 라고 해석한다. 그는 서학 입장에서 '영혼이 불멸함을 입증하고자 하였으나 삼혼이 세 개로 나누어질 수 없음을 어떤 논리로도 펼 수가 없어서 결국 생혼과 각혼을 함께 불멸한다고 한다.'[423] 라는 저들 주장의 모순을 지적해낸다.

그러면서, 저들은 '생혼과 각혼이 불멸함을 논증하려 하나 생혼과 각혼이 몸에 의존함을 논리적으로 극복할 수가 없기 때문에 사람의 생혼과 각혼이 다른 생물의 그것들과 다르다는 논리를 편 것'[424] 이라고 신후담은 간파해낸다. 나아가 그는 저들이 주장하는 '생혼과 각혼이 쓰이지 않는다.'고 하면 '생혼과 각혼이 불멸한다는 증험을 어디에서 찾을 것인가'라고 저들 논리적 모순을 치밀하게 파고든다.

2. 서학에 대응하는 학술적 논변

그의 비판은 여기서 멈추지 않는다. 또한 그는 저들은 '영혼만 홀로 사용되고, 두 혼은 쓰이지 않는다.'고 해 놓고 '살아 있을 때는 영혼에 생혼과 각혼이 포함된 나눠질 수 없는 것으로 모두 하나였다가 죽게 되면 영혼만 쓰이고 생혼과 각혼은 쓰이지 않는다는 저들 주장대로라면 세 가지 사물로 다시 나눠질 수 있는가?'[425] 라고 논리적 모순을 거듭 비판한다.

신후담은 서학에서 주장하는 '죽으면 생혼과 각혼이 쓰이지 않는다면 비록 멸하지 않더라도 멸한 것과 다를 바가 없다'[426] 고 해석한다. 그는 그렇다면 저들이 주장하는 '천당의 즐거움이나 지옥의 고통이 있다 하더라도 생혼과 각혼이 쓰이지 않기 때문에 틀림없이 그 즐거움과 고통을 깨닫지는 못할 것'[427] 이라는 해석이다. 그는 위와 같이 명확히 분변分辨해 보면 '반드시 하늘에 올라갈 일을 구하고자 하는 행위들이 무슨 의미를 가지겠는가?'[428] 라고 저들의 구도求道 논리를 허물고자 한다.

그는 서학의 입장인 『영언려작』의 ⑤ 자아 체모설[我體模]에 대해서 다음과 같이 검토, 정리한다. 그는 서학에서 '물物에는 실체적 형상形象인 체모體模와 우연적 형상인 의모依模가 있는데, 전자는 내적 형상으로 물物이 이로부터 말미암아 이루어지고 후자는 외적 형상으로 눈으로 볼 수 있는 물物의 형태라는 것'[429] 이 저들 이론이라고 검토한다. 그러면서 그는 특히, '내적 형상으로서의 물物은 이 실체적 형상이 아니면 이루어질 수 없다'는 서학적 입장을 다시 불러들인다.

그러한 서학적 입장에 대해 신후담은 '영혼을 실체적 형상으로는 보는 것은 오류'라고 단호히 부정한다. 그리고 그는 사물事物의 몸과 혼의 관계에서 몸이 먼저 있은 뒤에 혼이 거기에 함께하는 것으로서, 물의 혼은 독립적 존재가 아니라 몸에 의지하는 존재라는 앞에서 견지해 온 똑같은 논리의 잣대로 저들 견해를 단호히 비판한다.[430]

마지막으로 그는 서학 입장인 『영언려작』의 ⑥ 영혼의 성총특우설聖寵特祐說이 본 문헌내용의 요체라고 보고 다음과 같이 차례로 검토, 정리하면서 하나하나 비판을 가한다. 그는 서학의

> "어째서 성총聖寵(액날제아額辣濟亞)에 의지하고 사람의 선행에 따라 진정한 복을 누릴 수 있다고 하는가?. 이는 영혼을 작용하는 자임을 말하는 것이다. 사람의 영혼은 다른 종국적인 목적이 없으므로 오직 성총에 의지하여 신을 향해 힘을 다해 섬기며 공적을 쌓음으로써 천상의 참된 복을 누릴 수가 있다."[431]

라는 논리에 대해서, 서학의 실체론은 결국 살았을 때 공적을 세워 죽게 되면 천당에 올라가 복락을 누리게 된다는 견해로 귀결된다고 정리한다. 저들의 그러한 논지는 서학의 학설 전체내용이 결국 이기심에서 출발하고 있다는 그의 결론적 입장을 가진다. 이어서 계속되는 서학 입장인

> "성총이라 하는 것은 하늘의 참된 복은 사람의 지력志力과 천주의 보편적 도움으로는 얻을 수가 없고, 반드시 성총의 특별한 도움이 있어야 한다는 것을 의미한다. 또한 성총에는 세 가지가 있는데, 하나는 처음에 깨닫도록 하는 특별한 도움이고, 두 번째는 깨달음을 유지시켜주는 특별한 도움이며, 세 번째는 깨달음을 영원토록 유지시켜주는 특별한 도움이다. 처음에 깨닫도록 하는 특별한 도움은 자신의 공력으로 이룰 수 있는 것이 아니라 천주께서만 사람들에게 주는 것이고, 유지시켜주는 특별한 도움이란 사람이 처음 깨닫도록 특별한 도움을 얻은 뒤에 다시 이를 유지시켜주는 특별한 도움에 의존하게 한다. 이는 나와 함께 행하여 나날이 의義로 옮겨가서 의를 더욱 열심히 행하면 도움을 얻는 것이 더해진다."[432]

라는 논리에 대해, 신후담은 다음과 같이 비판한다. 그는 저들 주장대로 그러한 것들이 모두 사람의 의지와 천주의 보편적 도움으로 얻을 수 없는 것이라고 한다면 ① 사람들은 천주의 특별한 도움을 기다려야 하고, ② 또한 반드시 선을 행할 필요조차 없다는 의미를 담고 있는 논리라고 정리한다. 한편 저들 주장은 선행을 하는 자가 불행하게 될 경우를 미리 대비하여 이것을 변명으로 피할 수 있는 빌미를 삼기 위한 것이 되고, 모든 사람들을 천주의 은총으로 위협하려는 아주 비루하고 모순된 측면이 담겨 있다는 추론으로 심화시켜 가면서 그는 비판을 가한다. 나아가 저들이

> "유지시켜주는 특별한 도움은 그에게 줄만하여 주어지는 것이 된다. 이렇게 유지시켜주는 특별한 도움에 의지하여 특별한 도움과 함께 선을 행하고 끊임없이 의를 행하면 천주가 나에게 주는 영원하고 최종적 특별한 도움을 또한 얻게 된다. 시시각각 죽음에 이르기까지 의를 행하여 잠시도 끊임이 없어야 저 영원하고 최종적인 특별한 도움도 줄만하여 주어지는 것이 된다. 이와 같이 목숨을 다하여 참된 복을 받게 된다면 마땅히 줄만하여 주어지는 것이 되는 것이다.[433]

라고 주장하는 논리에 대해, 신후담은 '저들은 사람들의 선행은 모두 천주의 도움이고 의지가 관여할 바가 없는 것'으로 해석하면서, 그렇다면 '여기에 상줄만한 무슨 근거가 있어서 천당의 복락을 누릴 수 있는가?'라고 저들 주장의 논리적 모순을 강하게 비판한다. 또한 천당에 올라가 복락을 누리는 것이 천주의 보편적 도움으로는 되지 않고, 반드시 천주의 특별한 도움으로 되는 것이라면 천주가 천하의 모든 사람을 공평하게 사랑하지 않고 사사롭게 특별한 사람만 도와주는 형세가 되는 그 편협함을 신후담은 지적해낸다.

모든 사람들을 공평하게 사랑하지 않는 천주의 특별한 성총은 결국 누군가

는 돕고 누군가는 돕지 않는 매우 편벽되고 불공평한 행위라고 신후담은 직설적 비판을 가한다. 그는 서학의 천주성총설은 이치에도 맞지 않고 매우 불공평한 환상적 이론으로 저들은 이러한 논리를 만들어서 사람들의 이기심을 부추겨 유인하려는 잘못된 학설임을 보여주는 것이라고 결론을 내린다.

서학적 입장에서 영혼불멸설을 뒷받침하려는 또 하나 논리적 증험 요소로 저들은 영혼 능력설을 설정하고 있다. 신후담은 앞 단락에서 검토, 비판한 영혼 실체설에 이어 저들의 영혼 능력설을 검토하고, 그러한 실체적 능력을 가진 영혼이 천주와 서로 닮았다는 천주상사설天主相似說까지 차례로 검토하게 된다. 그러면 먼저 신후담이 검토, 정리한 서학 입장의 영혼 능력설을 살펴보고자 한다.

여기서 서학의 영혼 능력설은 당시 천주교 교리 주장을 뒷받침하던 과학사상이 내포되어 있다. 이미 앞에서 거론한 천주교 교리와 자연과학을 서로 분리하지 않고 천주교 교리를 자연스럽게 전파하기 위해 합리적으로 통합시킨 한문서학서 내용구성 의도가 핵심적으로 내재되어 있다. 서학의 『영언려작』에서 영혼 능력설 검토내용을 신후담은 다음과 같이 정리하여 비판을 가한다.

우선 저들은 사람의 신체와 각 기관의 역할에 대해 감각과 그 기능〔覺能〕을 외적 감각과 내적 감각으로, 그것이 행해지는 기관을 각각 외능外能과 내능內能으로 나누고 있다고 그는 정리한다.[434] 그리고 서학은 그 말단기관으로 이어지는 외능으로는 눈·귀·코·입·몸 등이 있고, 내능으로는 두 개의 기관과 네 가지의 직능으로 그 역할을 하고 있다는 것이 그가 검토, 정리한 분석이다.[435]

이어서 내능의 두 개의 기관으로는 공사公司 즉, 공통 감각과 사사思司 즉, 구상력構想力이 있는데 공사는 외능의 다섯 개 기관 즉, 오관에서 받아들인 빛·소리·냄새·맛·감각 등을 분별하는 역할을 한다고 하는 것이 신후담의 이해이다.[436] 그리고 그는 사사에는 세 가지 직능이 있는데, 그 세 가지는 ① 오관이 받아들인 것을 간직하고 이를 주관하는 역할, ② 그 사물이 자연스레 통달한 뜻을 받아들이는 것을 주관하는 역할, ③ 받아들인 모든 사물의 뜻을 온전히 간직하는 것을 주관하는 역할 등이 그것이라고 분석한다.[437]

그는 서학은 내능의 두 가지 기관 이외에 별도로 또 한 가지 능력이 있는데, 그것은 바로 기사嗜司 즉, 감성적 능력이라고 이해한다.[438] 서학적 입장에서 기사는 외능의 오관과 내능의 두 기관이 받아들인 것을 좋아할 수도 있고 버릴 수도 있는 역할을 하는 기관이라고 보는 것이다.[439] 그리고 이 기사의 능력도 욕능欲能과 노능怒能으로 나눠지는데, 전자는 대체로 좋아하거나 버리는 데 있어서 소극적 태도로 자신에게 합당하면 받아들이고 그렇지 않으면 버리려고 하는 성향이고, 후자는 좋아하고 버리는 데 있어서 자신에게 합당하다고 판단되면 적극적인 태도로 과감히 받아들이고 그렇지 않으면 단호히 배격하려는 경향이 신후담이 정리한 내용이다.[440]

이와 같이 외능과 내능의 여러 기관들은 사람이나 다른 동물 등도 별 차이가 없는데, 이는 각혼覺魂이 가지고 있는 능력이라는 것이고, 천주는 사람의 영혼에 이런 것들을 온전히 갖추어 주었다는 것이며, 사람의 영혼도 각혼이라고 할 수 있다는 저들의 논지들을 신후담은 모두 파악한다.[441] 신후담의 위와 같은 검토를 통한 정리를 바탕으로 저들의 논리와 입장에 대해 차례로 자세히 비판을 가한다.

그는 서학의 각능 이론에 대해 '유학의 관점에서 외각·내각의 논리는 이치에 전혀 맞지 않는다.'[442]고 반대 입장을 분명히 한다. 그리고 그는 '사람의 지각은 마음만이 할 수 있다'고 하면서 '비록 눈과 귀가 어떤 사물을 접촉하여 지각한다 하더라도 그 지각하도록 시키는 것은 결국 마음의 역할이다.'고 주장하면서, '사람의 지각은 단지 마음이 지각하는 하나의 길 뿐이고, 별도의 지각기관은 없다'고 단언한다.[443]

이러한 비판의 연장선에서 그는 내능과 외능으로 나눈 저들의 구분도 불필요한 것이라고 반론한다. 신후담은 저들이 주장하는 '외각이 행해지는 작용은 외능에 의해서이고 내각이 행해지는 작용은 내능에 의해서라면, 지각하는 국면에서 한 사람의 몸에는 마땅히 내능과 외능을 각각 지각시키게 하는 원인자인 두 개의 물物이 있게 되는 셈이 된다고 분변分辨한다.[444] 이럴 경우 '외각이 행해질 때 외능으로 바로 지각하고 내각이 행해질 때 내능으로 바로 지각하게 된다면 마음이 거기에 참여할 여지가 없어지는 형국인데, 그것은 말도 되지 않는다.'고 비판하면서 신후담은 지각은 마음이 결국 결정한다는 동양적 문화관을 견지한다.[445] 즉, 그는 마음의 통합된 능력으로 모두 할 수 있는 것들을 서학은 이 마음을 빼 놓고 '내능의 두 개의 기관과 욕능·노능 등과 같은 가공의 이름들을 억지로 만들어 붙여서 기이한 논리를 펴고 있다.'는 성리적 관점에서 반론을 제기한다.

서학은 위와 같은 각능을 통해 자연으로부터 받아들인 수많은 정보를 간직하는 육체의 기관과 그 역할로 논지를 이어간다고 신후담은 정리한다. 저들의 그런 주장은 영혼의 기억 능력설을 설정한 개념으로 뇌의 기능에 대한 서양의 학이 내재된 이론이라고도 할 수 있다. 서학은 기억을 기함記含이라 하고, 그 직분은 사물의 상像을 저장해 두었다가 때에 따라 쓰는 것으로 다른 기관과 구별된다는 논지이다.

저들의 이 기함은 사기함司記含(감각적 기억)과 영기함靈記含(이성적 기억)으로 나누어 진다고 하고, 사기함의 기능은 유형有形의 사물만 기억할 수 있어서 동물도 가지고 있지만, 영기함의 기능은 형상刑象이 없는 사물도 기억할 수 있기 때문에 사람만 가지고 있다는 논지라는 것이 신후담의 검토된 정리이다.[446] 그리고 영기함은 명오明悟(이성)나 애욕愛欲(욕구)과 마찬가지로 영혼의 실체에 의존하기 때문에 모두가 분리될 수 없는 의뢰자라고 서학은 간주하고 있다고 신

후담은 파악한다.[447]

특히, 서학의 주장에 의하면 사기함이 있는 곳은 뇌낭腦囊(뇌주머니)으로 두 뇌의 안쪽으로, 정수리 뒤쪽에 자리하고 있다고 하는데, 예를 들어 천주께서 사람에게 유형한 사물을 볼 수 있도록 유형한 눈을 주었다면, 무형한 것을 통찰하기 위해 반드시 무형한 눈을 주었을 것이라는 논지라고 신후담은 이해한다.[448] 그 결과 유형한 기관의 기함이 있는 장소는 유형한 곳일 것이고, 무형한 기관의 기함이 있는 장소는 반드시 무형한 곳일 것이기 때문에 전자가 머무는 곳은 뇌낭이고, 후자가 머무는 곳은 영혼이라는 것이 서학의 입장이라고 그는 정리한다.[449]

이상과 같은 서학의 논리 중에 뇌낭설에 관해서 신후담은 일찍이 스승 이익과 이식과의 서학담론에서 이미 알게 된 사실은 앞에서 고찰하였다. 즉, 이익과 이식의 학술적 논변에서 서학의 뇌낭설에 대응하여 유학의 의학사상인 심신설心腎說로 이식이 맞대응 한 사실이 그 내용이다. 이익과 이식의 학술적 논변에서 두 학자는 견해차로 합의에 도달하지 못한 사실을 신후담은 잘 기억하고 있다고 읽혀진다.

신후담은 당대 동아시아 의학관이자 성리학적 입장으로 서학의 뇌낭설에 대응하여 자신의 학술적 견해를 펼친다. 즉, 그는 사기함이 두개골의 정수리 뒤편에 있다고 주장하는 저들 학설은 우리 유학의 심학心學과 판연히 다르다는 주장으로 동서양의 학술적 견해차를 분명히 전제한다.[450] 그는 사람 몸 안에는 장부臟腑와 백체百體 등 그 수가 헤아릴 수 없을 정도로 많은데도 불구하고 마음을 가장 근본으로 삼고 있다는 동양 문화적·의학적 입장을 확신한다.[451]

그 이유로 그는 '마음은 광명하고 발동發動을 하여 신명神明이 그곳을 타고 오르내리면서 집으로 삼는 곳이고, 그것은 허령지각虛靈知覺하여 한 몸을 주재하는 역할을 한다.'[452] 는 논지이다. 그러므로 '기억을 저장하고 생각을 하며 응대하고 말하고 행동하는 모든 일들에서 이 마음이 관여하지 않는 것은 어떠한 것도 없다'[453] 고 신후담은 자신自信한다.

그는 그러한 근거로 '마음속에 저장한다.'는 『시경』의 기록, 맹자가 '마음의 직분(역할)은 생각하는 것이다'라고 한 논리, '마음은 모든 이치가 갖추어져 만가지 일에 대응한다.'라는 주자의 견해 등이 이를 충분히 증험하고 있다고 해석한다.[454] 그는 서학의 논리처럼 사람의 기억에 관한 모든 역할을 뇌낭이 한다면 유학의 허령지각한 마음은 아무 쓸데없는 혹에 불과한 것인데, 이는 말도 안 되고 있을 수도 없는 일이라고 단호한 주장을 편다.[455]

그는 서학에서 '영기함에 대해 무형의 기억장치는 무형의 사물만을 기억한다.'고 하면, 유형의 기억장치인 사기함司記含은 또 하나의 물物이 되는데, 이는 '심령心靈은 측량할 수 없는 수많은 미묘한 것들을 통찰하는 그런 생각이 있다.'는 것을 살피지 못해 억지로 영기함을 거기에 대입시키고, '도기道器는 일치하고 현미顯微는 경계선이 없어 둘로 나눌 수 없다'는 것을 생각해 내지도 못하고 억지로 유형의 기억장치와 무형의 기억장치로 나누고 있는 논리는 지루하고 한 쪽으로 치우침이 심하다고 혹평한다.[456]

그렇지만, 신후담은 서학의 뇌낭설에 대해 유학의 심학적 입장만을 고집하며 반론을 펼친 것은 물론 아니다. 그는 서학의 뇌낭설을 유학의 의학관에서 바라보고자 『황제내경』 영추편靈樞篇에 '천곡天谷·니환泥丸'이라는 용어가 뇌낭과 서로 부합하고 있는지 여부를 판단하고자 한 사실은 순수한 학술적 자세로 읽어져야 할 성격으로 여겨진다.[457] 그러함에도 불구하고 신후담은 서학에서 기억을 저장하는 기능과 기억을 작용하게 하는 역할이 모두 뇌낭이 관여하고, 마음이 그 사이에 관여할 틈도 주지 않는 저들 논리는 근본적 이치에도 미치지 못한다는 견해를 확고히 한다.[458]

이어 서학에서 주장하는 영혼의 명오明悟(이성)설에 깊은 관심을 가지고 신후담은 검토를 통한 자신의 견해를 밝힌다. 서학은 명오를 작명오作明悟(능동 이성)와 수명오受明悟(수동 이성)로 나누지만, 합쳐서 하나가 되기도 한다는 논리라고 신후담은 정리한다. 그리고 그 중 둘이라고 보는 논지는 작명오는 수많은 형상形像을 얻을 수 있게 하여 수명오의 일을 돕고, 수명오는 작명오의 도움을 받아 만물을 밝게 깨달음으로써 그 이치를 얻는 것을 의미하는 것이기 때문이라는 것이 저들의 논리라고 신후담은 정리한다.[459]

또한 명오를 하나라고 말할 수 있는 것은 사물의 소연所然(원인)에는 모두 작연作緣(능동적 인과)과 수연受緣(수동적 인과)이라는 연緣(인과)이 있어서, 그릇을 사용하는 것에 비유하자면 그릇을 만드는 자가 능동적 인과이고 그릇을 이용하는 자가 수동적 인과라는 것이 서학 이론이라고 신후담은 해석한다.[460] 또 한편 우리가 귀로 듣는 것으로 이해하자면, 귀가 듣는 소리는 능동자가 되고 귀에 들리게 되는 것은 수동자가 되는 것과 같이 능동자가 없다면 수동자도 없기 때문에 명오도 이러한 논리와 같다는 논리라고 신후담은 서학의 주장을 정리한다.[461] 이와 같은 명오에 대한 검토와 정리의 관점에서 신후담은 다음과 같이 서학의 입장을 개괄적으로 이해한다.

"여기에 한 가지 이치가 있는데, 거기에 명오[이성]를 가지고 있다면 이는 원인자가 되는 것이다. 그 인과 관계로 말하자면 밝힘의 원인이 되는 능동자[작자作者]가 먼저 있고, 그 다음에 그 능동자의 발동에 의해 수동자[수자受者]가 있어야 밝혀지게 되는 것과 같은 이치이다. 한 가지 예로 객관적 형체를 가진 것에 대해 풀이하자면 이성이라는 것은 대체로 사물의 형체와 사물의 재질에 대한 표상을 깨닫는 것이 아니고, 그 형체와 재질의 표상은 버리고 미묘하게 관통하고 있는 내적인 그 무엇을 정밀하게 인식해내는 것이다. 그리고 그 형체와 재질은 개별적(전속專屬)인 것이지만 미묘하게 관통하고 있는 그 무엇은 보편적[공공

公共]인 것이다.

　마치 유형의 사물이 하나 있을 경우 그 사물의 모습이 나타나 눈이라는 기관
[目司]에 들어오게 되고, 이때 그 사물이 눈에서 사라지면 그 모습은 숨어버린
다. 그 모습은 온전히 사물의 피상적 형질形質에 관련된 조잡粗雜한 그 상태로
이성의 판단력을 입지 않고 있으므로 그 사물을 밝게 볼 수가 없는 것과 같다.
이미 오관五官이라는 공통의 장소에 들어온 이상 그 물체의 모습은 그 사물을
떠났기 때문에 그 사물의 개별적 모습은 당시 눈으로 본 그 모습과 사물 그 자
체 사이에 놓인 그 상태만을 취할 수밖에 없게 된다.

　이러한 상황은 정밀하고 조잡한 사이로 이 또한 본래 그 사물을 온전히 밝게
보는 데까지는 미치지 못한다. 이미 그 사물의 모습이 눈이라는 기관을 통해 공
통의 오관기관을 따라 생각하는 기관[思司思司]에 들어가게 되면 생각의 기관에
의해 다른 사물들과 나누어지게 되므로 사물들 사이에 모두 구별이 있게 된다.
이러한 상태는 이미 이것과 저것으로 나눌 수밖에 없는데, 그런즉, 눈으로 본
그때 모습과 본래의 그 사물 사이에는 미묘한 관계에 놓이게 되어 대통大通에
비교할 수 없을 정도로 이 또한 사물의 본질을 명확히 하는 데까지 미치지 못한
즉, 능동적 이성의 역할을 기다리는 거기로 돌아갈 수밖에 없게 된다.'462

　이성에 대한 서학적 입장의 논지를 위와 같이 검토, 정리한 신후담은 유학
의 입장에서 비판과 해석을 가한다. 신후담은 사람의 이성능력은 마음의 영명
함에서 나온다는 논지의 성리학적 견해를 대변한다. 그는 '음양이 교대로 운
행하고 오행이 순조롭게 베풀어지는 천리자연 이치로 삼라만상이 그 가운데
서 생명을 얻을 수 있는 것이지, 사람의 이성(명오明悟)의 도움으로 그렇게 되는
것은 아니라고 주장한다.'463

　그는 사람은 몸이 있으면 반드시 마음이 있어서 그 마음은 신명神明이 오르

내리는 집이 되고 거기에서 지각이 나오며, 사람이 사물의 이치를 깨달을 수 있는 것도 마음의 영명함이 전개하는 작용이므로 처음부터 외부에서 들어와서 받아들이는 것은 아니라는 견해를 확고히 한다.[464] 또한 사물의 이치를 깨닫는 부분도 그 사물로 인하여 그 이치가 밝혀지는 것에 불과할 뿐 사람의 이성적 행위로써 그렇게 되는 것은 아니라는 비판이다.[465]

또한 그는 도道와 기器는 오묘함과 거침의 구분은 있지만, 그 사물의 이치는 그 사물의 체體를 넘어서지는 않는다고 하고, 만물의 근원적 이치는 하나지만 나누어진 뒤에는 다기多岐해서 모두 하나로 질서정연하게 할 수가 없는 것인데, 이것이 바로 형체形體라고 강조한것이다.[466] 천성天性에 대한 이론을 『맹자』가 내세운 까닭은 성인聖人의 도는 우리 유학에서는 반드시 일관됨을 귀하게 여겨서라는 것이 신후담의 주장이다.[467] 저들의 영혼에 관한 논리는 천지자연의 이치에 통달하지 못해서 사적인 생각으로 천지자연의 조화를 엿보고 나름대로 헤아려서 만상이 일어나는 것이 마치 이성작용의 도움에 기인하는 것처럼 착각한다고 신후담은 비판한다.[468]

저들의 논리는 내부에 있는 우리 본심의 영명함을 살피지 못하고, 오직 바깥에 있는 사물의 본성을 밝힐 수 있는 것에만 주목한 것이기 때문에 이로 인한 억측으로 수명오受明悟의 가공의 학설을 만들게 된 것이라고 신후담은 폄하한다.[469] 또한 저들은 사물 이치의 본연은 사람의 지력으로는 덜거나 보탤 수가 없다는 사실을 알지 못해 명오를 가지고 사물에 빛을 더한다고 여기고 있다고 신후담은 비판한다.[470]

그는 도道와 기器가 오묘함과 거침으로 구분되는 것, 근본은 하나지만 만가지로 달라지는 것[理一分殊] 같은 유학의 성리학설에 대해서는 더욱 저들이 알 수 있는 바가 아니라고 평가 절하한다.[471] 신후담은 저들 논리는 천성天性을 형색形色 밖에서 구하고자 단지 한 가지 논리로써만 펴니, 거기에는 이치가 하나로 관통된다는 논지[이통理通]가 없는 형국이라고 해석한다.

그러므로 저들은 만물을 깨달아 그 이치를 얻는다는 논지이지만, 그것은 허무하고 적적하며 텅 비어 아무 것도 없는 지경으로 실용적 측면에서는 무언가를 확인해 볼 수도 없어 억지로 교묘하게 견강부회하려 하지만 그 틈과 허점들을 봉합한 논리들이 자신들 스스로 모순을 드러내고 있다는 것을 깨닫지 못하고 있다고 신후담은 한심스럽다는 입장을 표한다.[472]

영혼 능력설의 또 하나 논리로 영혼 욕구론欲求論을 신후담은 비교적 많은 지면을 할애하여 자세히 검토, 정리한다. 서학에서는 애욕愛欲(욕구)을 성욕性欲(본성적 욕구), 사욕司欲(감각적 욕구), 영욕靈欲(이성적 욕구) 등 세 가지로 나누지만, 저들의 논리의 귀결점은 결국 애욕을 하나로 보고 있다는 것이 신후담이 검토, 정리한 내용이다.

저들 논리에서 세 가지 가운데 본성적 욕구는 만물이 공유하는 것으로 신후담은 전제적 이해를 한다. 그러므로 생혼·각혼·영혼 모두 본성적 욕구를 가지고 있어 그것은 인식을 기다리지 않고 자기에게 마땅한 데로 치우쳐 그쪽으로만 나아가려는 것으로, 물이 아래로 향하고자 하고 불이 위로 향하고자 하는 현상 등이 그 예라고 신후담은 이해한다.

"이렇게 마땅한 바대로 자연스럽게 마음이 가는대로 버려두면 비록 백방으로 이를 다른 방향으로 되돌리려 억지를 쓴다 하더라도 편안하지 않아서 결국은 그만두게 된다. 아우구스티누스(아오사정亞吾斯丁)는 '천주께서 사람의 마음을 자기를 향하도록 만드셨으니, 인간의 수만 가지 복으로도 채울 수가 없다. 천주를 얻지 못한다면 평안할 수가 없다'라고 말했다.

그리고 사욕은 생혼만 가지는 식물에는 없고 각혼과 영혼을 가진 사람과 동물에게만 있다. 이것은 각각의 사정이 치우친 것이므로 사람에게 있어서는 하

2. 서학에 대응하는 학술적 논변

급의 욕구라 할 수 있다. 또한 영욕靈欲(이성적 욕구)이란 생혼이나 각혼을 가진 사물에게는 없고, 오직 영재靈才를 가진 천신天神(천사)과 사람만이 가지고 있다. 이 영욕의 실정이 지향하는 곳은 의로움의 선성善性으로 향한다. 영욕은 사람에게 있어서 영혼의 본체에 거居하므로 상급의 욕구이며 이것만이 진정한 애욕이 된다.

사욕과 영욕은 몇 가지 점에서 다르다. ① 영욕은 이理와 의義가 이끄는 대로 따르지만, 사욕은 사사司思(구상력)가 이끄는 대로 따른다. ② 영욕이 행하는 것은 모두 자제自制에 의한 것이지만, 사욕이 행하는 것은 바깥 사물이 시키는 대로 향하고 오로지 본성과 의를 따르지는 않는다. 그러므로 성토마스(성다마사聖多瑪斯)는 '금수禽獸가 행하는 바는 진정으로 행한다고는 할 수가 없고, 행함을 입은 것'이라고 하였는데, 이것은 자제할 줄 모르는 것을 이르는 말이다. 이 욕구가 사람에게 있어서 한 번 하고 싶은 것이 있으면 그것을 곧바로 따르기도 하고 선택하기도 하며 따를지 말지 사이에 고민하기도 한다.

세 가지를 합쳐 하나로 귀결된다는 것은 그 세 가지가 본래의 실정에 따라 비록 세 가지 지향을 하지만, 예를 들어 본성적 욕구가 본래 지향하는 것은 이로움의 선성[利美好]이고, 사욕이 본래 지향하는 것은 즐거움의 신성[樂美好]이며, 영욕이 본래 지향하는 것은 의로움의 신성[義美好]이라고 해도 총합적으로 하나로 돌아가는 것은 신성[美好]이다. 그래서 세 가지를 합하여 한 가지로 귀결된다고 하는 것이다.'473

위의 서학이 주장하는 인용문 검토 정리를 기초로 신후담은 영혼의 욕구론을 다음과 같이 이해, 비판한다. 그는 서학이 저들의 본성적 욕구에 대한 논리에서 유학의 본성적 욕구인 덕德을 제외하고 있기 때문에 우리 유학과 서학은 근본적으로 다르다는 인식을 분명히 한다.474 즉, 그는 『시경』에 '하늘이

뭇 백성을 내실 때 물物이 있으면 반드시 그에 따른 법칙도 있게 했고, 백성은 떳떳한 품성을 가졌으니 아름다운 덕행을 좋아한다.'라는 유학 경전을 근거로 본성적 욕구는 덕을 기본으로 하고 있음을 먼저 전제한다.[475]

신후담은 유학 경전의 이 구절은 '사람은 대체로 천지의 바른 이치를 품수稟受받아 떳떳한 본성[本然之性]으로 삼고 있기 때문에 좋아하는 것은 아름다운 덕행에 있다'라는 논리이므로 우리 유학에서 덕행을 좋아하는 마음[本然之性]을 서학에서는 본성적 욕구[본연지성]라 고쳐야 한다는 해석이다.[476] 다만, 『맹자』에서 '입이 좋은 맛을, 눈이 좋은 색을, 귀가 좋은 소리를, 코가 좋은 냄새를, 몸이 편안함을 추구하는 것도 성性[형기지성形氣之性].'이라는 논지를 본성本性 개념에 포함시키면 맛·빛깔·소리·냄새 같은 부류를 성욕, 즉 본성적 욕구의 일부로 인정할 수 있을 것이라고 신후담은 서학 입장을 조건부로 긍정한다.[477]

한편, 신후담은 서학의 영생永生의 욕구는 세상을 속이는 이론이라 주장하면서 서학이 주장하는 '영혼만의 영생은 결코 없다'는 견해를 견지한다. 저들 논리인 '영원히 살고자 하는 욕구'는 덕을 좋아하는 '본연의 성'이 아니라 '형기形氣의 성'을 말하는 것에 불과하므로 온전한 이론은 아니라는 신후담의 비판이다. 그는 저들 논리는 노장학과 불씨佛氏와 같이 후세에 와서 사리사욕을 추구하는 무리들이 만든 가설로 지금 불교나 노장학의 찌꺼기 이론을 주워 모아 '사람의 본성은 오직 영원한 삶과 진정한 복을 욕구하는 데 있다'고 견강부회한 논리에 지나지 않는다는 앞에서 거듭 비판한 입장을 견지하면서, 신후담은 이것이 저들 논리의 구차함이니 이 이론으로써 저들이 세상을 속이기에는 참으로 부족하다며 오히려 연민한다.[478]

또한, 그는 '영원한 삶과 참된 복을 구하는 것은 인정의 당연한 일'이라 할지라도 유학 입장에서 이미 몸이 쇠하고 기氣가 다하면 저절로 죽게 되는 것이므로 죽더라도 진정한 군자君子는 죽음에 대해 편안한 마음을 가지지 않은 적이 없고, 비록 편안한 마음을 가지지 못하더라도 죽은 뒤에는 형체가 썩고 정신도 흩어져 다시는 살아나는 이치가 없는 것이라는 논지이다. 그러므로 저들의 '군자의 죽음을 직면하는 편안한 태도는 억지를 쓰는 태도로서 군자도 반드시 편안한 태도를 그만두게 된다.'고 비판한 주장 또한 이해할 수가 없다고 신후담은 반비판한다.[479]

또한, 신후담이 저들의 논리에 또 하나 주목한 것은 영욕과 사욕의 이론에서 각각 의미호義美好와 형락지미호形樂之美好에 대한 입장 표명이다. 서학에서 '영욕은 이理와 의義가 이끄는 데 따라 의로움의 선성善性으로 향하고, 사욕은 사사思司가 이끄는 데 따라 육체적 즐거움의 선성善性에 치우친다.'는 논지는 유학의 도심道心과 인심人心의 논리에 비견될 만하다고 신후담은 일단 긍정한다.

그렇지만 그 실상은 '생각이란 것은 마음의 직분으로 그 생각이 이理에서 나오면 도심이 되고, 기氣에서 나오면 인심이 된다.'는 성리학 기본이론을 내세워 서학 주장과 다르다는 입장을 신후담은 분명히 한다. 그는 주자가 '어떤 것은 성명性命의 올바름에 근원하고[본연지성本然之性] 어떤 것은 형기形氣의 사사로움에서 발생[형기지성形氣之性]하므로 지각하는 것은 같지 않기 때문이다.'고 밝힌 학설을 인용해 저들 비판의 근거로 삼는다.[480]

또한 서학은 성性과 이理를 둘로 분리하는 오류를 범하고 있고, 성 속에는 이理와 의義가 포함되고 있음을 알지 못하고 있다고 신후담은 비판한다. 그러므로 저들은 사욕司欲(감각적 욕구)의 실행에서 '성性에 따른 것이고, 의義에 따른 것은 아니라는 견해는 명백한 오류'라는 것이다. 그리고 저들의 '사람의 성욕(본성적 욕구)이 영원한 삶과 참된 복을 구하는 데 있다고 주장하는 논리는 영원한 삶을 살고 싶어한다는 견해인데도 불구하고 유독 성性을 따르지 않는다고 하는 것 또한 어째서인가'라고 서로 모순된 논리라고 비판한다.[481]

서학에서 천주만이 완전지미호完全至美好(완전선)이자 지미호至美好(최고선)라고 주장하는 저들 이론을 신후담은 다음과 같이 검토, 정리한다.

> "선성에는 세 가지가 있다. 첫째, 즐거움의 선성[樂美好], 둘째, 이로움의 선성[利美好], 셋째, 의로움의 선성[義美好]이 그것이다. 세상 만물의 선성은 최고선의 부분일 뿐이지만, 천주는 완전선完全善이어서 즐겁고 이로우며 의로운 것이 갖추어지지 않은 면이 없고, 완전히 갖추어지지 않은 면도 없다. 그러므로 세상 만물의 선善은 욕구의 부분적 대상이 되고, 천주는 애욕의 전체적인 대상이 된다. 세상 만물을 비록 모두 얻을 수 있다 해도 나는 만족할 수 없고 편안할 수 없으니, 천주의 참된 복을 얻으면 지극히 만족하고 지극히 편안하다."[482]

저들은 세 가지 선성을 버리고 나아감에 어렵고 쉬운 등급을 나눠서 분석적 논리를 전개하는 까닭을 사람의 영혼이 육체에 매어있기 때문이라고 신후담은 이해하고, 천주의 경우라면 그 선성이 되는 바가 형상形像이 없으므로 평범한 사람들은 알 수가 없고, 반드시 원대한 생각과 탁월한 식견으로 사려思慮가 평범한 사람들을 뛰어넘어야 그것을 알 수 있다고 검토, 정리한다.[483]

신후담은 가령 어떤 사람이 천주의 이 선성을 목적으로 삼을 수 있다면 그의 행동은 반드시 즐거운 선성과 이로운 선성을 벗어나 차라리 세상의 만 가지 즐거움을 버리고 만 가지 고통을 감내하며, 세상에서 만 가지 이로움을 떠나 만 가지 해로움을 취할지라도 반드시 저 의로운 선성을 얻은 뒤에나 그만두고자 할 것이라는 게 저들 논리의 핵심이라고 정리한다.[484]

저들은 사람들이 고생을 달게 여기고 위험을 무릅쓰면서까지 그것을 구하려 하는 것은 즐거움과 이로움이 그 가운데에 있기 때문이라는 것이고, 천주를 찾아서 얻으려면 온갖 고통과 해로움을 감내해야 하는데도 불구하고 혼연히 추구하고자 하는 이유는 지극한 즐거움과 큰 이로움이 그 가운데에 있기 때문이며, 다만 일반적 식견이나 생각으로 여기에 이를 수 없다는 논지로 신후담은 검토, 정리한다.

또한, 신후담은 최고선의 경지가 비록 지극한 즐거움과 큰 이로움이 완전히 갖추어져 만족스럽다 하더라도 평범한 사람들에게는 오히려 세상의 잠깐의 즐거움과 작은 이로움이 사람의 뜻을 움직이기에 족한 것이고, 평범한 사람들은 오직 육체에 따른 즐거움과 이로움을 구하지, 그것이 의義를 어기고 천주를 거스르는 일인 줄 알지 못한 채 온갖 죄악에 빠지게 되므로 그러한 죄인을 어리석은 사람으로 보는 것이 서학의 논지임을 검토, 정리한다.[485] 이어서 신후담은 계속되는 서학의 주장을 다음과 같이 정리한다.

"어째서 욕구는 오직 최고선에 대해서 자유롭게 선택하지 못하면서도 지극히 자유로운 선택이 된다고 말하는가. 만약 최고선을 분명히 알 수 있으면 곧 그것을 사랑하지 않을 수가 없으니, 이 형세는 자신에게 달려있지 않다는 것을 말하는 것이다. 어째서인가? 분명하게 알게 된 이후에는 여러 지극한 즐거움과 큰 이로움을 원할 수 있고 구할 수가 있어서, 욕구가 지향하는 것이 완비되어 만족스러운 애욕을 전적으로 통섭하면서 욕구하게 되는데, 이것이 영혼의 애욕의 완전한 대상목적[趣向]이 되는 것이다.

그러므로 얻은 것이 지극히 만족을 얻게 되고, 지극히 즐거움을 얻게 되며, 또한 지극히 이로움을 얻게 되고, 지극한 의로움을 얻게 된다. 이것은 사랑하지 않을 수 없는 것이므로 자유롭게 선택할 수는 없다. 그리고 이렇게 선택할 수 없는 것은 바로 인간의 본래 성품이 최고의 목적으로 삼는 지극히 사랑하고 지극히 바라는 바이기 때문에 또한 지극히 자유로운 선택이 되게 되는 셈이다."[486]

신후담은 생각하건데 선성을 논한 앞의 두 단락에서 저들이 누누이 되풀이 주장하는 것은 의로움의 선성에 반드시 지극한 즐거움과 큰 이익이 있어서 세상 사람들을 유혹하는 논리에 불과하다고 비판한다. 그는 유학에서 대체로 복을 구하기 위해 선을 행하지 않는다는 견해는 앞에서 이미 변론하였으니 거듭 말하지 않겠다고 하고, 우선 그 논지를 들어 저들 학문이 오로지 이기심에서 나온 것이 이와 같음을 보이고자 한다고 전제한다.

신후담은 서학이 완전선·최고선으로 신앙하도록 이끌면서 천주의 완전선·최고선을 영혼이 신앙할 때, 지극한 만족을 얻게 되고 지극한 편안을 얻게 되며, 지극한 이로움을 얻게 된다는 이론은 자기 영혼의 안락을 추구하는 이기심을 유혹하여 서학을 전파하려는 의도라고 비판한다. 그는 서학의 그러한 이利 추구 이론은 성리학의 의義 추구 이론 보다 저급한 것으로 본다. 그는 서학의 천주의 완전선·최고선 이론을 비교직 잘 요약하면서도 그에 대한 검토, 비판은 뒤에 전개할 검토, 비판과 중복된다고 다음 과제로 넘긴다.

이어서 신후담은 서학의 이어지는 여러 주장에서 영혼의 존엄이 천주와 비슷하다는 논리를 다음과 검토, 정리한다.

"세상의 모든 사물들은 그것이 선의 정수精髓라 하더라도 모두 한정된 도수度數를 가지고 있다. 그것들은 천주의 끝없는 선함과 오묘함과 서로 같을 수가 없으며, 헤아릴 수 없이 수많은 것 중에서도 한두 가지라도 천주와 비슷할 수는 없다. 지금 영혼이 천주와 비슷하다고 말하는 것은 단지 임시로 빌려 비유한 것일 따름이니, 영혼은 천주의 그림자일 뿐이다.

형상과 그림자는 같을 수가 없으며, 크고 작음과 많고 적음을 비교할 수가 없다. 만일 이 의미를 깨닫지 못하고 말에만 구애되어 '내가 진실로 천주와 비교하여 견줄 수 있다'고 말한다면, 어찌 천주를 꺾어 누르고 사람들에게 막대한 오만을 조장하는 것이 아니겠는가. 이후의 여러 비유 이론은 오직 천주의 전능하고 지혜로우며 지극히 선한 본성을 현양顯揚하고 또한 사람의 영혼에 무궁한 은혜를 널리 베푸심을 찬미하기 위해 말한 것이다. 서로 비슷하다고 말한 것은 여러 가지 단서가 있지만, 종합하면 세 가지로 귀결된다. 하나는 성性이고, 또 하나는 형상[模]이며, 다른 하나는 작용[行]이다."487

신후담은 위의 인용문 논리에 대해 다음과 같은 요지로 이해와 비판을 가한다. 저들이 주장하는 천주는 우리 유학의 입장인 상제上帝에 해당되고, 저들이 주장하는 아니마[영혼]는 우리 유학의 혼魂에 해당되며, 대체로 상제가 하늘을 주재主宰하므로 천주라 이름하는 것은 무리가 없다고 신후담은 '상제와 천주와의 대응, 영혼과 혼의 대응, 상제와 천주 모두 주재한다.'는 의미에서 서로 통함을 긍정한다.488

그리고 저들이 사람의 혼을 아니마[영혼]라고 주장하는 것은 이미 서양의 방언方言이므로 뜻으로는 해롭지가 않지만 아니마를 천주에 비견하여 그 높임을 서로 비슷하게 가져가려 한 측면은 잘못된 논리라고 비판한다.489 그는 우리 유학에서 혼을 논할 때 대체로 반드시 백魄과 함께 거론한다는 것이다. 즉, 혼이라는 것은 양陽의 영靈으로서 펴는 것[伸]을 위주로 하고, 백魄이라는 것은 음의 영靈으로서 굽히는 것[屈]을 위주로 하여 마치 모상적模像的 측면[像類]으로 미루어 가보면 하늘에는 귀신이 있고 그것은 펴는 것으로서 하늘의 양혼陽魂이고, 귀鬼라는 것은 굽히는 것으로서 하늘의 음영陰靈과 같은 것이라고 신후담은 이해한다.490

그러므로 음과 양, 펴고 굽히는 것의 모상적 자취가 하늘에 달려 있는 즉, 귀신이라고 한다면 사람에게 있으면 혼백이라 하는 이름으로 서로 비슷하다는 측면에서는 비교가 가능하다는 긍정적 견해를 가진다.491『예기』에 사람도 귀신의 모아짐이라 하고, 주자는 그 뜻을 펴서 백魄은 귀鬼가 성盛한 것이고, 혼은 신神이 성盛한 것이라 하였는데, 이것은 당연히 이치 있는 이론이라고 신후담은 강조한다.

그는 유학의 상제에 비교해 보면 이미 주재하는 존재로서 이름을 얻고 있으므로 음양과 굴신屈伸의 모상적 자취는 자연스럽게 사람의 혼과는 비교할 수가 없는 명백한 분별이 있는 것이라는 견해다. 그리고 유학 경전 가운데 상제라는 의미는 혼백 한 가지를 두고 이른 것이 아닐 뿐만 아니라 그 동안 여러 유학 경전에서 논급한 의미는 한두 가지가 아니고, 상제를 인간의 혼백과 비교한 사실도 찾을 수가 없기 때문에 서로 비교대상이 될 수 없음은 당연하다고 신후담은 거듭 밝힌다.[492]

따라서 신후담은 하늘을 주재하는 것은 상제이고, 한 몸을 주재하는 것은 마음이며, 사람에게 이 마음이 있음은 하늘에 상제가 있는 것과 같으므로 '마음이 천군天君이다'라고 하는데, '군君이란 주재主宰한다.'는 뜻을 담고 있다는 자세한 해석을 덧붙인다.[493] 이어서 신후담은 서학의 논리주장인 최고선의 개념을 다음과 같이 검토, 정리한다.

"이 최고선은 현재 눈으로 볼 수 없고, 귀로 들을 수가 없다. 오직 믿어야만 하고, 오직 소망하여야 하며, 오로지 상상해야만 한다. 나의 이 믿음과 소망과 상상함이 곧 은혜로운 교훈이고, 내려주신 도움이다. 훗날에 이르러 분명히 알게 되는 날이 오면 저절로 마땅히 아득하고 두려워지겠지만, 마치 내 마음을 붙잡은 듯, 내 몸을 잃어버린 듯, 내 눈이 아찔한 듯, 내 마음에 정情이 만족한 듯 즐거이 올바른 자리를 얻어 크게 편안해지고 나를 복주고 나를 영원하게 하니 곧 영원한 삶이 된다."[494]

2. 서학에 대응하는 학술적 논변

신후담은 이와 같이 저들이 주장하는 최고선은 우리의 눈과 귀로는 지각할 수 없는 것만 알고, 심心(마음)은 알 수 있음을 모르는 맹점이 있는데, 그것은 귀와 눈은 미치지 못하더라도 오직 마음은 통할 수가 있다는 주장이 신후담의 일관된 확신이다. 그리고 그는 맹자의 이른바 '마음을 다하는 자는 그 본성을 알고, 그 본성을 아는 자는 하늘을 안다.'고 한 것이 그것이라고 입론하면서, 마음속에서 스스로 얻은 것을 미루어 나아가 그 실연實然의 이치를 밝게 하는 것이 우리 유학의 입장이라고 거듭 밝힌다.[495]

그리고 그는 서학에서 사람이 죽은 이후 훗날 천주의 최고선을 알 수 있다고 한 것은 오류라고 비판한다. 또한 그는 사람이 죽으면 지각할 바가 없음은 이미 앞에서 상세히 설명하였으니 그 이치가 매우 분명하다는 확신을 견지한다. 신후담은 천주의 세계를 어찌 분명히 알 수 없다고 논할 수 있겠으며, 어찌 즐거이 올바른 자리를 얻어서 영원히 사는 일이 있을 수 있겠는가라는 비판을 멈추지 않는다.

신후담은 서학에 의하면 '서학이 말하는 최고선은 공허하고 모호한 가설에 의탁한 것에 불과하므로 우리 유학 입장에서는 참으로 증험할 수 있는 실리가 없기 때문에 비록 저들이 그와 같은 마음의 수고를 지극히 한다 해도 반드시 터득하는 이치가 없을듯하다는 결론을 내린다.[496] 그리고 그는 서학의 최고선〔천주〕의 전지전능함을 찬탄한 저들 이론을 다음과 검토, 정리한다.

"최고선을 찬탄하고자 해도 형용할 수 없고 이루 다 표현할 수가 없다. 바닷물로써 먹을 갈아도 오히려 부족함이 한스럽고, 넓은 하늘을 종이로 써도 오히려 그 협소함이 한스러우며, 천신天神(천사)들의 총명한 지혜로도 오히려 그 둔함이 한스럽고, 억만년의 무궁한 세월도 오히려 그 짧음이 한스럽다. 먼 옛날로부터 세상이 끝날 때까지 무수한 성현들과 무수한 천신들이 자신들의 지혜와 생각을 함께 모아서 한없이 무량한 지혜와 생각을 극진히 사려하고 생각해 보아도 오히려 그 만분의 일도 모방할 수가 없는 경지이다.[497]

신후담은 최고선의 경지는 오랜 역사를 통한 인간의 지혜와 생각으로는 전혀 미칠 수도 흉내 낼 수가 없다는 서학의 논리를 우리 유학의 입장에서는 받아들일 수 없다고 강하게 반박한다. 그는 서학이 내세우는 최고선의 무한하고 전지전능한 경지에 대한 찬탄을 황탄하고 근거 없는 학설이라고 다음과 같은 논지로 비판을 가한다.

"생각건대, 이 단락에서 최고선의 실정을 극찬하지만, 저들 주장은 장황하고 황탄하여 군자는 그 요령을 얻을 수가 없다. 따라서 이치로 미루어 가보면 그것이 황탄하고 근거가 없는 설로 우리 유학이 도道를 논한 것과 다른 것임을 알 수가 있다. 대체로 군자의 도는 비록 광대하여 끝이 없고 미묘하여 보기 어렵다고 저들은 주장하나, 우리 유학 입장에서 그 이치는 지극히 진실하여 참으로 정밀하게 생각하고 깊이 탐구할 수가 있다면, 반드시 알 수 없는 그런 이치는 없으며 앎이 이미 분명해지면 반드시 형용할 수 없는 그런 이치도 없게 된다.

우리 유학의 옛 성현들도 본래 이 도를 분명히 알아서 그에 따라 문자로 나타내어 후세에 남기고 있음을 육경에 실려 있는 것이 바로 증거이므로 속일 수가 없는 것이다. 어찌 무수한 성현들이 자신들의 지혜와 생각을 함께 모아도 그 만분의 일의 이치도 모방할 수 없는 그런 지경의 이치가 어디에 있단 말인가."[498]

신후담은 우리 유학은 깊이 사유하고 탐구할 수 있는 능력이 있으면 세상에서 알 수 없는 이치는 없다고 본다. 즉, 사람의 생각과 지혜로 세상의 진리를 탐구하면 이성이 미칠 수 없는 지경은 없다는 것이 그의 인식이다. 그는 성현들의 사유와 탐구는 육경의 문자로 그대로 담아낸 것이 그 증험이고, 그러한 성현의 경험과 탐구의 결과가 후세에 교훈으로 남겨져 오늘날까지 전해지고 있는데, 서학은 사람의 사유와 지혜로는 미칠 수가 없는 그 경지가 있다는 거짓 논지로 덮으려 한다고 비판한다.

이어서 신후담은 서학이 주장하는 '최고선에 대해 인간의 지식으로 알 수 있다고 생각하는 것은 식견이 없는 것이고, 인간의 지식으로는 알 수가 없는 경지라고 생각하는 것이 식견이 있는 것'이라는 논지에 대해 다음과 검토, 정리한다.

> "이 최고선에 대해 만약 사유를 통해 헤아리고 따져서 자기가 능히 알 수 있는 것이라고 여긴다면 이는 틀림없이 지극히 식견이 없는 것이다. 만약 더욱 궁금해 하고 극진히 생각해도, 혼미하여 얻는 것이 없음에 이르면 스스로 지극히 어리석고 지극히 몽매하여 내가 생각한 것, 내가 아는 것이 마땅히 생각해야 할 것, 마땅히 공부해야 할 것을 알아야 할 것에 전혀 한 터럭도 들어갈 틈이 없다고 여기게 된다. 이것이야말로 아는 바도 있고 식견도 있는 것이다."[499]

신후담은 이 단락은 앞에서 논급한 비슷한 저들 본래의 논리로 탄로가 드러남이 더욱 심하다고 비판을 가한다. 신후담은 저들의 이른바 최고선이라는 논리가 이미 허구의 학설이요 본래 증험할만한 실질이 없으므로 아무리 사려 깊게 궁구하여 논리를 펴더라도 반드시 혼미하여 얻는 바가 없게 되는 어리석고 몽매함을 스스로 벗어날 수 없음이 마땅하다는 비판이다.[500]

그는 우리 유학의 학문을 추구함은 그렇지 않으며 실제로 그러한 마음[實然之心]으로 실제로 그러한 이치[實然之理]를 궁구하여 그것을 알아서 반드시 정밀하기를 기약하고, 그것을 보아서 반드시 명확하기를 기약한다는 자신감을 표한다. 그러한 견해는 『대학』에서 격물치지의 가르침이 있는 까닭이요, 『중용』에서 성誠을 밝게 하라는 견해가 바로 그 증험적인 의미라고 그는 주장한다.[501]

또한 그는 서학의 논리가 저와 같으므로 '어찌하여 일찍이 혼미하여 얻는 바가 없는 것을 귀하게 여기겠는가? 그리고 그는 앎이 이미 정밀하고 본 것이 명확하면 반드시 그로써 그 나아간 영역을 스스로 증험할 수가 있고, 그것으로 미루어 가보면 우리 유학과 저들 학문의 허虛와 실實, 진眞과 위僞의 같지 않음을 단연코 알 수 있을 것이라고 확신한다. 즉 그는 우리 유학이 실학實學이고 진학眞學이며, 서학의 그러한 주장과 논리들은 허학虛學이고 위학僞學임을 단연코 판별할 수 있다는 것이다.[502]

위와 같이 서학의 『영언려작』을 순차적으로 체계 있게 면밀히 검토, 정리하면서 비판을 가한 신후담은 서학의 더 심층적 논리인 진광설眞光說과 진복설眞福說의 특징을 고찰하면서 다음과 같이 검토, 정리한다.

"사람에게는 두 가지 빛이 있다. 하나는 자연적인 본래의 빛[본광本光]이다. 이치로 미루어 아는 것으로 사람의 능력으로 미칠 수 있는 것이다. 또 하나는 자연을 뛰어넘는 진정한 빛[진광眞光]으로 이치를 넘어서서 오직 천주가 내려주시는 것으로 사람의 식견으로는 미칠 수가 있는 바가 아니다. 이 최고선은 나의 현재에 있어서 나의 본래의 빛에 의존하여 조금씩이라도 인식할 수는 있지만, 미래에 있어서는 참된 빛에 의존해야 결국 볼 수가 있다.

그러나 이렇게 인식하고 보는 것도 마치 바다의 물 한 방울을 마시는 것과 같고, 햇빛을 틈새로 보는 것과 같아서 모두 다 인식하여 보기가 어렵다. 오로지 스스로 궁구할 수 있고, 스스로 완전히 깨달을 수 있으며, 스스로 완전히 욕구할 수 있는데, 이러한 온전한 욕구를 끝없는 참된 복[진복眞福]이라 이름한다."[503]

위와 같이 서학의 주장을 정리, 검토한 신후담은 서학의 진광설과 진복설을 차례로 비판한다. 그에 의하면 서학의 입장인 저들 이치로 이해해볼 때 사람의 힘이 미칠 수 있는 것을 자연의 본광이라 하고, 이치를 넘어서서 사람의 식견으로는 미칠 수가 없는 경지를 진광이라고 구분한 것으로 분변하고, 저들의 주장에 관한 문제는 진광설에 있다고 그는 본다.

그는 이치로 따질 수 없는 것은 어디에도 그것이 존재하고 존재하지 않음을 증험할 수 있는지를 알 수가 없다고 전제적 비판을 가한다. 또한 그는 저들은 사람의 식견으로는 미칠 수 없다고 주장하는데, 서양 선비도 똑 같이 사람이므로 우리가 알 수가 없는 것은 저들도 마찬가지일 텐데, 오히려 이치에 맞지 않는 것을 가지고 억지로 자신 있게 주장하는 근거는 무엇인가라고 저들 논리의 한계를 질의한다.[504] 그는 서학에서 대체로 이치로 따질 수가 없고 자기가 알 수 없는 것을 가지고 입으로 말하고 글로 써서 천하의 사람들로 하여금 그 논리를 믿게 하고 저들도 따르려고 하니 그 역시 난감하여 이해할 수가 없다는 입장이다.[505]

이어서 그는 동양적 본성관과 성리학관을 비판하는 서학을 반비판다. 신후담은 마테오리치가 『천주실의』에서 처음에는 서학이 유학을 돕고자 불교·도교를 배척하는 척하면서 결국 주돈이의 태극설을 적극 비판하려는 의도를 날카롭게 지적하여 반비판적 입장을 가진다.[506] 마테오리치가 이理는 영명함과 지각이 없기 때문에 사물에 베풀 수가 없다는 논지는 '이理가 이理가 되는 까닭이 무엇인지 물物이 물物이 되는 까닭이 무엇인지'를 우리 유학적 견해를 제대로 알지 못하고 논리를 펴는 것이라고 신후담은 반박한다.[507]

그는 사물이 영명靈明할 수 있고 지각할 수 있는 것은 기氣가 만드는 것이고, 그 사물事物의 근원적 이치를 미루어 가보면 그 사물이 어떻게 출발하고 있으며, 저들이 만약 보이지 않고 공허하다는 논리로 이理가 사물에 전혀 관여하지 않는다고 주장한다면 이 또한 이치를 모르는 소리라고 강력히 비판한다.[508] 그러므로 그는 서학은 형상이 있는 사물이 자립할 수 없는 그 상태에 나아가 형상이 없어서 볼 수 없는 이理가 그 사물의 자립에 작용하는 그런 이치까지 들어가 생각을 미처 하지 못한다고 비판한다.[509] 그는 단지 사물은 형상이 있어서 볼 수가 있고, 이理는 형상이 없어서 볼 수가 없기 때문에 도를 아는 사람은 볼 수 있는 유형의 사물에서 무형의 볼 수 없는 이理를 증험할 수 있다는 성리학설로 반증하려 한다.[510]

그는 서학에서 물物은 형상이 있다 해서 마침내 이理가 물物에 관여하지 않는다고 주장한다면, 이理를 논함에 있어 공부가 얕아서 그 경지를 이해하는 수준에는 먼 것이 아니겠는가라고 저들 논리가 유학적 입장에서는 기본적 상식에도 미치지 못한다고 폄하한다.[511] 신후담의 그러한 비판적 견해는 마테오리치가 유학의 이기론을 정확히 알지 못하고 있다는 부분을 적시한 것으로 해석된다.

대체로 유학에서의 태극론은 음과 양의 이理가 공경의 대상이 아닌 지위가 없는 원리로 받아들여지고 있다. 그런데 마테오리치는 이를 알지 못하고 마치 유학이 태극을 존숭의 대상으로 삼는 것처럼 가설로 설정한 뒤 중국 선비를 내세워 그가 '옛 성인이 태극을 존숭하여 받들었다는 것을 아직 듣지 못했다.'는 논지를 지어내어 옛 성인도 천주를 존숭한 것처럼 꾸미려는 것은 대단한 잘못이라고 신후담은 추측성 비판을 가한다.[512]

한편, 서학이 유학에서 옛 임금의 제사하는 예와 『시경』·『서경』 등에서 '혼은 하늘에 있다.'는 이론을 끌어다가 천주 신봉의 구실로 삼고자 하면서도 조상의 혼을 향한 제사는 결국 귀신에 대한 우상숭배라는 비판논지로 이끌어가면서 제사폐지의 합리화로 몰아갈까를 신후담은 우려한다.[513] 그는 『주자어류』에서 '주자는 사람이 죽으면 혼백이 흩어지는 것은 사실이다.'라는 문답형

2. 서학에 대응하는 학술적 논변

식의 논리를 인용하여 조상에 대한 제사를 통해 조상과 자손이 하나로 통한다는 취지로 저들 논지에 반론한다.

즉, 주자는 자손들이 조상에 대한 제사를 모시는 뜻은 '자손들은 조상의 기氣이고, 조상의 기가 비록 흩어졌다 해도 오히려 다른 뿌리가 그 내부에 존재하고 있으니, 정성과 공경을 다하면 또한 조상의 다른 기를 여기에 불러 모을 수가 있다.' 하여 제사 합리성의 논지를 펴면서 신후담은 서학의 귀신 우상숭배 비판을 반비판한다.[514] 그러한 조상에 대한 제사의 의미를 '첫 물결이 일어난 다음의 그 물은 물결이 일기 전의 그 물이 아니고, 뒤에 이어지는 물결은 그 이전의 물이 아니지만, 오히려 통하고 있어서 이 하나의 물결이 자손의 기와 조상의 기' 이기도 하다는 주자의 논리로 신후담은 증험하려 한다.[515]

그는 『주자어류』에서 주자가 답변한 '요컨대, 천天·지地·인人을 관통하는 것은 다만 하나의 기氣일 뿐이다. 그래서 넓고 넓어 위에 있는 것 같기도 하고 좌우에 있는 것 같기도 하다. 그는 허공에 가득 찬 것은 이理 아닌 것이 없으니 사람들이 스스로 생생하게 알도록 해야지, 말로 깨우쳐 주기는 어렵다.'[516] 는 주자 논리를 거듭 인용하면서 '만물에 하나로 관통하는 이理'설로 인간영혼을 해석하는 것이 이치에 맞고, 서학의 인간영혼만 떼어 내어 그것이 불멸해서 천당에 올라가 복락을 누린다는 저들 주장은 이치에 전혀 맞지 않는 가상적 논리라는 비판이다.

한편, 신후담은 서학에서 '생각하며 이치를 추론할 수 있는 것이 인성人性이고, 인의예지는 이치를 추론한 뒤에 있는 것이므로 인성이 될 수 없다던가, 또는 성性에는 일찍이 덕이 존재하지 않으니, 덕은 의로운 생각과 의로운 행위를 오랫동안 행함으로써 생겨나는 것'이라는 유학의 복성설에 관한 저들 비판적 논리는 잘못 이해한 것이라고 반비판한다.[517]

그리고 신후담은 '인의예지가 인성이라는 사실'은 맹자의 성선설에 의하면 이미 확정된 정설이고, 그 기준은 사덕四德(인의예지)과 오행이 서로 맞추어져 있어서 입으로만 내세우는 견해는 아니라고 주장하면서 '유학의 입장인 인의예지는 인성이라는 진리'를 입으로만 외치는 논지로는 결코 타파할 수가 없다고 비판한다.[518] 따라서 신후담은 인성 안에 인의예지의 선과 덕이 이미 갖추어져 있기 때문에 사람은 세상에서 잘못된 행동을 하다가도 본래의 선으로 돌아가게 된다는 것이다. 그는 다음과 같이 인성에 있어서 인의예지와 덕에 관한 이론을 상세히 제시하면서 서학에서 주장하는 인의예지와 덕은 선천성이 아니라는 비판을 반비판한다.

"또한 만약 인의예지가 참으로 사람들이 추론한 이후에 있는 것이고, 본연의 성本然之性에 갖추어져 있지 않다고 한다면 이른바 측은지심 등과 같은 사단四端의 마음은 과연 어디에 깃들어 있다가 아이가 우물에 빠지려고 할 때에 별안간 행동으로 바로 나타나는지를 모르겠다. 그러한 갑작스런 순간의 선한 행동이 나오게 되는 원인은 사람들이 반드시 이치를 추론하기를 기다린 뒤에 있는 그것이 아님을 증험하고 있다. 또한 인의예지가 이치를 추론한 뒤에 있는 것이라는 저들 주장대로라면 사덕四德은 인성人性 바깥에 존재하는 형세가 되는데, 그렇다면 이理와 성性은 완전히 각각 다른 두 가지 물物이 된다는 것인가. 이것은 참으로 이理라는 개념의 의미를 모르고 하는 주장이다.

저들 주장대로 덕은 의로운 생각과 의로운 행동이 쌓인 뒤에나 생겨나고 인성 본래에서 갖추어진 것이 아니라고 한다면, 사람에게 이 덕이 있는 그것은 결국 밖에 있는 물物을 강제로 잡아당겨 끌어와서 억지로 몸 안에 들여놓는 모양새가 된다. 그렇다면 『대학』에서 이른바 명덕明德이라 하고, 『중용』에서 이른바 덕성德性이라고 밝힌 그 논지는 도대체 무엇을 가리키는 것인가. 이 또한 덕이라는 말의 의미를 모르는 것이다. 그러나 성리학설은 육경과 정주程朱의 전傳에 명백히 다 드러나 있을 뿐만 아니라, 지금 다시 그런 논리를 전개하는 것을 기다리지 않아도 충분하다. 배우는 사람들이 반드시 그러한 뜻을 상세히 알고자 한다면 이러한 논리에서 추구하는 것이 가능하다."[519]

이와 같은 인용문에서 인의예지라는 사덕은 선험적 존재가 아니라 추론과 경험을 쌓은 이후에 있는 것이라는 인성과 인의예지에 관한 서학의 입장과 유학의 입장인, 즉 사덕은 인성에 이미 선험적으로 갖춰져 있다는 견해로 서로 맞서 있음을 보여준다. 이는 앞에서 서학을 누누이 비판해 온 신후담의 견해이자 18세기 전반의 동양문화와 서양문화의 차이랄까 충돌이랄까 하는 국면적인 모습으로 읽혀진다.

2) 서양 과학의 이해

신후담은 스승 이익을 만나기 전에는 서학에 관한 직·간접 정보를 깊이 접할 기회를 얻지 못한 사실은 앞 장에서 언급한 바가 있다. 이미 언급하였듯이 그는 노장학과 소설패사 등에 관심을 보인 소년기를 지나 정주학 공부를 본격 시작하면서 이익을 처음 만나게 되고, 이익과의 네 번의 만남에서 서학정보에 깊은 관심을 가지게 된다. 그러므로 그가 서학정보를 처음 접한 시기는 이익을 처음 만난 1724년 이전일 것으로 추측되고, 이익과의 만남에서 서학에 대한 질의응답을 통해 적극 관심을 가지게 된다.[520]

그런데, 신후담은 서학 가운데서도 관심을 보인 과학 분야는 천문과 지리 등에 관한 정보이다. 그는 『영언려작』·『천주실의』·『직방외기』 등 3가지 한문 서학서를 읽고 검토, 정리를 통해 비판한 내용을 3편으로 구성한 것이 『서학변』이다. 그런데, 그의 서양과학에 관한 입장을 고찰할 수 있는 측면은 『직방외기』 내용에 대한 이해와 비판이다. 즉, 그는『직방외기』 비판에서 세계지리 정보를 접하면서도 이해하려는 입장 보다는 비판적 태도를 먼저 취한다.

생애전반기 신후담의 서학의 과학사상에 관한 관심은『직방외기』를 비판하는 견해에서 잘 드러난다.『직방외기職方外紀』에서 '직방職方'은 주나라 관명이고, '외기外紀'는 '중국 바깥의 세계'라는 의미이다. 그러므로 지도제작을 관장하면서 조공을 맡던 관직이 직방이고, 전통적 중국의 여지도에 없는 직방이 관장하지 않은 권역의 지역을 다룬 책이 외기이다.

그는『직방외기』의 내용이 세계지리와 학교제도 등을 담고 있는 데도 불구하고, 이 문헌 서문을 들어 비판을 가하기 시작한다. 그는『직방외기』는 결국 불교를 조술祖述하고, 그 견해는 매우 고루하다고 격하한다.[521] 이 저술은 세상 사람들을 유혹하여 끝없이 전도하면서 서학화西學化를 꾀하려고 하는 불교사상과 다를 바 없다는 신후담의 비판이 그것이다.

그리고 그는 서학의 세계지리관, 교육제도 등을 차례로 검토, 정리하면서 끝을 맺는다. 서학에 담긴 학문관과 학교제도에 관해 신후담은 깊이 긍정해보려는 모습은 선뜻 보이지 않는다. 즉, 저들의 학문은 천명天命 본연의 선善에서 벗어나 있을 뿐만 아니라 인륜일용의 일상생활에 어둡다고 하면서 유학의 교육제도나 학문의 우월성을 들어 저들의 것은 열등하다는 것이다.[522] 신후담은 서학의 학문이나 학교제도는 유학제도를 견강부회한 것에 불과하고, 우리 유학과는 근본적으로 다르므로 더 이상 거론할 가치조차 없다고 폄하하려한다.

신후담은 세계지리를 바라보는 관점에서도 중국 중심의 세계관에서 거의 벗어나지 못하는 한계를 지닌다는 이해이다. 그는 우리 유학은 실제로 답사하여 경험하지 못한 세계에 대해서 군자는 언급하지 않는다고 전제한다.[523] 그러므로『직방외기』에 기록된 5대주에 관한 기록은 믿을 수가 없다는 강경한 반론이다. 즉, 신후담은 저들은 지구의 궁벽진 데까지 직접 답사할 수가 없었을 것임에도 불구하고 실제로 문견聞見한 것처럼 세계지리를 기술한 측면으로 보이므로 그러한 기록내용은 믿을 수가 없다는 입장을 가진다.[524]

세계지리가 핵심내용으로 기록된 『직방외기』를 불교사상과 똑같은 이학異學의 시각으로 바라보고, 저들의 학문관과 학교제도에 관한 기록도 단지 유학적 관점에서 납득할 수가 없다는 비판이다. 중국 이외에 5대주가 있다는 다른 세계의 지리정보에 관한 그의 불신은 하화질서夏華秩序의 세계관 입장에 매몰되어 직접 증험되지 않은 사실은 언급할 가치조차 없다는 유학적 세계관이 그 배경에 깔려있음이 읽혀진다.

신후담은 『직방외기』가 아세아亞細亞(아시아)·구라파歐羅巴(유럽)·리마아利未亞(아프리카)·아묵리가亞墨利加(아메리카)·묵와납니가墨瓦蠟尼加(오세아니아) 등 5대주라 한다고 정리하면서 여러 주요지역의 위치와 거리를 검토, 비판한다. 그는 『직방외기』에 대해 유학과 다른 부분은 원론적으로 해석하지만, 『영언려작』·『천주실의』 등에 대한 적극적 비판과는 다른 입장을 취한다. 그렇지만, 그의 다음과 같은 하화夏華 중심 세계관은 여전히 그 한계를 드러내주고 있다.

"나는 중국만이 천하 중심에 있으면서 풍속과 기후의 올바름을 얻고, 예로부터 성현이 차례로 나와 명교名教가 높았으며, 그 풍속의 아름다움과 인물의 풍부함이 참으로 다른 국가는 미치지 못한다고 생각한다. 그러나 저들 구라파 여러 나라들은 모두 바다 끝의 외딴 지역에 떨어져 있어서 명교에 대해서 들을 기회조차 없었기에 저들 힘으로 하화夏華(중화)에 진출할 수가 없었다.

지금 한갓 그 토지의 크고 작음에 비춰보더라도 대략 비슷할지 몰라도 감히 중국과 같은 반열에 두고 섞어서 논하는 것은 진실로 도리를 깊이 모른다. 또한 천하의 수많은 지역 가운데 『직방외기』에 기록된 것 외에 천하 안[환영寰瀛]의

광막한 경계에 있는 국가들은 길이 멀고 끊겨 있어서 교통이 통하지 않아 비록 기이한 낯선 모습의 나라가 그 가운데 산포되어 있을 지라도 직접 겪어 그 실제를 징험하지 못해낸다면 군자는 담아둘 뿐 논하지는 않는 것이 예이다."525

그는 지리적·문화적 측면에서 하화관夏華觀에서 조금도 벗어나 있지 않음을 여기서 보여주고 있고, 경험적·합리적인 기초에 근거하지 않는 사실은 머리에 담아둘 뿐 겉으로 드러내어 논하거나 기록하지 않는다는 유학의 군자학君子學 입장을 분명히 한다.

한편, 신후담은 『직방외기』에 실린 구라파 학교와 교육제도에 대한 관심은 세계지리 보다 높고 상대적으로 많은 지면을 할애하여 검토, 정리한다. 그는 『직방외기』에서 검토, 정리한 서학의 학교제도는 소학·중학·대학의 3단계 제도인데, 서학의 이 제도는 우리 유학의 소학·대학의 2단계 제도와 비슷하다고 이해하면서, 각 단계의 교과내용을 차례로 검토, 정리한다.

서학에서 '소학을 문과文科라 하고 ① 옛 성인의 명훈名訓, ② 각국의 사서史書, ③ 각종 시문詩文, ④ 문장文章과 의론議論 등 4종류가 있다.'526 고 신후담은 검토, 정리한다. 그리고 학생들은 7,8세에 입학하여 17,18세에 학업을 졸업하며, 이 소학의 학행지사學行之士들은 시험을 보고 우수한 자는 뽑히어 중학에 입학시키는데, 중학은 이과理科라고 하며, 3학년까지 둔다고 그는 정리한다.

그리고 그는 서학에서 초학년에는 낙일가落日加(논리학)를 배우는데, 번역하면 옳고 그름을 시비하는 법[辨是非之法]이라 하고, 2학년에서는 비서가費西加(physica)로서 자연학를 배우는데 번역하면 성리性理를 살피는 도리[察性理之道]이며, 3학년에서는 묵달비서과墨達費西加(Metphysica, 형이상학)를 배우는데, 번역하면 성리性理 이상을 고찰하는 학문[察性理以上之學]으로서 총칭하여 비록소

비아斐錄所費亞(필로소피아, 철학)라고 한다는 검토 정리가 그것이다.[527]

이어 배움을 마치면 중학의 학행지사學行之士들이 다시 시험을 보아 우수한 자를 뽑아 대학에 진학시킨다고 그는 이해한다. 그리고 그는 서학에서 대학은 4과四科가 있어서 수업을 듣는 사람이 스스로 선택하는데, 하나는 의과醫科로서 질병을 치료하는 것을 주로 하고, 하나는 치과治科로서 정사政事에 관한 일을 익히는 것을 주로 하며, 하나는 교과敎科로서 교법敎法을 지키는 것을 주로 하고, 하나는 도과道科로서 교화를 일으키는 것을 주로 한다고 검토, 정리한다.[528]

신후담은 유학에서는 모두 몇 해 동안 배운 뒤에야 마치는데, 공부가 끝나면 사유師儒들이 또한 엄격하게 살펴서 그 가운데서 취하여 곧 임무를 맡기는 것을 허락하고, 도를 배운 자는 오직 백성을 교화시키는 데만 힘쓰고 정사에는 참여하지 않으며, 백성을 다스리는 자는 임기를 채운 뒤에 국왕이 그 정치의 실적을 살펴서 진급시키거나 강등시킨다는 것이라고 전제한다.

신후담은 구라파 교육제도가 세 단계로 나눈 것은 우리 유학의 소학·대학의 규정과 비슷하며, 유학幼學들이 시험을 치르는 것도 우리 유학에서 과거를 치러 현縣이나 주州로 나아가는 제도와 비슷하다고 비교 분석한다. 그는 구라파 교육제도를 자세히 살펴보면 교육의 이념이나 내용은 유학과 차이가 있다고 지적하면서 유학에서의 소학의 교육을 다음과 같이 검토, 정리한다.

"대체로 우리 유학의 도道됨은 하늘이 명령한 본연의 선善에 근원하여 인륜일용人倫日用의 떳떳함에 드러나므로 일반적으로 배운다는 것은 이것을 배울 뿐이고, 가르친다는 것도 이것을 가르칠 따름이다. 여덟 살에 소학에 들어가면 물을 뿌리고 집안을 쓸며 상대방에게 응대하고 접대하며, 사람들과의 관계에서 나아가고 물러나는 예절과 어버이를 친애하고 윗사람을 공경하며 스승을 높이고 벗과 친하게 지내는 도를 배우는 것에 지나지 않는다. 요약하자면 덕성을 함양하고 근기根基를 배양하여 행함에 남은 힘이 있으면 시를 암송하고 글을 읽으며 노래를 읊조리고 무용을 하되, 하나의 생각 하나의 행위라도 예를 벗어남이 없도록 한다."[529]

이어 신후담은 유학에서의 대학의 교육을 다음과 같이 검토, 정리한다.

"열다섯 살에 대학에 들어가게 되면 소학에서 배운 것을 기초로 이치를 궁구하여 덕을 높이고 몸을 닦음으로써 그 업業을 넓혀 하늘이 명한 선善을 온전히 하고 인륜의 떳떳함을 다하도록 하는 것. 그 이상 그 이하도 아니다. 그러므로 재주가 있는 인재를 마을에서 현으로 선발하여 올리고 현에서 주州로 뽑아 올리며 주에서 나라로 선발하여 올리니, 비록 그 순서가 같지 않고 수준이 다양하기는 하지만 그 가르치는 방법과 배우는 내용은 도리가 아님이 없다.

배움이 이미 성숙되고 도리에 통하면 악정樂正이 그 우수함을 의논하고 사마司馬가 그 자질을 분별하여 조정에 올려 벼슬을 맡긴다. 작게는 사물을 대하여 생각을 일으키고 크게는 도를 논하고 교화를 넓히는 것이므로 이 또한 배워 얻은 것을 응용해서 세상에 펼치는 데 불과하다. 이것이 우리 유학이 어디 하나 편중됨이 없이 커다란 중심이고 지극히 바름이어서 만세에도 바뀌지 않는 도가 되는 까닭이다."[530]

이와 같이 유학의 교육제도를 먼저 제시한 신후담은 구라파의 소학·중학·대학의 3단계별 교육제도를 유학적 관점에서 비교한다. 그는 먼저 구라파 학교의 소학은 덕성 함양과 기초를 교육시키는 데 소홀히 하고 있음을 지적하면서 초기에는 덕성 함양과 기초교육이 핵심이어야 하는데, 이를 소홀히 함으로써

본령本領을 어둡게 만든다고 비판한다.[531]

그러므로 신후담은 그러한 관점에서 보면 구라파에서 시행되는 현인賢人의 명훈을 교육하는 것은 이치상으로는 일단 이해된다고 긍정한다.[532] 그러나 그는 시문詩文과 의론議論을 배우는 단계는 유학에서는 생활에서 실천하다가 남은 힘이 있을 때 하는 것이므로 소학교육에서는 순서상 이르다고 지적한다. 특히 각국의 사서史書를 가르치는 소학의 교육제도는 너무 이른 시기라고 다음과 같이 그는 설명하면서 본질과 말단의 공부순서가 잘못되어 있음을 비판한다.

"더욱이 성숙된 지식수준이 요구되는 역사서일 경우라면 처음 배우는 자는 이해할 수가 없다. 그런데도 먼저 그런 기초단계를 뛰어넘어 가르치는 것은 어째서인가. 그 다음으로 각종 시문과 문장, 의론 등 허황된 습관이 들도록 가르친다면 교육의 본질인 근본적 아름다움을 망치게 되고 황폐하게만 만들게 된다. 그런 것들을 과목으로 삼아 감독하고 교훈으로 정하여 항상 일상적 삶에서 힘쓰는 일로 삼는다면 후학을 잘못 지도해서 사람의 마음을 병들게 함이 역시 심하지 않는가."[533]

그는 구라파의 중학에서 이과理科를 교육하는 것은 바람직하다고 일단 긍정한다. 그러나 그는 유학적 관점으로 바라볼 때 문제점은 이미 앞에서 살핀 소학과정에서 덕성함양과 기초교육이 부족하다는 비판을 가하였는데, 이에 대한 보충교육 과목도 없이 전문적 이과만 교육하게 되면 술術로만 기울어져 인성교육이 결핍된 반신불수와 같은 불안요소를 안고 있다고 다음과 같이 지적한다.

"중학에서 옳고 그름을 분별하고 성리性理를 살핀다는 것은 말로는 그럴듯하다. 그렇지만, 덕성을 함양하고 기초를 배양하는 공효功效의 단계가 빠져있다.

그러므로 분별하고 살필 수 있는 근거할 만한 것이 있어야 그것을 기초로 삼는 것인데, 이런 것이 없는 것 같다. 그러한 부분이 부족함으로 해서 결국은 한쪽으로 치우쳐 기울어지게 되면 반신불수처럼 불안하게 된다. 그런 문제의 오류는 거기에서 더 나아가 저들은 성리 이상의 학문이 추구되고 있다고는 하지만 도리어 성리 너머에 물物이 있던 적이 없음을 모르는 논리다."534

신후담은 성리학 관점에서 보면 성리性理는 물物 이전에 이미 내재함을 전제하고 있다. 그는 성리는 물物 보다 선행하는 법칙, 즉 도덕이나 선善이 이미 그 물物에 앞서 주재자로서 내재한다는 성리학 논리의 확신에 찬 경학자다. 그러므로 서학에서 내세우는 중학에서 물物 내지 술術(조선말기에는 가器로 변화)에 대한 교육을 먼저 하게 되면 본질이 외면된 한쪽으로 치우치게 되어 도덕함양의 기초를 쌓지 못한 상태에서 물物을 우선시하는 결과를 낳아 결국 반신불수가 된다는 주장이 그의 비판적 이론이다.

이어서 구라파의 대학교육은 유학의 관점에서 바라보면 4과로 분류를 한 것은 문제가 있다고 신후담은 진단한다. 먼저 소학·중학 교육의 기초소양을 배우지 못한 의학醫學을 대학의 전공으로 치과治科와 같은 반열班列에 제도화한 것은 유학관점에서는 이치에 맞지 않다는 것이 신후담의 입장이다. 그리고 그는 치과治科와 교과敎科와 도과道科를 각각 나눌 필요가 없는데도 구라파 교육제도는 이를 구태여 나누고 있다고 지적한다.

우리 유학교육에서는 치治·도道·교敎는 하나로 간주하며, 세 가지를 모두 함께 알아야 어느 하나라도 제대로 실행할 수 있다는 『대학』의 강령을 들어 신후담은 자신의 입장을 펼친다. 구라파의 선비와 교육가들은 그러한 교과의 본질을 몰라서 통합해야 할 것을 3등분하는 잘못을 저지른 것이라고 다음과 같이 신후담은 정리, 비판한다.

"대학의 네 학과에 이르러서는 그 어그러짐이 더욱 심하다. 의학은 본래 축사祝史(신명神明에 고하는 일을 맡은 벼슬) 등에 속하는 기술자의 부류와 같은 것으로 간주되어, 선왕의 제도에서는 사림士林과 동류가 될 수가 없다. 지금 먼저 소학에서 가르치고 다음으로 중학에서 가르쳐서 더 나아가 덕업을 성취하고 나서는 결국 이런 부류에 속하는 기술로 뜻을 구하는 것으로 삼는다면, 이것도 매우 이치가 없는 것은 아니다. 그리고 치과와 교과, 도과 세 가지는 처음부터 판연히 각각 하나의 분과가 될 수가 없다.

천명과 인륜 전체를 가리켜서 말한 것이 바로 도이고, 도의 당연함과 품절品節로 인하여 법이 되는 것이 바로 교敎이며, 이 가르침을 받들어 천하를 다스리는 것이 바로 치治라는 사실이다. 그러므로 치治는 교敎를 펴는 것이고, 교敎는 도道를 재단裁斷하는 것이다. 지금 치과의 경우 정사政事를 익히는 것을 주로 하면서도 그 정치는 반드시 교敎에 근원한다는 것을 모르고, 교과는 교법을 지키는 것을 주로 하면서도 그 가르침은 도에 반드시 근원한다는 것을 모르며, 도과의 경우 교화를 일으키는 것을 주로 하면서도 그 도가 교와 치治로 미루어 나아갈 수 있는 것임을 모르고 있다. 저들이 그런 논지라면 바로 도는 독자적 도이고, 교는 독자적 교이며, 치治는 독자적 치治여서 판연히 다른 각각 하나씩의 독립적인 물物이 되는 형국이 되어 서로 관통하여 보완해주고 겸할 수가 없게 된다. 이와 같이 된다면 그들은 이치를 제대로 안다고 할 수가 있겠는가."[535]

신후담은 대학에서 4과로 나눈 것에 대해 비판하면서 의과醫科는 기술적인 교육의 부류에 속하므로 중인에게 해당되는 교육제도로 이해하는 것으로 해석된다. 그러므로 그 교육내용만 생각해본다면 사림士林에게 맡길 교육과정을 다루고 있지만, 우리 유학의 선왕의 제도와는 다르므로 사림과 같은 반열에 놓을 수 없다는 것이 그의 분석이다. 그리고 저들이 치과·도과·교과로 분리한 교육제도도 잘못이라고 비판한다. 우리 유학은 치·도·교가 서로 관통하고 겸하는 하나의 물物로 간주하기 때문에 구라파의 입장과는 판연히 다르다는 판단이다. 그는 구라파의 제도로 보자면 치는 치로부터, 도는 도로부터, 교는 교로부터 독자적으로 각각 시작되는 별개의 독립적 일물一物이 되어, 세 가지가 서로 통하거나 겸할 수 있는 본질적 이치를 모른 데서 오는 근본적 오류를 안고 있다는 해석이다.

그는 또한 유학적 입장에서 구라파의 소학교육은 함양공부涵養工夫가 결여되어 있어서 부랑浮浪의 습성에 빠지게 되고, 중학교육에 대해 논해본다면 성리性理의 진리에 몽매해져서 한 쪽으로 기울어져 치우치는 폐단으로 흐르게 된다는 우려이다.[536] 그는 저들 구라파교육은 소학에서 함양공부가 결여되고 중학에서 성리의 진리에 어둡게 되는 과정을 거쳐 대학에 들어가는가 하면, 의과醫科는 중인들에게 해당되는 잡기雜技인데도 도과·교과·치과에 혼합하여 반열하고, 하나의 근원을 몇 갈래로 나눔으로써 어지럽게 섞이고 괴리됨 또한 확연하다고 비판한다.[537] 그는 결국 구라파의 교육제도는 우리 유학이 천명인륜天命人倫 사이에 근원하여 몸소 실천하고 마음으로 얻는 실實에 힘쓸 뿐이라는 교육제도와 비교해 보면 얼음과 숯처럼 서로 확연히 다르다는 입장을 천명한다.[538]

마지막으로 그는 구라파의 교육제도가 학교를 세우고 선비를 취하는 방법을 유학 교육에서 견강부회하여 그럴듯하게 만들었기 때문에 고명한 선비들도 현혹되어 서학의 이단異端이 이토록 성행하게 된다고 다음과 같이 정리, 비판한다.

"오호라. 이단의 학설이 우리 유학과는 결코 같지 않은 것이라면 저들을 변척辨斥하기는 크게 어렵지 않을 것이고, 그 해악도 그렇게 심하지는 않을 것이다. 다만, 유학을 몰래 훔쳐서 글을 지어 거짓으로 가탁假托하여 속이고 그 거짓을

2. 서학에 대응하는 학술적 논변

꾸며 교묘하게 우리 유학과 억지로 부합시키려고 한 것이다. 그 참과 거짓, 정正과 사邪를 진실로 변척하기는 어려울 것이므로 혹세무민하는 그 해는 앞으로 이루 다 말할 수가 없다고 개탄한다.

　　지금 서학의 해악이 이미 하늘이 명령한 본연의 선에서 벗어나고 인륜일용人倫日用의 일상에 어두우니, 그것이 우리 유학과 같지 않은 것은 진실로 다른 말이 필요 없이 판연히 구별된다. 오직 저들이 학교를 세우고 선비를 얻는 방법은 각각 유학를 견강부회함으로써 간사하고 거짓된 자취를 덮어 가릴 수가 있었다. 그 결과 고명한 선비들마저도 저들 술수에 넘어가 이같이 횡행하게 되고 저들은 서학 모두를 오랑캐라 할 필요는 없다고 얼버무림으로써 성학聖學이 황폐해지는 데까지 이른 것이다."[539]

신후담은 구라파의 학교·교육 제도가 유학교육을 견강부회하여 저들의 문제점에 대해 유학이 비판할 빌미를 교묘하게 감추고 있다고 추정한다. 그런 연유로 말미암아 그는 유학의 고명한 선비들조차도 저들의 술수에 넘어가 서학이 이렇게 횡행하게 되고 있다고 비판한 것이다. 그런데, 서학이 천주 교리를 전파하기 위해 과학사상을 함께 담아 전하려는 예수회의 보유론적 의도는 전술하였다. 신후담은 서학의 그러한 의도를 간파한 것인지는 알 수 없다. 그렇지만 그는 천주교 교리를 유학 사상과 연계시켜 중국에 연착륙시키려는 기획된 의도를 유학의 원리와 서학의 입장논리에 대한 비판적 비교분석을 통해 노출시키게 된 측면으로 해석된다. 즉, 신후담 스스로가 저들의 기획된 의도를 명확히 알았다고 판단하기 보다는 그가 비교 분석을 통한 비판적 시각을 논리로 드러낸 국면이 그러한 결과를 낳은 측면으로 이해함이 좋을듯하다.

　한편, 신후담의 생애 후반기의 서양과학에 관한 그의 견해를 이해할 수 있는 『천문략』·『곤여도설』 등 그의 편저가 현전하지 않아 생애전반기 서학에 대한 적극적 비판의 입장이던 국면이 생애후반기는 어떻게 전개되어 갔는가의 변화여부를 고찰해내지 못한다는 한계가 있다는 것이 본 연구자의 아쉬움이다. 『천문략』은 1759년 신후담이 사망하기 2년 전에 완성한 편저로 디아즈가 저술한 『천문략』을 읽고 자신의 평석評釋을 담은 것으로 추정된다. 『하빈연보』에는 신후담의 『천문략』·『곤여도설』이라는 저술명을 기록하여 간략히 소개하고 있다. 그리고 그는 디아즈의 '『천문략』은 논지가 매우 정묘精妙하다고 하면서도 결국은 이학서異學書로 결론내리고 있다.'540 는 짧은 언급만 하고 있다.

『천문략』은 동양의 전통적 천원지방설天圓地方說인 구중천九重天의 우주관을 극복하고, 지원설地圓說의 우주관으로 발전시킨 천문에 관한 과학서이다. '수성과 금성이 태양의 주위를 돌고 하늘이 지구를 돈다.'는 티코브라헤의 우주관 보다 조금 뒤진 이론이지만, '지구가 네모지다'는 천원지방설을 극복하고 있다는 사실에서는 중세우주관 보다 앞서가는 학설이다. 신후담이 『천문략』을 본 사실은 정황적으로 충분히 예상할 수 있기 때문에 지원설에 관한 자신의 견해를 『천문략』에 담았을 것으로 추정해 볼 수가 있다.

또한 『곤여도설』을 보았다는 사실에서도 그가 하화夏華 중심의 지리관에서 벗어나 지구전체에도 관심을 가졌다면 중국 보다 더 큰 국가가 있을 수 있다거나 '지구가 둥글 수 있다'는 지구 중심적 세계지리관이나 지원설을 이해하려는 태도를 취할 수도 있었을 것으로도 추측해 볼 수도 있다. 그러나 생애 전반기 이미 논급한 『직방외기』 비판에서 중국 보다 더 발전되고 더 큰 문명국가는 없다고 확신하고 있었고, 천원지방설을 그대로 믿고 있음도 편언片言한 「하빈연보」에서는 확인이 된다.

즉, 신후담은 『직방외기』를 비판하는 내용 중에서 '천지사궁지애天地四窮之涯'541 라는 표현을 쓰고 있다. 지구가 5대주로 구성되어 있다는 사실과 세계전도 등을 통해 중국의 문명권을 벗어나 지구가 둥글 수도 있다는 사실을 상상할 수 있는 사유체계가 이학관異學觀에 젖은 정주학적 시각에 가려져 회복이 쉽지 않고 있었음이 읽혀진다.

평생 동안 중국의 학문만 접하고, 선진 청나라 문물, 서학 등에 관한 직·간접 정보를 접할 수 없었던 가정환경, 관료 생활 한 번 하지 않았던 그의 세계관의 그림자 때문인가. 그가 바라본 구라파문화는 이질적일 수밖에 없었을 것이다. 그런데도 그는 서양문물을 구두선에 그치지 않고 『영언려작』·『천주실의』·『직방외기』 등의 문헌들을 직접 연구하였다. 그리고 그는 연구한 내용을 『서학변』이란 저술로 남기고, 그것도 학술적으로 징험하려는 입장을 가지고 논리적으로 치밀하게 비판을 전개했다는 사실이다. 그의 저술 이름처럼 서학에 관한 변별辨別적인 논리적 비판이다.

조선 유학의 정체성은 정주학에 대한 송습誦習과 불교사회와 유교 이외 학문을 타파하려는 이들에 대한 비판으로 시작한다. 사서四書의 송독誦讀과 이해, 육경의 기초적 연구 등이 그것이고, 정도전의 『불씨잡변』 같은 경우 그러한 기준을 말해준다고 해석된다. 더욱이 석가모니를 불씨佛氏로 격하하고, 특히 사후세계를 염두에 둔 윤회설·천당지옥설·인과응보설·적멸설 등 조선 유학자들은 이러한 사상과 개념을 철저히 배격하고자 한다. 18세기 신후담 당대는 그러한 흐름이 깊어져간 시기이다. 신후담만이 아니라 조선 후기 조정은 물론 학인들 대부분이 종교에 관한 인식, 즉 본 연구자가 연구사에서 언급한 베이커리가 인간이성을 초월한 존재, 천주의 천지 창조설 같은 속성屬性을 사유하지 못한 한계를 지적한 그 단계를 순수 철학적 의미에서 어떻게 해석해내야 할지도 깊은 과제로 남는다.

신후담이 한문서학서를 접하게 된 배경도 조선 중기사회부터 정주학이 지배해가면서 양명학과 양주楊朱와 묵적墨翟 등의 학설이 비판되고 맹자의 사상을 계승해가고 있었으며, 불교를 이학異學으로 간주하던 정치사회적 분위기가 무르익던 시기이다. 그가 서학의 영혼불멸설을 불교의 찌꺼기 이론으로 격하하고, 천주天主의 천지만물 창조설과 주재설主宰說을 정주학의 상제설上帝說과 비교하여 변별하고자 한 측면은 그러한 연장선에 있던 것들이라고 해석된다.

유학적 입장에서 바라보는 상제나 서학적 입장에서의 천주가 천지만물을 주재한다는 부분적 비교입장에는 유학적 상제관에도 크게 어긋나지 않는다는 것이 신후담의 이해이다. 그렇지만 저들의 천주가 천지를 창조하였다는 주장은 『역경』·『서경』 등 유학 경전經典의 내용을 들추어 봐도 상고할 데가 없고, 합리적으로 입증할 방법도 없다고 그는 명확한 비판적 입장을 견지한다.

한편, 그가 『직방외기』를 접하면서 세계지리에 관한 서학의 주장에 대한 불신은 하화관夏華觀에서 거의 벗어나지 못하고 있는 한계가 그의 학설에서도 그대로 드러난 것이라고 해석된다. 그러한 예로 중국 보다 더 큰 나라는 없다던가 직접 경험하지 않은 사실은 군자는 기록으로 남기지 않는다는 유학적 세계관으로 세계 각국의 지리정보를 소개한 내용을 부정하려는 측면이 바로 그것이라 이해된다. 또한 그는 하화관 입장에서 구라파 교육 내용조차도 중국의 성인들이 만들어 놓은 문화만큼 뛰어난 것이 없다고 폄하고, 저들의 교육제도를 철저히 격하하려는 태도는 직접 다른 세계를 경험하지 못한 데서 오는 한계라고 읽혀진다.

한편, 신후담은 『서학변』에서 도道와 술術(조선 말기의 기器)을 엄격히 구별하여 비교, 검토하고 있다. 그는 술의 국면에서는 서학의 술이 매우 정묘精妙하다고 인정하고 있는데, 그러한 측면은 아직 그가 서학의 학문적 모든 주장을 무조건 비판하는 사유의 벽을 견고히 쌓지는 않았다는 반증이다. 사실 신후담의 도와 술의 분리적 이해는 그의 스승 성호 이익보다도 더 명확하고 적극적이다.

이익은 서학과 서교를 엄격히 구태여 구별해야 할 필요성을 제기하지는 않는다. 왜냐하면 그는 서학의 술術을 가져오는 한에서는 서교西敎를 강하게 배척할 생각이 없었던 것으로 이해되는 측면이 보이기 때문이다. 그는 제자인 신후담의 강경한 서학 비판적 자세에 의해 오히려 자신이 서학의 서교西教와 서술西術을 분리하여 변별하게 된 계기로 변화해간 측면도 없지는 않다. 18세 기 전반 신후담의 바로 그러한 분변의식과 비판은 19세기 동도서기론의 이론 적 기초를 닦는 데도 일정한 역할을 하였을 것으로 해석해도 좋을 것이다.[542]

그는 도道에서 유학의 도는 실實에 가깝고 서도西道인 서교의 도는 허虛에 가 깝다고 유학의 비교 우위성을 입론한다. 서학은 가까운 부모·형제는 우선적 관심 밖에 두고, 저들 지향은 오직 자기들의 영혼만 죽지 않고 영생하여 실재하 지도 않는 허구의 천당天堂에 올라가 복락을 누리려고 하는 이기심·사기심私己 心·사리심私利心에 호소하는 허망한 가르침이라고 개탄적인 결론을 내린다.

신후담은 서학의 영혼불멸설은 의학의 뇌낭설腦囊說에 가탁하여 허구를 지 어낸 이론이고, 유학의 심성론이야말로 세상의 인륜도덕을 바르게 세우는 진 실한 학문이라고 재확인한다. 그는 유학에는 참으로 증험할 수 있는 실리가 있는데 비해서 서학은 유일신인 천주가 천지만물을 창조, 생성시켰다고 증험 할 수 없는 허虛한 주장을 가르치는 학문이라는 것이다.

그리고 그는 유학의 도의 우월성, 우수성의 근거는 실과 허의 차이에 있다 고 보고, 유학은 실연지심實然之心으로 실연지리實然之理를 가르치는 학문이라 는 것으로 자부한다. 그러한 반면에 그는 서학은 실제와 실상이 없는 천당설 이나 영혼불멸설의 허구를 지어내어 자기 자신의 사리심私利心·이기심을 충 동시켜 신도로 유인해서 교단세력을 키우는 학문이라고 비판한다. 그는 서학 에서 서술西術은 정묘하지만, 서교에 대해서는 유학의 그것과 조목조목 비교 분석을 통한 유학의 상대 우위성을 확보하면서 결론을 맺고 있다.

VI. 경학사상의
     이해와 해석

1. 경학사상 관련 자료

2. 생애 시기별 경학사상

1

경학사상 관련 자료

⋮

    하빈 신후담의 저술에 관한 문헌명 고찰은 앞글에서 이미 자세히 살펴보았다. 그러므로 앞에서의 고찰을 통해서 확인되는 신후담의 유고 중에서 그의 경학사상이 직접 담겨 있거나 경학사상과 관련된 참고할만한 자료로 해석되는 문헌들을 중심으로 논지를 전개하고자 한다. 그러한 문헌들은 대략 다음 〈표 7〉과 같다.

〈표7〉 현전하는 경학사상 관련 문헌과 서명만 전하는 문헌

연번	총집 문헌명	개별 저서명 현 전	권·책수	소장처
1		『심의서深衣書』		
2		『소학차의小學箚疑』		
3		『대학후설大學後說』		
4		『중용후설中庸後說』		
6		『사칠동이변四七同異辨』		
7		『낙서후설洛書後說』		
8		『범수도설範數圖說』		
9	『하빈전집』 내편內篇	『기삼백주설朞三百註說』	15책	숭실대학교 한국기독교박물관
10		『역의수록易義隨錄』		
11		『춘추잡지春秋雜識』		
12		『서경집해총설書經集解總說』		
13		『이성호역경질서찬요 李星湖易經疾書纂要』		
14		『역학계몽보주易學啓蒙補註』		
15		『독호쌍호계몽익전지의 讀胡雙湖啓蒙翼傳識疑』		

연번	총집 문헌명	개별 저서명 현 전	권·책수	소장처
16		『독역경통해도설보지의 讀易經通解圖說補識疑』		
17		『독소씨한중괘서도지의 讀蕭氏漢中卦序圖識疑』		
18		『독임당양씨시교고금문역기의 讀林塘楊氏時喬古今文易記疑』		
19		『독구당내씨역도설찬요 讀瞿唐來氏易圖說纂要』		
20		『주역정의팔론周易正義八論』		
21		『논제도가설역論諸道家說易』		
22		『아동간이최씨립역구결약평 我東簡易崔氏笠易口訣略評』		
23		『잡서수필雜書隨筆』		
24		『황명제가평요皇明諸家評要』		
25		『팔가총론八家總論』		
26		『팔가총평八家總評』		
27		『내교內敎』		
1	하빈잡저	『전傳』	3책	숭실대 기독교 박물관
2		『유사遺事』		
3		『금화만교金華漫稿』	4책	개인 소장(신용일)
4		『쌍계야하雙溪夜話』		
5		『책문제策問題』		
6		『의사수疑四首』	미정	국립중앙도서관
7		『책문삼수策問三首』		
8		『돈와서학변遯窩西學辨』		
9		『잡저류雜著類』	불분권 1책	서울대 규장각
10	하빈전집	『주역상사신편周易象辭新編』	10권 10책	개인 소장(신용일)
12		『돈와계사전遯窩繫辭傳』		

현재 문헌명과 개요만 전하는 문헌

1	하빈연보	『주자대전초록朱子大全抄錄』	미정	숭실대 한국기독교박물관 및 개인 소장 신종목
2		『논어차의論語箚疑』		
3		『맹자차의孟子箚疑』		
4		『중용해中庸解』		
5		『심경차의心經箚疑』		
6		『역도외편易圖外篇』		
7		『가례차의家禮箚疑』		
8		『역도찬요易圖纂要』		
9		『서경집해書經集解』		
10		『춘추경전총안春秋經傳摠按』		
11		『시경통의詩經通義』		
12		『시경해詩經解』		
13		『천문략론天問略論』		
14		『곤여도설략론坤輿圖說略論』		

1. 경학사상 관련 자료

2
생애 시기별 경학사상

:

1) 초기 경학사상

신후담의 생애초기 경학사상으로 볼 수 있는 시기는 22세가 되던 1723년 이전까지로 이해하고자 한다. 왜냐하면 신후담은 1723년에 진사시에 합격하였으나 대과를 포기하고 학문에만 전념하기로 의지를 다진 시기로 해석되기 때문이다. 그러한 전제적 이해는 물리적 시간으로 분류하는 것이어서 생애전반에 걸쳐서 변화되는 그의 사상적 변화를 충분히 담아내지 못하거나 오류가 있을 측면도 예견한다.

그는 7세부터 사서이경을 배우지만 14세 이후부터 17세 이전은 노장학·잡가설·소설패사 등에 주로 관심이 높았고, 18세 이후부터는 정주경학이라는 정통 유학 공부로 돌아가 1723년 진사시에 입격한다. 그러나 그는 관료진출을 포기하고 학문추구에만 전념한다는 의지를 다진다. 이 시기 그는 사서삼경이란 경서의 기초이해와 백가전서에 관한 제자설諸子說 등에 깊은 관심을 가지던 측면은 경학에 대한 폭넓은 지식기반을 위한 박학추구의 포부로 읽혀진다.

신후담은 7세 이후 그의 할아버지 신휘오愼徽伍가 마련해준 숙사宿舍에서 재야 선비 박세흥에게 경학 기초인 사서이경을 배우기 시작한다.[543] 이경은 오경 중에 당연히 포함되지만 구체적으로 어떤 경전인지는 밝히지 않고 있다. 그렇지만 그가 경학에 관한 유학서를 익힌 사실만은 확실해 보인다. 그 뒤 박세흥에게 기초경학에 관한 일부 공부를 마치자 일정한 스승을 갖지 못한 것으로 보이며, 이 시기 일반 유학가문으로는 상대적으로 특별하게 자방적自放的 학문추구를 할 수 있었던 시기라고 이해된다.

17세가 되던 때 부친 신구중이 노장학과 잡가설 등에 심취해있던 그를 향해 유학본령의 공부로 돌아갈 것을 충고한 사실[544] 과 노장학 및 잡가설, 그리고 소설패사 등에 심취하여 그와 관련된 저술을 많이 남긴 사실[545] 등이 이를 잘 말해준다. 특히, 청소년기인 이 때를 전후해서 그는 세상의 모든 분야 학문세계를 두루 살피고자하는 박학에 매우 관심이 높았다.

그는 1718년부터 공자의 박학약례博學約禮 사상에 대한 지식을 얻고 있었고,[546] 학문연구에서도 박학추구의 중요성을 깊이 인식해가고 있었다.[547] 그는 명대 왕세정王世貞(1526~1590)이 '삼엄三弇이란 서재에 천하의 백가서를 두루 비축해 두고, 거기에서 독서를 통해 얻은 지식으로 많은 저술을 남겼다.'는 왕세정의 박학을 추구하는 학문태도를 공경하면서 세상의 문헌이란 서책은 모두 읽어보겠다고 호언하던 그의 기상은 다음과 같다.

"내가 어렸을 때는 박학만을 임무로 삼았을 뿐 그 요체는 구하지 않았다. 일찍이 왕세정이 삼엄이란 큰 서재를 만들어 그곳에 백가의 책들을 비축하고 많은 저술활동을 하였는데, 흔쾌히 배우고자 책 한 권을 만들어 '후독서지後讀書志'라 이름하였다. 나도 평상 시 읽은 문헌들을 수시로 논렬論列하려 하는데, 향후 그러한 추류推類로 천하의 모든 책은 다 읽어 그 지향하는 바를 완전히 궁구한 뒤에나 그만두겠다고 다짐한 바가 있다."[548]

신후담이 박학을 추구한 인물로 그가 공경하던 명대 왕세정은 강소성 소주부蘇州府 출신 학자이고, 이반룡李攀龍(1514~1570)의 문인으로 그의 학문과 사상을 계승하고 있었다. 그런데, 그들과 비슷한 시기인 16세기 조선의 이항복은 선조에게 당시 중국의 학풍은 그 지역마다 특색이 다르다고 전하면서 명대 왕세정과 이반룡 두 학자를 다음과 같이 평가한 사실에서 왕세정의 인물을 유추할 수가 있다.

"중국인은 품성이 심후하고 문장규모도 광활하여 작문은 양한兩漢 이전을 논하고, 시율詩律은 소무蘇武와 이릉李陵을 일컬으면서도 송학은 도외시하여 논하지도 않습니다. 그 수창자는 이몽한李夢陽(이반룡)을 칭함인데, 그는 고학古學을 숭상하여 한 시대의 대유大儒가 되었습니다. 그 뒤로 왕세정 등이 계승하여 풍습이 크게 바뀌었습니다."[549]

이반룡은 한대漢代 이전의 문文을 말하면서 송나라 학문을 논하지도 않았고, 상고주의尙古主義를 지향하는 대유가 되었다고 중국 당시대 평가를 이항복이 알았다는 사실, 그리고 이반룡의 영향을 왕세정이 이어받아 풍습을 크게 바꾸어 놓았다는 사례 등으로 그를 유추할 수 있다. 특히, 이반룡은 송학宋學 보다는 고학, 즉 선진先秦 유학을 추구하고 있었다는 신후담의 긍정적 이해에서 그가 앞으로 전개하고자 하는 학문적 지향이 어디로 향하고 있었음을 엿볼 수 있다.

한편, 신후담은 명나라 심진沈津의 『백가류찬百家類纂』을 읽은 뒤에 깊은 감동을 받는다. 그런데, 신후담 당대는 제자백가가 정주학 입장에서는 공공연히 이학異學으로 도외시되고 있었다는 국면이다. 그런데도 이 책은 17세기 말 영남의 남인들에 의해 극히 제한된 부수로 간행이 된 바가 있다. 심진의 『백가류찬』이 제한된 부수로 간행되던 시대상황이고, 더욱이 이단시 되던 제자백가서가 신후담 당대 일반 학자들이 근접할 기회가 적었을 것이기 때문에, 사실『백가류찬』을 개인이 수장手掌하기란 쉽지 않았을 것으로도 읽혀진다.[550]

　그러함에도 불구하고 박학추구를 위한 학문적 열정이 높았던 신후담은 희귀하면서 이단서로 취급될 수도 있는『백가류찬』을 얻어 제자백가 학설에 대한 내용들에 깊이 심취하게 된 것이다.[551] 그리고 그는 이 책을 무려 수십 번 탐독하였던 것으로 보인다.[552] 그가『팔가총론』·『팔가총평』 등의 저술을 통해 제자백가 이론을 비판하고 있는데, 신후담이 이 책을 쓰게 된 동기도『백가류찬』에서 크게 영향을 받았기 때문이라고 생각된다.

　그리고 다른 장에서 자세히 고찰하겠지만, 그는『팔가총론』·『팔가총평』 등을 통해 선진 유학의 원형을 규명糾明하고자 하였다. 그는 유학의 원형과 다른 차이差異가 되는 제가諸家의 이론들, 원형 유학과 제가와의 학문적 원류관계와 사상적 차이를 분변하고자 함으로써 유술자儒術者들 까지도 유학의 원형을 정확히 알아야 한다고 하면서 자신도 경계로 삼고자 한다고 밝히고 있다.[553]

2) 중기 경학사상

　그의 생애중기의 경학사상으로 생각할 수 있는 시기는 1724년 성호 이익을 처음 찾아 그를 스승으로 모신 이후부터 1743년경까지이다. 이 시기는 성호 이익과의 학문적 교유交遊를 통해 신후담 자신의 초기 경학사상을 보다 심대深大하게 펼칠 수 있는 기회를 얻고 있었고, 한편으론 이학異學인 서학정보를 접하면서『돈와서학변』을 저술하게 되며, 사서四書와『심경心經』·『소학』 등은 물론『주역』에 관한 자기해석을 가하는 저술을 내게 된다. 즉, 신후담 당대까지 선학들의 사서四書에 대한 중요한 주소注疏는 모두 고찰하여 이해하려는 한편, 자기견해를 더한 각각의 '00차의箚疑'·'00후설後說, 그리고 '00해解' 등의 저술들을 내놓게 된 것이 그것이다.

사실 이 시기 신후담은 사서를 연구한 내용을 통해 『논어차의』·『맹자차의』 등을 저술하고[554], 한편으로는 『대학해大學解』[555]·『중용해中庸解』 등을 저술하는데, 전자 두 저술은 현전하지 않지만 후자 두 저술은 현전하고 있는 『대학후설』·『중용후설』 등에 자세히 반영되어 있다고 해석된다.[556] 그리고 『대학후설』·『중용후설』 등의 자서自序에서 그는 '정주의 학설'을 근간으로는 하되, 다른 학설도 함께 반영한다.'는[557] 자신의 근본적 입장이 정주경학임을 분명히 하고 있다.

그러면서 한편으로 그는 정주학설을 전적으로 묵수墨守하거나 규구規矩로서만 받아들이지는 않겠다는 자득自得의 의지를 가진 것으로 보이는 사실들이 산견散見된다. 즉, 그는 『대학후설』 장절마다 선유 학설을 미리 소개하고, 그 장절 문단 뒤에 '조변條辨'·'우안愚按' 등의 조항에서 자신의 견해를 덧붙이는 형식을 취하고 있다.[558] 그리고 '우안'에서 특히, 주자의 격물치지설에 대해서는 자신의 견해와 일정한 차이가 있다는 일부 이견異見도 밝힌 사실도 있다.[559]

또한 그는 『대학』 이해에서 주자의 격물치지장格物致知章 보망補網 구성의 불필요성에 대한 인식을 분명히 한다. 물론 그러한 그의 견해는 18세기 이전의 일부 선지先知 학자들의 견해와 크게 다르지 않는데, 특히 성호학파 1세대인 이익·이병휴 등도 보망장 구성의 불필요성을 인정한 사실은 연구사와 앞의 장에서 이미 언급한 바 가 있다.[560] 그렇지만 『고본대학古本大學』 보망장 구성의 불필요성 외에 성호 이익은 『대학질서大學疾書』를 통해 정주경학의 내용을 상당히 비판하고, 이병휴도 이익의 견해를 적극 수용하고 있으며, 신후담도 스승 이익의 학설을 『대학후설』·『중용후설』 등에 적극 수용하고 있다.

그리고 그의 『중용후설』에서는 '우안'·'조변'·'약설約說'·'총설總說' 등의 체재 구성을 통해 자기견해를 주장한 것 외에 선유先儒의 학설을 먼저 제시하는 순서를 취한다. 그는 『중용후설』에서도 『대학후설』과 똑같이 주자의 주해를 가장 많이 인용하고 있으면서도 한대 정현鄭玄의 주소註疏를 산견적散見的으로 인용하면서 주자를 간접적으로 비판하는 입장을 취하는 측면도 읽혀진다.[561] 정현의 학설 다음으로 신후담은 이익의 학설을 가장 많이 인용하고 있음이 확인된다.

한편, 신후담은 『황명제가평요』에서 명대 정주학자와 양명학자에 대해서 철저한 문헌 고거적考據的 입장을 취한다.[562] 그는 정주경학을 계승한 진진陳瑱(생몰년 미상)의 『근사잡문近思雜問』을 주자의 『근사록』을 계승한 저술로 이해한다. 신후담은 진진이 비록 주도면밀하지는 못하지만 양명학과 같은 이학異學이 지배하던 시기에 정주경학을 굳게 지켜나간 의지를 높이 평가한다.[563] 또한 신후담은 나흠순羅欽順(1465~1547)이 주자와 육구연의 학설상 견해 차이를 명백히 밝힌 주장에는 동의하면서, 육구연 학설을 비판한 논리는 통쾌하다고 극찬한다.[564]

그리고 그는 명대明代 정주경학을 정통으로 지키던 학자들을 통해 정주경학의 당위성을 확인한 뒤 이제 양명학설에 비판을 가한다. 그는 왕수인 이론은 이미 이학異學으로 선유들이 그렇게 인정한 논지는 정설이라고 전제한다. 신후담은 명말의 치양지설致良知說의 정주경학 근본이념인 '이理'와 '성性'이라는 용어 자체를 부정하려는 주장에 대해서 '이'와 '성'까지 부정하면 '인의仁義'가 모두 사라져 생민의 윤리가 없어지는 지경에까지 이른다.'는 비판을 가한다.[565]

그러나 그는 양명학자들이 주장하고 있는 내용전체를 비판하려는 태도는 아니라고 생각된다. 한 가지 사례로 양명학자 왕기王畿가 '치양지설은 결국 허적설虛寂說에서 나온 것이므로 성학聖學의 종지宗旨'라는 논지를 편 사실에 대해서 신후담은 그의 성학 수용이라는 측면은 일단 긍정적이라고 이해하기도 하였다는 사실이 그것이다.[566]

위와 같은 고찰에 근거해 보면 신후담은 일찍이 송대 정주경학과 명대 정주경학자는 물론 양명학자 및 노장학까지 널리 고구考究하면서 정주경학의 근본이 되는 견해들은 수용하고, 지엽적 이견異見에 대해서는 비판을 가하는 통합적 이해와 분변적 비판태도를 취하고 있음이 읽혀진다. 즉, 사서의 '00차의'나 '00해' 등의 편찬과 『대학후설』·『중용후설』 등에서 산견되지만, 정주경학에 대해 일정하게 비판을 하거나 이견을 보이는 등 정주경학에 대한 수용과 부분적 비판을 조금씩 드러내는 국면이 고찰된다는 사실이다.

3) 말기 경학사상

신후담의 생애 말기 경학사상은 1744년 이후부터라 볼 수가 있다. 이 시기는 생애 초·중기의 경학사상과 현격한 차이를 보이는 변화로 바뀌어가는 사상 단계로까지 전개되어간 국면은 아니지만, 그의 경학사상 추구과정에서는 두 가지 특징이 읽혀진다. 그 특징은 신후담의 사상전반을 읽어내는 데 보다 많은 비중을 차지하고 있는 내용들을 담고 있다는 해석이다.

첫째, 생애중기에는 사서 중심의 주소注疏에 대한 신후담 자신의 견해를 내놓는 반면, 이 시기가 되면 오경중심으로 학문적 관심이 바뀌어가고 있다는 국면이 두드러진다. 둘째, 그의 초기·중기의 경학사상을 담은 그 동안의 저술들과 서학에 대응하는 논리를 다시 보완 또는 재해석하려는 시도나 입장을 취해가고 있었다는 사실이 그것이다.

그가 생애초기 제자백가 비판을 통해 유학 원형을 추구하고자 하던 수사학洙泗學 지향은 생애 말기에는 실천적으로 전개시켜 나가려 하였다는 측면이다. 1727년(영조 3) 공자와 그 문도들에 대한 존경을 그의 꿈속까지 끌어들인 사실은 그가 얼마나 수사학 대한 열망을 가졌는가를 충분히 읽을 수 있는 대목이다.[567] 또한 『중용』의 찬자를 자사子思로 받아들이던 신후담 당대當代까지 통설을 다시 고찰해 보고[568], 그 편찬 시기를 공자 문인들이 잔존하던 시기까지로 해석해내려는 열정도[569] 선진 경학의 원류를 추구해보려는 그의 신념표출이라 생각된다.

그가 제자백가를 다시 고구考究하게 된 목적도 선진 경학을 추구하는 단계적 수순의 하나였던 셈이다.[570] 또한, 그가 생애중기부터 『고문중용古文中庸』을 개보改補한 주자의 장구章句 구성에 대해 비판적 견해를 가지고, 주자 주소에 대해서도 이견을 표출한 일면은 정주경학을 무비판적으로 송습誦習하는 평범한 유술인儒術人들의 경학공부 접근과는 달리 선진경학 추구라는 명분적 권위를 구실로 그들과는 다른 단계로 정주학에 비판적 이해를 전개하고 있음이 읽혀진다.[571]

신후담은 생애초기 『팔가총론』·『팔가총평』 등의 저술에 이어 1740년대 중반에 들어서는 제자백가 중에서 28가를 간략히 정리한 『잡서수필』이라는 유서類書를 찬술한다.[572] 그는 전한前漢시대 초공焦贛의 『대역통변大易通變』을 경사經史와 제자백가의 사상으로 이해하고, 그 이치는 천지만물을 포함하고 있다고 해석한다.[573] 또한, 초공의 문인 경방京房의 『역전易傳』은 『역경』의 이치에 매우 가까운 주소注疏로 자리매김한다.[574] 그리고 한영韓嬰이 그의 『한시외전韓詩外傳』에서 '벼슬길에 나가지 않는 산림山林인 통이유상자通移有常者가 『중용』의 의리를 실천한다는 명성은 있었지만, 그들을 백이와 숙제의 청절정신淸節情神 수준으로 비교하여 비판하는 태도'는 적절하지 않다는 반비판한다.[575]

그리고 그는 한대漢代 경학에도 관심을 갖는다. 그는 한대의 『자공시전子貢詩傳』이 비록 자공의 저술은 아니지만 그와 시기적으로 멀지 않기 때문에 시를 배우려는 학자들에게는 매우 중요하다고 평가한다.[576] 또한 전한의 대덕戴德이 『예기』의 편목을 간추려 정리한 『대덕대대례戴德大戴禮』는 육경에 우익羽翼(도움)이 되고, 이를 저술한 대덕이야말로 '세교궁경지사世敎窮經之士(세상의 교

화를 위해 경을 궁구하는 학자)'라고 극찬하기까지 한다.[577]

또한 후한의 채옹蔡邕의 『독단獨斷』, 주대周代 월국의 흥망성쇠를 다룬 후한後漢의 원강袁康의 『월절서越絶書』[578], 주대周代의 오국과 월국의 흥망성쇠를 다룬 후한 조엽趙曄의 『오월춘추』[579] 등에서 신후담은 『춘추』의 춘추필법의 정통적 계승을 고찰해 내고자 한다.

이어 그는 선진유학 원형 추구를 위해 엄정한 문헌 고거를 전개해간다. 그가 선진 경전의 범람에서 위서僞書를 변별해 내려한 고찰은 그러한 연장선의 한 실천적 노력이라고 생각된다. 그는 선진 유가서儒家書로 전해지던 『고삼분古三墳』·『죽서기년竹書紀年』 등은 모두 위서로 간주한다. 한대 학자들이 신농씨 때 만들었다고 전하는 『고삼분』의 정전正典에 관한 기사를 고찰한 뒤, 그는 주대 말기의 훈고체를 모방하였다고 징험해 내면서 위서라고 깎아내린다.[580] 또한, 그는 『죽서기년』의 하출도河出圖에 관한 기사가 공자가 언급한 내용과 일치하지 않는다는 지적, 황제 헌원軒轅에서부터 주나라의 은왕까지의 편년세기가 너무 황탄한 사실들이 많다는 증험을 통해, 결국 위서로 결론을 내린다.[581]

그의 생애말기 경학사상은 앞에서 이미 밝힌 바대로 그는 사서 중심에서 육경 중심으로 관심을 높여갔다. 그가 육경 가운데서 가장 심혈을 기울인 『주역』과[582] 그에 관한 주석이 가해진 『계사통의』·『설괘통의』·『잡괘통의』·『하락설』·『낙서후설』·『도서요론』·『괘시도설』·『주역통의』·『범수도설』·『역의수록』·『주역상사신편』 등[583] 에서 그러한 국면이 읽혀진다.

또한 『서경』에 대해서 자신의 견해로 주석한 것으로 추정되는 『서경집해』,[584] 『시경』의 전반을 주해註解한 것으로 추측되는 『시경통의』[585], 그리고 『춘추경전총안』 저술을 통해 『춘추』를 객관적으로 해석하고자 하였으며[586], 『춘추』에 관한 여러 견해를 담은 것으로 추정되는 『춘추잡지』에서 선진 경학에로의 그의 지향을 추측해 볼 수 있다.[587]

그는 『시경』·『서경』·『예기』·『악경』 등은 선왕의 유적遺籍으로 보존하여야 하고, 그것을 교훈으로 삼아야하므로 번용繁冗한 부분은 산거刪去하는 수준에서 그쳐야 하지만, 그 내용까지 수정하는 단계로 전개되는 국면에 대해서는 단호히 부정한다.[588] 한편, 그는 『춘추』는 『시경』·『서경』·『예기』·『악경』 등에 대해 수정하는 입장과는 달리 바라본다. 그는 240여년 노나라 역사인 『춘추』를 기록한 사관은 한 사람에 그치지 않았을 뿐만 아니라, 사관들 모두 성현聖賢은 아닐 것이므로 엄정한 필법을 전개하는 과정에서 사실 오류를 저지를 수 있다는 객관적 이해를 가진다.[589]

또한, 그는 『서경』에 대해서도 그 유래와 연원을 규명하고자 한다. 그는 『서경』의 '서'자의 유래를 『설문해자』에는 저著로, 『중용』에는 문文으로, 『계사전』에는 태고문자인 '결승結繩 및 서계書契'로 각각 풀이하고 있다고 고거하면서, 성인聖人의 치도治道를 기록한 것으로 해석한다.[590] 육경 중에서 『서경』을 제외한 오경은 정치를 주제로 다루지 않고, 사실적인 일〔事〕 만을 담아내고 있음으로써 기록된 그 일의 성격에 따라 '시경'이니 '예경'이니 하는 이름을 붙여 『서경』과는 분별하여 이해하고자 하였다.[591]

이어 그는 『서경』의 편목도 공자가 직접 정해놓은 것으로 '우서虞書'·'하서夏書'·'상서尙書'·'주서周書' 등 4대代의 경전이 100편이라고 보고, 선진 경학의 경지에 있는 공자 같은 성인만이 이들 경전을 모두 산정刪定할 수 있는 자격을 갖춘 인물로 그 산정자의 권위의 한계를 분명히 한다.[592] 그러므로 그에게 있어서는 공자 이후에 『서경』을 주소한 후대에 수정, 증보한 내용들은 모두 신뢰할 수가 없다고 비판하고, 후대 산거刪去에 의해 『서경』의 편목들이 사라진 사실에 대해서도 그는 매우 안타까움을 드러낸다.[593]

이상과 같이 본 연구자는 하빈 신후담의 경학사상에 관한 고찰을 통해 다음과 같이 이해, 정리하고자 한다. 첫째, 그의 경학사상 형성배경에는 사문師

門과의 교유·가학전통 등을 들 수가 있다. 방외方外의 학문을 추구하던 박세흥·정현주·김지황·이도부 등 재야학자와의 사승관계를 통해 생애 초기는 노장학·제자백가·소설패사 등의 정통유학 이외의 학문에 관심이 높았다. 또한 그는 정파적·학파적 이해利害를 초월하여 객관적 학문의 길로 나간 박세당→정현주로 계승되던 학풍을 본받고자 하였다는 사실이다. 그리고 그의 가학전통의 경우는 선우협·허후→신무→신구중→신후담으로 계승된다.

둘째, 신후담은 생애초기 자방적 교육환경에서 노장학·제자백가·소설패사 등 이단 서책들에 깊이 빠져 있으면서 그러한 것들에 관한 저술을 많이 남겼다. 그러자 부친 신구중이 유학경전 공부에 전념하라는 충고에 따라 생애중기부터 그는 정주경학과 사서의 공부로 다시 돌아온다. 그가 남긴 『대학후설』·『중용후설』·『논어차의』·『맹자차의』 등의 저술은 그 시기의 결과물이다. 그는 『대학후설』·『중용후설』 등에서 정주경학을 기본적 입장으로 받아들이면서도 부분적인 비판의 견해도 동시에 드러내었다. 그리고 한대漢代 정현鄭玄의 주소, 성호 이익의 견해 등도 적극 수용하고 있었음은 앞글에서 밝혔다.

셋째, 그의 생애말기는 선진 경학을 지향하는 국면으로 바뀌어가고 있었음이 강하게 나타난다는 사실이다. 생애초기 공자의 박학추구에 대한 공경심을 통해 심진의 『백가류찬』을 접하고, 그의 영향을 받아 유가를 제외한 제자백가를 비판해 제자백가에서 원시유학 원형을 핵심으로 고찰해내려는 의지를 강하게 갖게 된 것이다. 그의 강한 의지는 근본적으로는 정주경학 입장에 서 있었지만, 일부 비판적 견해도 보이는 태도를 취한 국면이 생애중기의 경학사상이라고 해석해본다면, 생애 말기에는 선진 경학을 지향하는 과정에서 정주경학사상에서 좀 더 벗어나는 입장을 취해간 것이 아닌가 하는 조심스런 해석을 해본다.

〈도〉 하빈 신후담 묘 1804년 이후 경기 용인군 수지면 손곡에 있다가 약 200여년 만인 2020년 5월 경기 파주시 광탄면 발랑리 산 50 – 5로 이장한 모습.

2. 생애 시기별 경학사상

동아시아에
미래의 길을 묻다

　이상과 같은 고찰을 통해 본 연구자는 다음과 같은 결론에 도달하고자 한다. 신후담은 동아시아 문물의 본원本源은 삼황오제三皇五帝에서부터 주대周代까지의 하화夏華 문물, 즉 성인聖人들이 이룩한 유학원형儒學原型이라 자부한 것으로 해석된다. 그는 『팔가총론』·『팔가총평』 등을 통해 제자백가사상의 비판적 선택은 물론 유학본원에 벗어난 유가儒家 사상도 거침없이 비판하였다. 경학이해에 있어서 한대漢代는 물론 송학宋學까지 비판적으로 걸러내면서 선진시대 수사학洙泗學 복원 구명究明에 전념하였다. 그러한 그의 고구考究 과정 중에 16~17세기 동안 중국·일본 등을 통해 서학이 조선으로까지 들어오게 된 것이다.

　그는 조선의 정치사회에서 벌어지는 당쟁도 유학원형에 벗어난 학설상 차이가 원인이라고 진단하고, 한편으론 18세기 조선 학인學人 관점에서 유학원형 회복을 통한 서학대응에 선구자로 나서려했던 측면으로도 읽혀진다. 그가 『돈와서학변』 저술에서 드러난 서양문물 비판적 대응, 이익과 서학담론을 벌인 〈기문편〉에서 서양과학 보다는 천주 교리에 더 많은 관심을 가지고 강하게 비판한 그런 국면은 다음과 같은 그의 사유를 추측해볼 수가 있다.

　그는 스스로 일천 번 이상 독서한 『논어』·『맹자』를 해석한 『논어차의』·『맹자차의』[594] 등을 통해 유학원형을 '콸콸 샘물이 솟아나오는 근원根源'으로 사유思惟했을 개연성을 본 연구자는 합리적으로 추측해 보았다. 맹자는 "근원이 있는 샘물이 콸콸 솟아나와 밤낮으로 쉼 없이 구덩이를 채우고 흘러내려 사해四海에 이르니, 근본이 있는 것이 이와 같다."[595]라는 그 원천源泉이 바로 하화문물, 즉 원형유학이라고 신후담은 확신한 것으로 읽혀진다.

한편, 맹자는 "진실로 근본이 없으면 7, 8월 사이에 비가 집중적으로 내려서 크고 작은 도랑이나 하천이 흙탕물로 넘쳐나도 그 물은 곧 말라버린다."[596]고 했듯이, 신후담이 서학을 허학虛學으로 비유한 논지는 결국 서학은 '근원이 없는 7, 8월의 폭우'로 해석했을 가능성이다. 그는 7, 8월에 내리는 근원 없는 물이 범람할 서학물결이 조선에 위협으로 다가온 그 추세를 18세기적 관점에서 동아시아 유학원형 복원논리로 대응해 나가야한다는 신념을 견지하였다.

본 연구자의 위와 같은 해석에도 불구하고 신후담 학문세계에 대한 총합적인 위상평가는 다음과 같은 미흡한 분야와 과제에 관한 다음 연구 성과를 기다려야 할 것으로 사료된다.

첫째, 신후담을 실학자 또는 경학자로 보느냐의 해석문제는 실학과 실학사상이 무엇인가라는 문제에서부터 근대의 정의나 성격규정, 내재적 발전이냐 서학의 영향이냐에 대한 해석문제까지 어쩌면 통설적 연구 성과를 전제로 할지도 모른다. 또한, 실학이나 실학사상을 전제하더라도 제도적으로 전개된 사실이 미미한 이상, 그것이 시대적으로 어떤 의미를 찾을 수 있느냐는 비판적 시각도 엄존하고 있다는 측면이다.

동아시아에 미래의 길을 묻다

그러한 제반적 연구현황은 차치하면서도 본 연구자는 제현들이 그 동안 신후담을 실학자 또는 경학자로 규정해왔던 기왕의 연구 성과로는 그의 학문과 사상의 전반적 천착에 의한 종합적 평가를 내리기에는 아직 이르다는 견해이다. 본 연구자도 신후담에 관한 종합적 고찰이라는 형식은 취했지만, 분야별 세부천착을 통한 그 분야의 시대적 위치를 규정해낼 수 있는 그 단계까지 이르지 못한 부분이 있기 때문에 신후담의 그러한 측면의 평가는 유보하고자 한다. 그러함에도 불구하고 장절마다 그의 이전시대나 그의 당대 인물들과 비교했을 때 보다 참신하고 진취적인 사실들은 본 연구자의 해석으로 드러내고자 하였다.

　　둘째, 그의 생애에서 소년기는 자방적自放的 교육환경에서 이학異學, 특히 노장학·소설패사 등에 심취하고, 청년기에는 『쌍계야화』를 통해 붕당의 원인을 원시 유학의 원형에 관한 주소注疏 차이에서 비롯되었다고 진단하며, 그러한 입장의 연장선에서 『팔가총론』·『팔가총평』 등의 저술을 통해 유학 원형을 제자백가 사상과 분별하여 규명해 내고자하는 입장을 견지하고 있었다. 『서학변』에서는 서양문물에 대응하는 비판과 이해를 유학 원형을 추구하는 관점의 입장에서 구두선이 아닌 학술적 논리로 전개시켜 저술을 남겼다는 국면 등은 당대 학인들과는 다른 모습이다.

　　셋째, 성호학파 1세대로 평가되는 그는 이익·이병휴 등을 중심으로 전개한 공부 방법, 즉 자득自得을 우선시해간 국면이다. 그의 자득적 의지의 학문추구 방법은 의양衣樣적 공부 방법을 우선적으로 전개하던 윤동규·안정복 등과는 다른 모습이다. 자득의 공부 방법은 당시 남인이던 성호학파가 노론의 주자학 비판을 허용하지 않는 정파적 입장을 극복하려는 명분적 수단으로 삼아가던 학술 추구전략이라고 해석해 볼 수도 있다.

17세기 이전에는 조선 학계가 자득과 의양의 공부 방법을 가지고 의도적으로 전개한 사실은 쉽게 찾아지지 않고 있다는 본 연구자의 해석이다. 특히, 천주교 교리를 수용해간 성호학파 2세대 가운데 권철신·이기양 등이 주자학을 비판하기 위한 수단으로 자득적 공부 방법을 선택해서 전개한 것도 사실인데, 천주교 교리에 관심을 보이는 그들의 자득의 공부 방법을 안정복이 지속적으로 비판한 측면은 그러한 사실을 반증한다. 신후담은 자방적 교육 환경에서 이학異學에 빠진 적이 있었고, 선유先儒들의 학설에 크게 구애받지 않고 자기 견해를 주장해 간 국면은 자득의 공부 방법을 택해서 전개해간 것이었기에 가능했다는 본 연구자의 해석이다.

넷째, 『서학변』의 명확한 저술시기가 아직 미결과제로 남아 있다. 현재까지 「하빈연보」에 의한 1724년 설과 신후담 생애후반기인 1753년 설 등 두 가지 학설이 있다. 그렇지만 본 연구자는 『서학변』과 『서학변』의 「기문편」에 보이는 내용과의 연계성에 비춰보아 1729년 이후로 보아야 한다는 새로운 해석을

동아시아에 미래의 길을 묻다

하고자 한다.[597] 왜냐하면 그는 이익·이식·이만부 등과 만나 서학에 관한 질의응답을 한 사실이 『서학변』에 대부분 담겨져 있기 때문이라는 사실이다. 본 연구자가 그렇게 해석해 보고자 하는 이유는 일반적으로 학인들이 저술의 완성단계에 이르기까지 의문이 남는 논지는 학식 있는 교유 학인들과 강론을 통해 보완하여 다듬고 그것을 완결하려는 과정을 거친다는 합리적 추론에 기초해서다.

다섯째, 생애 전반기 서학에 대응하는 그의 인식이 생애 후반기에는 어떠한 변화를 보였을까 하는 문제가 향후 과제로 남는다. 즉, 천주교리 외 서양의 과학문화에 대한 그의 입장 등이 새로운 자료발견 기대와 함께 생애 전반기에 보여준 그의 비판인식에서 생애 후반기는 어떠한 변화를 보여줄까 하는 증험문제가 그것이다. 현전하지 않거나 쉽게 찾아지지 않고 있는 그의 생애말기의 저술인 『천문략』·『곤여도설』·『해조설海潮說』·『조석설潮汐說』 등이 바로 핵심적인 자료들이라고 판단되는데, 그런 저술에 담긴 신후담의 이해가 어떤 지향으로 전개된 것인지에 관한 객관적 자료의 발견도 여전한 기대적 과제로 남는다.

여섯째, 그의 '공희로이발설'의 조선후기 학설적 위치를 규명해야 하는 것도 과제로 남아 있다. 신후담의 자득 공부방법의 연장선에서 전개된 그 견해는 그가 학술적 신념에서 추구해간 측면과 학파적·정파적으로 취하는 입장은 별개로 생각했던 결과물이라 해석된다. 그가 정파적으로 같은 남인의 종주인 퇴계의 사칠설에 대해 일정한 비판을 가한 학설이라는 사실이다. 그는 7년 동안이나 퇴계와 논변한 고봉高峰 기대승奇大升, 그리고 사칠설에 관해 퇴계와 대척점에 있었던 율곡 이이의 학설도 수용하고 있다는 견해가 그것인데, 그러한 국면에 대한 학설적인 위치 규정도 남아 있다.

또한 '공희로이발설'은 성호학파 신후담과 이익이 몇 년에 걸친 논변으로 전개되다가 소남 윤동규와 정산 이병휴 사이에서 20년 이상 학술적 논변으로 확대되었다. 신후담과 이익의 논변과 윤동규와 이병휴의 논변의 확대로 이병휴는 신후담의 견해를 '공칠정이발설'로 발전시켜 나갔으며, 결국 이익의 『사칠신편』 중발重跋이라는 특이한 형식으로 실리게 된다. 또한 맹자로부터 시작된 '사단'과 '칠정'으로 나눠진 두 가지 인간의 정情을 권철신·이기양 등이 '정情은 하나다.'로 해석하여 정주학을 비판하면서, 천주교 교리까지 수용해가는 단계로 진행되었으며, 그 뒤 다산 정약용에게까지 영향을 미친 학설이라는 해석이다.

일곱째, 그의 생애 가운데 거의 절반을 『주역상사신편』 저술 등 주역 연구에 열정을 쏟은 국면을 주목해야 한다는 이해이다. 그러므로 『주역』에 관한 그의 많은 저술에 관해서는 향후 지속적인 연구과제로 남아 있다. 그의 주역에 관한 저술에 대해서는 최근에 많은 관심을 보이면서 지속적으로 연구 성과가 나오고 있다는 사실은 고무적이다. 그렇지만, 아직 그의 주역사상을 역사적 위치로 올려놓을 총합적 해석을 내릴 연구 성과단계까지는 더 많은 연구 지향이 요구된다고 생각된다.

여덟째, 그를 경학자로 규정하려 할 경우 좀 더 객관적이고 구체적인 고찰에 의한 평가적 결론이 내려져야 한다는 당연한 귀결이 아직 남아 있다. 그가 주자학을 일정 부분 비판하기 시작하고, 선진 경학 추구를 통해 유가와 기타 제자백가를 분변하여 원시유학 원형만을 규명해 내려는 노력이 당시 조선사회의 정치적 사회적 문제 해결에 어떤 의미를 지니느냐에 대한 해석의 문제도 남아 있다. 더욱이 한국사에서 근대라는 시기 구분과 실학이라는 역사적 개념규정은 여전히 논의 중에 있다는 엄연한 사실을 직시할 필요도 있다.

사실 그가 『물산기物産記』·『백과지 百果志』 등 곡식과 농산물에 관심을 보인 저술, 『물외승지기物外勝地記』·『여지비고』 부록 등 지리서, 『해동방언海東方言』·『아언』 등 문자언어에 관한 저술, 『동식잡기動植雜記』와 같은 동식물에 관한 관심을 드러낸 저술 등등 당시 사회적 실생활에 필요한 저술의 고찰 등이 함께 총합된 뒤에 해석되어져야 할 성격이라는 이해이다.

아홉째, 그의 대표적 저술 중에서 심의深衣 제도 고찰도 한 과제로 남아 있다. 성호 이익이 신후담의 새로운 학설로 인정하는 두 가지, 즉 '공희로이발설'과 '심의' 제도에 관한 그의 견해가 그것이다. 주지하다시피 심의는 단순한 의복이 아니라 선진先秦시대 이래 신분과 질서를 나타내는 의미를 담고 있고, 그

것이 시대적으로 어떻게 변해오고 그 변화된 사실을 신후담은 어떻게 받아들여 심의 제도의 복원을 전개하려 한 것인지에 대한 자세한 고찰도 향후 과제로 남아있다.

열째, 그의 시가 1,200여 수를 넘고 있는데, 그의 시에 관한 연구 성과는 매우 일천하다. 특히 그는 당대 최고의 시를 지었던 이서우李瑞雨의 외손이라는 사실도 고려되어 이에 관한 많은 연구도 기대하는 바이다. 이 연구과제는 본 연구자와 전혀 다른 분야이므로 더 이상 이 연구 분야를 깊이 언급하는 자체가 외람될 뿐만 아니라 능력 밖이라고 생각된다.

끝으로 신후담이 『쌍계야화』·『팔가총론』·『팔가총평』·『서학변』 등에서 일관되게 보이는 선진 유학 원형규명을 명분으로 비판적 태도를 강하게 취해가는 국면이다. 신후담은 중종반정으로 그의 8대조 신수근과 단경왕후 등의 정치적 희생이 당쟁 때문이고, 그 당쟁의 원인은 선진유학 원형을 벗어난 학설 차이에서 비롯되었다고 보았다. 그는 연산군대와 중종대 2대에 걸쳐 국구國舅를 낸 외척가문의 후손이라는 사실이다. 그것도 정쟁에 피해를 입고 폐비된 사실이 있는 권세가이던 조선 조정의 한 축을 이뤘던 가문이다.

그는 중종의 폐비인 단경왕후와 그녀의 부친 신수근의 복위를 위해 부친 신구중과 직접 그 절차에 필요한 자료를 준비하여 조정에 바쳤고, 그들의 전말을 담은 『소은록』과 『온릉지』를 편찬하는데 직접 참여하였다. 왜냐하면 전자

동아시아에 미래의 길을 묻다

는 중종반정 당시 단경왕후의 폐비와 신수근의 사사賜死 사건 전말을, 후자는 단경왕후 복위이후 『선원보감』을 보완하기 위해서 편찬한 책이다. 이러한 외척가문의 후손으로서 처신해오던 국면은 그가 조선조정이 지향하는 정치 사회적 이념을 뛰어넘는 특별한 사유를 전개하기에는 한계로 작용된 것으로도 읽혀지기 때문이다.

그러함에도 불구하고 『서학변』에서 보인 그의 비판논리는 경직된 사유는 아니라는 해석이다. 동아시아 최초로 서양문물을 학술적으로 비판하는 신후담의 유학적 입장의 대응은 구두선이 아니라 줄곧 학술적 논리로 자신의 주장을 펼쳤다는 사실이다. 그는 서학의 주장에 대한 대응으로 6경과 사서四書의 세계를 그 증험의 핵심자료로 삼고 있지만, 서학의 논지를 철저히 검토, 정리하는 입장에서 저들의 주장을 조목조목 분변分辨하여 반박해간 사실은 대척적 서학의 학술적 입장을 냉철히 존중한 엄정한 학인의 모습이기도 하다.

그러므로 그의 서학비판은 배척을 위한 비난이 아니라 서양문화에 대응하는 동양문화의 관점에서 객관적 학술논변을 수단으로 전개했다는 국면이다. 그는 미미한 관심에 그치고 있기는 하지만, '서학의 술術, 과학이나 기술은 정묘精妙하다'고 극찬한 그런 사실에서도 서학에 대한 비판자로서만 그를 위치지우기에는 적절하지 않다는 해석이다. 그는 서학을 '천학天學 교리와 술術(과학)'로 분변하여 비판과 이해를 하려한 측면은 이중적이면서도 타자를 대하는 그 태도와 논리는 당대 학인으로서는 진취적 위치로 규정되어져야 할 성격으로 읽혀진다.

동아시아에 미래의 길을 묻다

미주

1   이칙 등 찬, 『대동정로』 지편 권5 서울대 규장각한국학연구원 소장

2   『국조인물지』 안종화, 1909. 3책으로 엮어져 있다. 제1책은 태조 때부터 중종 때까지, 제2
    책은 인종 때부터 인조 때까지, 제3책은 효종 때부터 철종 때까지이다. 신후담은 제3책에
    실려 있다. 다만, 안종화는 신후담을 정조 때 인물로 잘못 기록하고 있음이 지적된다.

3   洪以燮, 「實學의 理念的 一貌 - 河濱 愼後聃의 西學辨의 紹介- , 『人文科學』1, 연세대학
    교 문과대, 1957

4   홍이섭은 앞의 논문에서 「서학변」의 저술시기를 「하빈연보」에 기록된 1724년(갑진)이 아
    닌 1754년(갑술)으로 보아야 할 것으로 해석하고 있다.

5   박종홍, 「서구사상 도입 비판과 섭취」, 『아시아연구』 12-3, 1969

6   이원순, 「직방외기」와 신후담의 서양교육론, 『역사교육』 11·12 합집, 1969

7   이원순, 「직방외기」와 신후담의 서양교육론, 『역사교육』 11·12 합집, 1969

8   최동희, 「신후담의 서학변에 관한 연구」, 『아세아연구』 15-2, 1972, 최동희, 「신후담의 서
    학변에 관한 연구」, 『실학사상의 탐구』, 고려대학교 아세아민족문화연구소, 1974

9   최동희, 「신후담·안정복의 서학비판 연구」, 고려대학교 박사학위논문, 1975

10 이원순, 「조선후기 실학지성의 서양교육론」, 『사회사연구』 2, 1979

11 김한식, 『실학의 정치사상』, 일지사, 1979

12 도날드 베이커 저, 김세윤 역, 『朝鮮 後期 儒教와 天主教의 대립』, 일조각, 1997.
    234~288쪽 참조

13 금장태, 『조선후기 유교와 서학 -교류와 갈등-』, 서울대학교출판부, 2003. 85~116쪽 참조

14 崔鳳永, 「星湖學派의 朱子大學章句 批判論 - 格物致知說을 中心으로-」, 『東洋學』第17
    輯, 1987, 47~49쪽 참조

15 신용일, 「신후담의 『周易象辭新編』에 관한 교육적 고찰」, 『교육문화연구』 1, 1995

16 姜秉樹, 「河濱 愼後聃의 易學 研究와 理解」, 『韓國思想史學』 第16輯, 2001. 79~87쪽 참조

17 최영진, 「하빈 신후담의 『주역』 해석 일고찰」, 『정신문화연구』 37권 제2호, 2014

18 황병기, 「星湖学派의 주역 象數學說 연구 : 이익, 신후담, 정약용의 역상설을 중심으로」, 『다

산학』 26권, 2015

19 이창일, 「신후담 『주역』 해석의 특징 – 정주程朱역학, 성호星湖역학, 다산茶山역학 등의
    해석을 상호비교 하며」, 『한국철학논집』 52권, 2017

20 조선 중기부터는 道學의 道統이라는 명제에 가까운 교조적 학문으로 자리를 잡아가는데,
    이는 漢唐의 정치유학을 거쳐, 程頤의 道學과 주희의 종합적 유학의 맥을 확고히 세우려는
    정주 경학, 즉 양명학과 불교 및 노장사상 등을 이단으로 몰아 철저히 배제하거나 비판한
    다는 입장을 취해갔던 흐름의 선상에서 그렇게 이해하고자 한다.

21 물론 그는 道學의 道統이라는 큰 흐름을 거부하지는 못하지만, 당대 이단으로 비판받던
    양명학이나 노장학을 완전히 배척하지는 않고, 程朱 經學도 自得的으로 해석하려는 공부
    방법을 전개한다.

22 강병수, 「하빈 신후담의 사칠론 전개」 – 공희로이발설의 형성배경을 중심으로-, 『한국실
    학연구』 22, 2011, 201~235쪽

23 최석기, 정소이 역, 『실시학사 실학번역총서』 02
    「하빈 신후담의 대학후설과 사칠동이변」, 2014.

24 김선희역, 재단법인 실시학사편, 『하빈 신후담의 돈와서학변』, 사람의 무늬, 2014.09

25 신후담의 '기문편'을 번역 수준으로 다룬 논문으로는 徐鍾泰, 「李瀷과 愼後聃의 西學論
    爭」, 『교회사 연구』 16, 2001이 있고, 부분적으로 활용한 논문으로는 李元淳, 「星湖 李瀷
    의 西學世界」, 『敎會史 硏究』 1, 1978 ; 『朝鮮西學史硏究』, 일지사, 1986. 車基眞, 「서학
    변」, 『한국가톨릭대사전』 7. 한국교회사연구소, 2000 ; 姜秉樹, 「성호 이익과 하빈 신후
    담의 서학담론–뇌낭에 대한 인식을 중심으로」, 『한국실학연구』 6, 2003, 김철범과 신창
    석이 번역한 『영언여작』, 일조각, 2007에 수록된 김철범의 「『영언려작』과 조선 지식계의
    수용 양상」 등이 있다.

26 이부현, 「조선 최초의 서학 비판서인 신후담의 『돈와서학변遯窩西學辨』 연구」, 『대동철
    학』 제70집, 2015.03

27 박지현, 「하빈河濱 신후담愼後聃의 사단칠정론과 공리公理에서 발하는 칠정」, 『국학연
    구』 26, 2015

28   손은석, 「조선 성리학 안에서 인간 아니마anima humana의 자립적per se subsistens
    의미 충돌」– 신후담의 「서학변」에서 혼魂과 심心을 중심으로 –, 『철학논집』 제44집,
    2016년 2월

29 임부연, 「신후담愼後聃『대학후설大學後說』의 새로운 성찰」 – 이패림李沛霖의 『사서주자

이동조변四書朱子異同條辨』과 비교하여-, 『종교와 문화』 31권, 2016

30 홍성민, 「李瀷과 愼後聃의 四七論에서 中節의 의미」, 『哲學研究』 第141輯, 2017

31 『邵南文集』書, 答李景協 甲申 十月. "庚午書曰 耳老自主張太過 本來病痛 其意欲合退栗而一之 比如蘇程同室 朱陸道一也". 윤동규도 안정복과 마찬가지로 신후담의 공희로이발설이 퇴계와 율곡의 사칠설을 같은 논리로 만들어 놓았다는 비판적 시각을 강하게 갖고 있었다. 이미 이익도 그렇게 이해하였듯이 '퇴계와 율곡의 학설을 합쳐 하나로 만들고자하는 신후담의 학설'은 마치 '蘇軾과 程子를 同室로 여기고, 주자학과 양명학을 똑 같이 하나의 道라고 해석하는 것'과 같다는 비판이 그것이다.

32 金炳愛, 「하빈 신후담의 『주역』 해석-『주역상사신편』 효변을 중심으로-」, 『儒敎思想文化研究』 제73집, 2018.09. 56~79쪽 참조

33 『河濱全集』, 『周易象辭新編』 序文

34 『河濱全集』, 『周易象辭新編』 序文
그의 후손들이 그의 유문을 모아 엮은 것을 '遯窩全書'로 이름한 것은 그의 저술 가운데 『주역』에 관한 것이 상당히 많기 때문인 것으로 생각된다. 왜냐하면 '遯窩'라는 용어 자체가 『주역』의 괘상의 해석에 따른 자신의 처신자세가 담겨져 있기 때문이다.

35 「河濱年譜」에 의하면 그는 부친 신구중의 명으로 일찍이 부친의 친가의 가문을 돌아보고 그 감회를 적은 글을 남겼고, 부친의 친계의 유적이나 저술, 유품들을 정리하여 책자를 엮기도 하였다. 그리고 그의 생전에도 부친의 친계를 수시로 찾아 친연을 확인하면서 서로의 가계 내력과 동정을 주고받았던 것으로 알려져 있다. 그는 또한 부친의 요구에 의해 친계의 가문을 포함한 거창신씨居昌慎氏의 가승을 모아 족보를 처음 만들 때 신구중 친계의 여러 친지를 자세히 알게 되고, 그들과 잦은 접촉을 가지게 된다. 그러므로 신후담은 부친 신구중과는 일정한 시간적 차이가 있지만 그의 정서적 입장으로는 신구중의 양가와 비슷한 비중의 관점에서 고찰이 필요하다는 생각이다.

36 이하 신구중 생가와 양가의 가계 고찰은 『居昌慎氏世譜』를 기초자료로 하였다.

37 愼承善의 생전에 관한 기사는 『世祖實錄』 24건, 『睿宗實錄』 12건, 『成宗實錄』 169건, 『燕山君日記』 222건 등인데, 이를 자료로 해석해보면 성종대와 연산군대에 그가 관료로서 많은 활약을 했음을 알 수 있다.

38 『예종실록』 즉위년(1468) 10월 30일 丙辰條

39 『예종실록』 1년 윤2월 29일 甲申條

40 『예종실록』 1년 5월 20일 癸卯條

41 『성종실록』 성종 18년 3월 1일 辛丑條

42 『연산군일기』 연산군 1년 10월 4일 癸丑條

43 『연산군일기』 연산군 3년 4월 3일 甲戌條

44 『연산군일기』 연산군 8년 5월 29일 庚子條
   傳于戶曹曰: "卒居昌府院君 愼承善別致賻, 米豆各一百碩, 紙二百三十卷,白正布三十匹,
   白綿布三十匹, 正布一百匹, 石灰五十碩,紵布十匹, 淸蜜·眞油·眞末各二碩, 黃蜜七十斤,
   六張付油席二, 緜布一百匹賜給

45 『연산군일기』 연산군 8년 5월 29일 庚子條

46 그의 누이가 연산군비가 되고, 그의 딸이 중종비로 폐위되나 1699년 별묘別廟가 세워지
   고, 1739년에는 단경왕후端敬王后가 복위되었다.

47 이때 신수근·신수겸愼守謙·신수영愼守英 등 3형제가 죽임을 당하였는데, 이때 신수근의
   형제는 모두 희생되었다.

48 『중종실록』 중종 1년 9월 9일 乙酉條

49 『중종실록』 중종 1년 9월 9일 乙酉條

50 『중종실록』 중종 1년 9월 20일 丙申條

51 『중종실록』 중종 10년 8월 8일 壬戌條

52 『중종실록』 중종 10년 8월 8일 壬戌條

53 『중종실록』 중종 10년 8월 8일 壬戌條

54 『중종실록』 중종 10년 8월 8일 壬戌條
   "신씨는 전하께서 용잠龍潛 하시던 처음부터 정복貞卜이 아름답게 화협하여 좋은 배필을 이
   루고, 의식을 갖추어서 자전慈殿에게 알현하여 고부姑婦의 의리가 이미 정하여진 것입니다.
   전하께서 들어가 대통을 이으심에 이르러서는 중곤中壼(왕비의 자리)에 나아가 신민臣民의
   하례를 받으시고 묘사의 신주神主를 받드셨으니, 전하에게는 배필이 이미 세워졌고 조종祖
   宗·신기神祇에게는 빈조蘋藻를 받듦에 맡길 곳이 있게 되었습니다.
   국인에게는 모후母后의 명분이 밝혀졌고, 자전께서는 뜻을 거슬렀다는 꾸지람이 없으셨
   고 자주第稠에는 버릴 만한 허물이 없었으며, 신인神人이 슬퍼하고 원망하는 허물이 없었
   는데 전하께서 강한 신하의 제어를 받아 능히 그 항려伉儷의 중함을 보전하지 못하셨으니
   어찌 마음이 아프지 않겠습니까?"

55 『중종실록』 중종 10년 8월 8일 壬戌條

56 『중종실록』 중종 10년 8월 8일 壬戌條

57 『중종실록』 중종 10년 8월 8일 壬戌條

58 『중종실록』 중종 10년 8월 8일 壬戌條

59 『숙종실록』 숙종 24년 9월 30일 辛丑條

60 『영조실록』 영조 15년 3월 11일 丁巳條

61 『영조실록』 영조 15년 3월 11일 丁巳條

62 『영조실록』 영조 15년 3월 11일 丁巳條

63 『영조실록』 영조 15년 3월 11일 丁巳條

64 『영조실록』 영조 15년 3월 11일 丁巳條

65 『영조실록』 15년 3월 15일 辛酉條
   又敎曰 予於愼守勤事 莫詳本末 昨覽諡狀 始洞然 論其大體 守勤蓋不知天命 而此亦世俗之言 噫
   苦哉 守勤之心 確哉 守勤之志 不變勳戚 而所事不貳 椎樸慷慨 不顧其身 若不褒奬 何以正君君
   臣臣之道 其令大臣稟處

66 『영조실록』 영조 15년 3월 30일 丙子條

67 『영조실록』 영조 15년 5월 13일 戊午條

68 『영조실록』 영조 15년 8월 19일 癸巳條

69 『영조실록』 영조 51년 8월 24일 己亥條

70 『영조실록』 18년 6월 28일 乙卯條

71 『숙종실록』 13年 甲戌條
   진사로서 응지應旨 상소하였고, 이어서 왕의 인정仁政 시행을 위주로 담은 『보민편保民
   編』이라는 저술을 숙종에게 올렸다.

72 『河濱全集』「河濱年譜」英廟元年 乙巳(1725)
   신구중이 그 동안 만호 신무의 생애를 다룬 기록을 남겨, 이를 신후담이 『가숙연원』 4편으
   로 편집하였는데, 신후담에게는 서증조가 되는 신무의 학통을 알려주었고, 그 과정에서 자
   신도 신무에게 학문을 연마하였다고 술회한 바가 있다.

73 『國朝文科榜目』丁未三年 增廣榜

74 『영조실록』 18年 乙卯條

75 『영조실록』 영조 51년1775 8월 24일 己亥條

76 『河濱文集』 「河濱年譜」 및 『居昌愼氏世譜』 등에 의하면 龜山은 13대조 思敬墓가 있고, 栗
峴은 12代祖婢 光州盧氏墓가 있으며, 안음은 12대조 仁道墓가 있다. 또한 산음은 11代祖
妃가 있었던 것으로 보아 처음 경상도 거창에 자리를 잡고 살다가 세대가 늘고 후대로 내
려오면서 안음 등으로 흩어져 살고, 이어 三嘉縣 등으로 널리 살았던 것으로 보여지는데,
이때는 70여 족이나 되었다고 한다.

77 『성종실록』 성종14년 7월 14일 甲辰條

78 『연산군일기』 연산군 3년 12월 27일 甲午條

79 『연산군일기』 연산군 4년 윤11월 8일 己巳條

80 『연산군일기』 연산군 8년 9월 19일 戊子條

81 『연산군일기』 연산군 8년 9월 23일 壬辰條

82 『연산군일기』 연산군 10년 2월 12일 甲辰條

83 『중종실록』 중종 1년 9월 3일 己卯條

84 『중종실록』 중종 31년 5월 10일 甲子條

85 『명종실록』, 명종 9년 2월 3일 甲戌條

86 『숙종실록』 숙종 26년 11월 21일 己酉條

87 『숙종실록』 숙종27년 1월 12일 庚子條

88 『숙종실록』 숙종 29년 11월 5일 丙午條

89 中宗反正 때 3형제 모두 사사된 것으로 알려져 있다.

90 신구중이 양자로 들어와 특히, 서조 신무에게 사승관계를 가진 사실, 결과론이지만, 단경
왕후와 신수근의 신원을 가능케 한 시장 작성, 시호諡號 하사 시에 그의 주도로 그 과정을
모두 치른 사실, 그의 아들 신후담에게 『온릉지』를 편찬케 하고, 거창신씨 가승으로만 흩
어져 전해지던 자료들을 모아 『거창신시세보』를 처음 편찬하여 추진한 사실 등이 이를 뒷
받침한다고 할 수 있다.

91 『숙종실록』 숙종 1년1675 윤5월 9일 丙申條
丙申/御晝講 講官李夏鎭講子曰不得中行 章註 誤釋不屑不潔 爲不屑及不潔 知事金錫冑言之 特
進官吳挺緯欲掩夏鎭之誤 仰曰兩說皆可 至君子和而不同章 參贊許穆曰 和字義無窮 中庸亦言
和字之義 中庸之和 異此和字 而穆不學謬引也 時所謂儒臣講官 荒蕪可笑 皆此類也 至無恒章,夏

鎮、挺緯及講官權愈盛言人君政治恒久不變之意 欲上久任渠輩而不退之也 挺緯仍欺上曰 仁祖
朝將行號牌 李元翼以爲不可行 仁祖問其故 元翼對以子孫有恒心者出而後可行 挺緯素善浮談
白地爲虛辭 隱然神其說 託李元翼之言 仍譽上謂有恒心以媚上 穆曰 臣聞元翼之言以爲 不得人
則不可行云耳 穆卽元翼孫壻 詳知之 故見挺緯欺誑 略言其不然 挺緯慙而止 錫胄曰 同而不和 蓋
言小人情狀 而卽今群臣情狀 亦可見也 仍歷言王安石呂惠卿 蔡京父子相背之事 時 大運 鑴等分
黨 故錫胄之言如此 穆進曰 李袤乃山海之孫 慶全之子 人言慶全之文勝於山海 而袤之文 勝於慶
全 若用於文翰之任 豈不美乎 文章乃天地精英之氣 創業之時 自然生出 至於守成之君 培養之 則
天運亦開 一時勸奬 在帝王矣 又言 趙嗣基當初見忤於用事者 至於竄配 當先爲收用 又曰 金宗一
嶺南有名譽之人 而自政亂之後不出 潔身終老 不及用而死可惜 雖別無可贈之功 而以其潔身無
汚染 表章之則豈不美乎 夏鎮曰 宗一年八十 以此追加亦可 錫胄曰 宗一年七十九 宗一以國恤時
娶妻被駁 仍以不用 夏鎮曰 宗一元不再娶 上命贈職 穆又薦吳挺昌 李壽慶有文學正直 李瑞雨有
文藝 權脩有才局 俱可大用 上許令分付銓曹 山海雖小人 而文才絶世 慶全亦能文 而未得膏腴 袤
擩染詞藻 而又不及於父 李家世濟奸兇 未知三世之惡 孰輕孰重 而論文者以爲遞降一等 穆欲引
袤 竊文柄乃曰 袤文最優 置袤文翰之任 則可生天地精英之氣也 宗一早登第 踐歷三司 嘗以宮官
入瀋 與同僚鄭雷卿同事 雷卿死而宗一苟免 人薄之 且有賤根之說 以此見塞淸途 己丑 出爲尙州
牧使 其棄妾揚言 宗一於國恤葬後 卽爲再娶 臺諫論罷 按之無實 乃命仍任 後娶婦生二子 以衰老
還鄉不仕 穆乃言潔身於政亂之時 至請追贈 夏鎮言元不再娶 又增年爲八十 穆等之誣先朝 欺君
上 皆此類也 瑞雨大北餘孽 而爲人悖妄 嗣基 壽慶邪毒 挺昌陰兇 脩庸陋 而俱爲心腹於穆 故薦之
也。

92 『숙종실록』1년 10월 11일 乙丑條

93 『숙종실록』숙종 1년1675 윤5월 9일 丙申條

94 『숙종실록』숙종 1년 6월 4일 辛酉條

95 『숙종실록』숙종 1년 7월 11일 丁酉條
　　以李瑞雨爲正言 以大北余孽 通淸爲臺侍 自瑞雨始

96 『숙종실록』숙종 1년 7월 17일 癸卯條
　　正言李瑞雨以欲停趙嗣基之啓 而同僚不從爲避 而贊美嗣基 至有操履有素 言論不苟 剛
　　果自信等語 司諫李沃 正言權瑍亦以瑞雨起鬧引避 皆退待物論 憲府處置 遞瑞雨而出沃
　　等 從之

97 『숙종실록』숙종 1년 22월 17일 戊申條

98 『숙종실록』1년 12월 15일 戊辰條

99 『숙종실록』16년 1월 11일 癸卯條

100 『영조실록』영조 21년 10월 8일 丙午條

上御肅章門 親鞫李穡等 問穡汝以順寬至親 作策諷諭 指意陰譎 其一一直告 穡告臣妹子權斗齡 春間來見臣 渠以瑞麟緣坐 擅離謫所 故問其來由 則以爲 此地方有賊黨屯聚 欲入其黨云 臣責之曰 汝何更爲此赤族之事乎 其所稱賊黨 卽戊申餘孽有翼之子天英之族 而又有亡命者十八人越江 其中黃鎭紀鄭重福 初爲僧於七寶寺 相聚謀逆 團束僧軍 而所謂鵬和尙 僧賊之魁 十八人將請得胡人 直越江長驅 或割據北邊 而有翼之子亦爲魁首云 慶州居李德海之弟德河 卽觀相者 將人送此人於北路 探其賊情後 更爲來告云 元山居南翼漢亦其同黨 而饒富多使船隻 故欲爲通北之階梯云 此皆所聞於斗齡者矣 刑一次問龍發 供臣以穡之保受主人 爲其使喚 穡言於臣曰 北道有賊 締結緇徒 與彼中逋逃之類相通 汝持此策上去告變 則當有功云矣 且斗齡初來車道林書堂 與穡相議時聞之 則穡謂斗齡曰 汝輩若長驅南北 則事必不成 莫如潛伏城中 暗地急發云 刑一次問金德載 德載以告變時同情 出於龍發招者也 供龍發言 賊在北道 告變可得官 仍責出路費 至於大蕩策 則初不見之矣 更問穡 所謂大蕩策何意 所引黃巢李敬業事孫恩黨潛伏健康之語及霍光諸塙 許史子弟之說 抑何意思 供斗齡曾言 受簡於明川 李哥處 傳于靈城君 仍付書於瀋陽使軍官禹夏亨云 故策中所引孫恩之黨 指禹夏亨輩 而以其在京 謂之建康也 黃巢李敬業 比之於黃鎭紀 鄭重福也 霍光諸塙 卽指掌兵者也 許史子弟 卽指國之勳戚臣也 大蕩之蕩字 非謂抄出淸濁而蕩滌之也 名不出逆招者 宜入於大蕩中之意也 刑二次 仍以誣人惡逆誣罔朝廷遲晩 鞫慶昷 卽穡妻娚 而許接龍發者也 上曰見其所謂大蕩策 而予有覺者 霍光許史之說 不欲明言 而隱然與趙徵言一般意思矣 其不道之說 自發話頭 自犯大逆 而逐日刑訊 不無徑斃之慮 親鞫更待下敎 執義尹得載申前啓 不允 又啓 逆賊緣坐 不能檢飭 間有逃躱 亦不譏察 終至亡命 諸道前後守令 一一摘發 拿問正罪 道臣亦宜重推 上允之 仍命當該嘉山郡守 爲先遠配 司諫李渭輔申前啓 不允 金聖鐸李獻章出陸還寢事 依啓後 上敎曰聖鐸年深復配 不可仍棘 其除之 亦不可仍舊地 改配薪智島

101 『영조실록』영조 31년 3월 5일 戊寅條

102 『영조실록』영조 31년 4월 1일 甲辰條

罪人斗齡鞫問之請 積年爭執 幸得特允 而一次訊問之後 遽有酌處之命 請稟于大朝 收還罪人斗齡酌處之命 仍令嚴鞫得情

103 『영조실록』영조 36년 2월 29일 甲辰條

上御內司僕 鞫罪人愼後一愼後彭 時司直蔡濟恭請對曰 夕間有客請見 而謂有係國家安危事 仍出一封書 而其人卽愼龜重之子後彭也 其四寸後一 知此事幾 同爲來見 臣捉來矣 上拆書見之曰 語似荒誕 當問之矣 卽命親鞫

104 『영조실록』영조 36년 3월 2일 丁未條

特放愼後彭 後彭卽後一之從兄 而率來上變者也 上 以其無識 無可更問 而聞龜重之妻

令其子 率領就京 謂其志可尙 有是命

105 『영조실록』 영조 36년 3월 11일 丙辰條
영조가 고치룡의 국문 과정에서 신후일이 이미 죽었다는 사실을 언급한 것으로 보아 3월 2일 이후 3월 11일 이전에 사망한 것으로 해석된다.

106 『영조실록』 영조 36년 3월 11일 丙辰條
丙辰/上御內司僕 親鞫罪人 上 問高致龍曰 汝知愼後一乎 致龍供曰 知之矣 問 後一以爲 汝知角骨島 而尹嶼·金湖·趙潭 聚數萬人 連通日本 汝皆知之云. 直招可也 致龍供 此皆後一做作之言也 上問金湖曰 汝知後一乎 金湖曰 不知 問 汝知尹嶼乎 湖供 不知 問 汝聞角骨島乎 湖供聞矣 問 汝名何字 湖供曰 乃壕字也 上曰 果是誤捉也 後一己死 無卜質之處 而豈有角骨島乎 其三人皆以水爲名 亦豈有嶼字 湖字爲名者 必是致龍之做作也 特放壕 致龍刑問二次 仍下本府

107 『영조실록』 영조 36년 3월 12일 丁巳條

108 『영조실록』 영조 21년(1745) 11월 3일 庚午條
上御肅章門親鞫 問斗齡供 靈城君不知爲誰 而使行傳札之說 只聞於穡矣 穡以爲 戊申餘孼別無怨國之端 而朴文秀 趙顯命 沈壽賢諸少論 必欲殺餘孼云矣 斗齡與龍發面質 斗齡曰 汝不曰 李德夏到穡所觀相乎 穡亦不曰 德夏觀我相 可卜相云乎 龍發曰 穡與汝同議 而給變書 故吾則上來而已 他何知乎 龍發刑二次 問愼後聃 汝何敢收穡屍而許宿斗齡也 供 穡臣之表叔也 穡之物故後 臣母涕泣製衣 使之收骨 故不得已使穡之放良奴 果爲收屍矣 癸亥年 斗齡之來過臣家也 臣則在鄕不見矣 與斗齡面質 果不相知面 問愼後咸供 癸亥年 斗齡自言受由而來 故不知其亡命 而臣母果出見 其時臣之兩兄皆在鄕 臣獨在家矣 上曰 後聃之母 以女子 能收穡屍 誠不易矣 後聃別無所犯 特放 後咸則賊孥逃躱者 敢爲許留 不可全釋 定配 司諫尹志泰申前啓 不允 又啓請愼後咸極邊遠配 上曰 遠地定配可也 掌令金翰運申前啓 不允 又啓 延日縣監金就寶 以逆賊泰起之親姪 恐有物議 不待夫馬汲汲辭朝 請削版 上曰 爲先拿問覈處

109 『영조실록』 영조 21년(1745) 11월 2일 己巳條
捕校捉權斗齡 上命 首捉人梁天杓 超二資 賞千金 其余或賞金 或除邊将 捕卒米 布題給

110 『영조실록』 영조 22년(1746) 3월 19일 乙酉條
憲府【大司憲申晚】申前啓 不允 又啓 此獄肯綮 專在於逆穡 穡雖徑斃 龍發尙在 以其陰受指使 持書上京者見之 龍發之綢繆情狀 便一逆穡 斗齡之緣坐亡命 合施當律 而況其前後納招 不過誦傳逆穡之言 初無以告賊情之事 其所巧飾 顯有隱情 德祚則戊申漏網 已是失刑 而當諸逆就捕之時 獨自生怖 已極殊常 及夫對質 語多窘遁 至於戒剛 當初斗齡之招 旣不指名 泛稱順觀之養子 則其間逆節 今不當專委於罷養已久之鐵剛 而輒議容

미주   248

貸 其在嚴鞫體之道 不可不益加訊鞫 而酌處之命 遽下意外 請亟寢罪人龍發 斗齡 德祚 戒剛酌處之命 仍令鞫廳 嚴鞫得情 夬正王法 不允 諫院【大司諫李重協】申前啓 不允 又 啓 今番妖逆 設計凶慘 有浮於戊申 而逆穡之撰出凶書 實爲此獄之肯綮 則龍發之受其指 使 持書上京者 與逆穡同情 其然可知 斗齡之緣坐亡命 固有當律 而往來諸道 締結凶黨 及夫事發見捕 前後納招 不過提引逆穡之所言 元無別告賊情之事 而飾辭免刑 顯有隱情 德祚則初聞諸逆之就捕 恐怖罔措 誠極殊常 而對質言語 亦甚窘遁 至於戒剛 則自是逆 種 而斗齡招辭 雖不指名 旣稱順觀之養子 則何可諉之於罷養之鐵剛 而有所容貸乎 論 以鞫體 不可不嚴訊窮覈 而酌處之敎 遽下意外 請還寢罪人龍發 斗齡 德祚 戒剛酌處之 命 仍令鞫廳 嚴刑得情 夬正王法 不允

111 『河濱雜著』卷5 傳篇 三傳

余自七八歲時 以王考命受學於先生 通史及四書二經皆受於先生也

112 『河濱雜著』卷5 傳篇 三傳 朴先生傳

俾不厭以其暇對與語 恭謹敦厚 要以化其少年輕銳 又傳不文辭而已

113 『河濱雜著』卷5 傳篇 三傳 鄭丈傳

鄭丈傳曰 頃年余自金城書堂 忽有一客 因歷路入訪自陳 平日願見意 余雖未詳其何人 然 見其眉顏有淸高雅
其後余自金城移居藤原 因讀書旁近佛寺中復有一客 携酒而來 余與論文 竟夕卽前之訪 於金城書堂者也 於是扣其姓名 卽鄭丈 名顯周 字善卿 長於余十六歲 居坡州紫谷 去藤 原數里近也 鄭丈爲人高亢貞潔 與時俗異好獨 以余迂僻 自放於世外 爲同於其道 而嚮 與之如是也

114 『河濱雜著』卷5 傳篇 三傳 鄭丈傳

鄭丈傳曰 〔중략〕鄭丈名顯周 字善卿 長於余十六歲 居坡州紫谷 去藤原數里近也 鄭丈爲 人高亢貞潔 與時俗異好沛 以余迂僻 自放於世外 爲同於其道 而嚮與之如是也

115 『河濱雜著』卷5 傳篇 三傳 鄭丈傳

公少時逮遊西溪朴尙書之門

116 公少時逮遊西溪朴尙書之門 得聞其緖論 故平生見識論議有本末是非 不徇黨色

117 『河濱雜著』卷5 傳篇 三傳 鄭丈傳

公少時逮遊西溪朴世堂之門 得聞其緖論 故平生見識論議有本末是非 不徇黨色 如尊栗 谷而知其僻處 是西峰之絶懷川而譏其非 出公心病玄石之左右 求容有鄕原其味其言皆 有見到處

118 『河濱雜著』卷5 傳篇 三傳 鄭丈傳

公少時隸遊西溪朴世堂之門 得聞其緒論 故平生見識論議有本末是非 不徇黨色 如尊栗谷而知其僻處 是酉峰之絶懷川而譏其非 出公心病玄石之左右 求容有鄉原其味其言皆有見到處

119 『河濱雜著』卷5『雙溪夜話』

耳老日 有正則有罪 有善則有惡 亦理之必然者也 自漢至宋 有老佛之術 與吾道角立 今聖朝則全尚儒術 異端之說莫行 乃於儒術之中 自相是非 遂成朋黨 其害豈止老佛哉 耳老日 爲今之務 必去朋黨後 方可言治

120 『河濱雜著』卷5 傳篇 三傳 金生傳

金生傳曰 古所稱烈士何如哉 蓋死不變 所守如公子云 志士不症在溝壑 勇士不忘喪其元者 是已在古而亦難其人 況衰叔之世 風隤而俗靡 豈易得哉 余邂逅而得於鄉縣 孤寒之人 平澤金生之璜是也 余有薄莊在平澤 平澤上下宮里 尋常往來 村人爲余言屬有金姓人寓上宮里 貧雖甚 不爲非義 且多有所知識 余要與相見 其容儀端言語不妄 已知爲佳士也

121 『河濱雜著』卷5 傳篇 三傳 金生傳

生嘗因余而交李道夫 道夫以因余而交也 一見以心待之 生亦以因余而交也 以爲余盡者也 爲道夫盡之交 道夫未幾而道夫陷鞫獄幾死 因連坐遠配 前之知道夫者 皆反眼若不相識 生猶憫然不能已 道夫嘗爲其先親托生求山 道夫就鞫時 妻權氏憂悖自盡 生欲自行求二山 以告道夫 一以爲道夫親山 一以爲權氏葬 而因爲道夫身後 地以酬其待已之厚 雖以不絶 道夫得罪以死不悔 嘗爲余言如此 夫一與人許心 死生之患亂不變 此古烈士事也 生幾近之矣

122 신후담은 주변 지기들에게 『서계문집』을 구하는 데 어려움을 토로한 바가 있고, 뒤에 『중용후설』·『대학후설』 등을 저술할 때 서계의 학설을 일부 수용한 부분이 있다.

123 『河濱全集』「河濱年譜」甲午(1714)

四十年甲午 先生十三歲 公自號曰 金華子 以所居村名金城故也 著金華外篇 又著續列仙傳 公方幼少時 嘗留意於黃白之術也 又著續搜神記 太平遺記 龍王記 海蜃記 遼東遇神記 紅粧傳 奇門圖說 文字抄 雜書抄 隨筆錄 經說雜錄 等書 此雖公幼少時 泛濫乎方外文字 而其早年博通有如此也

124 『河濱全集』「河濱年譜」乙未(1715)

著讀書錄 物外勝地記 察邇錄 物産記 動植雜記 海東方言 俗說雜記 衆籍通記 百果志 四韻艱字抄 尤耽於老莊說 續道家 玉華經 三十餘篇

125 仙道라는 용어는 신후담이 직접 사용하던 용어로 道家와도 깊은 연관이 있는 것으로 이해된다.

126 『河濱全集』「河濱年譜」戊戌(1718)

畏窩公召公 至前戒之日 汝近來溺於雜家說如老莊浮誕之說 非君子所當玩 孫吳諸兵書 亦非士之急務 其他小說稗史 莫非害於吾人心術者也 汝於此心上受病已深矣 不可不急 速反求於經書以革前習

127 유봉학,「18세기 남인 분열과 기호남인 학통의 성립」-『棟巢謾錄』을 중심으로-『논문집』 제1집, 한신대학교, 1984. 7~9쪽.

128 『順庵文集』卷22, 墓碣·墓表條 成均進士桐巢南公墓碣銘 並書.

公旣懷抱利器而絶意外 慕居閑養性 不識世外風波 而有時發爲文章以見其志 所著四代春秋 卽遊戲之 筆而傳奇體也 又草謾錄數卷痛黨論之錮人心也 不以威怵 不以愛護 一歸于正知言者曰 史家之董狐也.

129 『順庵文集』卷16, 雜著「函丈錄」.

130 『順庵文集』卷16, 雜著「函丈錄」.

西人或多來見 自是傷弓之鳥 常恐有何機關在中也 雖盡我之所見 彼之信否 何可知也.

131 『順庵文集』卷22, 墓碣·墓表條 成均進士桐巢南公墓碣銘 並書.

噫世敎衰而黨議橫 士之劗刪光晦彩不得施者何限 而世獨推桐巢公者 盖其文彩風節 有 足動人也.

132 『貞山雜著』卷10, 論學術之弊.

不論文義與事證 苟有一字半辭 致疑於集傳章句之間 則斥之以背朱繩之以侮賢之律.

133 『貞山雜著』卷10, 論學術之弊.

以此之故 父兄師友之敎 皆以為朱子文字 不当致疑 点不須致辨 以犯世網.

134 『貞山雜著』卷10, 論學術之弊.

使其子弟後学 終身瞽誦 而鹵莽蔑裂 不察於豕亥魯魚之辨.

135 『貞山雜著』卷10, 論學術之弊.

若究其根源 則只是一套 盖然創始之人 方寸間利慾二字 不能割截 弄得来一種家計 內利外義 立偽排真 操其覇柄 以錮一世之耳目耳.

136 『貞山雜著』卷10, 論學術之弊.

內利外義 立偽排真 操其覇柄 以錮一世之耳目.

137 『中庸』

君子 素其位而行 不願乎其外 素富貴 行乎富貴 素貧賎 行乎貧賎 素夷狄 行乎夷狄 素患難 行 乎患難 君子 無入而不自得焉

138　『孟子』離婁章句 下
孟子曰 君子深造之以道 欲其自得之也 自得之 則居之安 居之安 則資之深 資之深 則取之左右逢其原 故君子欲其得之也.

139　『順庵文集』卷16, 雜著「涵丈錄」.
西人學問 專謹守規矩四字 爲涉世無病敗之斷案 故知識終甚鹵莽爲可恨也.

140　『順庵文集』卷16, 雜著「涵丈錄」.
先生因曰 余多見先輩矣 未有快然自得.

141　『貞山雜著』卷10,「季父星湖先生行狀」.
其於經學 由集註以溯六經之旨 而間多先儒之未發 皆出於深思自得也.

142　『貞山雜著』卷10,「季父星湖先生行狀」.
其於經學 由集註以溯六經之旨 而間多先儒之未發 皆出於深思自得也.
其曰 疾書者 取橫渠畫像贊妙契疾書之義也 先生之学 不喜衣様 要以自得 経文之間有衣必思 思而得之則疾書之 不得則後復思之必得乃已 故疾書中概多前儒未発之旨.

143　『星湖文集』卷47,「墓誌銘」進士慎公墓誌銘 并書.
既長留心不朽 事取少日所作尽焼之包括 百家究其蘊奥 年二十二 中国子上庠 自是遂廃挙業 專精於聖人之書.

144　『星湖文集』卷47,「墓誌銘」進士慎公墓誌銘 并書.
尤尚自得不拘於旧説 必以誠意流通為準 如理気四七之辨深衣古制別為一説 証正訛誤.

145　『順庵文集』卷16, 雜著「涵丈錄」.
又曰 有尹東奎者居仁川 見解明悟 不易得之人也 古尹子六經之文 如誦已言 今此人不惟誦之 能解其義.

146　『順庵文集』卷16, 雜著「涵丈錄」.
若新学後生 知識未定 而專以知解為主 求過于前輩 則必有好新務奇之習 有軽視前輩之患 然則謹守規矩之論 実是立法之大経 未審如何.

147　『貞山雜著』卷10,「論學術之弊」.
其平日尊程氏無異於孔孟 然至於經傳文義之間 或有意見不合 則不以其尊之之故.

148　『貞山雜著』卷10,「論學術之弊」.
未嘗苟同以言乎 易則畫卦之説捨程而取邵 卦変之義点違程氏 其他小小之異見処 不可枚挙以言乎.

149　『順庵文集』卷4, 書 與李景協書 癸巳.

往在戊寅歲 兄寄書警我云 其於學問之道 所得不固 而不得爲己有 此誠頂針刺骨之語.

150 姜世求,「星湖学派의 理氣論争과 그 影響」-公喜怒論争을 중심으로-,「亀泉元裕漢教授停年紀念論叢」下, 혜안, 2000 참조.

151 『貞山雜著』卷9 答百順書
李延日 卽嶺外之望 常欲一見而不得 承喩韓某傅說규撫 凡論人者 當察言之得失　而已 若但以以於先儒之說 而一例揮斥 則是豈前脩所望於後人者耶 然此可與知　者道難 與 不知者言点不欲索說 以犯不韙之目也"

152 『順庵文集』卷4, 書 答李景協書 己丑.
既明士興誠為当世奇才 夫成徳大業 不可徒才而止 必有平実穏重 寛厚正大 気象然後 可以有 為抑揚之権 実有望于兄矣 士賁才乗 果不易得而鄙 所謂通処為病 似難猝变惜乎.

153 『貞山雜著』卷11, 與百順書.
前輩殆盡 後進中樸實做功者少 甚可悶也 惟旣明斷棄科業 必將專意此邊期望不淺矣.

154 『順庵文集』卷4, 書 答李景協書 癸巳.
來書云 後生中樸実做功者少 才傑之不出 專由於此 既明之断棄挙業 勇敢可尚 士興之文章学 識才気可畏 然倶欠涵養縝密之工 前者相逢 每以此告語 而不能信聴 況他人乎.

155 『順庵文集』卷6, 書 答権既明書 丙戌, 1766.
愚則以為読書 雖以自得為貴 先以自得之意横在肚間 則其獘恐於先儒之訓 有洗垢索瘢之嫌 故当依其成訓 読来読去 沈潜玩味之久而疑終未已 則又自以為一時粗浅之見 豈有過於前輩者 是必吾見妄也 又読之之久而終未解 則質之義理 講之於先覚 以求其至当之帰 若使吾見不至 甚妄 則亦可備一説.

156 서종태, 앞의 논문에 자세히 고찰하고 있다.

157 姜秉樹,「星湖 李瀷과 河濱 愼後聃의 西學談論」-腦囊에 대한 認識을 중심으로-,「한 국실학연구」제6호, 2003. 37~39쪽 참조.

158 『貞山雜著』卷10,「論學術之獘」.
所謂異端如楊墨老佛之類 雖異於聖人之學 点學仁義而差耳 何嘗主利慾耶.

159 신무는 신후담이 태어난 다음 해에 사망한 인물이다.

160 吳洙彰,『朝鮮時代 平安道의 社会発展 研究』,一潮閣, 1997. 158~159쪽 참조.

161 『河濱雜著』卷5 遺事 晩湖先生遺事
先生少從鮮于司業浹受學 鮮于公先教大學 又以易經象數之記及天文地理方技衆術

162 『河濱雜著』卷5 遺事 晩湖先生遺事

然先生之學雪翁也 不特受經而止黙察 其言行輪學之 蓋雪翁雅言 不離於人倫日用之實
病世之學者 務遠忽近 輕自大而卒無得也 先生學之 而工夫蓋就平實矣 雪翁經心世務
國家之典憲 時俗之觀體 京外之民業物産 無不究知其曲折 病世之學 徒守簡冊 實無益
於世用也

163 『河濱雜著』卷5, 遺事 晩湖先生遺事

鮮于公訖病西歸以卒 先生懼無師友之助不能以成其學 乃遍訪當世道學之士 自觀雪眉
叟兩先生以至驪之尹懷之松玄之朴諸人 無不往見 而先生獨曰吾其師雪翁乎 負笈而從
之

164 『河濱雜著』卷5, 遺事 晩湖先生遺事

病世之學者 務遠忽近 輕自大而卒無得也

165 『河濱雜著』卷5, 遺事 晩湖先生遺事

雪翁性稟公平 不喜爲激訐之論 見世之僻儒 假道學之名 而騁其雌黃以濟偏黨之私者 則
心甚非之 先生學之而言議之間 絶不及於黨論矣 推是以往無事不然所以能薰陶於德性
而終得其傳者也 言語和平而簡直 擧止安重而齊謹燕 居時和氣滿面卽之可愛而中有毅
然 不可犯之色其事濟品公也

166 『河濱全集』「河濱年譜」己未(1739)

167 『河濱雜著』「雙溪夜話」

耳老曰 有正則有邪 有善則有惡 亦理之必然也 自漢以至宋 常有老佛之術 與吾道角立
今聖朝 則全尙儒術 異端之說莫行 乃於儒術之中 自相是非 遂成朋黨 其害豈止老佛哉
耳老曰 今之務 必去朋黨然後 方可言治

168 『河濱全集』「河濱年譜」辛未(1751)

169 이 자료는 당시 여강출판사 이순동 사장을 직접 만나 일정 기간 빌려볼 수 있었는데, 이
지면을 통해 다시 한 번 고마움과 감사함을 전한다.

170 『河濱先生全集』 1권 해제, 아세아문화사, 2006. 참조

171 양승민, 「하빈 신후담의 저술의 전래 과정과 문헌적 특징」『하빈 신후담의 학문과 사상』,
하빈연구소, 2013.11.2., 1~18쪽

172 양승민, 하빈 신후담의 저술의 전래 과정과 문헌적 특징『하빈 신후담의 학문과 사상』, 하
빈연구소, 2013.11.2., 17쪽

173 『河濱全集』「河濱年譜」丁亥(1707)

公自受學以來 凡書籍中嘉言善行 必欲體之於身 畏窩公或有訓戒之語 則退而必錄之 名所錄之冊曰 趨庭記聞

174 『河濱全集』「河濱年譜」乙巳(1725)

繼以趨庭記聞一篇 公之所聞於畏窩公者也

175 『河濱文集』「河濱年譜」肅廟三十九年 癸巳(1713)

先生十二歲公文理已透徹無碍 佛氏棱嚴經解其句讀 甚瞭然

176 『河濱文集』「河濱年譜」三十九年 癸巳(1713)

得戚氏兵學指南 手自抄錄 因多求兵家書 究攻守之法 皆有所著 盖如橫渠張先生之早悅孫吳也

177 『河濱全集』卷18~19『八家總論』・『八家總評』

신후담은 제자백가를 八家, 즉 유가·도가·법가·명가·묵가·종횡가·잡가·병가 등으로 나누고 있다.

178 『河濱全集』卷18~19『八家総論』・『八家総評』

신후담은 제자백가를 八家, 즉 유가·도가·법가·명가·묵가·종횡가·잡가·병가 등으로 나누고 있다.

179 본 연구자가 「河濱全集」에서 대충 헤아려 본 것이 1,257수이고, 유실되거나 중복된 것을 감안하더라도 더 많을 것으로 사료된다.

180 『河濱全集』卷17『皇明諸家評要』

「評遜志齋方孝儒佳城雜識」・「評文淸公薛瑄道論」・「評蔡泰和羅欽順困知記」・「評王守仁陽明語錄」・「評陳獻章白沙要語」・「評王畿三山麗澤錄及南遊會記」・「評郁天民傳習存疑」・「評陳璸近思雜問」・「評管志道論乾龍義」・「評何塘陰陽管見及管見後語」・「評王廷相陰陽管見辯」・「評劉元卿大學略記」・「評朱俊柵讀書錄」・「評于鎰中說」・「評湛若水新論」・「評王文祿求志編」・「評善夫經世要談」・「評周汝登九解」・「評鄭曉古言」・「評薛嘉約書」・「評林兆恩心聖直指」・「評唐樞元剩語」・「評王鴻儒凝齋筆語」・「評楊起元秫陵紀聞」・「評田藝衡混古始天易」・「評朱异三十六宮圖說」

181 『河濱全集』卷17『雜書隨筆』

「焦戇易林」・「王弼易略例」・「古三墳」・「端木賜詩傳申培詩說」・「韓嬰詩外傳」・「戴德大戴禮」・「蔡邕獨斷」・「楊雄方言」・「陶潛孝傳等書」・「越絶書」・「趙曄吳越春秋」・「三輔黃圖」・「常璩華陽國志」・「崔鴻十六國春秋」・「王通元經」・「黃甫謐高士傳」・「王粲英雄記」・「汲冢周書」・「竹書紀年」・「穆文子傳」・「甘公石申星經」・「桑欽水經」・「張華博物志」・「崔豹古今注」・「劉邵人物志」・「顏之推家訓」

182 신후담의 학문과 사상에서 도가 사상을 완전히 배제할 수 없음을 그의 생애 중기『잡서수
필』과 같은 易에 대한 해석서에서도 드러나고 있다.

183 『星湖全書』卷47, 墓誌銘 進士愼公墓誌銘 幷書
端敬之廢非中廟志也 三動跋扈劫百僚庭請 其言不啻兵諫之重中廟不得已而從之 國東
門內有曬裳岩 至今傳爲舊蹟 後三臣之死 有金淨朴祥等抗疏 朝廷不能從反罪之 其事明
載於野乘諸書 公之所哀隻昭恩錄可見矣 端敬后之復位 盆昌之諡 皆由此肇朕 則其功不
可謂私室言語 吳學士光運序 其錄以淸明在躬 志氣如神賛之 爲大義之先倡也

184 『星湖全書』卷47, 墓誌銘 進士愼公墓誌銘 幷書
旣長留心不朽 事取少日所作盡燒之包括 百家究其蘊奧 年二十二 中國子上庠 自是遂廢
擧業 專精於聖人之書 尤尙自得不拘於舊說 必以誠意流通爲準 如理氣四七之辨深衣古
制別爲一說 證正訛誤

185 강세구, 앞의 논문. 461쪽과 464쪽.

186 『順庵文集』安鼎福

187 『河濱全集』「河濱年譜」丙寅(1746)

188 『河濱全集』「河濱年譜」丙寅(1746)

189 『河濱全集』「河濱年譜」丙寅(1746)

190 『河濱全集』「河濱年譜」丙寅(1746)

191 『河濱全集』「河濱年譜」丁卯(1747)

192 『河濱全集』「河濱年譜」丁卯(1747)

193 『河濱全集』「河濱年譜」丁卯(1747)

194 『河濱全集』「河濱年譜」丁卯(1747)

195 이들 저서는 현전하지 않아 그 내용을 확인하지 못하므로 더 이상의 논지 전개는 하지 못
한다.

196 앞에서 논급한 것처럼 서종태는 신후담이 星湖 李瀷이나 息山 李万敷와 李栻 등과의 서
학에 관한 문답형식을 기록한 '紀聞編' 자료를 통해 신후담이 서양 과학에 대해서는 처음
천주 교리를 강하게 비판하고 다녔던 것과는 달리 차츰 유연한 태도로 바뀌어가는 측면
이 엿 보인다는 견해를 피력한 바가 있다.

197 『河濱全集』「河濱年譜」庚辰(1760)

八月撰畏窩公墓誌 有天問略坤與圖說略論 其序曰 西洋之學 今大行於天下矣 其學本佛
氏而稍變以自神 余嘗撰西學辨以斥之 其論天地度數及物理說最爲精微 而 往往弔說不
可信 如天問略坤與圖說二書所載者 可見其槪 今隨覽略論 以俟識者質言

198 『河濱全集』內篇 卷17『八家總論』「序說三段」
余幼時 專以博學爲務 而不求其要 嘗聞王世貞爲三弇 以畜百家之書 而著書於其中 則
欣然欲學遂爲一冊 號以後讀書志[中略] 余十四五歲時 讀沈氏百家類撰 而心悅之熟
閱潛玩 三代以後 學校之敎不明 學者將欲考聖賢之成法 而究事理之當然 舍學文何以哉
[中略] 謬亂荒誕之說 則其於吾人致知誠意之學 初無毫分之益 況乎中無主見 而遽爾耽
玩 則非徒無益爲害 必矣無已 而欲辨其邪 俾不至惑世而誣民 則此点徐議於道成德立之
後可也 其不可越經史 而先之也 点甚明矣 若余則不然 其在幼時 盖点嘗略窺呼經史 而
皆不過備例遮眼 略略看過 至於中間 沉惑於百家之說 則顧乃忘寢遺食 疲精憊神 而不
自知其爲過 後雖自悔 稍知其非而不能着實反究於經史上 以爲喫緊受用之地 猶爲舊習
之纏繞 而淫思溺志 往而不返 遂以是著爲成書 其於學者 學問之序 不点舛甚矣乎 雖然
已事不可言者 自今以往 尙圖置心於切已

199 『河濱全集』內篇 卷17『八家總論』「序說三段」
嘗聞王世貞爲三弇以畜百家之書 而著書於其中 則欣然欲學 遂爲一冊 號以後讀書志 凡
平日所讀之書 隨輪論列 將欲以此推類 盡讀天下之書爲名者 而盡窮其志趣然後乃已 自
今思之則其識之陋見之偏 而溺於文人浮夸之習者 殊亟可駭所當痛念而亟改也

200 『河濱全集』內篇 卷17『八家總論』「序說三段」
余十四五時 讀沈氏百家類纂 而心悅之熟閱潛玩不覺

201 여기서 정통 유학, 즉 신후담이 좇고자 하는 유학 원형儒道라고도 한다는 진한 이전의 경
학을 총칭하는 것으로 해석하고자 한다. 특히, 그는 제자백가를 이해하고 비판하는 과정
에서 유학 원형과 유가의 차이를 분명히 분별하여 이해하고 있음이 확인된다.

202 『河濱全集』內篇 卷17『八家總論』「序說三段」
義理精微之奧 學問進修之路 備於經傳 國家理亂之變

203 『河濱全集』內篇 卷17『八家總論』「序說三段」
人物邪正之分 詳於史記 此其所當先也 至如諸子百家謬亂荒雜之說 則其於吾人致知誠
意之學 初無毫分之益 況乎中無主見 而遽爾耽玩 則非徒無益 爲害必矣

204 『河濱全集』內篇 卷17『八家總論』「序說三段」
余幼時 專以博學爲務 而不求其要 嘗聞王世貞爲三弇 以畜百家之書 而著書於其中 則
欣然欲學遂爲一冊 號以後讀書志 凡平日所讀之書 隨輯論列 將欲以此類 盡讀天下之以

書爲名者 而盡窮其志趣 然後乃已 自今思之 則其識之陋見之偏 而溺於文人浮夸之習者
殊極可駭 所當痛念而亟改也 余十四五歲時 讀沈氏百家類撰 而心悅之 熟閱潛玩 不覺見
化於諸子荒誕之說 後因反求於吾儒之書 稍悟前日之非 則却不能勇革謬習 以爲及時進
修之辯 而乃復取諸子之說 求其源流 証其是非 而欲以自托於著述 其用心點已左 而去道
点愈遠矣 故其見於文者 變多浮汎務外之味 而全欠損約 反本之實 噫是其受病之原 豈
但在言語之間而已哉

三代以後 學校之敎不明 學者將欲考聖賢之成法 而究事理之當然 舍學文何以哉 然學文
之道 卽有其序矣 義理精微之奧 學問進修之路 備於經典 國家理亂之變 人物邪正之分
詳於史記 此其所當先也 至如諸子百家 謬亂荒誕之說 則其於吾人致知誠意之學 初無毫
分之益 況乎中無主見 而遽爾耽玩 則非徒無益爲害 必矣無已 而欲辨其邪 俾不至惑世
而誣民 則此点徐議於道成德立之後可也 其不可越經史 而先之也 点甚明矣 若余則不然
其在幼時 盖点嘗略窺呼經史 而皆不過備例遮眼 略略看過 至於中間 沉惑於百家之說
則顧乃忘寢遺食 疲精憊神 而不自知其爲過 後雖自悔 稍知其非而不能着實反究於經史
上 以爲喫緊受用之地 猶爲舊習之纏繞 而淫思溺志 往而不返 遂以是著爲成書 其於學
者 學問之序 不点舛甚矣乎 雖然已事不可言者 自今以往 尙圖置心於切已 文字以求其
浸灌輔益之助 而不復爲前日之汗漫 自同於游騎之無所歸也

205 『河濱全集』內篇 卷18,「八家總論」儒家類「儒家類總論」
仲尼編詩而王風 次於列國者 所以見王迹之熄也 夫王政之行也

206 『河濱全集』內篇 卷18,「八家總論」儒家類「儒家類總論」
仲尼編詩而王風 次於列國者 所以見王迹之熄也 夫王政之行也 禮樂征伐 自天子出 而
軌門之制 通於海 故人君朝會燕饗之歌 大臣規諫獻納之章 作而定爲二雅 平王之東遷也
王室陵遲而號令不出於境內 故二雅遂廢 而其詩不過爲民俗歌謠之辭 此其所以與列國
之風無別也

207 『河濱全集』內篇 卷18,「八家總論」儒家類「儒家類總論」
余觀 儒術之於百家 亦由王室於列國也 自開闢以來 二帝三王 述天理順人心 治世迪民
惇典庸禮之則 擧不出此 而後世聖賢 遂著書立言 以明之 其道至矣 其敎大矣 天下之治
方術者 孰敢與之以抗其術哉 及至戰國之間 去聖遠而微言絶諸儒之徒裂 五經之闕幅蕩

208 『河濱全集』內篇 卷18,「八家總論」儒家類「儒家類總論」
六藝之源流規規 於文字訓詁之末而昧乎大本之精微流 爲僻辭曲說之歸 而不足以通萬
方總一致 實與百家紛紜之說無分矣 此沈纂所以列於八類之中者 深得乎仲尼編王風之
遺意也

209 『河濱全集』內篇 卷18,「八家總論」儒家類「儒家類總論」

今就諸儒書槪論之 家語以孔氏爲宗 固多聖人之遺訓 而其中浮駁之辭 出於依托者已

210 『河濱全集』內篇 卷18,『八家總論』儒家類「儒家類總論」
自不少左之國語 只錄列國之事實 晏之春秋特記晏子之言行 而其言又多不馴無所發明乎儒術

211 『河濱全集』內篇 卷18,『八家總論』儒家類「儒家類總論」
戰國以來 至于隋唐 最以大儒名者 荀況 董仲舒 楊雄 馬融 王通 五人也

212 『河濱全集』內篇 卷18,『八家總論』儒家類「儒家類總論」
荀況 性惡禮僞非十二子等說 反道悖理之甚

213 『河濱全集』內篇 卷18,『八家總論』儒家類「儒家類總論」
董子 道源出天 正誼明道之論 卓然有見 而其見於繁露之書者 則或流讖緯之習

214 『河濱全集』內篇 卷18,『八家總論』儒家類「儒家類總論」
雄之阿於新莽 融之附於梁冀 出處之義旣乖 而所著法言忠經等書 優游支蔓 皆無可觀

215 『河濱全集』內篇 卷18,『八家總論』儒家類「儒家類總論」
仲淹仲說 固多溫粹之語 有非諸儒之所能及者 而其續詩書修元經之事 未免僭聖之罪

216 『河濱全集』內篇 卷18,『八家總論』儒家類「儒家類總論」
仲淹仲說 固多溫粹之語 有非諸儒之所能及者 而其續詩書修元經之事 未免僭聖之罪 其餘除孔叢子僞書外 若陸賈之新語 賈誼之新書 韓嬰之詩外傳 劉向之新序說苑 桓寬之鹽鐵論 王符之潛夫論 仲長統之昌言 荀悅之申鑑下至中論 鹿門子卮辭 龍門子郁離子說林之屬類 多汎濫而不要 迂滯而不明

217 『河濱全集』內篇 卷18,『八家總論』儒家類「儒家類總論」
其間此優彼劣之不同者 有之而超越諸者 則不可見矣 片言隻語之可採者 有之而純粹無疵 則不可得矣 若是而列於八家者 其與王風之編於列國 猶有辨乎

218 『河濱全集』內篇 卷18,『八家總論』道家類「道家類總論」
天下之道二 公與私而已矣 蓋人之生於兩間也 禀陰陽五行之氣而爲其形 禀陰陽五行之理而爲其性 性者 天下公共之道 而固無物我之間者也 故旣以盡己而必須推之而盡人 旣以盡人而必須推之 而盡物馴致於贊化育參天地之域 此其所以公也

219 『河濱全集』內篇 卷18,『八家總論』道家類「道家類總論」
徇形者 滯於彼此之有分也 故惟知爲我 而不能推之而及人 旣不及人 而無以推之而及物 終至於外常倫專獨己之弊 此其所以私也

220 『河濱全集』內篇 卷18,『八家總論』道家類「道家類總論」

是以徇性者 雖未嘗不愛其形 而其愛也 溥施乎萬物 此則性之正者爲之主 而私亦爲公也
徇形者 雖自謂能治其性 而其治也 全利乎一身 此則形之偏者 爲之主而公亦爲私也 君子
有見於斯二者之分 則其於天下道術之邪正 点可以快拆明辯 而無所感矣

221 『河濱全集』內篇 卷18, 『八家總論』道家類「道家類總論」
余觀 今所謂道家者類 其点徇形而悖性者耶 何其不公自私之甚哉 其所謂道者 其道必推
黃老爲主矣 夫皇帝之制 爲醫藥之法 以濟夭札之患者

222 『河濱全集』內篇 卷18, 『八家總論』道家類「道家類總論」
至於老氏始竊假其養形保生之說 而逞已自私之心 著道德陰符等書 發明守靜之意 而謂
聖人不仁於百姓

223 『河濱全集』內篇 卷18, 『八家總論』道家類「道家類總論」
雖主於養形保生之說 而與道家自私之心 天淵不同 況其丹書所載欲怠義欲之戒 實未則
未嘗不本於性理之正者乎

224 『河濱全集』內篇 卷18, 『八家總論』道家類「道家類總論」
著道德陰符等書 發明守靜之意 而謂聖人不仁於百姓 其後尹喜 申鈃 庚桑楚 列禦寇 莊
周 玄眞子 齊丘子 無能子 玉華子之屬 紛然迭起其說 盖亦多端 而大畧以治國爲大戒 治
身爲要法 察理疵後儒 察氣推前聖者 則其徇形自私之心 未嘗不合於老氏也

225 『河濱全集』內篇 卷18, 『八家總論』道家類「道家類總論」
其後尹喜 申鈃 庚桑楚 列禦寇 莊周 玄眞子 齊丘子 無能子 玉華子之屬 紛然迭起其說
盖亦多端 而大畧以治國爲大戒 治身爲要法 察理疵後儒 察氣推前聖者 則其徇形自私之
心 未嘗不合於老氏也

226 『河濱全集』內篇 卷18, 『八家總論』道家類「道家類總論」
至於赤松子魏伯陽盧生葛洪司馬承楨之徒 及黃庭 大通淸淨洞古定觀胎息心印等諸經
則全言煉養服食之法 張道陵寇謙之杜光庭 而下以及後世黃冠師之徒 則又言符籙科救
之術 此於老氏之說固變矣

227 『河濱全集』內篇 卷18, 『八家總論』道家類「道家類總論」
而其以延年久視長生不死爲歸趣者 則其所以執其私有之形 而徇其自私之心者 脈絡之
所自來 亦不在他也 惟其爲道之本於私利

228 『河濱全集』內篇 卷18, 『八家總論』道家類「道家類總論」
如彼故其弊也 小則全尙空寂恬養之習而逐廢人道 大則希得飛昇變化之機而事唱妖術
邪妄怪誕之說 隨世益繁 而天下國家之患 歷時未泯然

229 『河濱全集』內篇 卷18, 『八家總論』道家類「道家類總論」

則世之任君師之責 而欲息其道者 如之何 而可点在夫明性理之正 以教之而已

230 『河濱全集』內篇 卷18『八家總評』法家類「法家類總論」

人之有是身也 四肢百體無尺寸不愛也 愛之則調養之也 用其極 而欲其有和寧健康之體 苟或風寒之所觸 而未免疾病之生焉 則於是不得已 而有湯藥針砭法以治之 湯藥針砭之所不能治者 則只不得已而有刮骨剜肉之法 夫湯藥之苦口 針砭之刺體 人之必不願也 況至於刮骨剜肉之酷者耶 是以病至於刮骨剜肉 雖難以所病之害 其生也 故不得不爲 而中宜有隱病不自忍者 此則愛身之本心也 以此信之 仁人用刑之道 其亦與治病之法無異乎 夫仁人之視天下萬民 卽言之四肢百體也 認得四肢百體 則其愛也 非有勉强而自無所不愛 無所不愛則必盡夫勞來振德之方 而欲其咸踰於熙皞之域 其間有--教化而不可不懲者 則於是不得已而爲之法 隨其輕重而治之

231 『河濱全集』內篇 卷18『八家總評』法家類「法家類總論」

如墨劓荆宮大辟五等肉刑之常法 及流宥鞭朴金贖之刑是也 夫以仁人無所不愛欲踰熙皞之心觀之 則雖金贖便朴之欲其不犯者 況進而流宥乎 況進而肉刑之誅斬斷截者乎 是以刑至於誅斬斷截 則雖以其犯之傷人犯我天理之甚也 故不能不刑 而其心必有其哀矜憐憫 而不能已者 其哀矜憐憫之心 卽愛人之本心也 以此言之 仁人用刑之道 其果與治病之法有乎

232 『河濱全集』內篇 卷18『八家總評』法家類「法家類總論」

故不能不刑 而其心必有其哀矜憐憫 而不能已者 其哀矜憐憫之心 卽愛人之本心也 以此言之 仁人用刑之道 其果與治病之法有乎 是以虞書記蒙刑之典 而必著欽恤之旨 周禮述司寇之職 而亦言三宥之例 其所以示大聖惡殺之意 而養人君好生之德者至矣

233 『河濱全集』內篇 卷18『八家總評』法家類「法家類總論」

至於戰鬪之間 刻核之徒以法名家失仁人 無所不愛之本 而徒傳其其誅斬斷截之刑 以威刦爲先 以殘忍爲上 杜愛絶矜 傷恩害親 而無所顧恤 則此亦由刮體剜肉 而心不隱病者也 甚者 又不問其罪之輕重 而一以重法繩之 此則由湯藥可治之疾 而濫用刮剜者也甚者 又不問其罪之有無 而一以行戮爲務 此則由無病而自殘其支體者也 此之謂失其本心者也 余觀 今所傳法家之書 盖由管子爲首 其書實出於後人之依托 而其中 法法 任法 明法 版法 等篇 卽亦法家刻核之論也 至於申韓商鞅之徒 則酷慘轉加 而道刑戮如飲食常事 其後商鞅之法 卒至于亡秦漢 興頗襲秦 故崇用酷吏 如崔湜之徒 特見一時 苟簡之治 而以爲爲治之術 果在於此 其著政論 直有以刑法 先德敎之意 逮我皇朝 太祖高黃帝 承宋元委靡之餘乎 免偏尙嚴峻 而大皇帝 又多務殺戮威服衆心 故當時之人 留聞其說 如河氏之大復論亦全以嚴法重令爲要 此者子 其說固不無淺深之殊 而其流於刻核之留 而失仁人之本心 則無不同也 雖然後世或有罪惡已著明 犯於傷人記我天理之科 而猶爲寬平不治之論者 此亦由毒應大腫已發於喉腦背脇之間 而不忍刮剜坐値遍體之膿 潰而死也 非仁人

之所以愛人之本心也

234 『河濱全集』內篇 卷18 『八家總評』名家類 「名家類總論」
名者名其實也 天有所以爲天之實而天之名隨之 地有所以爲地之實而地之名隨之 人有所以爲人之實而人之名隨之 以至昆蟲草木萬物之屬 亦各隨其實而名之

235 『河濱全集』內篇 卷18 『八家總評』名家類 「名家類總論」
名之爲義大矣 惟人也 與彼萬物之屬 並生天地之間 仰觀名天之實 俯察名地之實 旁求萬物得名之實 而宜必反驗乎

236 『河濱全集』內篇 卷18 『八家總評』名家類 「名家類總論」
吾所以得人之名求盡夫爲人之實者 其理誠有自然而不容已者也

237 『河濱全集』內篇 卷18 『八家總評』名家類 「名家類總論」
盖天地以陰陽五行之氣化生人物 氣所以成形 而理亦賦焉 人得其氣之正者 其理通而無所塞 物得其氣之偏者 故其理塞而不能通 此人所以參天地爲三極 而別於萬物者也

238 『河濱全集』內篇 卷18 『八家總評』名家類 「名家類總論」
推此求之 則人所得名之實可睹矣 是以人之爲人也 語其性則有仁義禮智之體 語其情則有愛恭宜別之用 語其倫則父子君臣兄弟夫婦朋友之燦 然不紊 此盖爲全具乎天地五行之理 而有非萬物之所能與者 此爲人之實也

239 『河濱全集』內篇 卷18 『八家總評』名家類 「名家類總論」
雖然 仁義禮智之名 其性愛恭宜別之名 其情父子君臣兄弟夫婦朋友之名 亦必隨實而名之 無仁義禮智之實 則不得有仁義禮智之名 無愛恭宜別之實 則不得有愛恭宜別之名矣

240 『河濱全集』內篇 卷18 『八家總評』名家類 「名家類總論」
仁義禮智之名 其性愛恭宜別之名 其情父子君臣兄弟夫婦朋友之名 亦必隨實而名之 無仁義禮智之實 則不得有仁義禮智之名 無愛恭宜別之實 則不得有愛恭宜別之名矣 父子則不能盡父子之實 君臣則不能盡君臣之實 兄弟夫婦朋友而不能盡兄弟夫婦朋友之實 則是亦 父不父 子不子 君不君 臣不臣 兄不兄 弟不弟 夫不夫 婦不婦 朋友不朋友 而名不正矣

241 『河濱全集』內篇 卷18 『八家總評』名家類 「名家類總論」
具於性 發於情 見於其倫者 名實之爽 如此則爲人之實亦隨以亡矣 爲人之實亡 則是反與禽獸之屬無別 而不得名爲人矣 於是 聖人者作 懼人類之陷於禽獸而不之覺也

242 『河濱全集』內篇 卷18 『八家總評』名家類 「名家類總論」
因其性情有倫理之當行者 而裁制品節以敎天下 因其仁而敎之以愛 則父慈子孝之道明 因其禮而敎之以恭 則兄先弟後之序著 因其義敎之以宜 因其智敎之以別 而君臣之所以

合 夫婦之所以辨 亦自有其理之不可掩者

243 『河濱全集』内篇 卷18 『八家總評』名家類 「名家類總論」

凡此皆所以因其名而盡其實也 至於朋友之交 則凡以有信爲主 信卽以實之謂而其於仁義禮智之性 愛恭宜別之情 父子君臣兄弟夫婦之倫 無所不在者也 觀此則聖人敎人之意 亦不過欲其名實之相副而已

244 『河濱全集』内篇 卷18 『八家總評』名家類 「名家類總論」

是以五帝三皇之爲治也 其敎法之大者 如禮樂刑政之屬 其間節目精細折無窮 而摠其大致無一事之性情 而外倫理也 逮至周室之衰 聖敎不振 名分大乖 性情之舛決焉 倫理之紊亂焉

245 『河濱全集』内篇 卷18 『八家總評』名家類 「名家類總論」

子賊父 臣或弑君 兄弟相伐 夫婦相瀆 仲尼生於其時 實修春秋之書 明上下之等 辨邪正之心 故君子謂正名之書也

246 『河濱全集』内篇 卷18 『八家總評』名家類 「名家類總論」

至于戰國之間 去聖愈遠 而天下之人 橫流昏亂之習乘行 實賤名檢之論交作並興 而欲同人道於夷狄 若拘儒曲士之全流於名物之間者 則又徒鉤析繳繞而反有以離其實 斯二者一枚一局 皆無足與論乎

247 『河濱全集』内篇 卷18 『八家總評』名家類 「名家類總論」

聖人名敎之大致 而其於向所謂反驗爲人之名 求盡爲人之實者 終不可幾矣 至於其獒之甚而或捄刻核之習 或持詭怪之見 皆自托於名實 如韓非樑符驗式之術

248 『河濱全集』内篇 卷18 『八家總評』名家類 「名家類總論」

鄧析三累四責之論 大略以循名一實爲綱領 而本主於刻核之習者也 尹文科程命況之說 公孫離一舉二之辨 大略以按實者名爲總要 而實流於詭怪之見者也

249 『河濱全集』内篇 卷18 『八家總評』名家類 「名家類總論」

自此以後 此等偏說 肆行于天下而名實愈大亂 其棄實賤名而放者 則晉人淸虛之風以之

250 『河濱全集』内篇 卷18 『八家總評』名家類 「名家類總論」

其繳繞名物而局者 則漢儒訓詁之體以之刻核之習 資酷吏筆文法之辯 詭怪之見 啓辯流餙虛博異之略 其遺禍餘烈 至今未泯 嗚呼可勝嘆哉

251 『河濱全集』内篇 卷18 『八家總評』名家類 「名家類總論」

雖然原其名實之亂 所以至此之極者 直由於聖人名敎之不明 今欲正之 莫如明聖人之名敎 聖人之名敎者 因其仁敎之以愛以明父子之親 因其禮敎之以恭以明兄弟之序 因其義敎之以宜以明 因其智敎之以別以明 君臣夫婦之理 使得以盡其爲人之實而無冒乎人之名

者也

252 『河濱全集』內篇 卷18『八家總評』墨家類「墨子論」
天下萬事 莫不有當然不易之定理 聖人者 不思而自中 不勉而自中 其次則不能不思而得
故必待乎精擇 不能不勉而中 故必待乎固執 或上焉而未至乎不思不勉之域 下焉而未加
乎精擇固執之功

253 『論語』季氏篇
或生而知之 或學而知之 或困而知之 及其知之 一也

254 『河濱全集』內篇 卷18『八家總評』墨家類「墨子論」
余觀墨氏之爲道也 其亦未察乎當然不易之定理 而妄逞其私智淺見之區區者耶 何其說
之乖離失中之甚矣 今其歸趨之大端 蓋曰兼愛也節儉也

255 『河濱全集』內篇 卷18『八家總評』墨家類「墨子論」
其所以論兼愛者 則不過曰君之視臣 父之視子 兄之視弟 若其身然後無不慈之獘 臣之視
君 子之視父 弟之視兄 若其身然後無不孝 視人身若其身 視人室若其室 視人家若其
家 視人國若其國 然後無賊盜攻奪之獘

256 『河濱全集』內篇 卷18『八家總評』墨家類「墨子論」
其所以論節儉者 則不過曰聖王飲食之法 飯土塯啜土型 聖王衣服之法 冬紺緅夏絺綌 葬
死之法 棺三寸衣三領 墾足以其所

257 『河濱全集』內篇 卷18『八家總評』墨家類「墨子論」
居喪之法 事衣食之財 不失死生之利 俛仰周旋之禮 不足尙琴瑟干戚之舞 不當爲執 此
二端而觀之 則墨氏者 其於當然之窮理 兼有過不及之失者也

258 『河濱全集』內篇 卷18『八家總評』墨家類「墨子論」
何以言之 彼特見世之爲君者 自愛而不愛臣 故虧臣而自利 爲父者 自愛而不愛子 故虧子
而自利 爲兄者 自愛而不愛弟 故虧弟而自利 則遂以爲不慈之獘 起於此而欲其視之 如身
爲臣者 自愛而不愛君 故虧君而自利 爲子者 自愛而不愛父 故虧父而自利 爲弟者 自愛而
不愛兄

259 『河濱全集』內篇 卷18『八家總評』墨家類「墨子論」
故虧兄而自利 則遂以爲不孝之獘 愛其身不愛他人 故賊他人以利其身 愛其室不愛異室
故盜異室以利其室 大夫愛其家 不愛異家 故奪異家以利其家 諸侯愛其國 不愛異國 故攻
異國以利其國 則遂以爲賊盜攻奪之獘

260 『河濱全集』內篇 卷18『八家總評』墨家類「墨子論」
起於此 而欲其視之如身 此則矯世人之不及 反流於太過 而不如所謂當然之定理者也室

261 『河濱全集』內篇 卷18「八家總評」墨家類「墨子論」

彼特見天器萬品凍冰餚饐之羡於飲食也 則欲其反之而從土垍啜土型之質 重錦襲繡革裘 靡曼於侈於衣服也 則欲其反而從紺緅絺綌之簡 習俗之恭於治葬 而珠鱗貨寶一埋通壓 以不之止也 則毀生滅性 棄事廢務而不之抑也 則從事永不失生利之說 禮之獎 而詳於末 節 眩於煩文 量於儀章度數之繳繞也 則輒言其俛仰周旋之不足 尙樂之亂而蕩乎奸鮮 駭 乎繁音 悅乎假說 殊理之觀美也 則輒言其琴瑟干戚之不當

262 『河濱全集』內篇 卷18「八家總評」墨家類「墨子論」

爲此則矯世人之太 反歸於過不及 而不知 所謂當然之定理者也

263 『河濱全集』內篇 卷18「八家總評」墨家類「墨子論」

何以言之 夫所謂當然之定理者 爲君則不可不仁 爲臣則不可不忠 在父子則慈與孝其則 也 在兄弟則友與恭其宜也 推己之自愛其身 則知人之亦愛其身 推己之欲 保家國則知人 之亦欲自保 其所以行之於君臣父子兄弟 及推施物我之間者

264 『河濱全集』內篇 卷18「八家總評」墨家類「墨子論」

莫不各有其宜籩豆之數別尊卑也 弁冕之章等貴賤也 衣衾棺椁之制 愼其終也免髽哭踊 之節 伸其哀也 禮所以治躬而寓於琴瑟干戚 其所以制之於衣服飲食喪葬 及作爲禮樂之 敎者 無不各有其道 所謂當然之定理者 如此而已

265 『河濱全集』內篇 卷18「八家總評」墨家類「墨子論」

彼君焉而虧其臣 臣焉而虧其君 父子兄弟之各求自利 而賊盜攻奪之紛然 並與者 失其當 然之定理也 飲食之流於羡 衣服之過於侈 治葬執喪之越乎禮制 而煩文奸之辦 然交錯 者 皆背其當然之定理也 今欲正之 惟當然之定理而已 彼墨氏者 不然 徒欲以兼愛之學 矯世人之不及而不能曉 其君之仁 臣之忠 父子之慈孝 兄弟之友恭 及推己而愛人者 爲當 然之定理 則其所謂兼愛者 豈非反流於太過者乎

266 『河濱全集』內篇 卷18「八家總評」墨家類「墨子論」

徒欲以節儉之道 矯世人之太過 而不能其籩豆之別 弁冕之等 葬之所以愼終喪之所以 伸哀 及治躬而養心者 當然之定理 則其所謂儉者豈非反歸於不及者乎 雖然 兼愛固爲過 之 而其論父子兄弟之相視者 與其視他人異室者混稱 而無所差別 未免反薄於其欲啜土 型衣紺緅 及略喪蔑禮樂者 便於尙質 而自以爲越 越先王之制 則其不及也 亦所以過 之也 其乖離失中之甚於此尤 可見矣

267 『河濱全集』內篇 卷18「八家總評」墨家類「墨子論」

嗚呼墨氏之至此 其果何爲而然裁 其亦曰 上未至不思不勉之域 下未 加精擇固執之功 而妄迫其私智淺見之區區者耳 夫精擇者 擇此當然之定理而毋循於過不及偏者也 固執 者 執當然之定理而同流於過不及之差者也 今若舍比而說乎 私智乎 其淺見 則其所以爲

理者 非當然之理而或過或不及 自其勢之所必至也 此墨氏之所以至此也 嗚呼可不戒哉

268 『河濱全集』內篇 卷18『八家總評』縱橫家「縱橫家類總論」

佞人之窺伺主之心 而迫其變詐之術者 無所不至 或探其所欲 而順以導之 或因其所畏 而脅以持之

多喩博引而眩之 以得失繁辭巧說而疑之 以利害聽之者 易或辨之者 難破其用情也 可謂 深矣

269 『河濱全集』內篇 卷18『八家總評』縱橫家「縱橫家類總論」

難破其用情也 可謂深矣 其措辯也 可謂巧矣 而其爲禍於人國也 亦旣酷矣

270 『河濱全集』內篇 卷18『八家總評』縱橫家「縱橫家類總論」

蓋在戰國之時 山東諸侯與秦相抗 秦以強虎狼之威而口肆 其衆諸侯弱小而不能自支當 是時也 諸侯之所甚欲者 在於自保 而所其畏者 在於秦 而欲自保外 又畏秦 得失兩持而 謀不能預講利害交戰 而辯不能時定 此當時 諸侯之同情也 於是 奸巧之徒 窺其情 輒生 幻或之辯 而縱橫之說出焉

271 『河濱全集』內篇 卷18『八家總評』縱橫家「縱橫家類總論」

其爲縱者 知諸侯之欲 自保而畏於秦 故必曰爲縱則可以自保 而免秦之患 其爲橫者 亦知 諸侯之欲 自保而畏於秦 故亦必曰爲橫 則可以自保 而免秦之患 縱者則以縱爲得而以橫 爲失 橫者則以橫爲利而以縱爲害 大致多言 各務自衛

272 『河濱全集』內篇 卷18『八家總評』縱橫家「縱橫家類總論」

彼諸侯者 先有欲自保 畏於秦之心藏於中 而辯無所出 故旣聞縱人之說 投乎其意 則然 其說而不知疑

273 『河濱全集』內篇 卷18『八家總評』縱橫家「縱橫家類總論」

又聞橫人之言 中乎其情 則納其說 而不敢違避其欺 罹其患而莫之恪焉 佞人之窺伺人主 之心 而迫其變詐之術者 盖如此也

274 『河濱全集』內篇 卷18『八家總評』縱橫家「縱橫家類總論」

今其遺說之傳於世者 如鬼谷子戰國策等 亦可以究其源流 而察其情狀之深巧矣 余觀鬼 谷之書 如揵闔 所謂以究其實 責得其旨 內捷所謂必得其情 乃刑其術者

275 『河濱全集』內篇 卷18『八家總評』縱橫家「縱橫家類總論」

此言欲行其術者 必先乎窺伺人主之心也 如所謂必以其害之時 往而極其欲也 必以其 甚懼之時 往而極其惡也者 此言 順其所欲 脅其所畏之道也

276 『河濱全集』內篇 卷18『八家總評』縱橫家「縱橫家類總論」

如所謂度於大小 謀於衆寡 稱貨財有無 料人民多少 辨地形之險易 觀天時之禍福 諸侯之

親疏 孰用孰不 百姓之去就 孰安孰危者 此言眩於得失 疑以利害之道也

277 『河濱全集』內篇 卷18『八家總評』縱橫家「縱橫家類總論」

此則當時智辯之士 將以行之於諸侯 而先爲之術也 所謂縱橫之源也 至於國策 如蔡秦之縱 蓋有以料諸侯之懲於橫也 張儀之橫 蓋有以撝 諸侯之厭於縱也 此其所以窺伺人主之心者 蓋已巧矣 而若其所陳之辭 則如所謂寧爲鷄口無爲牛後者 以其所以欲者 而順之也 如所謂驅群羊以敵猛虎者 以其所畏者而 脅之也

278 『河濱全集』內篇 卷18『八家總評』縱橫家「縱橫家類總論」

至其亂之以得失利害之說 則此以爲諸侯衆而秦則獨 彼以爲秦則强 而諸侯弱 辭巧辨迭見錯出

279 『河濱全集』內篇 卷18『八家總評』縱橫家「縱橫家類總論」

此則當時遊說之徒 舉其術而行之於諸侯者也 所謂縱橫之流也 彼其將以行之 而先爲術者 若是其密術旣成矣 而舉而行之者 若是其巧則其於人主之心 固宜如石之投水 順之而無不聽得失利害之不難非蔽欺

280 『河濱全集』內篇 卷18『八家總評』縱橫家「縱橫家類總論」

無極乎當時諸侯之從風而靡也 佞人亦詐之獘 一至此哉 嗚呼彼縱橫者 流其言之反覆無實 而訛誤諸侯者 世莫不知 若之其矣窺 伺人主之心 迨其變詐之術 其所以用情 揉辯之若是深巧者 則或莫之識 故特言於此世之爲人主者 其有以察之哉

281 『河濱全集』內篇 卷18『八家總評』縱橫家「縱橫家類總論」

君子之學 不可以不博也 上而天道之妙 下而物理之術明 而禮樂之文幽 鬼神之情大而人物之常小 而 大事之變 皆學者之所當日講而不可不知者也 故君子之學 不可不博也 雖然 彼紛然而萬殊者 蓋有所謂統之宗會之元 而該攝而管括者一理是也

282 『河濱全集』內篇 卷18『八家總評』縱橫家「縱橫家類總論」

是以其所以學之之博者 必以是理爲本 而摠之於一然後 其學也 爲實學 而不至爲馳遠務外之歸矣

283 『河濱全集』內篇 卷18『八家總評』縱橫家「縱橫家類總論」

故夫子謂子貢曰 汝以予爲多學而識之者歟 予一以貫之 蓋夫子嘗以學之不講爲憂 又以學之不厭自居 則夫子學亦不爲不博 而其言若此者 言其所學之皆 貫乎一理也 雖然 聖人不可及己 若夫子之所以敎學者則亦有之矣

284 『河濱全集』內篇 卷18『八家總評』雜家類「雜家類總論」

夫子嘗曰 君子博學於文約之以禮 亦可以不反矣 言君子之學文雖博 而必其反之 於禮守之以約然後 擇得其要 而不至有離道之弊 循此 而上遠則所謂聖人之一貫者 蓋亦在是而

已

285 『河濱全集』內篇 卷18『八家總評』雜家類「雜家類總論」
以鶡子之自道與其所以敎人者 如此則爲學之當有一本 而不徒在於博識者 其亦斷然甚明
而後世之務博者 反是徒事其末不求其本 其於衆事萬物之理 無不窮矣 而究其實則錯雜
而無所折衷

286 『河濱全集』內篇 卷18『八家總評』雜家類「雜家類總論」
其於諸子百家之說 無不通矣 而要其終則漫羨 而無所指

287 『河濱全集』內篇 卷18『八家總評』雜家類「雜家類總論」
歸其於前言往行理亂得失之 故亦無所不悉 而未免散亂而無統 其用功則已勤矣 致力矣
則已勞矣 而見效愈近 去道愈遠 此皆務博學而昧一本之過也 若所謂雜家者 類亦可以監
其獘矣 余觀 雜家書之源 蓋出於古者議官司史之遺意 其初若將以通萬方摠百塗 而其流
遂至於汎濫 而不知歸侈 而溢文夸而滅實 肆而放溫而爲誕 其博則極矣 而本之則茂焉

288 『河濱全集』內篇 卷18『八家總評』雜家類「雜家類總論」
如鶡子一書 最爲雜家中簡質者 而其言已多浮泛 呂氏論覽聞有儒家之遺言 不無可取而
其中荒雜謬-之說 十盖八九

289 『河濱全集』內篇 卷18『八家總評』雜家類「雜家類總論」
盤古之白虎通 應邵之風俗通 推原仁義 考載事實 鮮有悖理之言 而見識不精 未免有乑
支離之失

290 『河濱全集』內篇 卷18『八家總評』雜家類「雜家類總論」
王氏之論衡 傷於蕪蔑 劉氏新論 流於周緻 至如淮南子子華子之屬 則全勝文彬 其雜尤
甚 槪而言之 則雖其彼此優劣有不同 而其爲務博學 而昧一本之過均矣

291 『河濱全集』內篇 卷18『八家總評』雜家類「雜家類總論」
若是乎爲學之不可以不知本也 嗚呼 彼雜家者 皆不過得一端 而自好各以其智 舛馳而其
於吾儒本末一致之學 初未嘗過而聞焉 則萬殊一本之妙 亦何足責之於此 雖以吾黨之爲
此學者 言之苟或不察乎 博約相須之旨 致厥於內外兩進之工 而徒以多識之務 則其流於
獘 亦未免與彼同歸矣 可不戒哉

292 『河濱全集』內篇 卷18『八家總評』雜家類「雜家類總論」
謨兵之家有三說焉 曰仁義也 曰謀略也 曰行陣之法也 槪而言之 則此三說俱不可廢 仁
義卽而其本也

293 『河濱全集』內篇 卷18『八家總評』雜家類「雜家類總論」
今夫凶頑殘暴之人 賊虐生民 毒亂天下 則必有聖人仗兵而起 除其凶而安生民 滅其殘而

平天下 其所以除而滅之者義也 其所以安而平之者仁也 此仁義之所以不可廢者也

294 『河濱全集』內篇 卷18『八家總評』雜家類「雜家類總論」

兩軍爭鬪勝負未決 機變之錯出權智之迭見 則有謀者必克 而無謀者必負 多略者必勝而
少略者必敗 此謀略之所以不可廢也

295 『河濱全集』內篇 卷18『八家總評』雜家類「雜家類總論」

兵旣興矣 軍旣布矣 而師徒相混 衆寡無齊 則乖離散亂無所銃壹 故列之而爲行 聚之而
成陣 此行陣之法 所以不可廢也

296 『河濱全集』內篇 卷18『八家總評』雜家類「雜家類總論」

至就三者之中 而原論兵之所由以起則不過 向所謂除凶之義安民之仁 而已仁義之爲其
本者也 亦以此也 是以古昔聖人之用兵 謀略非不用也 行陣非不習也

297 『河濱全集』內篇 卷18『八家總評』雜家類「雜家類總論」

言其本心 則未嘗不在於仁義 雖以湯武之事言之 抂而取徑用謀略也 誓牧止齊

298 『河濱全集』內篇 卷18『八家總評』雜家類「雜家類總論」

習行陣也 而惟其用兵之本心 只在於弔氏而伐罪 則後之論者 亦必曰湯武之仁義 以此觀
之 三者之說 雖不可廢其一 而仁義之必當爲本者 盖昭然矣

299 『河濱全集』內篇 卷18『八家總評』雜家類「雜家類總論」

及至戰國之時 天下大亂 攻鬪日尋 而世之用兵者 不如仁義之當然本 謀略者則偏於謀略
其爲行陣者 則偏於行陣 謀略愈工而其毒愈深 行陣愈繁而其患愈滋

300 『河濱全集』內篇 卷18『八家總評』雜家類「雜家類總論」

自此以求天下之以兵流 指名者 莫不靡然同趨乎一轍 而其於仁義之說 不復知何等物矣

301 『河濱全集』內篇 卷18『八家總評』雜家類「雜家類總論」

今古以世所傳兵家諸書者之六韜一書 雖托太公之所撰 而顧其論說 全襲戰國之機譎 司
馬數篇 雖述周官之遺法 而原其歸趨 出伯者之權詐孫武愼戰之說似也

302 『河濱全集』內篇 卷18『八家總評』雜家類「雜家類總論」

而末乃曰 兵以詐立吳起教禮之語可矣而不過

303 『河濱全集』內篇 卷18『八家總評』雜家類「雜家類總論」

欲賴力於戰 三略之主言養民尉繚之深 戒狄人者 不無可取 而其論仁義 未免假借孔明之
心書 衡公之同對 出於僞作 固不足信 而若其所言 則類多後世狙詐之術 此皆不本仁義
而專尙謀略之過也

304 『河濱全集』內篇 卷18『八家總評』兵家類「兵家類總論」

至於韜鈐內篇 兪氏之續篇 則又全術行陣之法 雖其推言方圓奇正之變 牝牡虛實之勢者
極其精博 不爲無報於兵學 而其於仁義之所以爲本者 則亦未嘗一言及之二者 皆不足與
語乎

305 『河濱全集』內篇 권18 『八家總評』兵家類 「兵家類總論」
古昔聖人用兵之本心也 世之用兵者 誠能以是爲監 必以仁義爲本 然後兼及於謀略 行陣
之術干 以除其凶而安生民 滅其殘而平天下 則可以不失乎 古昔聖人用兵之本心而得免
二者之獘矣

306 『河濱全集』, 內篇 卷19《『八家總論』·『八家總評』》, 「八家總論」
雖然以觀之 則此八家者 雖其所執之說 各自爲方者如此 而深探乎其原 則道法等七家
實皆出於儒家 而儒家之於七家 初不可以若是其班也

307 『河濱全集』, 內篇 卷19《『八家總論』·『八家總評』》, 「八家總論」
淸靜虛寂雖曰 道家之說 而儒家亦有謂淸心寡慾虛中無我云者 此非道家之所尊也

308 『河濱全集』, 內篇 卷19《『八家總論』·『八家總評』》, 「八家總論」
信賞必罰 雖曰法家之說 而儒家亦有謂賞當其功 罰當其罪云者 則此非法家之所獨也

309 『河濱全集』, 內篇 卷19《『八家總論』·『八家總評』》, 「八家總論」
名家雖主於循名責實 而以禮經辨其名物之說觀之 則儒家之亦當名實者可知矣

310 『河濱全集』, 內篇 卷19《『八家總論』·『八家總評』》, 「八家總論」
墨家雖主於貴儉兼愛 而以孔聖寧儉汎愛之訓觀之 則儒家之亦尙儉愛者可知矣

311 『河濱全集』, 內篇 卷19《『八家總論』·『八家總評』》, 「八家總論」, 至如縱橫之明辯善辭 本
出於行人專對之職 雜家之博記兼通 本出於司史採述之留 而兵家之機略節制 亦祖乎司
馬之遺法 則是孰非儒家之所講者乎

312 『河濱全集』, 內篇 卷19《『八家總論』·『八家總評』》, 「八家總論」
其爲儒家者 旣不知儒道所包之廣大 而無以該攝乎七家 其七家者則又各得乎儒道之一
端 不知其源之　同出

313 『河濱全集』內篇 卷19《『八家總論』·『八家總評』》, 「八家總論」
尙何論儒家之不可班於七家 而七家之實 皆出於儒家乎 亦何望儒家之 能有以該攝乎七
家 而七家之能有　以反察乎儒道之爲其原哉

314 『河濱全集』內篇 卷19《『八家總論』·『八家總評』》, 「八家總論」
夫人之生也 氣質之稟 不能一齊 而其心之有知也 隨其所覺 而各有一見 苟非中天下而莅
萬民者 爲之明本然之理 指可一之道 而引之納之於吾儒之正學

315 『河濱全集』內篇 卷 19 《『八家總論』·『八家總評』》,「八家總論」

夫世衰以來 先王之敎 雖不復行 而若其所以敎之之法 則亦不至於泯焉無傳 六經所載可
攷也 學者誠能味其言 而體其道 亦何患不得其門 而坐受多歧之惑哉

316 『태종실록』 태종 8년 9월 庚申條.

태종의 장인 민제閔霽가 사망하자 그에 대한 사평에서 '이단을 배척하고, 음사淫祠를 미
워하고, 자신의 방안 벽에다가 개를 통해 승려와 무당을 쫓는 그림을 그려 놓고 보았다.'고
기록하고 있다.

317 『중종실록』 중종 15년 1월 庚子條.

남곤은 "사장은 국가의 중대한 일입니다. 예로부터 우리나라를 문헌文獻의 국가라고 일
컬어진 것은 빛나는 문장이 있었기 때문이었습니다. 그런데, 근래에는 음풍영월吟風詠月
을 모두들 그르다고 하여 이단이라 비판하므로 문장이 보잘 것이 없어지고 경술도 황망
하여졌으니, 만약 중국에서 문사가 사신으로 나온다면 누가 그 책임을 맡아 해답하겠습
니까."라고 사장을 복원하고자 하였다. 바로 그 이면에는 사장이 폐지되어 가고 있고 이단
으로 지목되어 비판받는 반증도 엿볼 수 있다.

318 『중종실록』 중종 21년1526 2월 丁卯條.

319 『중종실록』 중종 21년1526 2월 丁卯條.

320 정호程灝·정이程頤 형제 중에서 조선 후기의 조선성리학이 정이의 학문을 높여나간 것
은 정호의 학문적 영향이 양명학으로, 정이의 학문적 영향이 주자학으로 계승성을 갖고
있었다는 의미가 깊게 내포되어 있었을 것으로 사료된다.

321 『선조실록』 선조 1년 1월 戊寅條.

지중추부사 이황이 자신의 처신에 대하여 "신은 작년 한성에 들어와 망극한 변고를 당하
고 저의 몸에 갑자기 병이 도져 직무를 받들 수가 없었습니다. 제 몸을 돌보지 않고 충성
을 다해야 될 지위에서 본 뜻을 이미 펴지 못했을 바에는 다만 물러나는 것이 의리의 하나
가 된다는 분명한 생각을 하였습니다. 그러한 이유로 산릉山陵의 일이 앞에 있는데도 머
물러 기다리지 못하고 갑자기 빨리 돌아왔던 것입니다. [중략] 이를 두고 이름을 내기를
좋아한다고 하고 혹은 꾀병을 부린다고 하며, 어떤 자는 산새[山禽]로 비유하기도 하고,
혹은 이단으로 배척하기도 하였습니다.

322 『선조실록』 선조 4년 3월 丁卯條.

323 『澤堂別集』卷15,「追錄」.

曹南冥與退溪同時而南冥遯世標早著 固俯示退溪矣 退溪謙冲自守 絶不談人 物長短時
事得失 惟於鬪異端處 未嘗退讓 見先輩名儒立言或過 恐流於異端 則必力加分析而折衷

之

324 장지연,『儒敎淵源』, 匯東書館, 1922.
『유교연원』에 택당 이식이 이황의 이단사상을 평가한 내용을 그대로 전재하고 있음을 볼
때 16세기 이후 퇴계 이황의 주장과 같은 이단배척 사상은 조선 사림들에게 널리 전개된
것으로 해석된다.

325 『효종실록』 효종 즉위년(1649) 11월 己巳條.

326 『효종실록』 효종 1년 2월 乙巳條.

327 윤휴와 박세당의 사문난적으로의 지목은 그 단초에 불과할 뿐이다. 이를 계기로 관료사회
에서 공개적으로 정주학을 비판하는 인물은 거의 나오지 않았다는 이해이다.

328 『河濱全集』「河濱年譜」, 癸巳(1713)
12세 때『능엄경주해』를 구하여 독서를 하였는데, 그 구두句讀가 명료하였다고 한다.

329 물론 이학은 이단학을 줄인 약자로 해석해 볼 수도 있지만, 당시 그러한 역사적 용례가 쉽
게 찾아지지는 않고 있다는 본 연구자의 견해이다.

330 『河濱雜著』「雙溪夜話」
今聖朝則專尙儒術 異端之說莫行 乃於儒術之中 自相是非 遂成朋黨其害 豈止老佛哉
耳老 日爲今之務 必去朋黨然後 方可言治

331 『河濱全集』「河濱年譜」, 戊戌(1718)
四十四年 戊戌 先生十七歲春 畏窩公召至前戒之 日汝近來溺於雜家說如老莊浮誕之說
非君子所當玩孫吳諸兵書 亦非士之急先務 其他小說稗史 莫非害於吾人心術者也 汝於
此心上受病已深矣 不可不急速反求於經書 以革前習 然經書中大學一書最爲學者 門路
先從大學上定其規模則遍讀他經書 無所不可 此吾所聞晚湖先生 而晚湖先生亦聞於觀
雪許先生者 也 今以告汝 汝其勉之哉 公於是退而讀大學 以其暇取性理大全看之 公旣
取性理大全 潛心一閱然後 始知聖人之道 大中至正 非諸子之所可彷彿 自是歸心於道學
必以闡明斯文爲期

332 성호 이익은 사서 질서를 저술한 뒤에 그가 해석한 내용이 직·간접적인 비판의 대상이 되었
고, 그가 지은 시의 구절을 가지고 정치적인 해석으로 사회를 비난한다는 비판을 받고 있었
다는 사실은 앞에서 논급하였다.

333 『順庵文集』 권5 書, 答李輝遠暨問目 乙亥

334 『河濱雜著』,「自警說」.
口雖云云 而不能實下工夫 則眞古人所謂能言之鸚鵡也 可不戒哉

335 『河濱全集』內篇 권17,「皇明諸家評要」評文淸公雪瑄道論.

"文淸此書 和氣和 可見其中所養之厚 論道則以太極爲宗 論學則以虛中爲本 是盖祖述乎濂溪者也 其中如 曰太極一圈 中虛無物 人能中虛無物 則太極之妙 可嘿識矣 [中略] 聖賢之書 其中必有體要 如明德爲大學之體要 誠爲中庸之體要 體要者 何一理而足以該萬殊也

336 강병수,「하빈 신후담의 역학 연구와 이해」,『한국사상사학』16輯, 2001.6, 73~75쪽.

337 『河濱全集』內篇 권17,「皇明諸家評要」

評陳瑱近思雜問 陳氏此書 雖未見有精緻之味 而皇朝之末異學披昌 此獨守程朱舊說爲可貴也 其論爲人爲己一條 最爲可味 曰已爲是 眞實無僞

338 『河濱全集』內篇 권17,「皇明諸家評要」

評泰和羅欽順困知記 羅泰和此書 其擧經傳及先儒書而隨見論列者可想 其用功之博而但精至之味 其論朱陸異同一段 最爲痛快

339 『河濱全集』內篇 권17,「皇明諸家評要」

評王守仁陽明語錄 陽明之爲異學 先輩已有定論 今就此書考之 其論大學諸說 要體禪家意思

340 『河濱全集』內篇 권17,「皇明諸家評要」

評王守仁陽明語錄 陽明之爲異學 先輩已有定論 今就此書考之 其論大學諸說 要皆禪家意思

341 『河濱全集』卷17,「皇明諸家評要」

評陳獻章白沙要語 內有格言一條 今取而錄之曰 文狀功業氣節 果皆自吾涵養中來 三者皆實學也

342 『河濱全集』卷17,「皇明諸家評要」

評朱俊柵讀書錄 朱氏此書 雜取經書中 性命微妙之說 以議論釋末附以太極 議良知之說 而其說皆幻亡可駭 如釋易之窮理盡性 以至於命曰 至命者 與道一也 與道一 則理性皆剩語矣 夫以理性爲剩 則是仁義可遺而生民之倫廢也

343 『河濱全集』卷17,「皇明諸家評要」

評王畿三山麗澤及南遊會記."麗澤錄南遊會記兩書 皆王畿之與其師友追述陽明學者也 而其所述之該 則推以致良知爲要 其在麗澤錄者有曰 致良之學 原本虛寂 而未嘗離於倫物之感應 固聖學之宗也

344 『河濱全集』卷17,「皇明諸家評要」

評鄭善夫經世要談."要談有曰 元東陽庶皮子謂 秦漢而下 說經善者不傳 傳者多未善 淳

熙以來 講說尤與洙泗不類

345 그는 중국 입성 이전에 중국 언어와 문화를 익혔고, 그들과 접촉하면서는 승복僧服과 중국 선비들의 의복을 좇아 입으며 거부감을 불식시키려 노력하였으며, 중국 지식인들과 접촉하면서는 그들이 궁금하여 알고자 하는 천문학·수학·물리학 등 자연과학과 세계지리를 가르쳐주고, 유학 경서들을 강론하면서 유학의 개념들과 천주교 원리의 공통된 부분을 찾아 이론화함으로써 그것을 부각시키려 하였다. 학술적 측면으로의 전개를 기존 학설에서는 보유론補儒論이라 일컫는다.

346 이원순, 『朝鮮西學史硏究』, 一志社, 1986. 60~62쪽

347 이수광, 『芝峯類說』, 諸國部 外國條

348 영혼의 문제는 아리스토텔레스(B.C 384~B.C 322)가 처음 다루면서 그리스 철학에서 가장 중요한 개념으로 사용하기 시작하였다. 그 뒤 서양 철학에서 핵심이 되었고, 가톨릭 교단에서는 토마스 아퀴나스(Thomas Aquinas, 1224~1274)가 아리스토텔레스의 개념과 내용을 긍정하여 가톨릭 이념으로 해석하였고, 삼비아시는 이를 가톨릭 선교를 목표로 중국 지식인들에게 유교의 理 및 불교의 영혼과 비교 해설한 것이다.

349 『영언려작』프란체스코 삼비아시 지음, 김철범·신창석 옮김, 일조각, 2007. 서문 11~20쪽

350 김옥희, 『서학의 수용과 그 의식구조』-이벽의 『聖敎要旨』를 중심으로, 『한국사론』1, 국사편찬위원회, 1973. 173쪽.

351 裵賢淑, 「17·8세기에 전래된 천주교서적」, 『교회사연구』3, 1981. 5~8쪽.

352 중국에서 서양 선교사나 학자들을 직접 만나거나 서학서를 연경에서 직접 구입하는 경우로서 엄격히 이해한다면 유럽을 직접 경험한다는 것은 당시에는 거의 불가능한 일이었다.

353 『河濱雜著』, 「西學辨」, ‘紀聞編’, 甲辰春條.
余問 曰嘗見一書言西泰之學 盖以尊奉天神爲宗 故日本平行長 嘗爲其學而所居必置天神像云

354 『河濱雜著』, 「西學辨」, ‘紀聞編’, 甲辰秋條
問日頃見先生深取西泰之學 竊嘗西泰所撰織方外紀 觀之則其道全襲佛氏

355 『河濱雜著』, 「西學辨」, ‘紀聞編’, 甲辰春條

356 『河濱雜著』, 「西學辨」, ‘紀聞編’, 戊申條
春見李翊衛紀聞 名栻居利川.

357 『천주실의』는 「서학변」에서 읽었음이 확인되고, 『천문략』은 「하빈연보」경진, 1760에 의

하면 신후담 말년에 저술한 『천문략』이 있었던 기록으로 보아 그렇게 추정된다. 이 저술은 현전하지는 않는다.

358 『영언려작』과 『직방외기』를 읽었다는 사실은 「서학변」에서 명확히 확인되고, 「곤여도설」은 1759년하빈연보 경진조에 『곤여도설』을 저술했다는 기록으로 미루어 읽었을 가능성을 추측할 수가 있다.

359 『河濱雜著』,「西學辨」,‘紀聞編’, 甲辰春條
그는 서학에 관한 내용을 전하는 책을 한 권 보았는데, 그 책에서 설명하기를 그 학문을 행하는 사람들은 거처하는 곳에 반드시 천신상天神像을 둔다는 것이다.

360 加納喜光 著, 한국철학사상연구회 기철학분과 옮김, 『중국의학과 철학』, 여강출판사, 1991.

361 신후담의 『서학변』의 내용은 중국에서 유럽 예수회의 성리론 비판에 대해 초기에 대응한 정주 유학의 논리수준이었음을 확인하게 된다. 특히, 理에 대한 해석의 입장차이라든가 상제와 천주와의 상관 관계에 대한 이해 차이가 그 대표적인 예이다.

362 서종태徐鍾泰가 일찍이 「기문편」을 번역하여 발표한 바가 있다『교회사연구』 16집, 2001. 그뒤 이익과 신후담 사이에서 전개된 뇌낭을 중심으로 다룬 연구도 나오게 되었다. 강병수, 「성호 이익과 하빈 신후담의 서학담론」–뇌낭에 대한 인식을 중심으로–, 『한국실학연구』 6호, 2003.

363 『河濱雜著』,「西學辨」,‘紀聞編’, 甲辰春條.
星湖 曰此人之學 不可歇者 今以其所著文字如天主實義天學正宗等諸書觀之 雖未知其道之必合於吾儒 而就其道而論其所至則亦可謂聖人矣.

364 『河濱雜著』,「西學辨」,‘紀聞編’, 甲辰春條
此雖與吾儒心性之說不同 而亦安知其必不然也

365 『河濱雜著』,「西學辨」,‘紀聞編’, 甲辰春條
李丈 曰此等處雖與佛氏略同 而佛氏則寂滅而已 西泰之學則有實用處

366 『河濱雜著』,「西學辨」,‘紀聞編’, 甲辰春條
余問曰 若有實用處 則其言豈有及於治民定國之術者 而其先亦有能與治道如堯舜禹湯之盛者乎

367 『河濱雜著』,「西學辨」,‘紀聞編’, 甲辰春條
李丈 曰考其文字亦有論治道者 亦有記聖君賢主之事者 而若吾之所謂實用者 取其天問略幾何原本等諸書中所論天文籌數之法 發前人所未發 大有益於世治

368 『河濱雜著』,「西學辨」,‘紀聞編’, 甲辰秋條

舍問曰 頃見先生深取西泰之學 竊嘗求西泰所撰職方外紀觀之 則其道全襲佛氏 其爲邪
學無疑

369 『河濱雜著』,「西學辨」 '紀聞編', 甲辰秋條
問 曰頃見先生探取西泰之學 竊嘗求西學所撰職方外紀觀之 則其道全襲佛氏 其爲邪學
無疑 先生取他之意竊所未曉

370 『河濱雜著』,「西學辨」 '紀聞編', 甲辰秋條
李丈不以爲然曰 西泰之學不可歇看

371 『河濱雜著』,「西學辨」 '紀聞編', 乙巳秋條
李丈問曰 吾嘗聞尹幼章之言 則君斥西泰之學 不遺餘力云 君知西泰之學爲何如耶 [중
략] 至其天主之說 昧者瞠爲 而今以經傳所載上帝鬼神之說觀之 則其說亦有嘿相契者
此中士斥天主之說 所以見屈於西士者也 然則君之今日之斥西泰之學 亦恐有未深考者
也.

372 『河濱雜著』,「西學辨」 '紀聞編', 乙巳秋條
余對曰 西士之書 固未深考矣 之獨見職方外紀所載多涉荒誕 嘗對尹兄有所云云

373 『河濱雜著』,「西學辨」 '紀聞編', 乙巳秋條
今者奉教始知西學之是非有非猝然立說之可破者也 然以鄙見論之 彼盖有才而高於術
者也 故其星曆之說 容不無精妙處而至其論道之荒誕 則所謂賢智之過也 抑彼之所以論
星曆者 其與古人同異何如

374 『河濱雜著』,「西學辨」 '紀聞編', 乙巳秋條
但其食之在東 則東見而西不見 其食之在西 則西見而東不見 因其見不見而食不食耳 遂
爲日景圖 以明其所以然 凡此諸說 今以中國曆書驗之 則古所無也

375 『河濱雜著』,「西學辨」 '紀聞編', 乙巳秋條
其在西國遠有來歷 盖一朝之所創 吾嘗卽見書而 驗其理 則一一良是 不得不信 抑吾於緯
書中鄭康成一說 曰地厚三萬里 此與西泰所謂地圍九萬里者 暗相符合[중략]然旣 知其言
之當理 則豈以其異於古而不取之乎

376 『河濱雜著』,「西學辨」 '紀聞編', 乙巳秋條
抑西泰之論曆學也 中士之信從而聽受之者 果有幾人

377 『河濱雜著』,「西學辨」 '紀聞編', 乙巳秋條
李丈曰 當時中士之接其論者 盖多信聽而李之藻尤酷信之 終傳其法 嘗著渾盖通憲一書
謂其法與渾天盖天相發也

378 『河濱雜著』, 「西學辨」 '紀聞編', 丙午冬條

然觀其所著 天學正宗靈言蠡勺等書 則其所論學之說 全襲佛氏 無足可取 且其所傳靈應
之蹟類多矯誕而不近理 顯有誣世之意

379 『河濱雜著』, 「西學辨」 '紀聞編', 丙午冬條

星湖曰 西士豈必欲誣世者哉 但酷信鬼神而然耳

380 『河濱雜著』, 「西學辨」 '紀聞編', 丙午冬條

至其辨斥太極之說 則全襲陸王氏餘論 鄙意則竊恐此未必西士所爲也 或是中國之好事
者 傅會而成之也

381 『河濱雜著』, 「西學辨」 '紀聞編', 丙午冬條見

星湖曰其言天神之事 雖涉荒誕 然西士豈必欲惑世而誣人者哉 至其辨斥太極之說 雖與
陸王偶合 然其說亦自有見

382 『河濱雜著』, 「西學辨」 '紀聞編', 戊申春條

李丈曰 嘗以心腎說 與安山有往復 而彼此不能歸一 嫌於強辨而自止

383 『河濱雜著』, 「西學辨」 '紀聞編', 己酉秋條

余對曰 西泰之說曰 草木之魂 則生而已 禽獸之魂 則生而又覺 人之魂 則生覺矣而又靈
又曰 人有腦囊在顧恩之際爲說合之主 安山嘗稱其言有理

384 『河濱雜著』, 「西學辨」 '紀聞編', 己酉秋條

李丈曰 三魂之說 雖若創新而觀其分等之意 實出於吾儒家人物通塞之論 腦囊之說 又與
醫書之所以論隨海者 此不過新其名奇其術 而未必有絶出之見也

385 『河濱雜著』, 「西學辨」 '紀聞編', 己酉秋條

李丈曰 [중략] 又與醫書之所以論隨海者 此不過新其名奇其術 而未必有絶出之見也

386 그러나 '기문편紀聞編'을 신후담 사후 편집하는 과정에서 포함하였을 개연성은 없지는
않다고 생각된다. 하지만 신후담의 생각도 후대 편집자와 같았을 경우 「기문편」은 1724
년부터 1729년 사이에 신후담이 스승들과 직접 질의응답 형식을 취한 내용을 그대로 담
았다는 사실이다. 그러므로 1729년 가을에 이만부와의 마지막 질의응답 한 사실에 유추
해 본다면 그 다음 해부터 완료하였거나 시작하였을 개연성이 높다는 해석이다.

387 『河濱雜著』, 「西學辨」 '紀聞編', 甲辰春條

388 『河濱雜著』, 「西學辨」 '紀聞編', 甲辰秋條

389 『河濱雜著』, 「西學辨」 '紀聞編', 乙巳秋條

390 『河濱雜著』,「西學辨」'紀聞編', 丙午冬條

391 『河濱雜著』,「西學辨」'紀聞編', 戊申 正月 初 六日條

392 『河濱雜著』,「西學辨」'紀聞編', 己酉秋條

393 신후담은 그의 『서학변』에서 『영언려작』·『직방외기』·『천주실의』 등 한문서학서를 각각 하나의 주제로 다루고 있기 때문에 문헌명과 주제명 기호 표시를 각각 『○○○』과 '○○○'으로 차이 나게 한 것이다.

394 『河濱雜著』「西學辨」'天主實義'
제5편은 간략하게 비판하고 있고, 제6편은 생략한 예가 그것이다.

395 『河濱雜著』「西學辨」'靈言蠡勺' 序文

396 『河濱雜著』「西學辨」'靈言蠡勺' 序文
人之生也 陰精陽氣 聚而成物 及其死也 魂遊魄降 散而爲變 旣是變則存者亡 堅者腐更無物也 彼謂永永常在者 果何據也

397 『河濱雜著』「西學辨」'靈言蠡勺' 序文
所謂天堂地獄之說哉 設有天堂地獄 而人死之後 形旣朽滅 魂亦飄散 則天堂地獄 將安所施設

398 『河濱雜著』「西學辨」'紀聞編' 甲辰春條
余問日 嘗見一書言西泰之學 盖以尊奉天神爲宗 故日本行長 嘗爲其學 而所巨必置天神像云 此說信否 李丈日 如天主實義中所載者 亦是尊奉天神之說也 余問日 此與佛氏天堂地獄之說 何如

399 『河濱雜著』「西學辨」'靈言蠡勺' 序文
繼有佛氏者出 人死而情神不滅 有天堂地獄之法 旣足以中世人之心 而堂獄輪報等說 又有以辨斥以後 其說之虛僞綻露 無餘而人亦厭之矣 至於皇明之末 西泰之學 始入中國 則又因佛氏之餘論而變而新之

400 『河濱雜著』「西學辨」'天主實義' 제5편 '辨排輪回六道戒生殺之謬說而揭齋素正志'
按此篇所以辨斥輪回之說是矣 而佛之氏推善惡於前世 此之指禍福於後世者 其爲離本世 架虛說則均矣 且所謂後世之禍福者 實用佛氏天堂地獄之餘論 以此而斥輪回 其不爲佛氏之所笑者 幾希矣

401 『河濱雜著』,「西學辨」'職方外紀'
如所謂化誘世人 轉輪不絶者 卽佛氏勸善之意也 如所謂公共瞻禮明日彌撒者 卽佛氏頂禮之事也 如所謂拋棄世間福樂 避居山谷 畢世修持者 佛氏之出家也 如所謂初悔有拔之

斯摩之禮 重解罪有恭棐達之者 卽佛氏之懺罪也

402 『河濱雜著』,「西學辨」'職方外紀'
其斥輪之說雖與佛氏若異 而所謂至命終 天主審判而賞罰之者 卽佛氏剉燒舂摩之餘論
至如前知預說 佛氏之有識者 猶不肯爲至斥以邪魔外道

403 『河濱雜著』,「西學辨」'職方外紀'
而此書則特以前旨未來神聖之極 以爲西方聖人多有受命天主 凡有疑事 必得嘿啓 其所
前知 悉載經典 後來無不符合 如天主降生於如德亞 白德稜之地云云 此等說尤 爲淺露
徒以自狀其荒誕可笑之甚者也

404 『河濱雜著』,「西學辨」'天主實義' 第一 篇'首論天主始制天地萬物而主宰安養之'
謂天主制作天地萬物 而主宰安養之者 最是一篇之要領

405 『河濱雜著』,「西學辨」'天主實義' 第一 篇'首論天主始制天地萬物而主宰安養之'
謂天主制作天地萬物 而主宰安養之者 最是一篇之要領 而覽其辭意 頗因吾儒論上宰之
說 以爲托眞衒僞之辯 而終有所不能自掩者

406 『河濱雜著』,「西學辨」'天主實義' 第一 篇'首論天主始制天地萬物而主宰安養之'
然程子曰 以主宰謂之帝

407 『河濱雜著』,「西學辨」'天主實義' 第一 篇'首論天主始制天地萬物而主宰安養之'
然程子曰 以主宰謂之帝 則彼謂天主之主宰 天地者其說可也

408 『河濱雜著』,「西學辨」'天主實義' 第一 篇'首論天主始制天地萬物而主宰安養之'
朱子曰 萬物隨帝而出入 則彼謂天主之安養萬物者 其義亦近之

409 『河濱雜著』,「西學辨」'天主實義' 第一 篇'首論天主始制天地萬物而主宰安養之'
而至謂天地之成由於天主之制作 則此乃於理無徵 於經無稽 而特出於臆度之論

410 『河濱雜著』,「西學辨」'天主實義' 第八篇'論傳道之士所以不娶而并釋天主'
彼嘗謂上天之度數 各依其則 次舍各安其位而無所差忒者 由天主之主宰乎

411 『河濱雜著』,「西學辨」'天主實義' 第八篇'論傳道之士所以不娶而并釋天主'
天則天主之不可一日離天也明矣 而今乃降生于民間 至於三十三年之久 則是其三十三年
之間 天固爲無主之一閑物矣

412 『河濱雜著』,「西學辨」'天主實義' 第八 '篇論傳道之士所以不娶而并釋天主'
今乃降生于民間 至於三十三年之久 則是其三十三年之間 天固爲無主之一閑物矣 度數
次舍 能無差忒之患乎

413 『河濱雜著』,「西學辨」'天主實義' 第八篇 '論傳道之士所以不娶而幷釋天主'
彼嘗謂天主 爲古今大父 宇宙公君 則是必偏覆四海之內 而不當以私恩小惠 偏施於一方
之人也次矣

414 『河濱雜著』,「西學辨」'天主實義' 第八篇 '論傳道之士所以不娶而幷釋天主'
今西泰之外 天下之國不啻 萬區莫非天主上帝之所子也 而不聞天主之降生於各國

415 『河濱雜著』,「西學辨」'天主實義' 第八篇 '論傳道之士所以不娶而幷釋天主'
狼生於西泰之國 則天主施恩之道 可謂偏私之甚 而惡在其爲大父公君也

416 『河濱雜著』,「西學辨」'天主實義' 第八篇 '論傳道之士所以不娶而幷釋天主'
只此二段已可見虛僞之竭露 而其說之不足憑 盖有不待多言而明者矣

417 『河濱雜著』,「西學辨」'靈言蠡勺' 第一篇 '論亞尼瑪之體'
然人生也 先有形體 然後方有陽氣來附而爲魂 故春秋傳曰 物生始化曰魂 旣生魄陽曰魂
太極圖曰 形 旣生矣 神發知矣 人之死也 形旣朽滅 而魂亦飄散 不能自有 故張子曰 遊魂
爲變者 自有而無也 朱子曰 魂氣歸于天者 只是氣散也

418 『河濱雜著』,「西學辨」'靈言蠡勺' 第一篇 '論亞尼瑪之體'
必謂靈魂異於生覺 故死而不滅 則此有不然 人之一身 只有一魂 所以生者此魂也 所以覺
者此魂也 但萬物之中 人稟天地之秀氣 故其魂比物爲靈 非旣有靈魂 又有生魂覺魂三者
各爲一物 而並行於一身之中也

419 『河濱雜著』,「西學辨」'靈言蠡勺' 第一篇 '論亞尼瑪之體'
按此謂生覺則人物之共有 而靈魂則人之所獨有 故靈魂爲神之類 而別於生覺也 然謂
人魂之別於物魂 則可謂靈魂之別於生覺 則是三魂者 疑若各爲一物 而其蔽與上文本自
在之說同也

420 『河濱雜著』,「西學辨」'靈言蠡勺' 第一篇 '論亞尼瑪之體'
至其斥謂魂爲氣之說 則微有意思而其辭亦未明暢魂之於氣 亦猶魄者精之神也 魂者氣
之神也 旣氣之神
則固不可便謂之氣而非氣 則又無所謂魂也 今但言魂之非氣 而不言其爲氣之神 則將使
不知者 離氣而
魂矣 豈不誤耶

421 『河濱雜著』,「西學辨」'靈言蠡勺' 第一篇 '論亞尼瑪之體'
何謂不能死 以別於他物之生魂覺魂 不能自立與體俱滅也 又以正人死 魂與俱滅之妄說
又以正人有三魂 死則生覺已滅 靈魂獨在之誤論 亞尼瑪是一非三 只此靈魂亦覺人死
之後 因無軀殼 故生覺不用 僅令復生靈魂 與肉身復合 仍用生覺如前未死

422 『河濱雜著』,「西學辨」'靈言蠡勺' 第一篇 '論亞尼瑪之體'
生覺之依於體 人與物均焉 何獨在物之生覺 則與體偕滅 而在人之生覺 則人死不滅乎

423 『河濱雜著』,「西學辨」'靈言蠡勺' 第一篇 '論亞尼瑪之體'
今欲証靈魂之不滅 而無奈三魂之不可分 則遂謂生覺之並與不滅

424 『河濱雜著』,「西學辨」'靈言蠡勺' 第一篇 '論亞尼瑪之體'
欲証生覺之不滅 而無奈生覺之依於體 則遂謂人之生覺 異於物之生覺 輾轉流盾不覺罅
漏之自露 其亦不足辨也

425 『河濱雜著』,「西學辨」'靈言蠡勺' 第一篇 '論亞尼瑪之體'
且謂人死之後 生覺不用 則生覺於何 而驗其不滅乎

426 『河濱雜著』,「西學辨」'靈言蠡勺' 第一篇 '論亞尼瑪之體'
生覺旣不用 則雖不滅而與滅無異

427 『河濱雜著』,「西學辨」'靈言蠡勺' 第一篇 '論亞尼瑪之體'
且生覺不用 則靈魂獨用也 奈何生也 則是一非三而不可分 死也則一用一不用 而分爲二
物耶 雖有天堂之樂 而必不能覺其爲樂 雖有地獄之苦 而必不能覺其爲苦

428 『河濱雜著』,「西學辨」'靈言蠡勺' 第一篇 '論亞尼瑪之體'
且生覺不用 則靈魂獨用也 奈何生也 則是一非三而不可分 死也則一用一不用 而分爲二
物耶 雖有天堂之樂 而必不能覺其爲樂 雖有地獄之苦 而必不能覺其爲苦 如是而必欲求
升天之事者 亦何意也

429 『河濱雜著』,「西學辨」'靈言蠡勺' 第一篇 '論亞尼瑪之體'
凡物皆有兩模 一體模一依模 體模者 內體模物所由成 非是模不成是物 依模者 外形模
物之形像 可見者是也

430 『河濱雜著』,「西學辨」'靈言蠡勺' 第一篇 '論亞尼瑪之體'
按魂者依於體 有是體然後有是魂 非先有是魂然後依是魂之模像而爲形體也 以此知體
模之說非也

431 『河濱雜著』,「西學辨」'靈言蠡勺' 第一篇 '論亞尼瑪之體'
何謂終賴額辣濟亞 賴人之善行 可享其福 是言亞尼瑪之爲言者也 亞尼瑪在人他無終向
惟賴聖寵 可盡力向事陟斯 立功業以享天上眞福也

432 『河濱雜著』,「西學辨」'靈言蠡勺' 第一篇 '論亞尼瑪之體'
曰額剌濟亞者 以則天上眞福 非人之志力 與天主公祐 所能得之 必有額剌濟亞之特祐 又
有三端 一爲初提醒得之 二爲次維持特祐 三爲恒終特祐 初提醒特祐者 非我功力所致

天主徒與諸人者 人已得提醒 又賴此維持特祐 與我偕行 日遷於義 而行義加勤 獲祐加
重

433 『河濱雜著』,「西學辨」'靈言蠡勺' 第一篇 '論亞尼瑪之體'
此維持之特祐 爲有與而與者也 賴此維持之特祐 而偕行諸善 爲義不止 又得天主與我恒
終特祐 時刻偕行 至死爲義者 毫無間斷 此恒終特祐 亦可與而與者也 如是命終 而得眞
福 則爲當與而與者也

434 『河濱雜著』,「西學辨」'靈言蠡勺' 第二篇 '論亞尼瑪之能'
覺能有二 一者外覺 一者內覺

435 『河濱雜著』,「西學辨」'靈言蠡勺' 第二篇 '論亞尼瑪之能'
行外覺以外能 外能有五司 耳目口鼻體是也 行內覺以內能 內能有二司 有四職

436 『河濱雜著』,「西學辨」'靈言蠡勺' 第二篇 '論亞尼瑪之能'
一公司 主受五司所取 辨色臭味等 受而能分別之

437 『河濱雜著』,「西學辨」'靈言蠡勺' 第二篇 '論亞尼瑪之能'
二思司 思司有三職 其一主臓五司所受諸物之意也

438 『河濱雜著』,「西學辨」'靈言蠡勺' 第二篇 '論亞尼瑪之能'
內二司之外 別有一能 曰嗜司

439 『河濱雜著』,「西學辨」'靈言蠡勺' 第二篇 '論亞尼瑪之能'
凡外五司內二司 所取之物 可嗜或可棄之

440 『河濱雜著』,「西學辨」'靈言蠡勺' 第二篇 '論亞尼瑪之能'
此爲嗜司 嗜司之能 又有二分 一者欲能 一者怒能 凡所嗜所棄 於已宜則欲求 不相宜則
欲去之 此爲欲能 所嗜所棄 於已相宜 則敢求之 不相宜則欲去之 此爲欲能 所嗜所棄 於
已相宜 則敢求之 不相宜 則敢去之

441 『河濱雜著』,「西學辨」'靈言蠡勺' 第二篇 '論亞尼瑪之能'
此爲怒能 或嗜或棄 各兼二者 然欲能柔怒能剛 怒能欲能之敵也 已上內外諸司 人與鳥
獸等無異 是覺魂所有之能 天主於人之亞尼瑪 亦全界之 卽人之亞尼瑪 亦可稱爲覺魂也

442 『河濱雜著』,「西學辨」'靈言蠡勺' 第二篇 '論亞尼瑪之能'
按此端外覺內覺之說 全不近理人之知

443 『河濱雜著』,「西學辨」'靈言蠡勺' 第二篇 '論亞尼瑪之能'
雖因耳目之所接 覺其爲某物 而其所以覺之則非耳目也 心也 故 人之知覺只有心覺一路
而心覺之外 更無別覺

444 『河濱雜著』,「西學辨」'靈言蠡勺' 第二篇 '論亞尼瑪之能'

今日 行外覺以外能 行內覺以外能 則是人之一身當 有兩覺 分據內外 而各有一物

445 『河濱雜著』,「西學辨」'靈言蠡勺' 第二篇 '論亞尼瑪之能'

外覺之時 直以外能 以覺心則無與於其間 是果成說乎

446 『河濱雜著』,「西學辨」'靈言蠡勺' 第二篇 '論亞尼瑪之能'

記含者 分之有二 一日司記含 一日靈記含 司記含之職 止能記有形之物 故禽獸等皆有之 靈記含之職 能記無形像之物 惟人有之

447 『河濱雜著』,「西學辨」'靈言蠡勺' 第二篇 '論亞尼瑪之能'

靈記含依亞尼瑪之體 與明悟愛欲 同皆謂之不能離之賴者

448 『河濱雜著』,「西學辨」'靈言蠡勺' 第二篇 '論亞尼瑪之能'

司記含之所在者 腦囊居顱頭之後 何言兩記含 當有兩所 試思 天主賜我能視有形之物旣 有有形之目則物能明 無形之物者 必有無形之目 能嘗有形之味

449 『河濱雜著』,「西學辨」'靈言蠡勺' 第二篇 '論亞尼瑪之能'

有形之司取有形之物 其所記含 必有有形之所 無形之司取無形之物 其所記含 必有無形之所 有形之前則腦囊 無形之所則 亞尼瑪

450 『河濱雜著』,「西學辨」'靈言蠡勺' 第二篇 '論亞尼瑪之能'

其謂司記含之在顱頭之後者 與吾儒心學之說 判然不同

451 『河濱雜著』,「西學辨」'靈言蠡勺' 第二篇 '論亞尼瑪之能'

夫人之一身 內而臟腑 外而百體 其數何限 而吾儒之學 必以心爲本者何也

452 『河濱雜著』,「西學辨」'靈言蠡勺' 第二篇 '論亞尼瑪之能'

心之爲物 光明發動 而神明陟降乎舍焉 故虛靈知覺 以爲一身之主宰

453 『河濱雜著』,「西學辨」'靈言蠡勺' 第二篇 '論亞尼瑪之能'

凡所以記藏思惟酬酌云爲者 莫非此心之所爲

454 『河濱雜著』,「西學辨」'靈言蠡勺' 第二篇 '論亞尼瑪之能'

詩所謂中心藏之 孟子所謂心之官思 朱子所謂具衆理應萬事者 是也

455 『河濱雜著』,「西學辨」'靈言蠡勺' 第二篇 '論亞尼瑪之能'

今如此書所言 則是人之記藏思惟酬酌云爲者 皆於腦囊之爲 而心則成一寄贅之物 無有 虛靈知覺可言矣 此必無之理也

456 『河濱雜著』,「西學辨」'靈言蠡勺' 第二篇 '論亞尼瑪之能'

至於靈記含之說 又謂其在無形之所記無形之物 而與所謂司記含 各爲一物 則此盖不察
乎心靈不測思徹萬微之妙 而强以靈記含當之 又不念道器一致 顯微無間 有形無形之不
可爲二物 而强以記有形記無形分之也 其說之支離 詖循也 亦甚矣

457 『河濱雜著』,「西學辨」'靈言蠡勺' 第二篇 '論亞尼瑪之能'
抑腦囊之說 亦有所來 嘗見醫書 引內經天谷元神守之 自眞之文而解之 日天谷泥丸 乃元
神之室 靈性之所存 是神之安也 又日泥丸之宮 魂魄之宄也 泥丸卽元首九官之一 而腦囊
之稱 又與泥丸之義相符 今若以此而論醫理 則亦無不可

458 『河濱雜著』,「西學辨」'靈言蠡勺' 第二篇 '論亞尼瑪之能'
但謂記藏思惟酬酢云爲 皆於腦囊 而心乃無預於其間 此其所以爲舛理之言也

459 『河濱雜著』,「西學辨」'靈言蠡勺' 第二篇 '論亞尼瑪之能'
明悟者 分之有二 總之歸一 分爲二者 其一作明悟 其一受明悟 作明悟者 作萬象以助受明
悟之功 受明悟者 遂加之光 明悟萬物而得其理 作者能爲可得 受者所以得之也

460 『河濱雜著』,「西學辨」'靈言蠡勺' 第二篇 '論亞尼瑪之能'
何以必言一者 凡物之所然 皆有二緣 一爲作緣 一爲受緣 先有作者 後有受者 試如器用
造之者爲作者 用之者爲受者

461 『河濱雜著』,「西學辨」'靈言蠡勺' 第二篇 '論亞尼瑪之能'
又耳所聽之解 爲作者 以耳聽之 爲受者 若未有作 安得有受盡所然如是

462 『河濱雜著』,「西學辨」'靈言蠡勺' 第二篇 '論亞尼瑪之能'
何獨明悟否乎 今有一理於此 已得明悟 是所然也 其緣則先有作者爲可明 次有受者明之
則遂明矣 試以有形易見者解之 凡明悟者 非明悟其物之體 物之質 必將棄其體 質精識其
微通者焉 體質爲專屬 微通者爲公共 如遇一有形之物 彼先出其像 入於我之目司 此時
物去則像隱 其像全係物之形質 是爲至粗 非可明之物 被明悟者也 旣而入於公司 公司者
五司之共公所也 此像旣離於此物 然物之專像 無所不取 像與物谷有係屬 是在精粗之間
亦未爲可明之物也 旣從公司入於思司而分別之 則此物咸別於他物 旣不能無分彼此 此
旣像與物 微有係屬 不能比於大通 亦未爲可明之物也 旣而歸於作明悟者 不惟盡脫於
物之體質 並悉損棄其爲彼爲此 但留之之精微 衆物所公共者 則可得而明悟之矣

463 『河濱雜著』,「西學辨」'靈言蠡勺' 第二篇 '論亞尼瑪之能'
按此論明悟者 大略以爲明悟之司有作受二緣 作明悟者 作萬像以助受明悟之功 受明悟
者 遂加之光明悟萬物 而得其理作者 能爲可得受者 所以得之也 其論明悟之極 則日盡脫
於物之體質 悉棄其爲彼爲此 而留物之精微大二氣交運五行煩布 而林林之屬得 必能生
於其間 此莫非天理之自然 而非爲助人之明悟而作之也

미주   284

464 『河濱雜著』,「西學辨」'靈言蠡勺' 第二篇 '論亞尼瑪之能'

人有是身 必有是心 爲神明升降之舍 而知覺出焉 故人之所以能明悟物理者 亦莫非心靈
之所爲 而初非外science 受之也

465 『河濱雜著』,「西學辨」'靈言蠡勺' 第二篇 '論亞尼瑪之能'

且所謂明悟物理者 亦不過因其物而明其理而已 豈以人爲而加之光哉

466 『河濱雜著』,「西學辨」'靈言蠡勺' 第二篇 '論亞尼瑪之能'

道器雖有精粗之分 而此物之理 不外於此物之體 萬物之理 雖曰一原而其分之殊 盖有不
可以一齊者 此形也

467 『河濱雜著』,「西學辨」'靈言蠡勺' 第二篇 '論亞尼瑪之能'

天性之說 所以著於孟子 而聖人之道 必以一貫而爲貴者也

468 『河濱雜著』,「西學辨」'靈言蠡勺' 第二篇 '論亞尼瑪之能'

今亞尼瑪之學 不達天地自然之理 而妄以私意窺測造化 以爲萬象之作 由於助明悟之功

469 『河濱雜著』,「西學辨」'靈言蠡勺' 第二篇 '論亞尼瑪之能'

不察吾人不必之靈 而從見其能明在外之物 聖則因緣臆度 强爲受明悟之說

470 『河濱雜著』,「西學辨」'靈言蠡勺' 第二篇 '論亞尼瑪之能'

不知物理之本然 出外人知力之添 滅則以人之則悟 而謂之加物之老

471 『河濱雜著』,「西學辨」'靈言蠡勺' 第二篇 '論亞尼瑪之能'

至如道器精粗之分 一本萬殊之妙

472 『河濱雜著』,「西學辨」'靈言蠡勺' 第二篇 '論亞尼瑪之能'

尤非渠之所能職 則至謂脫體質棄彼此 而但留其精微 求天性於形也之外 說其一而無所
貫 所謂明悟萬物 而得其理者 論於虛寂空無之地 而無以見之於用矣 此其牽補之强巧而
不覺縫罅之自露者也

473 『河濱雜著』,「西學辨」'靈言蠡勺' 第二篇 '論亞尼瑪之能'

舍此所宜 雖百方强之不安 必得乃而已 亞吾斯丁 曰主遣人心以向所 故萬福不足滿未得
爾 必不得安也 司欲者 生物所無覺類 人類則有之 是各情則偏 偏於形 樂之美好 其在人
爲下欲 下欲者 今人屈下 近於禽獸之情 今人失於大公 專暱己私也 靈欲者 生覺物所無携
靈才之天神與人則有之 是其情之所向 向於義美好 在人也 居於亞尼瑪之體爲上欲 爲愛
欲 司欲與靈欲 其所以異者 數端一者 靈欲隨義理 所思司 欲隨思司所引物 所使隨性不
隨義 其在禽獸 絶不自制 一見可欲 無能不從 故聖多瑪斯 曰禽獸所行 不可行行 可謂被
行 不能自制之謂也 其在於人 一見可欲 或直從之 或擇去之 或從否之間 虛懸米之也 是
者 稍似自制 實則豈於靈欲 以使其然 非由本質 盖乃自制之影耳 其曰總三歸一者 爲是

三者 依其本情 雖有云向 如性欲不向者 是利美好 司欲本向者 是樂美好 靈欲本向者 是
義美好 然歸於一總美好 故曰總之歸一也

474 『河濱雜著』,「西學辨」'靈言蠡勺' 第二篇 '論亞尼瑪之能'
按此論三欲分析 若可喜者而 仔細評考 全無是處 其論性欲之說與吾儒之論性者 截然
氷炭

475 『河濱雜著』,「西學辨」'靈言蠡勺' 第二篇 '論亞尼瑪之能'
誠反求乎吾儒之書 而有於性理之實 則彼說之眞僞 將有可得而言者矣 詩云天生蒸民 有
物有則 民之秉彝

476 『河濱雜著』,「西學辨」'靈言蠡勺' 第二篇 '論亞尼瑪之能'
好是懿德 蓋人受天地之正理 而以爲秉彝之性 故所好者 惟在於懿德 然則以好德之心
而謂之性欲可也

477 『河濱雜著』,「西學辨」'靈言蠡勺' 第二篇 '論亞尼瑪之能'
必若棄指形氣之性 以備其說 則如口之於味也 目之於色也 耳之於聽也 鼻之於嗅也 四肢
之於安佚也 亦性也 然則以味色聽嗅之屬 而謂之性欲亦可也

478 『河濱雜著』,「西學辨」'靈言蠡勺' 第二篇 '論亞尼瑪之能'
至於常生之欲 則非但不準於秉彝好德之性 而參以形氣之性 亦所當此特出於後世自私自
利之徒 老莊釋迦之屬 而今乃掇其餘論 區區傳會 以爲人性之專 欲在於常生之眞福 此其
爲說之陋 固不足以欺天下

479 『河濱雜著』,「西學辨」'靈言蠡勺' 第二篇 '論亞尼瑪之能'
常生眞福 曰雖人情之所偏宜 而形衰氣盡 不待强之而死 死而達命之 君子未嘗有不安之
心 雖有不安之心 而旣死之後 形旣朽滅 神亦飄散 固無復生之理 則所謂强之不安 必得
乃已者 抑何在也

480 『河濱雜著』,「西學辨」'靈言蠡勺' 第二篇 '論亞尼瑪之能'
朱子所謂 或原於性命之正 或生於形氣之私 所以爲知覺者不同是也

481 『河濱雜著』,「西學辨」'靈言蠡勺' 第二篇 '論亞尼瑪之能'
人之性欲旣在於常生眞福 則不非常生之說 而獨非隨性者 亦獨何哉 其輾轉流循 而前後
之不相掩也

482 『河濱雜著』,「西學辨」'靈言蠡勺' 第二篇 '論亞尼瑪之能'
凡美好有三 其一樂美好 其二利美好 其三義美好 世間所有萬物之美好 皆至美好之微分
而天主則爲完全之美好 樂者利者義者 無不備足 無不充滿 故世物之美好 爲愛欲之分向
而天主之愛欲之全向 世物雖 盡得之 我不能足 我不能安 而天主眞福 我得之 則至足至安

483 『河濱雜著』,「西學辨」'靈言蠡勺' 第二篇 '論亞尼瑪之能'

樂美好 利美好 皆着於物 其美好易見 故庸人小人 皆趨篡之 若義美好 在物之外 非庸常所見 必須智慮籌度 乃能知其美好 而願得之 故向之爲難 惟君子能然 此之美好 趨向難易等級分異者 緣人靈魂係於肉體 樂與利 最爲肉體所便 義美好則靈魂所便 肉體所不便故也 至若天主 其爲美好 無形舞像 更非庸衆所見 必慮卓識 思路超越 乃能知其美好

484 『河濱雜著』,「西學辨」'靈言蠡勺' 第二篇 '論亞尼瑪之能'

今有人得向 此美好 此其所爲 必邈然出於樂利之上 寧違世間萬樂 而受萬苦 寧去世間萬利而就萬害 必欲得此而後已

485 『河濱雜著』,「西學辨」'靈言蠡勺' 第二篇 '論亞尼瑪之能'

庸人惟肉體是循 惟樂利是求 不知其違義犯天主陷於萬罪 故罪人之謂之愚

486 『河濱雜著』,「西學辨」'靈言蠡勺' 第二篇 '論亞尼瑪之能'

何謂惟於至美好 不獲自專而爲至自專 謂若能明見至美好 卽不得不愛 勢不在已 何者明見之後 凡諸至樂大利 可願可求 爲愛欲所向者 完備滿足 自能全攝愛欲者 而愛欲之爲此 是亞尼瑪愛欲者之全向 故得之爲得足 爲得安 爲得樂 爲得利 爲得義 是不得不愛 故爲不獲自專 而此不獲專者 正是

487 『河濱雜著』,「西學辨」'靈言蠡勺' 第三篇 '論亞尼瑪之尊與天主相似'

天下萬物 其美好精粹 皆有限數 其與天主無窮之善 無窮之妙 無相等者 亦無一能彷佛 無量億數中一二者 今言亞尼瑪與天主相似 特此段借比喻爲是其影像耳 非與影 不爲相等之物 亦無大小多寡 可爲比例也 僅不達此意 而泥其詞 謂我眞實可 比擬之 豈不屈抑天主 而長世人莫大之傲乎 後諸比意 惟爲顯揚天主全能大智至善之性 又讚美其普施於人 亞尼瑪無窮之恩云耳 其云相似 凡有數端 摠歸三者 一曰性 一曰模 一曰行

488 『河濱雜著』,「西學辨」'靈言蠡勺' 第三篇 '論亞尼瑪之尊與天主相似'

彼以天主當吾儒之所謂上宰 以亞尼瑪當吾儒之所謂理 彼上宰爲天之主宰 則天主之稱不爲無理

489 『河濱雜著』,「西學辨」'靈言蠡勺' 第三篇 '論亞尼瑪之尊與天主相似'

以人魂而謂亞尼瑪者 旣是西國之方言 則此亦無害於義 但以亞尼瑪比於天主 而爲其尊相似 則此有所不然者

490 『河濱雜著』,「西學辨」'靈言蠡勺' 第三篇 '論亞尼瑪之尊與天主相似'

吾儒之論魂也 必與魄而對擧魂者 陽之靈也 而主於伸 魄者陰之靈 而主於屈 若以像類而推之 則如天之有鬼神 神者伸也 天之陽靈也 鬼者屈也 天之陰靈也

491 『河濱雜著』,「西學辨」'靈言蠡勺' 第三篇 '論亞尼瑪之尊與天主相似'

故陰陽屈伸之迹 在乎天則謂之鬼神 在乎人則謂之魂魄 若是者爲相似 則可以比之也

492 『河濱雜著』,「西學辨」'靈言蠡勺' 第三篇 '論亞尼瑪之尊與天主相似'

故禮曰人亦鬼神之會 而朱子申其義 而魄者鬼之盛 魂者神之盛 此其當理之言也 至於上帝 則旣以主宰以而得名 與陰陽屈伸之迹 自有分別 其不可比之於人魂也明矣

493 『河濱雜著』,「西學辨」'靈言蠡勺' 第三篇 '論亞尼瑪之尊與天主相似'

今以吾儒之說 論之則人之可比於上帝者 惟有此心也 如天之有上帝也 故心有天君之名 君者主宰之義也

494 『河濱雜著』,「西學辨」'靈言蠡勺' 第四篇 '論至美好之情'

此至美好 其在今也 目不可見 耳不可聞 惟當信之 惟當存想之 我此信 此望 此想 卽是所惠敎訓 所垂祐助 至後來明見之日 自當茫然獲然 若所而大寧福我永哉 乃以常生

495 『河濱雜著』,「西學辨」'靈言蠡勺' 第四篇 '論至美好之情'

固耳目之所不及者 如中庸所謂君子之道 費而隱是也 然而耳目之不及者 惟心能通之 如孟子所謂盡其心者 知其性也 知性則知天是也 是以吾儒之爲學也 推其自得於心 而明其實然之理

496 『河濱雜著』,「西學辨」'靈言蠡勺' 第四篇 '論至美好之情'

大抵彼所謂至美好者 不過依託於茫然之說 而非若吾儒之學 眞有實理之可驗者 則是雖極其心思之勞 而必無見得之理

497 『河濱雜著』,「西學辨」'靈言蠡勺' 第四篇 '論至美好之情'

欲讚嘆此爲至美好 不能形容 不能窮盡 卽以海水磨墨 尙恨其妙 以諸天爲楮 尙恨其狹以天神之聰明才智 尙恨其鈍 以億萬萬 無窮極之年 尙恨其短 窮古終天 無數聖賢 無數天神 竝合其才智心思 窮慮極想於無涯無量之才智心思 而此才智心思 猶不足摹擬萬分之一也

498 『河濱雜著』,「西學辨」'靈言蠡勺' 第四篇 '論至美好之情'

按此段極讚至美好之情 張皇恍惚 若不可以得其要領者 然而以理而推之 則可見其爲荒誕無據之說 而吾儒之論道也 夫君子之道 雖曰 廣大而無窮微妙而難見 然而其理至爲眞實 苟能精思而深究 則必無不可知之理 知之旣明 則必無不可形容之理 古昔聖賢 固自有明知此道 而因以形之於文字 垂之於後世者 如六經之所載 不可誣也 夫豈有無數聖賢竝合其才智心思 而不能摹擬其萬一之理哉

499 『河濱雜著』,「西學辨」'靈言蠡勺' 第四篇 '論至美好之情'

此至美好 不能明知 不能明見 若有思惟擬議 以爲己能知見 此政極無知見 若更加窮究盡思極慮 至於昏無所得 自視爲至愚至懵 我所相 我所講 我所識 我所當想 我所當講

我所當識者 全然未有分毫入處 此正爲有所知 有所見矣

500 『河濱雜著』,「西學辨」'靈言蠡勺' 第四篇 '論至美好之情'
彼所謂至美好者 旣是架虛之說 而本無可驗之實 則是雖盡思極慮而窮之 其必昏無所得
而不能自脫於愚懵也 宜矣

501 『河濱雜著』,「西學辨」'靈言蠡勺' 第四篇 '論至美好之情'
若吾儒之爲學也則不然 以實然之心而窮實然之理 知之必期於精 見之必期於明 此大學
所以有格致之 訓 中庸所以有明誠之說也

502 『河濱雜著』,「西學辨」'靈言蠡勺' 第四篇 '論至美好之情'
以此推之 則吾學與彼學 虛實眞僞之所以不同者 斷可誠矣

503 『河濱雜著』,「西學辨」'靈言蠡勺' 第四篇 '論至美好之情'
人有二光 其一自然之本光 推理致知 人力可及者耳 其一超於自然者之眞光 在理之上 惟
天主賜與 非人知見所及者耳 其至美好者 在我今日依我本光 稍亦識之 其在他日 依藉
眞光 果得見之 而此識者見者 如飲海滴水 見日隙明 悉難罄盡 惟獨自能窮究 自能全通
自能全愛 此全通者 是名無窮眞福

504 『河濱雜著』,「西學辨」'靈言蠡勺' 第四篇 '論至美好之情'
彼亦謂非人知見所及 則西士亦人也 其所不知必與我無異 而猶且其强言之者何也

505 『河濱雜著』,「西學辨」'靈言蠡勺' 第四篇 '論至美好之情'
夫以理之所不能 推己之所不能知 而宣之於口筆之於書 欲使天下之人 信其說而從其道
其亦難矣

506 『河濱雜著』,「西學辨」'天主實義' 第二篇 '解釋世人錯認天主'
按此篇首論三敎之是非 初若右吾道斥二氏 至於中間 乃擧周子太極之說 而極口詆斥 以
爲以此而 攻佛老 無異於以燕伐燕 此乃於吾道 則陽右陰擠之 於二氏則偃斥而實助之也

507 『河濱雜著』,「西學辨」'天主實義' 第二篇 '解釋世人錯認天主'
至謂理無靈覺 而不得以所無施之於物 則此又不知理之所以爲理 而物之所以爲物也

508 『河濱雜著』,「西學辨」'天主實義' 第二篇 '解釋世人錯認天主'
夫物之能靈能覺者 氣之爲也 而推原其之理 則所謂物者 何自而出乎 若以空虛之不足類
而疑理之不免於偃墮 則此又不識理之言也

509 『河濱雜著』,「西學辨」'天主實義' 第二篇 '解釋世人錯認天主'
木石有形之物 則固不能自立於空虛 而有偃墮之患理 是無形之物 則不足以此而爲慮也

510 『河濱雜著』,「西學辨」'天主實義' 第二篇 '解釋世人錯認天主'

但物則有形而可見 理則無形而不可見 故知道者卽其有形可見之物 而驗其無形不可見
之理

511 『河濱雜著』,「西學辨」'天主實義' 第二篇 '解釋世人錯認天主'
若以理之無形 物之有形 而謂理之無與於物 則其於論理也 不亦遠乎

512 『河濱雜著』,「西學辨」'天主實義' 第二篇 '解釋世人錯認天主'
旣以太極爲天主之立 而謂其理之本有精論 則何不明言其所以然 使天下之人 曉然知其
名義 而顧乃中止而不說也 彼旣中止而不說 則是亦未了之公案 而爲中士者 經先屈服隨
解讚嘆 可謂惑之甚者 而所屈服之語 則與上文所謂未聞古聖尊奉太極者 同一見識 誠
知太極之爲虛位而無施敬之處 祀典之所以不及者 亦無怪也

513 『河濱雜著』,「西學辨」'天主實義' 第四篇 '辨論釋鬼神及人魂異論萬物不可謂 一體'
此篇鬼神人魂之說 不過因上篇之意而申言之 本不足辨 其引先王祭祀之禮 及詩書所
言 人靈在天之說 以爲藉口之者 則恐或有惑世之一端

514 『河濱雜著』,「西學辨」'天主實義' 第四篇 '辨論釋鬼神及人魂異論萬物不可謂 一體'
嘗見朱子語類 有一條正論 此事今輒引之於左 以爲辨正之地 問人之死也 魂魄便散否 朱
子曰固是散 又問子孫祭祀 却有感格者如何 曰畢竟子孫是祖宗之氣也 氣雖散 他根却在
這禮 盡其誠 散則亦能呼召 得他氣聚在此

515 『河濱雜著』,「西學辨」'天主實義' 第四篇 '辨論釋鬼神及人魂異論萬物不可謂 一體'
如水波揚後 水非前水 後波非前波 然却通 只是一水波 子孫之氣與祖考之氣 亦是如此
他那個當下自散了 然他根却在這禮 根在此 又却能引聚得他那氣在此

516 『河濱雜著』,「西學辨」'天主實義' 第四篇 '辨論釋鬼神及人魂異論萬物不可謂 一體'
然日生無窮要之通 天地人只是這一氣 所以說洋洋 然如在其上 如在其左右虛空 偪塞無
非此理 只人看得活難以言曉也

517 『河濱雜著』,「西學辨」'天主實義' 第七篇 '論人性本善而述天主門士正學'
按此篇之論人性 大略以爲生覺而能推論理者 乃所謂人性也 仁義禮智在推理之後 不得
爲人性且謂性 未嘗有德 德者以久習義念義行生也

518 『河濱雜著』,「西學辨」'天主實義' 第七篇 '論人性本善而述天主門士正學'
仁義禮智之爲人性 自孟子而已有定說 準之於四德配之於五行 而無不吻然而相契 固非
猝然立誦之所可破也

519 『河濱雜著』,「西學辨」'天主實義' 第七篇 '論人性本善而述天主門士正學'
且使仁義禮智 誠在推理之後 而不具於本然之性 則乃謂惻隱等四者之心 昧知果寓於何
處 而發於倉黃入井之際 不必待推理而後有之耶 且以其在推理之後 而謂之非性 則 所

謂理者果有是性之外 而理與性判然爲二物 此固不識理之言也 謂德之生於義念義行 而
不具於性 則人之有德者 果是攬取在外之物 强以納之於內者 而大學所謂明德 中庸所謂
德性 抑何指也 此又不知德之言也 然性理之說 見於六經及程朱書者不啻 今不待復論而
足矣 學者必欲詳知其義 則於是乎求之可矣

520 『河濱全集』,『河濱年譜』

521 『河濱雜著』,「西學辨」'職方外紀'
歐羅巴之學 頗行於中國 我東人多悅慕者 今因此書所記而觀之 則其說要皆祖述乎佛氏
而其見之陋

522 『河濱雜著』,「西學辨」'職方外紀編'
今歐羅巴之學 旣外於天命本然之善 又昧於人倫日用之常 其與吾儒不同者 固不待多言
而卞矣

523 『河濱雜著』,「西學辨」'職方外紀'
天下萬區 自職方外紀之外 其在寰瀛廣漠之際者 道理絶遠梯船不通 雖有奇形異狀之國
棋布其中 顧無以親歷而驗其實則君子所以存而不議也

524 『河濱雜著』,「西學辨」'職方外紀'
今西士雖善遠遊 要不能極天地四窮之涯 徒以耳目之所嘗及者 區區編錄指定五州傲然
自謂已盡乎天下之觀 何其爲見之小哉

525 『河濱雜著』,「西學辨」'職方外紀'
余惟國中居天下中 得風氣之正自古聖賢迭興 名教是尙 其風俗之美 人物之盛 固非外國
所可及 而彼歐羅巴等諸國 皆不過窮海之絶域 裔夷方偏之 其於名教無所與聞 不能自進
於華夏 今乃徒以土地大小略相彷彿 而輒敢竝列而混稱之 固已不倫之甚矣 且天下萬區
自職方所記之外 其在寰瀛曠漠之際者 道理絶遠 梯船不通 雖有奇形異狀之國 棋布其中
顧無以親歷而驗其實 則君子所以存而不議也

526 『河濱雜著』,「西學辨」'職方外紀'
小學曰文科有四種 一古賢名訓 一各國史書 一各種詩文 一文章議論

527 『河濱雜著』,「西學辨」'職方外紀'
進於中學曰理科有三家 初年學落日家譯言辨是非之法 二年學費西加譯言察性理之道
三年學黙達費西加譯言察性理以上學 總名斐錄所費亞

528 『河濱雜著』,「西學辨」'職方外紀'
學成而本學師儒 又試之優者 進於大學 乃分爲四科 而聽人自擇 一曰醫科 主療疾病 一
曰治科 主習政事 一曰道科主守教法 一曰道科主興敎化

529 『河濱雜著』『西學辨』'職方外紀'

夫吾儒之爲道也 原於天命本然之善 著於人倫日用之常 其所謂學者 學此而已 其所謂教者教此而已 八歲而入小學 不過教之以灑掃應對進退之節 愛親敬兄 隆師親友之道 要以涵養其德性 悟瑩其根基 行有餘力 則又使誦詩讀書咏歌舞踊 欲其一念一動之無或逾越

530 『河濱雜著』『西學辨』'職方外紀'

十五而入大學 又不過因小學之所已教 而窮理以崇其德修身以廣其業 有以全乎天命之善 盡乎人倫之常 故自鄉而升之縣 自縣而升之州 自州而升之國 學者雖次第之不同 品節之有殊 而所以學所以教者 莫非道理也 學旣成矣 道而旣通矣 樂正論其秀 司馬辨其材升之朝廷以職 小而方物發慮 大而論道弘化 又不過推其學之所得 而施之而已 此 吾儒所以爲大中至正 萬世不易之道也

531 『河濱雜著』『西學辨』'職方外紀'

今歐羅巴學校之制 則其入小學也 未嘗略及於涵養德性 培壅根基之事 此已全昧乎本領之所在矣

532 『河濱雜著』『西學辨』'職方外紀'

其所以教之 以古賢名訓者 稍若有理而以文先行 本末秩序 非如五儒之有餘力 然後方及於詩書歌舞之節也

533 『河濱雜著』『西學辨』'職方外紀'

至於史書之熟鬧 尤非幼學所及 而輒先蠟教者何哉 下此而各種詩文文章議論 教此浮浪之習 壞性質之美 而顧爲之荒 以科目督以訓 定爲恒務之業 誤後學而痼人心 不亦甚乎

534 『河濱雜著』『西學辨』'職方外紀'

若中學之辨是非 察性理其說似矣 而第其涵養培壅之功 旣厥於始 則所以辨所以察者 必無可據而爲之基 終亦偏枯而不安矣 其說之誤 至以爲自此而進 更有性理以上之學 而却不知性理之上 未嘗有物也

535 『河濱雜著』『西學辨』'職方外紀'

至於大學之四科 則其舛尤甚 醫者本學祝史之屬 同歸執技之類 先王之制 不得齒於士林者也 今乃先教於小學 次教於中學 若將成就其德業 而末以此等術爲究竟之地者 不亦無謂之甚乎 治也教也道夜三者 初不可判然各爲一物 指其天命人倫之全體而言之則道也 因其道之當然而品節之爲之法則教也 擧其教而爲政於天下者則治也 故治者所以敷其教也 教者所以栽其道也 今治科則主習政事 而不知其爲政之必原於教 教科則主守教法而不知其爲法之必原於道 道科則主興教化 而不知其可以推教與治 是則道自道 教自教 治自治 而判然爲一物 不相貫通而該攝也 若是者 可謂知理之言乎

536 『河濱雜著』「西學辨」‘職方外紀’
夫以小學之敎而言之 則關於涵養之功而淫於浮浪之習者 如此以中學之敎而論之 則昧於
性理之眞而 流於偏枯之獘者

537 『河濱雜著』「西學辨」‘職方外紀’
如此至於大學之所以敎 則醫方之雜技也 而混以列之道敎治者 其原者而岐以分之 爲其
駁亂而乖離 又如此若然者

538 『河濱雜著』「西學辨」‘職方外紀’
其與吾儒之原於天命人倫之際 而務乎躬行心得之實者 豈氷炭之相反哉

539 『河濱雜著』「西學辨」‘職方外紀’
嗚呼 異端之說 其與吾儒而絕不同者 則其辨不甚難也 其害不甚酷也 獨其窃取而文其詐
假托 而飾其僞巧 與吾儒而牽合者 則其眞假邪正 固難卒辨 而惑世誣民之害 將不可勝
言矣 今歐羅巴之學 旣外於天命本然誌善 又昧於人倫日用之常 其與吾儒而不同者 固不
待多言而辨矣 推此建學取士之法 略能傅會於儒敎 捨其邪僞之迹 故且疑之 此說肆行
幾何 其不胥爲夷 而以至於聖學之榛蕪也耶

540 『河濱全集』, 「河濱年譜」庚辰(1760)
有天問略坤與圖說略論 其序日 西洋之學 今大行於天下矣 [중략] 其論天地度數及物理
說 最爲精微 而往往弔詭不可盡信 如天問略坤輿圖說二書 其所載者 可見其槪

541 『河濱雜著』,「西學辨」‘職方外紀’
今西士雖善遠遊 要不能極天地四窮之涯

542 연구사에서 밝힌 데로 19세기 『벽위편』이나 『국조인물지』 등에 그의 평가가 이미 시작되
고 있었던 사례이 이를 입증한다.

543 『河濱雜著』, 傳篇 ‘三傳’
余自七八歲時 以王考命受學於先生 通史及四書二經皆受於先生也

544 『河濱全集』「河濱年譜」戊戌
畏窩公召公 至前戒之日 汝近來溺於雜家說如老莊浮誕之說 非君子所當玩 孫吳諸兵書
亦非士之急務 其他小說稗史 莫非害於吾人心術者也 汝於此心上受病已深矣 不可不急
速反求於經書以革前習

545 『河濱全集』「河濱年譜」甲午 및 乙未
甲午年條: 四十年甲午 先生十三歲 公自號日 金華子 以所居村名金城故也 著金華外篇
又著續列仙傳 公方幼少時 嘗留意於 黃白之術也 又著續搜神記 太平遺記 龍王記 海蜃
記 遼東遇神記 紅粧傳 奇門圖說 文字抄 雜書抄 隨筆錄 經說雜 錄 等書 此雖公幼少時

泛濫乎方外文字 而其早年博通有如此也

乙未年條 : 著讀書錄 物外勝地記 察邇錄 物産記 動植雜記 海東方言 俗說雜記 衆籍通
記 百果志 四韻艱字抄 尤耽於老莊說 續道家 玉華經 三十餘篇

546 강병수, 「하빈 신후담의 박학 인식에 대한 연구」, 『한국사학논총』, 푸른사상, 2003 참조

547 『河濱全集』卷八 『河濱雜著』「雙溪夜話」

耳老曰 學可博 則不可陋

548 『河濱全集』「內篇」卷17, 『八家摠評』序說三段

余幼時 專以博學爲務 而不求其要 嘗聞王世貞爲三舍 以畜百家之書 而著書於其中 則
欣然欲學遂爲一冊 號以後讀書志 凡平日所讀之書 隨輒論列 將欲以此類 盡讀天下之以
書爲名者 而盡窮其志趣 然後乃已

549 『선조실록』32年 閏4月 13日 辛卯條

恒福曰 地之所生 致使然矣 中朝人非但稟賦甚厚 其文章地步廣闊 行文則論兩漢以上
詩律則稱蘇武李陵 宋朝之學 置而不論 其首倡者 李夢陽也 夢陽爲尙古之學 爲一代大
儒 其後王世貞輩和之 風習大易

550 김철범, 「조선 지식인들의 諸子書 독서와 수용양상」, 『한문학보』 17권, 2007 참조
김방울, 「百家類纂』의 편찬과 간행」, 『전통문화논총』 제10권, 2012 참조

551 『河濱全集』「內篇」卷17, 『八家摠論』序說三段

余十四五時 讀沈氏百家類纂 而心悅之熟閱潛玩 不覺

552 『河濱全集』『河濱先生年譜』辛巳條

沈氏所輯 百家類纂 數十讀

553 『河濱全集』卷17, 『八家摠論』序說三段

不覺見化於諸子荒誕之說 後因反求於吾儒之書 稍悟前日之非 則却不能勇革謬習 以爲
及時 進修之辯 而乃復取諸子之說 究其源流 証其是非而欲以自托於著述 其用心点已左
而去道点愈遠矣 故其見於文者率多浮汎務外之味 而全欠損約反本之實 噫 是其受病之
原 豈但在言語之間而已矣 今就沈氏本略加論例 欲使讀者 知審擇之方也

554 『河濱全集』「河濱年譜」丙辰(1736)

『맹자차의』를 1732년부터 저술하여 1736년에 완성

555 『河濱全集』「河濱年譜」辛亥(1731)

556 『河濱全集』「河濱年譜」癸亥(1743)

『대학후설』·『중용후설』을 저술하였는데, 대체로 차의箚疑의 예를 취하고 있다.

557 『河濱全集』內篇 卷5, 『大學後說』朱子章句序

大學後說 讀書大學時 逐節箚疑 因採程朱說及其他先儒說 兼取近日師友間所聞 集成一部 而後於朱子章句 以成箚疑之說 故目之曰 後說

558 『河濱全集』內篇 卷5, 『大學後說』朱子章句序

虛齋蔡氏曰 大學二字 兼經傳言章句者 經傳之章句也 本集註也

559 『河濱全集』內篇 卷5, 『大學後說』第2章 釋格物致知

愚按 朱子釋八條之義固至矣 但其釋格物致知者 於愚見猶有可疑處

560 주14 참조

561 『河濱全集』內篇 卷5, 「中庸後說」第一章

追按古鄭 註曰 天命謂天所命生人也 是謂性命 木神則仁 金神則義 火神則禮 水神則信 土神則智 性者生之質人所稟受也 率循也 循性行之 是謂道修治也 治而廣之人放效之 是曰敎 按此與程朱說 不盡合 而姑錄之以備一說

562 『河濱全集』內篇 卷17, 『皇明諸家評要』

「評遜志齋方孝儒佳城雜識」・「評文淸公薛瑄道論」・「評蔡泰和羅欽順困知記」・「評王守仁陽明語錄」・「評陳獻章白沙語」・「評王畿三山麗澤錄及南遊會記」・「評郁天民傳習存疑」・「評陳瑊近思雜問」・「評管志道論乾龍義」・「評何塘陰陽管見及管見後語」・「評王廷相陰陽管見辯」・「評劉元卿大略記」・「評朱俊柵讀書錄」・「評于鈗中說」・「評湛若水新論」・「評王文祿求志編」・「評鄭善夫經世要談」・「評周汝登九解」・「評鄭曉古言」・「評薛嘉約書」・「評林兆恩心聖直指」・「評唐樞禮元剩語」・「評王鴻儒凝齊筆語」・「評楊起元秣陵紀聞」・「評田藝衡混古始天易」・「評朱异三十六宮圖說」

563 『河濱全集』內篇 卷17, 「皇明諸家評要」評陳瑊近思雜問

陳氏此書 雖未見有精至之味 而皇朝之末 異學披昌 此獨守程朱舊說爲可貴也 其論爲人爲己一條 最爲可味

564 『河濱全集』內篇 卷17, 「皇明諸家評要」評泰和羅欽順困知記

羅泰和此書 其學經傳及先儒書 而隨見論列者可想 其用功之博而但欠精至之味 其論朱陸異同一段 最爲痛快也

565 『河濱全集』內篇 卷17, 「皇明諸家評要」評朱俊柵讀書錄

朱氏此書 雜取經書中 性命微妙之說 以議論釋末附以太極 議良知之說 而其說皆幻亡可駭 如釋易之窮理盡性 以至於命曰 至命者 與道一也 與道一 則理性皆剩語矣 夫以理性爲剩 則是仁義可遺而生民之倫廢也

566 『河濱全集』內篇 卷17, 「皇明諸家評要」評王畿三山麗澤及南遊會記

麗澤錄南遊會記兩書 皆王畿之與其師友追述陽明學者也 而其所述之該 則推以致良知 爲要 其在麗澤錄者有日 致良之學 原本虛寂 而未嘗離於倫物之感應 固聖學之宗也

567 『河濱全集』『河濱年譜』己酉
十一月 公寢於岫月堂有夢 孔子率七十門人 儼然來臨 主奧而坐日 吾周遊天下 無可居之 處 今欲歸息于汝 所對日 大聖降臨幸不可言 乃拜謝 因橫經 而前難疑答問如群弟子之侍 於杏壇者 覺而記之

568 『河濱全集』內篇 卷9,「中庸後說」第三十三章 總論
中庸之文 首尾起結 中間敷說 與易經繫辭傳同法 至於天人性命之義 亦多符合 竊疑繫 傳 亦子思所作歟

569 『河濱全集』內篇 卷9,「中庸後說」第三十三章 總論
愚按中庸中字 發於堯舜固也 聯下庸字恐亦先民所言 夫子述之

570 『河濱全集』內篇 卷17,「八家摠評」序說三段
三代以後 學校之敎不明 學者將欲考聖賢之成法而求事理之當然 舍學文何以哉 然學文 之道 卽有其序矣 義理精米之奧學文進修之路 備於經傳 國家理亂之變人物邪正之分 詳 於史記 此其所當先也

571 『河濱全集』內篇 卷8,「中庸後說」第二十章 第六節

572 『河濱全集』內篇 卷17,「雜書隨筆」
「焦贛易林」·「京房易傳」·「王弼易略例」·「古三墳」·「端木賜詩傳申培詩說」·「韓詩外傳」· 「戴德六戴禮」·「蔡邕獨斷」·「楊雄方言」·「陶潛孝傳等書」·「越絶書」·「趙曄吳越春秋」· 「三輔黃圖」·「常據華陽國志」·「崔鴻十六國春秋」·「王通元經」·「皇甫謐高士傳」·「王粲英 雄記」·「汲冢周書」·「竹書紀年」·「穆天子傳」·「甘公申星經」·「桑欽水經」·「張華博物志」· 「崔豹古今注」·「劉邵人物志」·「顏之推家訓」

573 『河濱全集』內篇 卷17,「雜書隨筆」焦贛易林
焦延壽所著大易通變 其卦摠四千九十六 其文出入經史百家 其理包羅天地萬物

574 『河濱全集』內篇 卷17,「雜書隨筆」京房易傳
京氏易傳三篇 其說以飛伏爲宗 以世應爲斷〔中略〕而律之以易經垂象之大義 則牴牾不 相獨入如乾坤 當以二五爲主 此由乃取三上世應是也 其列六十四卦之序者 雖與易經不 同 點有以盡易之變而不害其相爲經緯 其以乾卦爲首者與經同

575 『河濱全集』內篇 卷17,「雜書隨筆」韓嬰詩外傳
韓嬰詩外傳 雜記古說〔中略〕其於國家理亂之故 指陳最切有足警世者 其記春秋以來 賢 人事蹟頗詳 可以補史氏之遺 其論依傳義理而時有粹駁之雜 如以朝廷之入不出之山林

之往不返 而欲其通移有常者 盖有聞於聖人中庸之義 然以是而詆夷齊爲不祥 則非所以
尊淸節 其與孔子之讚之以民到于今稱之 孟子之推之爲百世之師者亦異矣

576 『河濱全集』內篇 卷17,『雜書隨筆』端木賜詩傳申詩說
子貢詩傳 雖未必其出於子貢 而要是漢儒所爲 去古未遠 學詩者不可不考也

577 『河濱全集』內篇 卷17,『雜書隨筆』戴德大戴禮
大戴此書 不無後人傅會之言 而要之祖述孔氏 羽翼六經 卓然有補於世敎窮經之士 不可
不考也

578 『河濱全集』內篇 卷17,『雜書隨筆』越絶書
越者國人之氏也 絶者言句踐抑强扶弱 絶惡反之於善也 著書者未可考 或云子貢 或云伍
子胥 然仲尼之門 五尺恥稱伯術 以子貢之賢 宜非屑於此者也

579 『河濱全集』內篇 卷17,『雜書隨筆』趙曄吳越春秋
吳越春秋 多興越絶同者

580 『河濱全集』內篇 卷17,「雜書隨筆」古三墳
古三墳之爲僞書 吾已言於翼傳識疑中矣 今復以文體驗之 政典爲作於神農氏 而篇末刑
者 例也 政者正也等說 乃周末訓詁之體 [中略] 其爲無疑矣

581 『河濱全集』內篇 卷17,「雜書隨筆」竹書紀年
竹書紀年 未知何人撰 始皇帝軒轅訖于周隱王 編年紀世放春秋之例 其言多謬妄難信

582 『易經』을 자주적으로 해석한 그의 저술『周易象辭新編』은 1728년부터 1758년까지 무
려 30년 동안을 편술하고 수정·증보한 것이 이를 뒷받침한다.

583 『河濱全集』「河濱年譜」乙丑·丙寅·丁卯·戊辰

584 『河濱全集』「河濱年譜」戊辰·己巳
『書經集解』는 1748년부터 저술하기 시작한 뒤 1749년에 완성한다.

585 『河濱全集』「河濱年譜」庚午
『詩經通義』는 1750년 신후담 49세 때에 저술을 완료하고, 같은 해『詩經集解』도 함께
저술한다.

586 『河濱全集』「河濱年譜」己巳 및 庚午
『春秋經傳摠按』은『詩經通義』와 마찬가지로 1749년부터 1750년까지 1년 만에 완료한
다.

587 『河濱全集』內篇 卷12,『春秋雜識』

『春秋雜識』는 1750년에 완성한다.

588 『河濱全集』內篇 卷12,「春秋雜識」
詩書禮樂 先王遺籍 存以受教 惟在刪去其繁冗而已

589 『河濱全集』內篇 卷12,「春秋雜識」
至於春秋則不然 聖人因王子之不作 而諸侯之僭竊也 據魯史寓褒貶以代天子之賞罰 自
隱至哀 二百四十餘年 史官ー 人 未必皆聖賢而書法 不能盡當 聖人旣欲著成經世大文不
得不改謬

590 『河濱全集』內篇 卷12,「書經集解總說」
書卽文 中庸日書同文是也 說文日著也 從聿者〔中略〕諸說之義皆通 然以造字之義 則
說文最近聿者筆也者 固筆以著之者也 然群經之文 莫非書 此獨稱書者何也 按易繫辭日
上古結繩而治 後世聖人 易之以書契 百官以治萬民 以察可見書契之作本出於聖人爲治
之用也 是以君上之言行 國之政教 凡係治道者 莫不記之以書 而卽稱爲書 此書之所以名
也

591 『河濱全集』卷12,「書經集解總說」
至於他經之作 不主於其政治 而各有所記之事 則隨其所記而爲之名 以別於此 如易則日
易 詩則日詩 禮樂之名 各有其稱是也

592 『河濱全集』卷12,「書經集解總說」
孔子定夏禹尙周四代之書 凡百篇 蓋亦刪取其精者也

593 『河濱全集』卷12,「書經集解總說」
舊與經別行 孔君引以各冠於篇首至蔡氏傳 並削去之 今詳書序完具 而書篇多缺引序冠
篇 雖不相稱 至於蔡氏之削去 而使後人無所考 則殊爲未安

594 두 저술은 현전하지 않아 추측성으로 해석한 측면이 있다.

595 『孟子』離婁章 下
原泉混混 不舍晝夜 盈科而後進 放乎四海 有本者如是 是之取爾

596 『孟子』離婁章 下
苟爲無本 七八月之間 雨集 溝澮皆盈 其涸也 可立而待也

597 이러한 해석은 이미 서종태徐鍾泰가 제기한 바가 있다. 서종태, 「이익과 신후담의 서학논
쟁」-「둔와서학변」의 기문편을 중심으로-, 『교회사연구』 16집, 2001.

참고문헌

원전류

- 『論語』
- 『孟子』
- 『朝鮮王朝實錄』
- 『鶴松集』(全有亨)
- 『澤堂別集』(李植)
- 『芝峯類說』(李睟光)
- 『星湖全書』(李瀷)
- 『河濱先生全集』(愼後聃)
- 『貞山雜著』(李秉休)
- 『順庵文集』(安鼎福)

역저서류

- 許攽·郭漢一 등,『大東正路』, 1903
- 張志淵,『朝鮮儒教淵源』, 匯東書館, 1922.
- 李晩采編,『闢衛編』, 1931
- 金斗鍾,『한국의학사』, 탐구당, 1966.
- 홍이섭,『實學의 理念的一貌』-河濱 愼後聃著「西學辨」の紹介, 한국연구원, 1976.
- 김한식,『실학의 정치사상』, 일지사, 1979.
- 한우근,『성호 이익연구』, 서울대출판부, 1980.
- 이원순,『조선 서학사연구』, 일지사, 1986.
- 최동희,『서학에 대한 한국실학의 반응』, 고려대학교 민족문화연구소, 1988.
- 加納喜光 著, 한국철학사상연구회 기철학분과 옮김,『중국의학과 철학』, 여강출판사,

1991.
- 吳洙彰, 『朝鮮時代 平安道의 社會發展 研究』, 一潮閣, 1997.
- 한중실학연구회, 『한중실학연구』, 민음사, 1998.
- 한국철학사연구회, 『한국실학사상사』, 다운샘, 2002.
- 차기진, 『조선후기 서학과 척사론 연구』, 한국교회사연구소, 2002.
- 금장태, 『조선후기 유교와 서학』, 서울대학교출판부, 2003.
- 프란체스코 삼비아시 지음, 김철범·신창석 역주, 『영언려작』, 일조각, 2007
- 김선희역, 재단법인 실시학사 편, 『하빈 신후담의 돈와서학변』, 사람의 무늬, 2014.09
- 최석기·정소이 역, 『실시학사 실학번역총서』 02, 「하빈 신후담의 대학후설과 사칠동이변」, 2014.
- 도날드 베이커 著, 金世潤 譯, 『朝鮮後期 儒敎와 天主敎의 대립』, 일조각, 1997

논문류

- 洪以燮, 「實學의 理念的 一貌」 – 河濱 愼後聃의 西學辨의 紹介 – , 『人文科學』 1, 연세대학교 문과대, 1957
- 貫井正之, 「성호 이익」, 『조선연구』 30, 일본연구소, 1964.
- 박종홍, 「서구사상 도입 비판과 섭취」, 『아시아연구』 12-3, 1969.
- 이원순, 「『직방외기』와 신후담의 서양교육론」, 『역사교육』 11·12합집, 1969.
- 이용범, 「이익의 지동론과 그 논거」-附 홍대용의 우주관-, 『진단학보』 34호, 1972.
- 최동희, 「신후담의 서학변에 관한 연구」, 『아세아연구』 15-2, 1972
- 김옥희, 「서학의 수용과 그 의식구조」-이벽의 『聖敎要旨』를 중심으로, 『한국사론』 1, 국사편찬위원회, 1973.
- 최동희, 「신후담의 서학변에 관한 연구」, 『실학사상의 탐구』, 고려대학교 아세아민족문화연구소, 1974
- 최동희, 「신후담·안정복의 서학비판 연구」, 고려대학교 박사학위논문, 1975
- 최동희, 「하빈 신후담」, 『실학논총』-이을호박사정년기념-, 1975
- 이원순, 「성호 이익의 서학세계」, 『교회사연구』 1집, 1977.
- 박성래, 「한국근세의 서구과학 수용」, 『동방학지』 20집, 1978.

- 李元淳, 「星湖 李瀷의 西學世界」, 『敎會史 硏究』 1, 1978
- 이원순, 「조선 후기 실학지성의 서양교육론」, 『교회사연구』 2집, 1979.
- 裵賢淑, 「17·8세기에 전래된 천주교서적」, 『교회사연구』 3, 1981.
- 유봉학, 「18세기 남인 분열과 기호남인 학통의 성립」 -『棟巢謾錄』을 중심으로-, 『논문집』 제1집, 1983
- 유제광, 「조선의 천주교 수용과 전례문제에 관한 연구」, 단국대 교육대학원 역사전공 석사학위논문, 1983.
- 유근호, 「18세기 벽서파의 서양관연구」, 『한·중 정치의 전통과 전개』-심촌 추헌수교수화갑기념논문집-, 1984.
- 전중배, 「조선학인들의 지구설 도입과 대외관」-특히 성호 이익을 중심으로-, 동국대 사학과 석사학위논문, 1987.
- 崔鳳永, 「星湖學派의 朱子大學章句 批判論 - 格物致知說을 中心으로-」, 『東洋學』 第17輯, 1987.
- 이용범, 「이조실학파의 서양과학수용과 그 한계」 - 김석문과 이익의 경우-, 『동방학지』 58, 1988.
- 강재언, 「서학수용의 선구자 이익」, 『조선의 서학사』, 대우학술총서·인문사회과학 47, 민음사, 1990.
- 김용걸, 「성호 이익의 근대적 사유」, 『도암유풍연박사회갑기념논문집』, 1991.
- 허종옥·이명남, 「조선후기기에 있어서 상제·귀신론관의 사회사상적 의의에 관한 고찰 1」 -성호 이익과 신서파 및 공서파의 경우를 중심으로-, 『사회과학논집』 11권 1호, 1992.
- 김홍경, 「성호 이익의 과학정신」-신비주의사상 비판을 중심으로-, 『대동문화연구』 28집, 1993.
- 신용일, 「신후담의 『周易象辭新編』에 관한 교육적 고찰」, 『교육문화연구』 1, 1995
- 남명진, 「조선조 실학에 있어서 근대정신의 형성과 전개」, 『유학연구』 1집, 1993.
- 이성무, 「성호 이익의 생애와 사상」, 『조선시대사학보』 3, 1997. 11.
- 姜世求, 「星湖學派의 理氣論爭과 그 영향」-公喜怒論爭을 중심으로-, 『龜泉元裕漢敎授定年紀念論叢』 下, 혜안, 2000.
- 정성희, 「서학이 유교적 천문관에 미친 영향」, 『국사관논총』 90집, 2000.
- 구만옥, 「성호 이익의 과학사상」, 『민족과 문화』 9집, 2000.
- 금장태, 「성호 이익의 서학인식」, 『동아문화』 38집, 2000.

- 車基眞, 「서학변」, 『한국가톨릭대사전』 7, 한국교회사연구소, 2000
- 강병수, 「河濱 愼後聃의 易學 硏究와 理解」, 『韓國思想史學』 第16輯, 2001
- 서종태, 「李瀷과 愼後聃의 西學論爭」-『遯窩西學辨』의 紀聞編을 중심으로-, 『교회사연구』 1, 2001
- 금장태, 「둔와 신후담의 서학비판이론과 쟁점」, 『종교학연구』 20, 2001.
- 강병수, 「성호 이익과 하빈 신후담의 서학담론-뇌낭에 대한 인식을 중심으로」, 『한국실학연구』 6, 2003
- 강병수, 「하빈 신후담의 박학 인식에 대한 연구」, 『한국사학논총』, 푸른사상, 2003
- 김성수, 「조선후기 서양의학과 인체관의 변화」- 성호학파를 중심으로-, 『민족문화』 31집, 2008.6.
- 강병수, 「하빈 신후담의 사칠론 전개」 - 공희로이발설의 형성배경을 중심으로-, 『한국실학연구』 22, 2011
- 양승민, 「하빈 신후담의 저술의 전래 과정과 문헌적 특징」, 『하빈 신후담의 학문과 사상』, 하빈연구소, 2013.11.2.
- 최영진, 하빈 신후담의 『주역』 해석 일고찰, 『정신문화연구』 37권 제2호, 2014
- 박지현, 「河濱 愼後聃의 사단칠정론과 公理에서 발하는 칠정」, 『국학연구』 26, 2015
- 이부현, 「조선 최초의 서학 비판서인 신후담의 『遯窩西學辨』 연구」, 『대동철학』 제70집, 전중배, 「조선학인들의 지구설 도입과 대외관」-특히 성호 이익을 중심으로-, 동국대 사학과 석사학위논문, 1987.
- 崔鳳永, 「星湖學派의 朱子大學章句 批判論 - 格物致知說을 中心으로-」, 『東洋學』 第17輯, 1987.
- 이용범, 「이조실학파의 서양과학수용과 그 한계」 - 김석문과 이익의 경우-, 『동방학지』 58, 1988.
- 황병기, 「성호학파星湖學派의 주역 상수학설象數學說 연구 : 이익, 신후담, 정약용의 역상설易象說을 중심으로」, 『다산학』 26권, 2015
- 손은석, 「조선 성리학 안에서 인간 아니마anima humana의 자립적per se subsistens 의미 충돌」- 신후담의 「서학변」에서 혼魂과 심心을 중심으로 -, 『철학논집』 제44집, 2016년 2월
- 임부연, 『신후담愼後聃『대학후설大學後說』의 새로운 성찰』- 이패림李沛霖의 『사서주자이동조변四書朱子異同條辨』과 비교하여-, 『종교와 문화』 31권 0호, 2016

- 이창일, 「신후담愼後聃 『주역周易』 해석의 특징 - 정주程朱역학, 성호星湖역학, 다산茶山역학 등의 해석을 상호비교 하며」, 『한국철학논집』 52권, 2017
- 홍성민, 「李瀷과 愼後聃의 四七論에서 中節의 의미」, 『哲學硏究』 第141輯, 2017
- 金炳愛, 「하빈 신후담의 『주역』 해석-『주역상사신편』 효변을 중심으로-」, 『儒敎思想文化硏究』 第73輯, 2018.09

표 목록

표 1   장성공 승선 3세 사영파계보 4세 신도공 수근 ································· 26

표 2   양간공, 전 둘째 아들 승복 3세 몽상파계보 ···························· 36

표 3   신후담 생애 초기의 편저술 목록 ······························· 71

표 4   신후담 생애 중기의 편저술 목록 ······························· 75

표 5   신후담 생애 말기의 편저술 목록 ······························· 80

표 6   기타 연대 미상 편저술 ··· 85

표 7   현전하는 경학사상 관련 문헌과 서명만 전하는 문헌 ················ 216

부록

「하빈연보」 번역문

찾아보기

『하빈연보』 번역문

- 1702년 2월 8일생이다. 한양 동부 낙선방 외가댁에서 태어났다.
- 어머니가 공(신후담 지칭)을 잉태할 때에 꿈에 용이 인천 바다 가운데서 위로 날라 그것이 여마驪馬로 변화하여 모부인 침실에 들어왔는데, 대개 용마龍馬라고 한다.
- 공이 아주 어려 강보褓襁에 쌓여있을 때 만호선생 신무愼懋가 보고 "이 아이의 눈빛이 예사롭지 않으니 반드시 이름을 떨치리라." 하였다.
- 이해 만호 신무가 주인이 되어 제창공濟昌公 산소를 경기 지평砥平 용문산 아래로 이장하였다. 이어서 「산도작첩山圖作帖(산소의 위치를 그려 첩으로 만들었다.)」하여 그 이름을 새겼다. 그 작첩 머리글에 '용문龍門의 오동나무를 백아伯牙(거문고의 명인)가 깎아 놓았네!'라고, 이 말은 대체로 용문산에 자리한 산소의 주변 모양새가 횡橫으로 놓여진 거문고 형태'라는 것을 형용한 것이다. 그 작첩 끝에는 '공자와 주자의 도학을 펼쳐서 빛나게 하는 사람이 있다'라고 기록하고 있다. 이 글구는 대개 이 산새로 보아 이곳에는 당연히 염락군자濂洛君子(공자와 주자)와 같은 도학군자道學君子가 나온다.'는 뜻을 담고 있다. 따라서 공이 이해 봄에 이미 태어났는데, 어떤 사람은 공(신후담)의 탄생은 참으로 하늘이 내린 것이라 하고, 지리地理도 참으로 그와 부합되는 것을 기약하지 않는가?

1705년 4세

• 부친 신구중이 푸른 색의 신[鞋]을 사서 그에게 주자 그것을 신후담은 자신이 갖지 않고 누이에게 주었다. 그 이유를 신구중이 묻자 신후담은 '색깔이 사치스러워 남자에게 어울리지 않는다.'고 답변하였다.

1706년 5세

• 문자를 배우기 시작하였다.

1707년 6세

• 할아버지 유월당공岫月堂公(신휘오를 지칭)이 숙사塾師 박세흥朴世興(호는 백기伯起)을 집안 별관을 지어 관사館舍에 머무르게 하면서 신후담을 가르치게 하였다. 박선생(박세흥 지칭)께서도 근신하고 경계하는 선비이시다[謹勅之士]. 공(신후담)이 박세흥에게 학문을 전수받기 시작한 이후부터는 날마다 일찍 일어나 부지런히 학문에 열중하였고, 같은 또래 동학들이 그를 따라올 자가 없었다. 공이 수학한 이후 공부한 서적 중에서 아름다운 말과 선행 사실이 있으며, 그 것을 몸에 체득하고자 하였다.

• 부친 신구중이 공에게 매일 경계의 가르침을 기록한 것을 『추정기문趨庭記聞』이라 이름하였다.

1711년 10세

• 이해 봄에 부친 신구중이 생원시에 입격하였다. 이때 할아버지 신휘오는 아들 신구중의 생원진사시 입격을 매우 기뻐한 나머지 집 빈터에 임시무대를 만들어 광대를 불러서 빈객들로 가득 찬 뜰에서 연희를 벌였다. 이러한 와중에서도 신후담은 자신의 방문을 닫고 독서를 하였는데, 사람들이 모두 그

러한 그를 기특하게 여겼다.

- 공은 이미 『사략』7권과 『자치통감』17권을 모두 읽은 뒤에는 다시 그것을 숙독熟讀하였다. 신후담은 독서할 겨를에는 문득 제자백가諸子百家나 『논어』를 궁구하였는데, 저술을 할 때는 반드시 고인古人의 전傳을 계승하는 것처럼 하고자 하였다. 공은 독서를 하고 저술을 하면서 일찍이 사史나 경서는 손에서 떼질 않았다. 여름에는 베로 만든 바지와 팔뚝 부근이 닳아서 구멍이 났다고 한다. 가을과 겨울에 독서는 반드시 늦은 밤까지 하였다. 공은 문득 새벽에 닭이 우는 소리를 듣고 일어나서 점등하는 노비를 부르곤 하였는데, 일찍이 숙화宿火(다음날 쓰기 위한 불씨)로써 공의 부름에 응했다고 한다. 밤에 독서를 할 때 혹 졸음이 오면 처마의 고드름을 따서 눈가를 비벼 잠을 깨운 뒤 다시 독서를 하였다. 대체로 이러한 공의 공부에 근면하고 독실한 측면은 천성에서 나온 것이다.

1713년 12세

- 공은 문리가 투철하여 거침이 없었고, 『능엄경』을 읽고 이해하면서 그 구두점을 찍는 것이 명료하였다. 인척에게서 『병학지남兵學指南』을 얻어서 보고는 손수 초록을 하였고, 이어 많은 병가서兵家書를 구하여 공수법攻守法을 궁구한 뒤 모두 저술로 남겼다. 대체로 장횡거張橫渠(장재張載)가 어릴 때 손자孫子·오자吳子를 좋아하였던 것과 같았다.
- 봄에 부친 신구중과 국포菊圃 강박姜樸 등 몇몇 어른들과 함께 임단현臨湍縣의 적벽赤壁에 유람한 뒤 「적벽가赤壁歌」한 수를 지었고, 「몽선가夢仙歌」·「괴목부怪木賦」등 몇 편의 시를 지었다.

1714년 13세

- 자호自號를 금화자金華子라 하였는데, 공이 살고 있는 촌 이름이 금성金城이었기 때문이다.
- 『금화외편金華外篇』을 저술하고, 또 『속열선전續列仙傳』을 저술하였다.
- 공은 유소년시절 일찍이 황백술黃白術에 관심을 두었다. 또한 『속수신기續搜神記』·『태평유기太平遺記』·『용왕기龍王記』·『해신기海神記』·『요동우신기遼東遇神記』·『홍장전紅粧傳』·『기문도설奇聞圖說』·『문자초文字抄』·『잡서초雜書抄』·『수필록隨筆錄』·『경설잡록經說雜錄』 등을 저술하였다. 비록 방외方外의 서 書이지만, 공이 일찍이 박통博通한 측면이 이와 같았다.

1715년 14세

- 공은 사서삼경을 이때 이미 마쳤는데, 먼저 100여 번이나 읽었다. 이해 스승 박세흥이 신후담의 조부 신휘오에게 더 이상 가르칠 것이 없다고 겸양하면서 숙사를 떠날 정도로 공은 경학의 기초를 닦고 있었다.
- 『독서록讀書錄』·『물외승지기物外勝地記』·『찰이록察邇錄』·『물산기物産記』·『동식잡기動植雜記』·『해동방언海東方言』·『속설잡기俗說雜記』·『중뢰통기衆籟通記』·『백과지百果志』·『사운자초四韻字抄』 등을 저술하고, 노장설老莊說에 탐닉하여 『속도가續道家』·『옥화경玉華經』 등도 저술하였다.
- 관례를 올렸는데, 참판 권규權珪가 빈객이 되고, 종형從兄 윤동규尹東奎가 겸 인儐人이 되어 주었다. 가관加冠의 예 즉, 삼가三加의 예를 행하였다.

1716년 15세

- 비로소 『역경易經』을 읽기 시작하다.
- 봄에 몇몇 어른들과 북한산 백운동에 오른 뒤 돌아와 「차한문공남산시운次

韓文公南山詩韻」을 남겼다.

• 할아버지 신휘오가 돌아가시자 슬피 통곡하면서 할아버지를 애모하는 모습에 지켜보는 사람들을 감동시켰다.

1717년 16세

• 『곡보세시기穀譜歲時記』를 저술하였다.

• 충주에 사는 복천福川 오씨吳氏 상억尙億의 딸과 결혼하다. 그녀는 관찰사 정원挺垣(1614~?, 형 정일挺一이 효종의 동생인 인평대군의 처남의 증손이고, 판관 시형始亨 수촌 시수와 형제간)의 손녀이며, 외조는 부사府使 성대경成大經이다.

• 공은 충주에 도착한 뒤 탄금대·포모대泡母臺·김생사金生寺 등의 절경지를 유람하였는데, 유람 뒤 「약성팔영시藥城八詠詩」·「약성충주호藥城忠州號」 등을 지었다.

1718년 17세

• 부친 외와공畏窩公(신구중)이 그를 불러 타이르기를 "너는 근래 노장부탄설老莊浮誕說과 같은 잡가설雜家說에 빠져 있는데, 그것은 군자가 마땅히 관심을 둘 것이 아니고, 손자孫子와 오자吳子와 같은 모든 병법서들도 선비로서 급히 힘쓸 바는 아니며, 그 외 소설패사小說稗史는 우리 인간의 마음에 그 보다 더 해로움을 끼치는 것이 없다. 너는 이미 마음속에 그러한 병이 깊어져 있다. 시급히 그러한 습관으로부터 탈피하여 유학 경서經書 공부에 전념함으로써 그 전습前習을 혁파하여야 한다.

• 그리고 경서 가운데서도 『대학』이 학인學人들을 위한 최고의 길잡이가 된다. 먼저 『대학』 내용을 좇아서 상위로 그 규모를 정한 다음에, 다른 경서를 두루 읽게 되면 아무런 문제가 없을 것이다. 그 같은 순서의 학문 추구 방법은

만호 신무 선생에게서 내가 들은 것이고, 만호 선생도 관설헌 허후許厚 선생에게서 들은 것이다. 지금 너에게 알려주니 너는 그러한 학문 방법을 추구하는 데 노력하거라." 고 하였다.

- 공은 이에 물러나와 『대학』 공부를 하다가 한가할 때는 주자의 『성리대전』을 읽곤 하였다. 『성리대전』을 읽고 잠심한 뒤에 비로소 성인聖人의 도道가 대중지정大中至正함을 알고 이로부터 마음을 도학으로 돌아가게 하여 사문斯文을 널리 천명闡明할 것을 다짐하였다. 공이 비록 『성리대전』에 관심을 가지면서 위로는 도학에 마음을 돌리고자 하였으나, 다시 『성리대전』 가운데서도 『황극경세서』·『율려신서律呂新書』 등 문자와 같은 그 이수理數에 크게 관심을 쏟고 있었다.

- 그러자 부친 신구중이 다시 그러한 공부 방법을 경계하기를 "마음이라는 것은 살아 움직이는 물체라서 보고 듣는 것에 따라 옮겨 다닌다. 보고 듣는 것이 황탄荒誕하면 마음은 황탄한 데로 옮겨가고, 보고 듣는 것이 우원迂遠하면 마음도 우원迂遠한 데로 옮겨가는 것인데, 너를 지켜보면 소양素養의 공功을 쌓는 마음공부는 하지 않고, 문득 먼저 이수미묘理數微妙한 내용에만 마음을 두니 마음을 기르는 도道도 멀어져가는 것이 아니겠는가? 매우 염려스럽구나." 고 하였다.

- 공은 이후부터 『대학』 공부에만 힘을 쏟았고, 『대학』 공부로부터 미루어 생각하면 다른 경서는 거의 관철되지 않는 것이 없었으며, 마침내 대유大儒가 되신 것이다. 그것은 부친 신구중이 공의 지나친 측면은 경계하여 재단하여 주시고, 부족한 측면은 보충하도록 교훈을 주셨기 때문이다. 공은 어릴 때부터 대체로 부모님의 명은 감히 거스르지 않았고, 태만하지 않았으며, 학문을 취함에 미치어서는 부친의 훈계를 준봉하였다. 학문하는바 날마다 평실平實에 힘썼는데, 공의 배움은 '효孝' 한 자에서 그 뜻을 얻고자 하였을 뿐

이다.

- 『아언雅言』을 저술하였는데, 그 내용은 이기심성理氣心性을 간략히 논한 것이다.

- 겨울에 『쌍계야화雙溪夜話』를 저술하였는데, 쌍계암자에서 권기언權基彦(1694~, 자는 사회士恢)과 쌍계암에서 시속時俗을 초월하는 대화를 나눈 내용을 담고 있다.

- 선유先儒들의 꿈 풀이를 통해 그들 경험에서 배울 수 있는 힘으로 삼고자 『몽사夢史』 한 편을 저술하였다.

1719년 18세

- 공은 지난해부터 이미 도학道學으로 마음을 돌려 새해 첫 날 새벽에 일찍 일어나 앉아서 「자경설自警說」을 지었다. 그 「자경설」에서 공은 "나는 올해 18세가 된다. 그 동안 학문이 황탄荒誕한 것 같았고, 업業은 조야粗野한 것 같아서 마음에 제대로 들어오는 측면이 없었다. 이와 같이 허송세월로 진작振作할 줄을 모르면 앞으로 소인小人에 머무르는 데 그치고 말 것"이라고 성찰하게 되었다.

- 옛날 정이천程伊川이 18세 때 황제에게 "천하의 일은 학문을 좋아하고 옛 것을 논하는 것을 저술하는 것입니다."라는 글을 올렸는데, 일찍이 군자君子를 이룬 자는 이와 같은 신념이 있어서이다. 비록 후학이 꾀할 바는 아니지만, 어떤 존경하는 인물을 액자로 걸어두고 그 같은 사람이 되기를 바라면 이는 어찌 성현聖賢으로서 멀게만 보이겠는가? 그 같은 인물에 미칠 수가 없다고 먼저 스스로 선을 긋겠는가? 주자도 대현大賢의 범주에서 뛰어난 한 사람으로 들어갈 뿐이다.

- 그러나 마냥 의리는 무궁하고 인간의 수명은 유한한데, 미래 어떤 인물로 남

을 것인가에 대한 걱정이 많은 후대後代의 한사람으로서 자질은 이미 그의 부지런함과 그와 견주기도 어렵고, 또한 만분의 일에도 미치지 못하니, 주자 같은 인물이 되고자 하나 그 또한 어렵지 않겠는가?!"

- 공은 지난 날 자신이 쓴 원고를 펼치면서 이미 저술한 『옥화경』 등을 보고 "이 저술들은 내가 13,4세 때 지은 글들인데, 자유분방한 마음으로 지은 것이다."라고 탄식하였다. 공 스스로 노장학老莊學의 내용을 이해하고 있었는데, 공은 "지금에서 보니 특히 조박糟粕할 뿐이니, 어찌 이 수준의 학문에만 머무르고 말겠는가?" 하고는 드디어 그 부탄浮誕한 30여 편의 저술들을 없애버렸다.

- 여름에 『팔가총론八家總論』·『팔가총평八家總評』 등을 저술하기 시작하였다. 유가·법가·도가·명가名家·묵가·종횡가縱橫家·잡가·병가 등 8가가 그것이다.

- 가을에 식년시에 「사서의四書疑」로 입격入格하였다. 관악산을 오른 뒤 돌아와 몇 편의 시를 남겼다.

- 겨울에 충주로 가서 월악산月岳山 등지를 관람한 뒤 돌아와 시 몇 수를 남겼다.

- 반씨의 『여지비고輿地備考』를 고찰한 다음 그 아래에 각각 일찬一贊을 남겼다. 계속하여 우리 조선을 가지고 〈사이경개四夷梗概〉, 〈사이개요四夷概要〉를 다시 기술하고, 뒷면에 붙여서 중국을 흠모欽慕하고 조선을 존중하는 것을 보여주면서 외이外夷를 업신여기는 뜻을 밝혔다.

- 「성종후제星宗後題」·「도맥돈류후제道脈敦流後題」·「사서동이조변후제四書同異條辨後題」를 지었다.

- 『금강경』·『반야경』 등의 내용을 읽고 처음에는 축편조변逐篇條辨(각 편마다 내용과 뜻을 자신의 지식과 관점으로 논변함)하고자 하였다. 이어 다른 불경들도 구

해서 축편조변코자 덤비자 이를 지켜 본 부친 신구중이 공에게 깨우치기를 "나에게 존재하는 것을 먼저 밝게 하지 않고 한갓 이기기만을 위하는 데만 마음을 쓰면 오히려 내진內進의 공부보다 해롭다. 그것은 맨 나무에서 불을 구하는 것과 다를 바가 없는 것이라고 질정하였다." 이에 공은 드디어 철회하고 그만두었다.

1720년 19세

- 『역학계몽보주易學啓蒙補註』를 찬술하였다. 이는 제가諸家가 주해註解한 것들 중에 미비한 것으로 판단되는 내용을 보완한 것이다.
- 『탁오기琢玉記』(친구 사이에 절차탁마切磋琢磨의 말을 기록함)를 저술하였다.
- 가을에는 증광增廣 감시監試에 나아가 「궤시유佹詩遺」로서, 봄에는 「신군시申君詩」와 「사서의四書疑」로써 양시兩試 모두 입격하였다.
- 공은 이해 체질滯疾이 있어서 독서를 방해하여 이에 섭생攝生의 도道에 깊이 뜻을 두었다. 『수양총서壽養叢書』를 저술하였는데, 제사題辭에서 존상存想(눈과 마음은 항상 외부의 영향을 받으므로 이들을 물리치고 눈과 마음이 내 몸에서 떠나지 않고 마음을 손상시키지 않은 상태)·조기調氣(조식연기調息煉氣의 준말로 호흡을 고르게 하고, 기를 단련시켜 몸의 기운을 잘 돌아가게 하는 섭생법) 두 가지를 다시 새겨 넣어두었다. 이는 모두 수련修鍊의 사事를 말한 것이다.

1721년 20세

- 병이 있어서 독서를 잠시 멈추고, 당시唐詩 중에 한 질을 취하여 고찰을 한 뒤 그 시에 대한 품평을 담은 『당시광평唐詩廣評』으로 남겼다. 그리고 공은 『주자대전』을 여러 차례 깊이 연구하여 손수 적의適意를 초록하여 독서의 과제를 완수하였다. 부친 신구증과 함께 경기 지평砥平에 있는 선조 제창군

濟昌君 묘를 찾았는데, 한강을 따라 뱃길로 가면서 주변 두미杜尾·월계月溪 등과 같은 절경을 차례로 볼 수 있었다. 성묘 뒤에는 용문사龍門寺를 즐겁게 보고 다시 뱃길로 돌아온 뒤 그 감회를 읊은 시를 수십 편 남겼다.

- 『참동계參同契』를 읽고 『참동계찬요參同契纂要』를 저술하였는데, 참동參同으로서 역易의 정요精要를 얻는다는 것을 기록한 것이다. 〔역자주: 위백양魏伯陽의 참동계는 선가仙家·도가道家 또는 선도仙道와 관련된 역괘易卦를 해석한 것이라 할 수 있다.〕

1722년 21세

- 『음부경陰符經』(도교의 경전이지만 도가·종횡가·병가의 사상이 함께 담겨져 있다.)을 주해 註解하였다.
- 이해 「자경삼장自警三章」을 지었는데,

    제1장은 "세월은 나에게 주어진 것인데도 학문은 나날이 후퇴하고, 매일 새로운 태양이 뜨는데 마음을 돌이켜 보면 스스로 부끄러울 뿐이다."

    제2장은 "천도음양天道陰陽의 승강升降을 느끼는가? 나의 마음속에서 일어나는 이욕理慾의 소장消長을 성찰하자!"

    제3장은 "지금부터 날마다 새로워질 수 있는가?"

- 가을에 식년문과 감시에 나아가 「기주부억진중고사蘷州府憶秦中故事」를 가지고 추흥시秋興詩를 지어 입격入格하였다.

1723년 22세

- 다시 지난 해 「자경삼장」에 이어서 쓰기를 "봐라 지난 해 쓴 자경첩이 여기 있지 않는가! 학업은 앞으로 나아가지 않고 후퇴하니, 이러한 상태를 인식하여 항상 눈은 나의 마음의 혼미하고 게으름을 무릇 경계하는 도다."
- 봄에 「우감온공비寓感溫公碑」란 시제試題로 진사시에 입격하였다. 공은 이후

과거를 포기하고 오직 성리학에 전심專心하였다.

- 다시 옛날 자신이 저술한 원고를 보고 "나 어린 시절 잡서雜書에 탐닉하여 한만지리汗漫支離한 것이 너무 심하였다. 도道를 어지럽히고 이理를 해치는 것을 면치 못하여 두려워하고 삼가는 일을 하지 못했다. 이에 다시 자신을 경계하면서 부탄패사浮誕稗史를 다룬 구고舊稿 중에서 기해년에 미처 없애지 못한 30여 편을 또 다시 없애버렸다. 없애버린 것은 『속열선전續列仙傳』이다. 다만 정북창鄭北窓(정렴鄭磏)을 일컬음과 장자莊子에 관한 편찬서들은 그대로 보관하여 그 개요를 전하였다.

- 가을에 관악산을 유람하였다. 운주대雲珠臺에 올라가서 운주대 서남으로 내려와 자하동紫霞洞에 이르러 벽에 써 놓은 붉은 글씨를 보고 돌아와서는 관악산을 등산하여 유람한 감회를 몇 편의 시로 남겼다.

1724년 23세

- 경기 안산 아현鵝峴 별장에 계신 성호 이익 선생을 찾아 『소학』·『대학』·『근사록』 등을 그 앞에서 암송하였다. 이어 사단칠정을 토론하였는데, 이때의 만남에서 논한 것을 『기문편』으로 남겼다. 공은 이때 처음으로 성호 선생을 만난 것이다. 성호 이익은 학문을 논하면서 서태지학西泰之學(서학西學)의 이로움을 언급하였다. 대체로 서태학은 동정童貞의 몸을 귀하게 여기고 인화釖化를 숭상하였다. 또한 천당지옥설이란 것이 있는데, 불교와 마찬가지이다.

- 공은 서학에 관한 정보를 한 번 듣고 나서는 모름지기 사학邪學으로써 그것을 배척하고자 하였다. 성호 선생을 뵙고 돌아와서는 서태학에 관한 서책을 두루 구하여 읽은 뒤에는 서학이 사학邪學임을 알게 되었다. 공은 탄식하기를 "구만리 밖에서 요사스럽고 황탄한 학설이 어떻게 하여 중국을 거쳐 유입되고, 그리고 우리 동국에까지 미치어 결국 고명高明한 선비들로 하여

금 때때로 서태학설이라는 말류末流의 해害에 말려들고 있는 것인가? 그렇게 되면 결국 앞으로 그 서태학의 해 끼침은 홍수나 짐승보다도 심할 것이다."라고 우려하였던 것이다.

- 이에 공은 드디어 『서학변』 한 권을 저술하였다. 이 저술에 담긴 말은 엄중하고, 그 뜻은 바르며, 그 공은 맹자가 양주와 묵적의 설을 배척한 것과 주자가 불교를 배척한 사실 못지 않은 것이다. 공이 서학을 배척한 것은 앞으로 성도聖道를 보위하기 위해서이며, 사설邪說을 불식시키기 위해서이다. 그러나 야소耶蘇를 높이 받드는 자들 중에는 공의 서학 배척을 시기하고 의심을 하면서 해하려 하는 자도 있게 되었다. 그 들 중에는 공이 너무 준격峻激하다고 하고, 어떤 자들은 공이 고집스럽게 저들의 학설을 무시한다고 하였다. 사설邪說이 세상의 인심을 탐닉시킴을 군자는 앉아서 지켜보기 어려운 것이다.

- 도봉산에 유람하였다. 정암靜庵 조광조을 모신 사우祠宇(서원)에 들러 그를 배알하고, "관의인제거경재 여광풍대제월루觀依仁齋居敬齋 與光風霽月樓"라는 시제를 내어서 시를 읊었다. 만장봉萬丈峯에 올라 상쾌한 마음으로 자연을 조망하였고, 의상대義相臺·옥천암玉泉庵·망월암望月庵 등의 빼어난 경치를 차례로 관망하였으며, 모두 제영題詠이 있다. 돌아온 뒤에는 그러한 감회를 읊은 시 30여 편을 지었다.

- 『동유기東遊記』를 저술하고, 18세 때 집필하기 시작한 『팔가총론八家總論』·『팔가총평八家總評』 등을 이해 5년 만에 완성하였다.

- 1월에 성호 이익을 찾아뵙고, 경전經傳 중에서 초학初學으로 용공用功하는데 가장 최고로 꼽을 수 있는 경전이 무엇이냐고 질의하였다. 이에 성호 이익은 선배들이 줄곧 논한 바에 의하면 『근사록近思錄』 한 편이 본원本源을 드러내 밝히고, 문로門路를 열어서 이에 용공하는 데 주견主見을 세워 진취

하는 바가 가능할 것이라고 답변하였다. 공은 『근사록』은 참으로 괜찮지만 일상생활에서 『소학』만큼 절실할지 아닐지를 알지 못해서 우려스럽습니다. 성호 이익이 답변하기를 "참으로 『소학』으로부터 순서를 정하여 차근차근 밟아 독실하게 앞으로 나갈 수 있다면 어찌 좋지 않겠는가"라고 하였다. 그러면서 후세에 가르치는 법이 이미 『소학』공부를 폐지하였으니, 세태를 책망할 수는 없는 것이다. 따라서 구습에 따라 주견主見을 쉽게 세우지 못한다면, 모름지기 우선적으로 『근사록』에서 그 의리의 근원을 인식하고 먼저 주견을 세워 우선적으로 용공用功하는 것만 못하게 되는 것이다. 또한 성호의 저술인 『사칠신편四七新編』과 『소학』·『대학』의 내용에 관한 질문을 하고 물러난 둘째 날에는 다시 퇴계 이황의 천명기질天命氣質에 관한 설설說과 『대학』 정심장正心章을 암송하였다.

- 3월에는 두 번 찾아뵙고, 7월 한 번 찾아뵈었는데, 이때의 문답을 기록한 『갑진기문편甲辰紀聞編』이 있다.
- 겨울에 『소학차의小學箚疑』를 저술하기 시작하여 이듬해 봄에 완성하였다.
- 『금릉일기金陵日記』를 편찬하였는데, 공의 부친 신구중이 찬술한 20편과 만호 신무의 행적을 미처 완성하지 못한 것이 기술되어 있었는데, 동문생이 빌려가 잃어버렸다.

1725년 24세

- 봄에 꿈을 꾸었는데, 사람들과 출처出處(일상생활에서 나가고 물러남)를 논한 꿈이었다. 깨어나서 꿈을 해몽해보니 '동인괘同人卦의 돈둔遯'을 얻게 되어 그로 인해 거처居處하는 곳 이름을 "돈와遯窩"라 하였다. '돈와'를 작作하고 그 명銘을 새기기를 "들에 서리가 내리려고 할 즈음에는 벌레가 사람들이 사는 집을 찾아 문틈으로 들어가고, 하늘에서 비가 내리려고 하면 개미들이 개미

둑을 쌓는다. 저 미물들도 자세히 관찰해 보면 오히려 그럴진데, 인간은 최고의 영혼을 가지고 있으므로 신神만큼은 못될 지라도 이미 지혜의 문이 열려 있다는 사실이다. 나는 꿈에서 본 거북이는 또한 다음과 같은 징조를 알려준다. 괘획卦畫으로 해석해 보면 '대체로 소일을 하며 지조를 견고하게 지켜낼 획괘劃卦'로서 아름다운 편액을 만들어 문기둥에 걸어두어야 하지 않겠는가!"

- 또 점서占筮하여 복괘復卦에서 이괘頤卦로 옮겨가는 점괘를 얻었다. 공은 "본점괘는 학자에게 매우 절실한 용공처用功處이다. 이에 아침저녁으로 존양存養(본성을 잃지 않도록 하여 그대로 지켜나가도록 기름)의 도움자로 삼고자 하였다. 또한 공이 거처하는 곳을 '복재復齋'라고 이름하여 '복재'에 대해 두 수를 읊었고, 또한 '복괘'에 대해서도 두 수를 읊었다. 그리고 「복괘삼명復卦三銘」을 지었다.

  첫째, '복괘'의 상육上六의 음유陰柔는 혼미昏迷한 것인가? 괘의 마지막에 처하여 있어서 끝까지 아득해서 회복하지 못하는가? 그래서 '인군人君의 도에 어긋나기 때문에 흉하다.'라고 하는데, 모든 것을 밝게 널리 살피는 영혼을 상정한 것인가? 눈앞에 드러나는 점괘가 인군의 수레를 돌려야 하는 조짐인가? [육오六五]는 '중도로써 스스로 이루기 때문이다.'라고 하는데, 이는 그 점괘의 질의로 보면 '아득하여 회복하기 어렵다.'는 것을 경계한 것을 드러낸 것이다.

  둘째, 양陽이 위에서 깎여서 극極에 달함인가? 양陽의 사그라짐이 7일에 이르러 회복하여 양강陽剛한 것이 움직여서 순順한 것으로써 행함인가? '양이 나아가면 음이 물러나고, 군자의 도가 자라면 소인의 도가 사그라지기 때문에 음이나 소인의 도가 물러가는 바를 둠이 이롭다.'라고 한 것은 군자의 도인가? 우뢰가 땅 속에 있는 것은 양이 처음 회복하는 때이므로, 양이 처음 아래애서 생김은 매우 미미해서 안정을 한 다음에야 자랄 수 있듯이 사람의 몸도 착하게 단정히 잘 길러야 하는 것인가?, 천리天理라는 것은 위의 통론統論 전괘全卦의 취지를 온전히 하는 것이다.

셋째, 초구初九는 '머지않아 회복한다는 것인가?'. 머지않아 회복한다는 것은 군자가 몸을 닦는 도리이니 군자가 몸을 닦아서 아름다움으로 돌아가는 것을 말함인가? 육사六四는 어진 자에게 자신을 낮출 줄 앎으로써, 중도中道로써 행하되 홀로 회복하는 괘인가? 도를 좇아서 돈독함을 회복함인가? 스스로 이루고 자주 잃고 자주 회복하는 것이 위태로운가? 자주 회복하고 자주 잃는 것이 비록 위태하나, 착함을 회복하는 의리는 허물이 없고, 상육上六은 끝내 회복하지 못함이 흉한 것인가? 그 끝내 육효六爻는 행하면 패함을 면치 못하는 것인가? 법계法戒가 성인聖人의 꾀함이 있는 것인가? 나는 위와 같이 본보기를 들어 효爻의 하나하나의 뜻을 준비하여 진술한다.

- 가을에 경기 안산의 별장에 성호 이익을 찾아가서 이틀을 머물렀다. 『소학』과 『성역기삼백설星曆朞三百說』 등을 논하였다.
- 8월 다시 안산에 있는 아현 우사鵝峴寓舍를 찾아 성호 이익을 만났는데, 그때의 담론을 「을사기문乙巳記聞」으로 남겼다.
- 『가숙연원家塾淵源』 4편을 편찬하였다. 제1편은 「관설허선생언행보유觀雪許先生言行補遺」로 만호선생이 기록한 것이고, 제2편은 「만호선생언행」으로 외와공畏窩公(부친 신구중)이 기록한 것이며, 제3편도 「만호선생언행」으로 감역監役 권구權絿가 기록한 것이다. 제4편은 「만호선생유사晚湖先生遺事」로 신후담이 기록한 것이다. 추가로 「추정기문趨庭記聞」 1편이 있는데, 이는 공이 신구중에게 들은 내용을 기록한 것이다. 지금 5편으로 구성되어 있는데, 도통道統의 자래自來한 바를 볼 수 있다.
- 「자성문自省文」을 써서 벽에 걸어두고 아침저녁으로 그것을 보면서 잘못된

허물을 반성하였다. 그 자성문은 다음과 같다. '부모님을 섬기는 데 친숙하고 즐거워하는 얼굴을 보여주었는가!'를 반성해보면 나의 죄과이고, 형제들이 서로 화기애애하게 기뻐하는 기색에 흠결이 있는 것이 나의 허물이다. 문을 닫고 혼자 있을 때 단정하고 엄숙함에 부끄러움이 있음은 나의 허물이고, 친구들을 접대하면서 성실함이 부족함은 나의 허물이며, 말을 삼가지 않고 황탄하고 경홀히 하는데 흐르는 것이 나의 허물이다. 행동이 민첩하지 않고 게을러 소홀히 하는 것이 나의 허물이고, 일에 임해서 근심이나 하고 어지럽게 대처함을 면치 못하는 것이 나의 허물이며, 마음을 다잡아 견고하게 유지하지 못함이 나의 허물이다. 오직 위의 여덟 가지 허물을 미처 없애지 못함이 실로 내가 한 결 같이 두렵고 삼가는 마음이다.

1726년 25세

- 외숙 소재공疎齋公과 함께 천마산에 유람하여 시를 남겼고, 박연폭포를 보고 또한 시를 남겼으며, 만경대에 올라 화담서원花潭書院(서경덕의 위패를 모신 서원, 서원명은 화곡서원으로 추측됨) 등을 관람하였다. 그리고 송도에 이르러 숭양서원崧陽書院(포은 정몽주를 모심)을 배알하였다.

- 11월 성호 이익을 안산에서 뵙고 2일 동안 머물면서 역대 학문을 논하였는데, 고금인古今人 위학지설爲學之說, 위학지요爲學之要를 다루었다.

- 이어 수원에 들러 성호의 사촌형 빙천氷川 이진李澐(자는 계통季通)을 만났는데, 그는 빙천에 살고 있었으므로 그를 빙천처사로 불렀으며, 당시 70여 세였다. 그는 토실土室에서 바람과 비도 가리지 못하고 근엄하게 몸을 가누고 있었다.

- 주자를 논하고 다시 『대학』의 제장諸章과 보망장補網章을 정定하였다. 이때의 내용을 기록한 『병오기문편丙午紀聞編』이 있다.

- 공은 권기언(權基彦, 자는 사회士恢)과 함께 수락산을 유람하면서 금동봉유허金東峯遺墟를 보고 시 한수를 지었다.
- 성호 이익에게 편지를 올렸다. 대체로 3번째이다.
- 「청현사찬淸賢四贊」을 지었다. 노중련魯仲連·장자방張子房·제갈공명諸葛孔明·도원량陶元亮 등이 그들이다.
- 수락산에 올라 흥국사興國寺·향로봉香爐峯·삼량폭포三梁瀑布·내원암內院庵·매월당유허梅月堂遺墟 등을 돌아보았다.

1727년 26세
- 부친 신구중이 증광문과에 병과로 급제, 승문원에 들어갔다.
- 『호쌍호역학계몽익전胡雙湖易學啓蒙翼傳』을 읽고, 지의識疑 3편을 고찰하였다.
- 「돈사영지매복봉맹장한사공도遯四詠指梅福逢萌張翰司空圖」를 그렸다.

1728년 27세
- 정월 안산 아현의 우사寓舍로 성호 이익을 찾아뵙고 『가례』를 논했다. 이튿날은 『중용』·『예기』·『역경』 등에 대해서 논하였으며, 셋째 날은 『가례집론禮記集論』과 『심학도心學圖』를 논하였다.
- 또한 익위를 지낸 이식李栻을 성동 우사城東寓舍로 찾아뵙고 『대학』·『소학』·『중용』 등에 대해서 강론했다.
- 8월에 이익을 안산으로 다시 찾아뵙고 『역경』에 대해 강학을 받았는데, 그에 관한 내용을 『무신기문편戊申記聞編』에 담았다.
- 『주역상사신편』을 찬하였는데, 그것을 『상사신편』이라 칭하였다. 먼저 괘효卦爻의 상象을 살피고, 괘효卦爻 아래의 문왕과 주공의 계사繫辭를 완미玩味하였다. 그리고 그러한 괘효에 대한 상사象辭를 관완觀玩함에 있어서는 한

자 한 구절이라도 상象에 부합되지 않음이 없었고, 제가諸家의 견해 중에는 상象을 주主로 하다가 그 사辭를 놓치는 경우가 있고, 어떤 학자는 사辭를 주로 하다가 그 상象을 빠뜨리는 경우가 있는 경우와는 달랐던 것이다.

- 『계몽지의啓蒙識疑』상·하편은 양계良溪 이진李溏이 찬술한 문헌이다. 병오 1726년 신후담이 25세 때 겨울 공(신후담)이 빙천氷川에 살고 계신 그를 찾아 보았을 때는 이미 노인이 되어 손수 『주역』을 잡고 놓지 않았다. 돌아와 몇 해 지나지 않아 빙천 선생이 하세下世하셨다는 소식을 들었다. 이에 나는 그 사촌 동생 성호 이익선생을 찾아 이 책을 얻어 보게 되었다. 모두 정미精微한 내용을 천발闡發하여 자득의 해사解辭가 많았다. 괘획卦畫을 계사繫辭로 논하면서 상象·괘효卦爻·사辭 등 겸삼兼三의 뜻을 주로 하여 선천가배先天加 倍의 잘못을 배척하였다.

- 또한 주견主見이 지극하여 혹 추색推索이 크게 깊으므로 해서 이학異學으로 흘러 의심할 만한 곳이 한 두 가지 없지는 않았다. 이러한 측면을 고려하여 신중히 선택하여 취하면 될 뿐이다. 소중히 이 문헌을 얻어 그 정요精要를 채록採錄하고, 순차로 조목條目을 따른 아래에다 평론을 간략히 덧붙였다. 이 분이 늙어 살아계실 때에 그 옳고 그름을 바르게 취하지 못한 것이 한스 러웠다.

1729년 28세

- 식산息山 이만부李萬敷(자는 중서仲舒)를 서강西江, 한강 줄기 부근의 우사寓舍 로 찾아뵙고 『역경』·『역학계몽』과 소강절의 가일배법加一倍法을 강학하였으 며, 『중용』·『대학』 등을 강학하였는데, 그러한 과정을 『기유기문편己酉紀聞 編』이란 제하의 기록으로 남겼다.

- 『숭인편崇仁編』을 찬술하였는데, '인仁'을 취한 것이다. 어버이를 친親히 하는

것이 위대하다는 뜻으로 여겨 그것으로써 이름하였다.

• 『통서統敍』는 시조 공헌공恭獻公(신수愼修)의 행적으로부터 조부 수월당岫月堂 (신미오愼徽五)까지의 행적을 차례로 서술한 것이고, 『보록補錄』은 조야朝野나 사승史乘에서 드러나는 선조의 사적을 널리 고찰하여 보완하여 기록한 글 이며, 『본생세술기本生世述記』는 부친 신구중의 생가生家 세덕世德을 기록한 것이다. 또한 『동종특지同宗特誌』가 있는데, 동종(성씨와 본本이 같은 친족)의 특 별한 행적을 기술한 것으로 4편이 있다.

• 『내교內敎』 2편을 찬술하였다. 상편은 「원교原敎」·「교덕敎德」·「교언용敎言容」 ·「교공敎功」·「흥교興敎」·「돈교敦敎」 등 여서 가지 사事를 논한 것이고, 하편 은 「익교翼敎」라는 한 가지 사事로 고금古今 부녀婦女들의 아름다움 말〔嘉言〕, 착한 행실〔善行〕을 기록하고, 이어서 가전家傳으로 내려온 것 중에서 드러난 것을 추가하여 기술하였다.

• 춘정월 성호 이익선생을 한성부 정릉동貞陵洞에 있는 우사寓舍로 찾아뵙고 특별히 한 해 동안 공부한 것이 있느냐고 묻자 "『중용』을 읽었다고 대답하 였다. 이익 선생께서 『중용』을 읽고서 새로이 얻은 바가 있느냐?"고 묻자 대 답하기를 "매번 읽을 때마다 혼망昏忘하여 이해가 되지 않았습니다. 그런데 지나간 겨울에 비로소 황연히 그 요령要領을 얻은 바가 있는 것 같습니다."라 고 답하였다. 이에 성호 이익 선생께서 "그 내용을 말해보라!"고 하셔서 이 어 네 가지를 강론하였다. 성호 이익 선생이 "자네의 말이 옳다."고 하셨다.

• 또한 『대학』에 관한 선현들의 지속적 주해註解의 의미를 물었다. 그래서 대 답하기를 "『대학』이 『중용』과 일치하는 부분은 『대학』의 명덕明德과 『중 용』의 이른바 성性이고.', '『대학』의 신민新民과 『중용』의 이른바 교敎이다.' '『대학』의 지지선止至善과 『중용』의 이른바 도道이다.' 명덕明德이 중中이면 지선至善이 있게 되고, 신민新民이 중中이면 지선至善이 있게 된다. 이와 같이

이해한다면 맥락이 자연히 서로 통하고, 의사意思도 부족한 것이 없는 것 같습니다."라고 대답하였다. 그러자 이익 선생이 "그 또한 그러하네[중략]"고 화답해 주셨다. 이것이 그때 문답형식으로 크게 논의한 내용이다.

- 5월에 성호선생을 아현우사鵝峴寓舍로 찾아 『역경』·『중용』·『대학』을 강론하였다.

- 11월에 신후담이 수월당崔月堂(신후담의 조부 신휘오) 사당에서 잠시 잠을 잤는데, 꿈에 공자가 70문인을 거느리고 엄숙히 와서 신후담 앞에 앉아서 "내가 주유천하周遊天下하였으나 마음 둘만한 곳이 없었다. 지금 그대에게 돌아가 쉬고 싶다."고 하자, 신후담은 "대성大聖께서 강림降臨하시니 형언할 수 없을 정도로 엄청난 행운입니다." 하고는 일어나 감사의 절을 올렸다. 그리고는 "경經의 내용에 거스르는 것이 있어서 전부터 난의難疑한 내용들을 공자가 행단杏壇 위에 앉아서 여러 제자들과 문답하던 방식처럼 질의하였다." 는 것이 꿈을 꾼 내용으로, 공은 꿈에서 깨어나서 그 사실들을 기록해 두었다.

- 다음해 공의 아들이 태어났고, 또한 경기 금성金城 관할의 마을로 문묘文廟를 옮겼으며, 대체로 고어古語에 "낮에 생각한 바가 있으면 밤에 꿈으로 나타난다."는 말이 있는데, 옛날 공자가 주공周公의 도道를 행하려는 생각이 간절하여지자, 꿈에 주공이 나타났다는 것이다. 지금 공(신후담)이 공자의 도를 밝히려는 간절한 생각이 지속되다가 보니 꿈에 공자를 보게 된 것이다.

- 세상에서 공과 공자와 시대적으로는 천 년이 넘고, 지리적으로도 천 여 리가 넘는데도 꿈이 서로 같은 류類인 것이 부계符契(부절의 반쪽이 서로 정확히 맞음)가 합치되는 것과 같았던 것이다. 아! 서로 다르기는 하나 공자시대를 가지고 논한다면 주왕실周王室이 비록 쇠퇴하였으나 예악禮樂과 전장典章은 아직 전하여지고 있는 것이 있고, 의관문물衣冠文物은 아직 변화되지 않았다. 공자가 비록 노나라를 떠나 위衛·제齊·송宋·정鄭 나라 등을 철환천하轍環天

下(천하를 두루 돌아다님)하였으나 머물 만한 곳이 없었다고 한다.

- 지금에 이르러 하화夏華가 오랑캐의 풍속에 침몰되었는데, 성인聖人의 정령 精靈으로 하여금 지금까지 오히려 보존하게 한 것이니, 과연 어찌 적당히 돌 아갈 곳이 있었을까?. 당시의 부해浮海의 탄식이 반드시 장차 호연浩然히 동 쪽(조선 지역)으로 향하게 하였기에 공(신후담)이 공자를 꿈꾼 것도 우연이 아 니다.

1730년 29세

- 이고李翶(772~841 또는 774~836, 당나라 사상가, 송학에 깊은 영향을 준 인물로 도가의 영향 을 일정부분 받았다는 설이 있음)의 『복성서復性書』에 영향을 받아 그 연장선에서 「이십구년잠二十九年箴」이라는 '자경잠自警箴'의 글을 지었다.

  그 머리글에 '경술년 나는 20년 하고 9년을 더한 나이를 맞아 나 자신을 돌이켜 보면 세월이 하염없이 가고 있음을 느끼면서 어느 땐가 아주 문득 이 고의 『복성서』 하편의 글을 기록하게 되었다.' 그의 글 중에서 삼가 경계해 야 할 것을 깨닫지 못하면서 '천지 사이에 만물이 생겨난다. 사람은 만물의 하나이다. 사람이 짐승·벌레·고기 등과 다른 것은 어찌 도덕의 성품이 아니 랴? 한 가지 기를 받아서 형체를 이루니, 한결같이 사람이 되기는 매우 어려 운 것이다. 세상에 생명을 받고 태어나서도 아주 성숙한 나이도 아니어서 행 동으로 잘 실천해내는 것도 어려운 문제이다. 대도大道에 전념하지 못하고 그 마음이 가는 데로 버려둔다면 짐승이나 벌레 및 고기와 다를 바가 거의 없는 것이다.'

  내 나이 29세이다. (10년 전의) 19세 시절을 생각하면 하루아침과 같이 지 나간 것이다. (20년 전의) 9세 시절을 생각해도 시간적으로 하루아침처럼 훌쩍 가버린 세월이다. 사람이 생명을 받고 태어나서 성장하여 살아가는 기간은

70, 80, 90, 100년의 세월에 불과한즉, 이 기간의 삶을 살 수 있는 사람도 드물다. 100년의 세월 속에서 9년이란 시간을 바라보자. 내가 이 날짜를 생각하면 100년이란 세월이 멀고 가까움으로 계상해 보면 아주 서로 멀다고 할 수 있는가? 그 기간도 하루아침 보다 멀다고 할 수가 있는가? 그러므로 인간이 비록 100년의 수를 누리더라도 번개가 서로 부딪혀 내는 빛과 같이 놀랄 정도로 지나가고, 회오리바람이 불어서 돌아가는 것처럼 빠르다는 것을 알 수 있다.

하물며 천 백 사람 중에 100년을 살 수 있는 사람은 한 사람도 없지 않는가. 따라서 내가 하루 종일 도덕에 뜻을 두고 실천한다고 하더라도 일정한 수준에 미치지 못할까 두려운 것이다. 그처럼 마음이 가는 데로 방치해 둔다면 홀로 어떤 사람이 될까? 그 말을 되새겨 볼 맛이 있는 것이다. 이것이 지금의 나의 마음이다. 이에 잣나무 도지개를 만들어 거기에 「잠삼편箴三篇」을 적어서 나 자신을 스스로 경계하고자 하였다. 그 뒤 「칠잠七箴」을 다시 지었다.

• 한식날에 익창공益昌公 신수근의 서산묘소西山墓所를 찾아 제사를 드렸다. 익창공은 1506년 병인사화로 희생되었는데, 절의로 희생되었으므로 백이伯夷와 병칭竝稱되었고, 묘소도 백이와 마찬가지로 서산에 있게 되었는데, 이는 우연이 아니다. 익창공 신수근의 죽음을 백이伯夷와 같은 류類로 비유하여 높이고자 하였다. 공은 고비와 고사리를 채취하여 제사 찬饌으로 올렸다. 그리고 「서산가西山歌」 두 수 지었고, 「이비부二悲賦」도 지었다.

• 부친 신구중의 본생가였던 전의全義에 들러 본생가 인척들을 순방하고 돌아와 『전의기행全義記行』을 저술하였다.

• 5월 10일 장남 성俲이 태어났다.

• 신愼씨 대대로 계첩系牒(족보의 하나)이 없었다. 각 파派가 다만 가승家乘을 가지고 있을 뿐이었다. 이에 부친 신구중이 신후담에게 신씨계첩愼氏系牒을 편

찬할 것을 하명하였다. 신구중의 명을 받아 강원도 고성高城에 있는 선대의 행적을 찾았는데, 선대 사우祠宇를 봉환奉還하고자 한 것이다. 이 일을 위해 신후담은 풍악楓岳을 차례로 유람하고 나서 동문東門을 오르고 싶었다. 그 과정에서 대체로 5일 동안 단발령을 넘어 금강동구金剛洞口에 이르렀는데, 그때가 가을 8월에 해당하는 계절이었다.

• 칠송정七松亭에 있는 권해權諧를 방문하였는데, 그는 만호 신무 말년의 문인 으로 신무에게 학문을 배웠는데, 권구權絿의 조카이다. 만호 유적과 유문자 遺文字를 수습하여 돌아오면서 바다 길을 따라 그 주변의 총석叢石 등 빼어 난 경관이 있는 곳들을 관람하고 돌아와 그때 지은 시를 모아 「정양록正陽 錄」이라는 시집을 남겼다.

• 『역경통해도설지의易經通解圖說識疑』를 찬술하였다.

• 왕세정王世貞(1526~1590, 의고주의依古主義 주장)의 『엄주집弇州集』을 열람한 뒤 후 기後記를, 남구만의 『약천집藥泉集』을 읽은 뒤 후제後題를 썼다.

1731년 30세

• 봄에 말이 교하交河의 강물 가운데서 출현하였는데, 장대하기가 매우 뛰어 났다. 얼굴이 2척이나 되고 몸체는 혼탁한 백색을 띠면서 꼬리는 검은 색이 었다. 봄부터 여름까지 계속해서 교하 강기슭에 나와 노니는데, 그 말이 노 닐 때는 반드시 비를 동반한 뇌우雷雨가 있었다. 교하 물가 사람들은 대체로 그 광경을 보지 않은 사람이 없을 정도였으므로, 교하 사람들은 그 말을 '신 마神馬'라 불렀다. 이에 공은 「신마송神馬頌」을 지었다.

• 『상사신편象辭新編』 상·하편의 해解를 완성하였다. 『역경』의 괘사卦辭와 효 사爻辭에 대한 해석이다.

• 교하 금성촌은 증조 영평공永平公이 터를 닦고, 조부 수월당(신휘오)이 경리經

理하고, 부친 신구중이 보수保守한 곳이다. 이곳이 신후담에게는 사세四世 동안 전해진 옛 터가 된다. 이 해에 장릉長陵(인조와 인조비가 합장한 곳)이 파주로 부터 교하交河 감영監營으로 봉환奉還됨에 따라 교하군交河郡 감영이 금성 촌으로 이정移定되어 공은 이에 옛 터를 잃게 되었는데, 그것을 기록한「서 비록西悲錄」 1권이 있다.

- 6월 2일 서자庶子 풍禮이 태어났다.
- 지산芝山 최도명崔道鳴 선생을 동호東湖로 찾아『역경』을 강론하였다. 이 당 시의 문답을 기록한「신해기문편辛亥紀聞編」이 있다.
- 가을에『대학해』를 편찬하였는데, 고본古本에 의거해서 찬술하였다. 또한 『대학도의大學圖義』가 있다.

1732년 31세

- 『논어차의論語箚疑』·『맹자차의孟子箚疑』 등을 찬술하였다.
- 『상사신편象辭新編』·『단전象傳』·『상전象傳』·『문언전해文言傳解』 등을 완성 하였다.
- 『상계도설上系圖說』·『하계도설下系圖說』 등을 찬술하였다.
- 『상사신편』은 그 표제標題 머리에 공자 계사繫辭 가운데 상象 계상繫象 등을 보고 8단段을 인용하여『역경易經』이 만들어지게 된 까닭이 되는 것은 '성인 聖人이 역易을 가르치게 된 까닭'과 '군자가 역을 배우게 된 동기'에서 찾아지 는데, 그것은 모두 상사象辭가 주主가 된다는 것이다. 그래서 상사象辭를 버 리고 역의 도道를 구하는 것은 나는 듣지 못했다고 하였다. '역도易道의 고원 高遠함을 가지고 말하지 않는다면, 이미 그것은 아무 것도 없는 것이 되고, 역도를 강론하고자 한다면 그 시작은 상象으로부터라고. 〔이하 생략〕
- 자字를 연로淵老라고 고쳤는데, 도연명을 꿈에서 보고 그 꿈의 해몽에 따라

고쳤으나 이로耳老와 병행하여 쓰기로 하였다.

- 이해 교하의 금성장金城庄을 이미 잃었으므로 감영監營의 봉환에 따라 어쩔 수 없이 이거移居하였다.

- 제가서諸家書를 읽고 각각 품제品題함. 초당焦戇의 『역립易林』에서부터 안씨 가훈顏氏家訓에 이르기 까지 무려 28가를 다룬 『잡서수필雜書隨筆』을 저술하였다.

- 소한중簫漢中(원나라 학자)의 『독역고원讀易考原』이 있는데, 신후담은 「괘서도설卦序圖說」을 읽고 지의識疑 상·하편을 지었다.

- 어린이를 가르치기 위해 『유의幼儀』 4편을 찬술하였다.

- 『중용해中庸解』를 찬술하였고, 거기에 『중용총의도설中庸摠義圖說』을 첨부하였다. 그 대략은 ''중용』의 요령要領은 '성性·도道·교敎'이고, 도道는 '성性·교敎'의 총회摠會이다. 그렇기 때문에 성을 따른 것을 도라 하고, 도를 마름하는 것을 교敎라 한다. 도의 체體는 중中이 되고, 도의 행行은 화和가 되며, 그러므로 중이라는 것은 천하의 대본大本이고, 화라는 것은 천하의 달도達道이다. 달도의 행行에 있어서 치우치지 않는 것을 일러 중이라 하고, 변하지 않는 것을 일러 용이라 하는 것이다. 중용도 그 용처用處를 취하여 말한 것이다. 그러므로 군자의 중용이라 한다.

- 군자는 시중時中으로, '중용의 도'를 '그에 근접하는 도'로 표현하자면 너무 넓고, '크기'로서 말해본다면 아주 평범한 사람도 행할 수 있다. 그 도의 '지극히 은밀함'을 말하자면 성인도 알지 못하고 능하지 못하는 바가 있기 때문에, 군자의 도는 '지극히 넓고 크면서도 은밀하다.'고 하였다. 그 도의 넓고 큼을 다하고자 하는 길은 오직 '도문학道問學'에 존재하고, 그 은밀한 곳을 극極하고자 하는 길은 오직 '존덕성尊德性'에 존재해 있다.

- 〔중략〕성誠이 『중용』의 추뉴樞紐이고, 군자는 이 도를 체로 한다. 성인聖人은

자연스럽게 성誠이며, 성誠이라는 것은 하늘의 도道로 스스로 성誠이 밝으므로 성性이라 부르는 것이다. 학자는 면강勉强을 통해 성誠하게 되므로 이른바 '성誠하고자 하는 것은 사람의 도道'이고, '스스로 성誠을 밝히는 것'을 일러 교敎라고 하는 것이다. 이것이 『중용』의 대의大義이다.

• 성호 이익을 방문하였다. 「임자기문편壬子紀聞編」이 있다.

1733년 32세

• 『계사통의繫辭通義』를 찬술하였다.

• 『황명제가평요皇明諸家評要』·『심경차의心經箚疑』·『역도외편易圖外篇』 등을 찬술하였다.

• 8월 경기 지평砥平에 있는 선영을 다녀오는 길에 지산 최도명崔道鳴 선생을 방문한 뒤 「기문편」을 남겼다. 시를 남긴 글에 의하면 『주역』의 선천先天을 강론한 것임을 알 수 있다.

• 9월 성호 이익을 찾아 참동계參洞契를 논하였다.

1734년 33세

• 『상사신편』·「계사전繫辭傳」·「설괘전說卦傳」·「서괘전序卦傳」·「잡괘전雜卦傳」 등을 저술하였고, 『역경해易經解』상·하편을 합쳐서 7권을 찬술하였다. 대체로 역易의 이치는 지극히 크고 넓으며, 지극히 미묘하다. 괘卦는 복희伏羲로부터 시작되는데, 문왕이 아니면 그 누가 계繫를 괘사卦辭로써 발전시킬 수 있었고, 주공이 아니면 그 누가 계를 효사爻辭로 발전시킬 수 가 있었겠는가? 그리고 공자가 아니면 그 누가 계속하여 익전翼傳으로 발전시킬 수가 있었을까? 공자 사후死後부터 역易의 이치를 아는 자는 드물었다. 안자顔子·증자曾子·자사자子思子·맹자와 같은 성인들은 반드시 공자에게서 얻은 바

가 있었을 텐데, 역易에 대해서는 어찌하여 한마디 언급을 하지 않았던 것인가?

• 노나라 상구자목商瞿子木이라는 공자의 제자는 친히 공자에게서 역을 배웠다고 하고, 그 문사文辭가 대충이라도 보이지 않는 것〔不槪見〕은 어째서인가? 어째서 지극히 크고 지극히 광대한 이理, 지극히 미묘微妙한 이理가 발명發明하는 데 어려워서 그러했던 것인가? 한대漢代 이래로 역이 처음으로 성하게 되었다. 그 뿐만 아니라 천이고 백이고 수많은 연구자 중에서 그 누가 복희·문왕·주공·공자 등 네 성인의 전傳을 제대로 좇을 수 있겠는가? 혹자는 상象에서는 얻은 것이 있지만 사辭를 좇는 데는 놓친다든가 어떤 학자는 사辭를 좇는 데는 얻는 것이 있었지만 상象을 좇는 데는 실패하는 경우가 대부분이고, 그렇지 않은 또 다른 학자는 편협하게 초씨焦氏는 복서卜筮로 치우치고, 위씨魏氏는 수련修鍊으로 치우치는 등 역의 이치는 이에 더욱 억측을 자아내게 되었다.

• 정주程朱가 나타난 이후부터 네 성인의 전傳이 접맥됨으로써 본의本義를 위해 발명發明이 이루어지게 되었다. 그러나 정자程子의 『정전程傳』은 네 성인의 전에 미치지 않은 것이 아니라 혹 끌어들여서 발휘하지 못한 곳이 있고, 주자의 『주역본의』는 복서卜筮만 주로 해석하고 있으며, 또한 설괘說卦에서는 달리 해석하였다.

• 공(신후담)이 정주를 계승하여 이 『상사신편』을 찬술한 것이다. 그 상象을 관찰하여 그것을 사辭로 연결시키고, 그 사를 완미玩味하여 상象으로 연결시키고 있다. 대개 상象의 강유정동剛柔靜動에서 한 구절 한 자까지 심心에 융회融會하고 눈에 관통貫通하지 않는 것이 없게 된 다음에 비로소 이 저술이 있게 된 것이다. 그러므로 복희의 괘, 문왕과 주공의 사辭, 공자의 전은 공이 아니면 그 누가 그것을 발명하여 후인들에게 아름다운 은혜가 될 수 있게

하겠는가? 후인들이 신후담 도학의 창조한 바를 고찰하고자 한다면 마땅히 이 『상사신편』에서 그것을 보게 될 것이다.

- 공이 『상사신편』을 찬술함에 있어서 먼저 『역경』 상·하와 익전翼傳을 수 백 번 이상이나 읽어서 거의 융숙融熟하지 않음이 없게 된 다음에, 다시 널리 한당漢唐 이후의 모든 역가易家의 문헌을 널리 구하여 그 견해를 넓혔으며, 나가서는 당세當世의 군자들과 강론하고 안으로는 응사적려凝思積慮로 수년 을 지낸 뒤에 하루아침에 확연히 득하고 활연豁然히 깨달아 저술이 이뤄진 것이다. 이른바 박학·심문審問·신사愼思·명변明辨·독행篤行 등 다섯 가지 공부가 이 『상사신편』 일부一部에 거의 준비되어 있다. 천하의 지극한 밝음 이 아니면 어찌 이것을 알 것이며, 천하의 지극한 성誠이 아니면 어찌 이것 을 이루겠는가?
- 봄에 성호 이익에게 『역易』 계사전의繫辭傳義에 관한 질의의 글을 올렸다.
- 최도명에게 역 「계사도의繫辭圖義」를 질의하는 서찰을 올렸다.
- 등원리藤原里에 복거卜居를 하였는데, 새로운 문묘와 제第에 대한 상량문上樑 文이 있다.
- 가을에 국포鞠圃 강박姜樸이 등원리로 공을 방문하였는데, 이때 공과 강박 이 서로 문답시를 써서 남겨 놓았다.
- 겨울에 예설禮說과 사칠설四七說을 성호 이익에게 질문하는 편지를 올렸다.

1735년 34세

- 윤동규의 동생 윤동기尹東箕(1704~1735, 자가 복춘復春)가 죽자 문곡文哭하였다. 맏형 윤동규와 함께 성호 이익의 문하에서 학문을 닦았다. 과거를 포기하 고 학문에만 전념하였다. 겨우 32세에 졸하였다.
- 등원장藤原庄을 건축하여 사우祠宇를 이곳으로 이봉移奉하였다.

- 공이 지은 『논어차의』를 가지고 성호에게 질의하는 글을 올렸다.
- 노계원盧啓元(자는 백춘伯春)이 영남에서 올라와 머물러 강학하였다.
- 포천에 있는 윤모尹謨를 방문하여 함께 영평永平에 가서 영평 팔경八景을 유람하였다. 계산溪山은 영평 만큼 좋은 곳이 없다. 탄핵된 이이李珥를 구하려다가 오히려 탄핵되어 벼슬을 그만두고 영평에 물러나 있던 박순朴淳 (1523~1589)의 유풍이 남아 있던 곳을 유람하면서 시를 남겼다. 특히, 박순은 성리학자로 『주역』에 밝았으며, 서경덕에게 학문을 배웠다고 한다.

1736년 35세

- 『맹자차의』를 찬술하다.
- 공이 쌍계암에 있을 때 이규제李奎齊가 집으로 찾아왔다는 소식을 듣고 그 때의 심정을 시로 남겼다.
- 9대조 거창부원군 장성공章成公(신승복愼承福)의 유사遺事를 찬술하였다.
- 여름에 8대조 좌의정 신수근의 중종반정 때의 절의를 지키면서 순신殉身한 유사遺事를 가지고 국포鞠圃 강박姜樸과 홍문관제학 오광운吳光運이 행장行 狀을 찬술하였다.
- 신후담은 강박의 행장을 가지고 신수근의 묘에 가서 제사를 올리면서 읽은 뒤 시도 지었다. 그 시는

    "상존하는 천지 대경大經을 군자는 죽음으로 지켜냈네
    사생死生도 하물며 돌아보지 않는데 부귀에 안분자족安分自足 하겠는가
    셋 척 안 되는 봉분은 쓸쓸한데 빛나도다 변치 않는 절의
    수양산 풀 먹고 살던 백이의 고절苦節 예나 지금이나 다르지 않네."

- 여름에 『맹자차의』를 성호 이익에게 질의하는 편지를 올렸다.
- 공의 영남 문인 노계원盧啓元을 통해 식산 이만부의 죽음을 슬퍼하는 절운 시 3수를 부쳐 보냈다.

1737년 36세

- 여름 4월에 「영남지행嶺南之行」이란 글을 썼다.
- 1730년부터 공은 「신씨세보慎氏世譜」 편찬을 책임지고 추진하고 있었는데, 이해에 이르러 편집을 완성하여, 안음安陰(경남 함양군 안의)에서 『거창신씨세 보』를 간행할 예정이었다.
- 문경 새재, 즉 조령鳥嶺에 있는 교구정交龜亭에 올랐다. 공의 9대 백조伯祖 신 승명慎承命이 문경현감을 지낼 때인 1484년에 교구정을 지었는데, 신구新舊 경상도관찰사가 서로 관인을 주고받은 곳으로, 점필재 김종직이 한양을 넘 나들면서 지은 시가 걸려 있다.
- 거창은 신씨慎氏 본관이고, 구산龜山, 율현栗峴, 그리고 이와 가까운 현縣인 안음安陰·산음山陰 등지는 모두 신씨 선영이 있는 곳으로 신후담은 이미 이 들 지역에 가서 봉전奉奠하고, 각 지역의 묘소를 살펴보았다. 그리고 공은 13대조 지영주군사知榮州郡事 사경思敬과 그 부인 합천 이씨陜川 李氏의 묘가 있는 구산龜山을 찾았다.
- 이어 11대조 양렬공襄烈公 신이충慎以衷의 묘가 있는 곳을 살폈으며, 그리고 안음의 생림生林에 있는 부인 순창淳昌 설씨薛氏의 묘도 함께 찾아 살폈다.
- 12대조 한성부윤 인도仁道의 묘가 있는 안음의 초재草岾를 찾아 갔고, 이어 12 대 조모祖母 광주 노씨光州 盧氏의 묘는 율현栗峴에 있었으므로 그곳을 찾았다.
- 경상도 거창 사지沙旨에서 『거창신씨세보』 간행을 위해 족인들이 처음 모이 기 시작한 이래, 2차로 다시 안음 거차리巨次里에서 모였으며, 3차로 다시 구

「하빈연보」 번역문

연서원龜淵書院에서 모였다. 그리고 제4차로 또 다시 삼가현三嘉縣 율원栗原
에서 모였다. 네 차례에 걸쳐서 무려 70여의 친족들을 만난 것은 세보 간행
을 논의하기 위해서였는데, 세보를 간행한 뒤에는 각 파별로 배포하였고,
구연서원龜淵書院(경남 거창에 소재, 1694년 신권愼權의 위패를 봉안)에 판본을 보관하
였다.

- 옥연서원玉淵書堂(서애 류성룡이 귀향하여 지내던 곳), 병산서원屛山書院(서애 류성룡을
  제향한 서원), 분천서원汾川書院(농암 이현보李賢輔(1467~1555), 영남의 학자 퇴계 사상에
  도 영향을 준 인물로 그를 제향한 서원), 도산서원, 역동서원易東書院(안동에 있는 우탁禹
  倬을 제향한 서원), 퇴계 이황의 유적과 그 후손들의 행로行路를 따라 방문하였
  다. 그리고 경상도 영양군 주실朱室에서 생활하던 당시 나이 80세였던 조덕
  린趙德隣(1658~1737)을 찾아뵈었다. 가야산에 이르러 해인사 고적을 찾아보았
  는데 팔만대장경 판본이 있고, 해인사 서쪽에 학사대學士臺가 있는 최치원
  유적을 찾았으며, 두 곳을 살핀 뒤 시를 남겼다.
- 「남정기南征記」 1권과 「히인록懷仁錄」 1권을 남겼다. 「남정기」는 안동의 망해
  루望湖樓에 올라 삼태사묘三太師廟를 배알하였던 사실을 기록한 것이고, 「회
  인록」은 인仁에 대한 것을 기록한 것으로 친친親親이 중대한 의리라는 것을
  적은 것으로, 거창에 있을 때 선세先世의 묘를 참배하고 지은 글이다.

1738년 37세

- 봄에 성호 이익 선생을 배알하고 「무오기문편戊午紀聞編」을 남겼다.
- 국포菊圃 강박姜樸과 함께 북한北漢 영가자永嘉子를 유람하였고, 또한 권기언
  權基彦과 함께 용암사龍岩寺에 올라 서해를 바라보며 돌아온 뒤 시를 남겼다.
- 7월 공의 노奴 김金이 앞에 있는 포구浦口에 빠져 죽자 그를 애도하는 시를 남
  겼다. 공은 서산西山의 불사佛舍에 있는 사상오謝象五가 내방하자 시를 썼다.

- 공은 익창공유사益昌公遺事(신수근이 중종반정 때 희생된 전말의 사실)를 가지고 대제학 이덕수李德壽(1673~1744, 김창흡·박세당의 문인)를 찾아 신수근의 시장諡狀을 찬술하여 태상시太常寺에 올릴 것을 청하였다.

1739년 38세

- 신후담의 할머니 전주 이씨가 60세, 부친 신구중이 58세, 어머니 우계 이씨가 59세로, 남동생 2명, 여동생 3명이 있었는데, 이때 이들은 모두 출가하였다. 이해 향연을 베풀었는데, 할머니 이공인李恭人에게 헌작獻酌할 때 남자는 2배, 여자는 4배를 예에 따라 올렸다. 사위나 손자 사위가 절을 할 때는 자신도 몸을 구부리면서 절을 받으셨다.
- 종형宗兄 후성後成 내외, 그의 아들 간侃·길佶, 그리고 서족제庶族弟 후성後誠·후서後瑞, 외척으로는 종숙從叔 신영申泳과 그리고 그 장남 관하觀夏씨 내외, 서족숙 임중정任重正·곽진하郭鎭夏씨 내외, 서고부庶姑夫, 고모부 최시걸崔時傑, 신후담의 외가 모부인의 외제外弟 상사上舍 강순姜栒, 빈객 유덕장柳德章, 신구중의 집우執友 백석白石 송광록宋光祿, 지평 이종연李宗延, 국포 강박, 성호 이익도 함께 참여해 주었다. 그 외 이기수李寄壽, 모헌 강필신姜必愼(1677~1756, 채팽윤의 문인)이 축하의 글을 보내 왔다.
- 「일락집一樂集」·「육남매전六男妹傳」 등을 저술하였다.
- 황단皇壇의 유래가 숙종대 공의 서증조 신무의 『보민편保民編』의 명대의장明大義章이라 하기도 하고, 신규申奎라는 인물이 처음 상소했다는 설이 있다는 사실을 기록하였다. 유생儒生 김태남金台南이 신비위호愼妃位號를 추복追復할 것을 상소하자, 영조는 이해 대신들에게 먼저 물어 이의가 없자, 종친宗親 문무백관들이 전정殿庭에서 헌의獻議한 자들이 무려 500여 인이나 되었는데, 이들 모두 이의異意가 없었으며, 재외在外 유신儒臣 헌의에서도 이의가 없

자, 3월 28일 신비를 '단경端敬'으로 추시하고, 능호陵號를 '온릉溫陵'이라 하
였다. 이때 신비와 국구 신수근과의 관련 사실을 알게 됨으로써 그 상세한
내력을 밝혀줄 것을 왕이 요구함에 따라 신후담의 익창군 시호 추증문건을
옥당(홍문관의 별칭)에서 가져와 왕에게 보임에 따라 신수근도 영의정에 추증
되고, 익창부원군에 추봉되었으며, 신도信度로 추신되게 되었다. 이때 영조
는 신수근 사건내막을 시장諡狀을 통해 자세히 알게 되었다고 하교하였다.
영조 말년에는 다시 '고금동충古今同忠'이라는 어필이 내려져 신수근 묘당에
그 글씨를 현판으로 걸어놓고 정몽주의 충정에 비유하였다고 한다.

- 가을 부친 신구중이 용강현령龍岡縣令으로 부임하자 부친을 따라 평양에 갔
다. 그곳은 기자가 도읍한 곳으로 정전井田 유허遺墟가 있고, 십리나 되는 긴
수풀림〔十里長林〕은 모두 기자箕子 당시 고적古蹟 연광정練光亭·부벽루浮碧樓
등 천하의 빼어난 경치가 있는 곳이다. 명나라 정사 주지번朱之蕃이 쓴 '제
일강산第一江山'이라는 현판이 걸려있었다고 한다. 그 감회를 읊은 글을 남
겼는데, 그것이 「기자문箕子文」이다.

「歲次己未月建于亥泪 余祖路田淸淇臨正陽之古城 覽四區之遺廛周代 二畝半 집
터 溯遐蹟於百代 睠父師之東遷 夫子中國之人 胡爲遠托於海外 揆周僕之遺訓 固不
屈於後代 亦豈无近土之可居 若夷齊之首陽 惟聖人之爲道 貴天下之偕 臧以夫子之
大德 抱九疇之經綸 雖未行於中土 豈忍私於一身 祖吾道之可施 繫善國以爲歸 白馬
翻其渡江 受檀氏之推位 敷八條之聖教 進夷陋於禮義 嗟呼사물에서 느끼어 내는 소
리 使夫子得位於當時 何難爲武周之治而區區於偏邦 恨所施之至斯 雖然彼亦一時
在聖人之本量 何損益乎毫釐 抑季叔以來 聖哲常厄德如仲尼 終于循鐸 欲爲夫子之
小施 其孰可得 吾以是重悲民生之不祿 公在龍岡衙中大病演死 顧旁人語曰 吾殆死
乎 死便埋我在箕子墓近處 使魂魄得從聖人遊亦無憾 復有詩曰 百世嘐嘐志未諧畀

세토록 큰 뜻을 이루지 못하니 凄凉一病滯天涯 遺骸不用歸鄕土 願向殷仁墓下埋」

1740년 39세

- 부친 신구중이 용강현령으로 부임한 뒤 이해 한성으로 돌아와 신도공 신수 근의 연시延諡(조상에게 내린 시호를 이어 받음)하였다. 신수근은 인종 말년에 왕 의 특지로 관작이 복구되고, 본가에서 청호請諡(시호를 내려줄 것을 청하는 일)를 100년 동안 하지 못하다가 1738년 신후담이 비로소 시장을 이덕수李德壽 (1673~1744, 전의 이씨로 대제학을 역임한 인물, 박세당·김창흡의 문인)에게 청하였다. 같 은 해 봉상시奉常寺에 시장諡狀을 제출하였고, 이듬해 봄에 단경왕후端敬王 后를 추복追復하였다.

  이때 영조가 『선원보璿源譜』(왕실의 족보)를 수정할 것을 지시하면서 부원군 시호를 마땅히 써야 하므로 시호를 신속히 논의하도록 명하였다. 이에 홍문 관에서 시호 삼망三望을 의진擬進하였는데, 개민介愍·신도信度·탁익卓翼 셋 중에서 영조가 신도로 낙점하였다. 시법諡法에 따라 '출언가복왈신出言可復 曰信이요, 심능제의왈도心能制義曰度'라 풀이하여 '신도信度'로 정하였다.

- 1739년 5월에 영조가 시호를 하교하였으나 공의 본가에서 여건이 여의치 못해서 연시延諡를 받들지 못하였는데, 그 이유는 부친 신구중이 용강현령 에 부임해 있었기 때문이다. 이듬해 가을 신구중이 한성으로 돌아와 연시 에 필요한 제수諸需들을 준비하여 남대문 밖 승방동僧房洞에서 새 집을 얻었 는데, 그 이유는 승방동은 신수근이 생전에 살았던 곳이기 때문이다. 교지 敎旨는 홍색紅色 당지唐紙에 썼고, 교지를 담은 상자는 휴칠髹漆(옻칠)로 빛났 으며, 교지를 싸야 할 것은 자단紫段의 보자기[袱]로 모두 본가에서 준비하 였다.

- 교지의 글은 판서 윤순필尹淳弼에게 청하였고, 교지를 이조吏曹 선시일宣諡日

「하빈연보」 번역문

에 보내 교지敎旨를 받들도록 하였다. 용정담군龍亭擔軍 8명이 모두 자색紫色 두건을 쓰고 대궐 아래에서 기다리고 있었으며, 선시관宣諡官이 궐로 나아가 명령을 받드는 절을 하고 용정자를 따라 본가本家를 향해서 갈 때 앞에서 전악典樂이 악樂을 연주하자 본가 제손諸孫이 문 밖에서 4배四拜를 하면서 공경해 맞았다. 용정자가 문門에 이르러 멈추자 선시관이 교지를 받들어 석지席地에 들여 신주神主를 그 위에 받들도록 하였으며, 북쪽에 고족상高足床을 두고 그 남쪽에 선시관이 교지를 상위에 둔 뒤 선독宣讀을 마치자 종손宗孫이하 모두 4배하였다. 인의引義가 배拜의 창흥唱興을 마치자 신주神主를 받들고 제주祭主를 바꾸어서 제사를 의례로써 행하였다. 본가에서 마련한 성찬盛饌으로 선시관을 대접하고 폐물도 주었다. 이어 영악관이, 계속 이어서 제주사자관·인의 등에게 차례로 모두 폐물을 주어 대접하였다. 왕인례王人禮를 마친 뒤 모인 빈객들에게 주악奏樂에 진찬進饌하면서 술을 구순九巡(아홉 번 돌림)한 뒤 파하였다.

- 이 당시 조복朝服을 입고 참여한 자가 23명, 대신으로는 우의정 유척기兪拓基, 중신重臣으로는 지돈녕부사 남취명南就明, 종신宗臣으로는 밀창군密昌君·낙창군洛昌君·능창군綾昌君은 현록대부顯祿大夫이고, 밀양군密陽君·해릉군海陵君·해창군海昌君은 가덕대부이며, 그 다음 참판 2인, 승선承宣(승지의 다른 이름) 1인, 홍문관 관원 1인, 사헌부 관원 1인, 전임 관료와 사우士友는 모두 80여 인이다. 그 외에 연시의 예를 구경하러 온 사람들이 헤아릴 수가 없었다. 이 날 영조는 일등악一等樂을 하사하였고, 또한 액례掖隸(액정서에 소속된 서리)를 파견하여 그 예를 주시하도록 하였다. 연시 의례를 마친 다음 신구중은 모인 빈객들과 당세當世 문장가들에게 화합을 구하면서 은자恩字로 운韻을 떼어 시를 짓게 되었는데, 이는 나라의 은혜를 잊지 않겠다는 뜻이었다.

- 신후담은 신수근의 사실事實과 추복의례追復儀禮와 시연시문諡宴詩文 등을 모아서 1권의 책을 편찬하였는데, 이것이 『소은록昭恩錄』이다.
- 이해 『온릉지溫陵志』 2편(상편, 하편)도 편찬하였다. 상편은 「병인손위丙寅遜位」·「을해청복乙亥請復」·「정사승하丁巳昇遐」·「임자이사壬子移祀」·「기묘입사己卯立祠」·「기미복위己未復位」 등 6절목이고, 하편은 「책축제문冊祝諸文」·「차의제문箚疑諸文」·「시말총서始末摠敍」·「보유補遺」 등 4절목이다.
- 『가례차의』를 저술하였는데, 『주자가례』의 글을 기준으로 앞 시대로는 『의례』·『예기』 등에서 고증하고, 후대로는 선유先儒 학설과 조선 예가禮家가 주장한 학설을 절충하여 완성한 것이다.
- 『관혼예설冠婚禮說』도 이해에 완성하였다.
- 겨울에 척곤제戚昆弟 노계원盧啓元의 뇌사誄辭(죽은 자를 애도하는 글)를 지었다.
- 가을에 성호 이익선생을 배알하고 「경신기문편庚申紀聞編」을 남겼다.

1741년 40세

- 성호 이익의 회갑년을 맞아 회갑수回甲壽 서문과 회갑수回甲壽 시를 지었다.
- 『사칠동이변四七同異辨』을 저술하였다. '사칠동이'라는 것은 무엇인가? 그 주부자朱夫子가 논한 것은 '사단은 이理의 발이고, 칠정은 기氣의 발이다.'라는 두 구절은 사실 요순시대 도심道心·인심人心이라는 교훈敎訓에서 근본하고 있어서, 대중지정大中至正하므로 천고千古에 바꿀 수 없는 이론이다.
- 우리 동국에서는 퇴계 이황 선생이 비조가 되어 그것을 기술하였고, 고봉 기대승奇大升은 오히려 사단은 칠정 가운데 존재하는 것인데, 사단과 칠정을 이理와 기氣에 각각 나누어서 소속시킨 것에 대하여 의문을 품고 있었다. 이 의문으로 기대승은 퇴계와 많은 왕복의 논쟁을 벌였는데, 이는 대개 기대승의 일시적인 착견錯見이었다. 논쟁의 반복이 있은 뒤 결국 두 학자의 견

해는 한 가지 이론으로 결과되었다.

- 그런데 율곡 이이에 이르러 기대승이 퇴계 선생에게 초기에 의문을 제기한 이론이 옳다고 다시 거론하고 나섰다. 이때부터 사단과 칠정을 담론하는 학자들은 두 가지 학설로 갈라지게 되었다. 이렇게 되자 다시 성호 이익선생이 『사칠신편』을 찬술하게 되었는데, 대체로 퇴계의 학설을 주로 수용하면서 율곡 학설 주장의 과오를 배척하였다. 이에 신후담이 다시 『사칠동이변』을 저술하여 주자의 학설인 사단은 이理의 발이고 칠정은 기氣의 발이라는 훈訓을 저술 첫머리에 강령綱領으로 제시하였다. 그 다음에 사칠설에서의 같은 견해는 퇴계가 주자와 같은 주장을 한 것이라 해석하고, 사칠설에서의 다른 견해는 율곡이 주자와 다른 주장을 한 이론을 일컫는 견해라고 이해하였다.

- 또한 그 '동이同異'의 '동중同中'에서 다른 것과 '이중異中'에서 같은 것을 취하여 그 이론을 기술하였다. 또한 사단은 이발이고 칠정은 기발이라는 이론은 확고하며, 칠정가운데 맹자의 희喜와 요순의 분노, 공자의 애哀와 같은 사실은 선善을 사랑하고 악을 싫어하는 이름으로써 공리상公理上 칠정七情에 해당되므로, 이는 사실 사단과 이름만 다를 뿐 기발氣發에 분속시키는 것은 잘못이라는 것이다. 이 견해는 기대승과 이이가 이른바 사단 가운데 칠정이 있다고 주장한 것으로 하나의 학설로서는 문제가 없다고 일단 긍정한다. 그리고 이어 성호 이익이 저술한 『사칠신편』에 대한 평의評議를 간략하게 덧붙여 놓았다.

- 성호 이익은 공이 저술한 『사칠동이변』을 빌려가서 보게 되었다. 그런데 『사칠동이변』에서 논한 것 중에서 『사칠신편』과 합치되지 못한 논지가 있어서 성호 이익이 처음에는 공의 주장이 잘못되었다고 지적하였다. 성호 이익은 「동이변후제同異辨後題」를 작성하여 신후담에게 보냈는데, 대략의 내용은

다음과 같다. "그와 같이 모호하여 양쪽 다 가능한 이론이라고 주장한다면 결국은 구경究竟이 없는 것이다. 또한 반드시 지향하는 바가 이해될 수 없다면, 이는 모두 공이 찬술한 것이 미진함에 있어서 그러한 것이다." 이해 겨울 성호 이익은 반복하여 깊이 사색한 뒤에 활연히 깨닫고 다시 『사칠동이변』의 중발重跋을 작성하여 공에게 보내왔는데, 그 대략은 다음과 같다.

- "이 새로운 정의는 우리 벗 신이로愼耳老(신후담)가 터득한 것으로 서로 학문과 덕을 닦은 보탬이다." "또한 지난 날 나는 『사칠신편』을 찬술하여 망령되게 더 이상 새로운 견해가 나올 수 없다는 생각이었다. 지금 60살 노쇠한 나이에도 더욱 새로운 지식이 발휘되는 것을 보고 비로소 의리는 무궁하다는 것을 깨닫게 되었다."고 기꺼이 신후담의 학설을 인정하였다. 성호 이익이 신후담의 학설을 이와 같이 긍정하게 된 것은 대체로 성화聖和와 같은 군자다운 인물의 공평한 마음에서 우러나온 것이다. 그리하여 성호 이익은 비로소 후제後題(『사칠동이변』의 후제)를 찬술하기에 이른 것이다.

- 그 후제는 "사사로운 개인의 견해가 아니고, 남을 이기고자 한 것도 아니며, 이것은 일시적인 견해에 이른 것도 아니다. 뒤에 이에 지난날의 견해가 오히려 미흡한 측면이 있다고 깨닫고 중발重跋을 찬술하였는데, 쾌히 남의 선善을 좇는 것이 이와 같았으니, 이것은 대개 군자의 공평한 마음에서 나온 것이다. [성호 이익에 대한 평가]

- 『심의서深衣書』를 찬술하였는데, 심의深衣가 고제古制를 잃은 지는 오래되었다. 한漢의 정현鄭玄 이후 『예경』禮經을 해석한 것들 중에는 와오訛誤된 사실들이 많아서 『주자가례』에서 정한 예제를 준거準據로 할 수가 없게 되었다. 심의제도는 사마온공司馬溫公(사마광)의 학설을 인용하여도 모두 사리에 맞는 것이 아니다. 공은 이에 『예경』 가운데 옥조玉藻·왕제王制의 편篇 등을 참조하여 치밀한 연구를 오랜 동안 축적한 뒤에 제가諸家의 학설을 참조한 연

후에 『심의서』 3편을 저술하였다.

- 「심의본경深衣本經」·「심의고제深衣古制」·「심의변증深衣辨證」등이 그것이다. 「심의전도深衣前圖」와 「심의후도深衣後圖」도 작성하였다. 지척指尺이나 동척銅尺·철척鐵尺은 사용하지 않고, 주周나라의 고척古尺을 사용하였다. 속임요續衽要·봉원결縫圓袂(둥근 소매)·부승負繩·곡급하제曲袷下齊를 각각 규規·구거矩·승뉴繩·권형權衡에 대응시키고, 심이폭十二幅은 개월 수와 대응시킨 것으로 실제와 거의 적당히 맞아떨어진 것이다. 또한 『혁대대대도여설革帶大帶圖與說』 ·『치포관당건도서여설緇布冠唐巾圖與說』·『흑루도여설黑屨圖與說』등을 그 아래에 붙인 뒤에 선생의 법복法服은 옛 정통의 구제舊制를 회복한 것이다.
- 겨울에 성호 이익을 방문하여 『기문편』을 남겼다.

1742년 41세

- 장황章潢(명나라 역학자)이 편찬한 『도서편圖書編』을 읽고, 「역도찬요易圖纂要」·「선천획괘도先天畫卦圖」·「천지기교도天地氣交圖」·「애기도乂氣圖」·「양의생사상도兩儀生四象圖」·「사상생팔괘도四象生八卦圖」·「팔괘성렬도八卦成列圖」·「선천십오생성도先天十五生成圖」·「조화상수체용도造化象數體用圖」·「팔괘사화도八卦司化圖」·「후천팔괘방도後天八卦方圖」·「육십사괘순환도六十四卦循環圖」등 무려 11개의 도圖를 작성한 품제品題가 있다.
- 양웅의 『태현』의 「방주부가팔십일수도方州部家八十一首圖」, 후위 원숭元嵩의 『원포괘차元包卦次』, 관랑關郎의 『통극칠십이체도洞極七十二體圖』등을 읽고 각각 품제를 남겼으며, 이어 이들에 대한 변척辨斥이 있었다.
- 사마광이 편찬한 「잠허기도潛虛氣圖」·「잠허성도潛虛性圖」·「잠허명도潛虛名圖」, 채원정이 작성한 「황극구구수도皇極九九數圖」·「황극팔십일명수도皇極八十一名數圖」·「황극원수도皇極原數圖」를 읽고 품제를 달았으며, 이들을 비판

하였다.

- 「참양회극도參兩會極圖」·『도서편圖書編』의 「일삼구도一三九圖」·「이사팔도二四八圖」·「칠십이승도七十二乘圖」 등을 읽고 품제를 달았다.

- 『중용해』를 찬술하였는데, 주자장구를 기초로 하여 그 미진한 것을 보완하였다. 이어 「중용도」 두 개를 작성하여 아래에 붙였는데, 「중용서장도中庸序章圖」·「중용총의도中庸摠義圖」이다.

- 국포菊圃 강박姜樸(1690~1742)이 죽었다는 소식을 듣고 찾아가 곡을 하였으며, 그를 애도하는 제문 2건을 지었다.

1743년 42세

- 『대학후설』·『중용후설』을 저술하였는데, 대체로 차의箚疑의 예를 취하였다.

- 김원일(金源一1722년 생, 진사, 본관은 선산, 자는 백원元伯), 유학 김익흠(金益欽의 아들, 경기 양근에 거주)이 동호東湖에서 찾아와 강학하였다.

1744년 43세

- 부친 신구중이 지난해부터 왼쪽 몸을 거의 쓰지 못하게 되자 공은 일년 내내 옷을 벗지 못하고 그를 간호하였으나, 7월 27일에 결국 부친 신구중은 졸하였다. 신후담은 6, 7세 어릴 때부터 신구중에게 교훈을 듣게 된 것을 모두 기록했는데, 그것을 이름하여 『추정기문趨庭記聞』이라 한다.

- 『예기』를 읽었다. 김원일과 권홍權洪 두 사람과 함께 방사房舍에서 독서를 하였다.

- 아들 성㑨을 진사 이기홍李基鴻의 딸에게 장가보내다.

1745년 44세

• 『대학해』를 저술하였는데, 『대학』이 정정定된 시기는 금세今世로 주자장구가 그것이다. 그 외에 『백정자본伯程子本』·『숙정자본叔程子本』이 있는데, 각각 견해를 가지면서 다시 장차章次를 정한 것이다. 주자장구와 함께 갖추어져 있고, 별도로 송宋·명明 제가본諸家本이 있는데, 이들은 모두 고문古文 차제次第로 바꾸었는데, 그 이유를 모르겠다. '대체로 격물格物이란 용어에서 격자格字의 의미를 간파해 보면 만물의 이치를 바르게 궁구한다.'라는 것이고, '치지致知에서의 치致가 지니는 의미는 '우리 마음의 지知'를 지극히 한다.'라는 것이다.

• 팔조八條에 넘어가 보면 전傳 가운데서 다시 '만물을 격格하고 우리의 마음을 지극히 치致한다.'는 말이 없기 때문에 결국 「격치전格致傳」이 망실되었다고 하면서 이리저리 의심을 가지고 이와 같이 바꾸어 놓은 것이다. 공의 『대학』 해석은 그렇지 않다. 격물格物의 물자物字에는 '물자상物字上'에 내포되고 있는 '본말本末의 물物'의 의미가 담겨져 있다는 해석이다. 그리고 치지致知의 '지자知字'에도 '치지상知字上'에 내포되어 있는 '지지知止의 지知'의 의미가 이미 부여되어 있다는 해석이 그것이다.

• 이른바 격물格物은 명덕明德·신민新民을 격格하는 것에 불과하고, 치지致知는 '멈출 데를 아는 지知'에 지나지 않는다는 해석이다. 그러므로 아래에 중복되게 다시 소위 본本이 어지러우면서 말末이 다스려질 수 있겠는가라고 하면서 근본을 알고 지至를 안다는 등의 말은 모두 「격치전」을 만들기 위한 것으로 가可할 뿐 왜 보망補亡하여 「격치전」을 만들었는지? 그리고 하필 고문古文의 차제次第를 옮기고 바꾸어야 가하였는지? 를 의문으로 제기하면서 '『대학』을 고문의 차제로 해석해야 한다.'고 주장한 것이 대체로 이와 같다. 또한 「대학도大學圖」를 만들어서 아래에 부기하였다.

- 『주역통의집周易通義集』을 찬술하였는데, 한당 이후 제 역가易家의 학설에서 부터 근세近世 학설의 절중折中과 우리 동국의 선현들이 논한 역문자易文字 까지를 엮어서 완성한 것이다.
- 『계사통의繫辭通義』는 이해에 먼저 완성하였다.
- 10월 죄인 권두령權斗齡이 무인사誣引事로 피체되어 국옥鞫獄을 받았는데, 공이 혐의를 받고 영조 앞에 나아가 공사供辭를 상세히 밝혀 티끌만큼 숨기는 사실이 없었다. 이에 영조는 그의 진실성을 가탄嘉歎하여 공을 위유慰諭하였다. 그리고 이어 하교하기를 "현명하구나! 그대에게 방출放出을 명하노라"고 하자, 공이 왕의 사은謝恩에 이마를 땅에 닿도록 절을 한 나머지 피가 이마에서 흘러나왔다. 왕에게 공사供辭를 받은 뒤 4일 만에 마치고 나왔는데, 효건孝巾과 마포麻帶가 오히려 손에 들려져 있었다. 그 뒤 손수 '천은天恩'이라는 두 자를 써서 들보 문미門楣에 얹어서 걸어두고 그것에 감축感祝하였다.

1746년 45세

- 『주역설괘통의』·『잡괘통의』 등을 완성하였다.
- 『조석설潮汐說』을 찬술하였다.
- 부친 신구중의 상을 마친 뒤 9월에는 경상도 영일포항 흥해興海 유배지에서 유배생활을 하던 동생 후함後咸을 만났다.
- 영남을 가기 전 지나는 길에 충주에 있는 홍광국洪光國을 방문한 뒤, 헤어지기 전 그에게 '괄낭무구括囊無咎(입을 닫고 조용히 지내는 생활이 허물이 없을 것)'라는 구절을 전하면서 세상을 경계하게 하였다. 홍광국의 직선적인 성품을 경계시킨 것이다.
- 단양의 청풍산수淸風山水를 관람하고 태백산에 이르러 부석사浮石寺를 찾아 그 모습을 "군자가 선善을 바르게 회복한 바로 그 광경이로구나!"하고 탄식

하였다.

- 경상도 순흥 백운동의 소수서원을 살폈는데 안향을 향사한 곳이다. 풍기군수 주세붕周世鵬이 순흥의 특별함을 알고 처음 백운동서원을 창건하였고, 이황이 풍기군수로 부임하여 더욱 넓고 큰 동방의 서원이 있게 되었는데, 이로부터 소수서원이라 부르게 되었다.
- 안동의 삼계서원三溪書院(권벌權橃을 제향한 서원)을 방문하였다.
- 공은 도산서원에 정사년丁巳年에 한 번 왔었는데, 이해 다시 찾았다.
- 경상도 영덕의 남강서원南岡書院(퇴계와 이언적 제향한 서원), 경상도 흥해의 곡강서원曲江書院(이언적 제향사, 조경趙絅을 배향한 서원), 경상도 경주의 구강서원龜岡書院(이제현李齊賢을 제향한 서원), 그리고 경상도 옥산서원玉山書院(이언적李彦迪을 제향한 서원)을 차례로 방문하였다.
- 정랑 권만權萬을 안동에서 만났고, 명나라에서 하사받은 난삼襴衫(생원이나 진사 시에 합격한 사람이 입는 예복)·복두幞頭(과거에 급제한 사람이 홍폐를 받고 머리에 쓰던 관의 하나)를 우러러 살펴보았다. 경상도 안동의 교중校中에서 보관하고 있었다.
- 봉사奉事 이광정李光庭(1674~1756)을 만나 사칠이기설四七理氣說을 강론하였다. 그는 대산大山 이상정李象靖(1711~1781)의 스승이자 문학으로 당대에 이름이 높았다.
- 퇴계선생 후손 사서司書 고 이세진가李世震家를 방문하였고, 이어 시직侍直 이수연李守淵, 주서注書 이세태李世泰를 방문하였다. 이들은 모두 퇴계 후손이다.
- 도산서원 원장 성세욱成世頊(자는 신령新寧)을 서원에서 만나 퇴계유문 10여 권을 어루만져 보았다.
- 상사上舍 김굉金紘을 만났는데, 계암溪庵 김령金坽(광산 김씨, 1577~1641)의 후손이다.
- 상사上舍 이만용李萬容을 방문하였다.

- 안동에서 도산서원 원장 권덕수權德秀를 만나 사칠이기설을 강론하였다.
- 영천에 있는 고 이형상李衡祥(1653~1733)의 유거遺居를 찾았는데, 그의 막내 아들 상사上舍 이여적李如迪이 그곳에 살고 있었다. 그는 공에게 탐방길에 명승을 알려주면서, 또한 경상도 청하현淸河縣의 동석動石, 경상도 의성의 빙혈氷穴(얼음으로 된 굴), 경상도 문경의 산중山中 등이라고 알려주었다.
- 안동에 있는 주서 이상정을 방문하였는데, 그는 남악南岳 이시명李時明의 외증손으로 그가 논한 학문은 대체로 남악의 학문을 이은 것이다.
- 안동에서 도산서원 원장을 하고 있던 권구權榘를 만나서 『중용』·『대학』·『역경』과 사칠설四七說을 서로 강론하였다.
- 귀경길에 충주에 있는 판윤 이하원李夏源(1664~1747, 높은 관직을 역임한 당대의 경전에 박식하여 『경전차의經傳箚疑』를 남김)을 찾아 『중용』과 『대학』을 강학하였다.
- 경상도에 있는 서원을 둘러보고 퇴계학문의 본고장과 그 영향을 입고 있는 여러 학자들을 만나고 돌아온 뒤 『남정기南征記』 한 편을 남겼다.
- 겨울에 성호 이익 선생을 찾아뵈었는데, 『병인기문편』이 있다.
- 공이 정사년에 처음 영남을 방문하였을 때 창주 조령趙令을 찾아가서 며칠 동안 강학하였는데, 또한 창화시를 서로 가졌다. 돌아와 이해 그가 졸하였다는 소식을 듣고 도망시悼亡詩와 뇌사誄辭 3장章을 지었다.

1747년 46세

- 『하락설河洛說』·『낙서후설洛書後說』 등을 찬술하였다. 『괘시도설卦蓍圖說』을 저술하였는데, 괘도卦圖에 속하는 것으로서 「이기삼재도二氣三才圖」·「기우도奇耦圖」·「팔괘출서도八卦生出序圖」·「팔괘분열서도八卦分列序圖」·「팔괘변도八卦變圖」·「중괘도重卦圖」·「서괘전도序卦全圖」·「상경서괘분삼절도上經序卦分三節圖」·「분삼절변도分三節變圖」·「분육절변도分六節變圖」·「분칠절도分七節圖」

· 「주객분류도主客分類圖」·「하경괘서분삼절도下經序卦分三節圖」·「분삼절도分三節圖」·「분육절도分六節圖」·「분팔절도分八節圖」·「부모삼색배서괘도父母三索配序卦圖」·「상경전도上經全圖」·「하경전도下經全圖」·「잡괘도雜卦圖」·「잡괘상하교역도雜卦上下交易圖」·「복체도伏體圖」·「반체도反體圖」·「호체도互體圖」·「변체도變體圖」·「이체육위도二體六位圖」 등 무려 26도가 그것이다.

- 시도蓍圖에 속하는 것으로는 「태극오수도太極五數圖」·「태극소연성십도太極小衍成十圖」·「태극대연성십오도太極大衍成十五圖」·「대연오십제일도大衍五十除一圖」·「대연분이괘일도大衍分二卦一圖」·「천수지수설도天數地數揲圖」·「천지분수불균도天地分數不均圖」·「천지설수불균도天地揲數不均圖」·「사설여수재륵도四揲餘數再扐圖」·「귀기통위재륵도歸奇通爲再扐圖」·「재륵이후괘도再扐而後卦圖」·「삼변성효도三變成爻圖」·「설수천지분성태극도揲數天地分成太極圖」·「늑수천지합성태극도扐數天地合成太極圖」·「사상관점도四象觀占圖」 등 무려 15도이다.

- 괘卦·시蓍 제도諸圖 아래에 모두 옛 성인을 논한 저술이 있는데, 이에 서괘序卦의 뜻이 창명彰明하여졌다. 시법蓍法은 그 동안 오래 전해지지 않아 공이 일일이 다시 그것들을 추측推測하여 밝히고, 또한 서괘별의序卦別義가 있는데, 계속하여 아래에 그것을 천도天道로써 증명하고, 인도人道로써 참조하여 결국 성인聖人의 사사와 학자의 사사 둘로 나누어 각각 상경上經과 하경下經으로 분속分屬시켰다. 상경은 성인의 일로 하고, 하경은 학자의 일을 다루었는데, 이들 모두 공이 역학易學에 가장 뛰어나 천고千古, 즉 복희→ 문왕→ 주공→ 공자로부터 바로 전승傳承하였기에 후세에 『역경』易經의 뜻을 얻었다고 논하는 자들이 가히 비슷하다고 자부하는 것과는 다르다.

- 『주역상경통의周易上經通義』·『주역하경통의周易下經通義』 등을 편찬하였다.

- 『범수도설範數圖說』을 찬술하였다. 먼저 구주九疇로써 하고, 그 다음에 일은 오행一五行, 이는 오사二五事, 삼은 팔정三八政, 사는 오절四五絶, 오는 황극五皇

極, 육은 삼덕三三德, 칠은 계의七稽疑, 팔은 서징八庶徵, 구는 오복九五福이며,
육극六極은 각각 도圖와 시설蓍說이 있다.

- 꿈을 꾼 내용을 기록한 글이 있는데, 그 내용은 다음과 같다. 정묘년 11월
12일 무술 일 새벽 나는 경기 교하 등원리 야외野外 집에서 꿈을 꾸게 되었
다. "나는 종족宗族들과 함께 한양 소덕문昭德門 밖 옛날 집 지족당知足堂에
서 큰 새가 홀연히 정원으로 날아와 내려앉는 것이었다. 머리는 오색五色으
로 정수리 양 쪽으로 채색된 주옥의 끈을 늘어뜨린 면류관이 씌어져 있었
고, 몸체는 아주 희었으며, 꼬리는 청색이었다.

   이러한 장관을 많은 사람들이 모두 기이한 물체로 경탄해 마지않았다. 그
새가 날아 춤을 추면서 지족당으로 올라와 나의 품으로 안기는 것이 아닌
가!" 나는 그 의미를 깨달아 해석하기를 "머리의 오색은 봉황이고, 몸이 흰
것은 학鶴이며, 그 꼬리가 청색인 것은 난새鸞鳥(신령스런 새로 봉황의 일종)를 상
징하는 것이다. 이 모두는 커다란 새가 영험한 덕이 있음을 알리는 것이고,
정수리 양쪽으로 주옥으로 끈을 늘어뜨린 면류관은 성인聖人의 화관花冠으
로, 문명文明의 상서로움을 상징하는 것이다. 앞으로 영험한 덕을 갖춘 문명
文明의 군자가 나와 그에 대응하는 것인가?

- 옛 날 집에 우리 선조를 잇는 것이리라. 종족宗族과 함께 우리의 종宗의 영광
을 보는 것이리라. 그러한 조짐은 모두가 길吉한 것으로서, 그것을 기록하여
신神의 선물을 기다릴 것이다.

- 겨울에 성호 이익을 찾아뵙고 『정묘기문편丁卯紀聞編』을 남겼다.

1748년 47세

- 성호 이익의 저술 『역경질서易經疾書』를 읽은 뒤에 찬요纂要를 남겼다. 이어
성호 이익에게 서찰을 보내 『역경질서易經疾書』의 이해되지 않은 부분을 질

「하빈연보」 번역문

의하였다.

- 양시교楊時喬의 『고금문역古今文易』을 읽고 기의문記疑文을 남겼다.
- 구당래씨瞿唐來氏의 『역도설易圖說』을 읽고 『역도설찬요易圖說纂要』를 남겼다.
- 간이簡易 최립崔岦의 『역구결구결口訣』을 일고 『역구결약평易口訣略評』을 지었다.
- 『역의수록易義隨祿』·『서경집해書經集解』 등을 찬술하였다.
- 공의 오랜 문인門人 김원일金源一이 불행하게도 단명하자 경기 양근楊根의 옥병산玉屏山 아래로 가서 문곡하였으며, 이어 제문을 짓고 『몽김원백기夢金元伯記』를 남겼다.
- 공의 문인 권구언權龜彦이 장단으로부터 찾아와 강학하였다.
- 8월에 난계蘭溪 상사上舍 강석년姜碩年 제문을 지었다.

1749년 48세

- 1748년부터 시작한 『서경집해書經集解』를 완성하였다.
- 『춘추경전총안春秋經傳摠按』을 찬술하였다.
- 공의 조부 수월당 효행으로 사헌부지평에 추증되었는데, 아주 특별한 경우에 해당되는 사실이다.

1750년 49세

- 『춘추경전총안春秋經傳摠按』을 완성하였다. 『춘추잡지春秋雜識』를 찬술하였고, 『시경통의詩經通義』를 찬술하였다. 가을에 성호 이익을 찾아뵈었는데, 당시 이익의 아들 맹휴孟休는 오랜 동안 병을 앓아 오다가 이때 이르러 아주 위중하였다. 그래서 이익은 공과 강론할 겨를이 없어서 역易의 몇 가지 조문만 의견을 주고받는 데 그쳤다. 그로 인하여 공은 역易의 고주古註는 참으로 취할 만한 것이 있으나 『주역본의周易本義』에서는 버릴 것이 있다고 이익에

게 견해를 피력하였다. 이에 이익은 "과연 그와 같은 내용이 있다."고 대답하였다. 공이 작별하려 하자 이익은 '오물치방傲物致謗(거드름을 피면서 남을 비방하는데 전념하는 것)'하지 말라는 경계의 말씀을 해 주셨다. 이에 공은 성호에게 절로써 사죄를 표하면서 물러나왔다.

- 8월에 이계상李季常(이대이李大而의 아들)의 제문을 지었다.

- 봄에 『시경집해詩經集解』를 저술하기 시작하였다. 머리말에 "『시경』의 본편 외의 소서편小序篇은 다 믿을 수가 없는데, 주자가 배척한 것이 그것이다. 시詩를 지은 시기와 멀지 않은 내용들은 혹 내력이 진적眞的한 것도 있다. 그렇지만 주소註疏는 참으로 오체汚滯(정체됨을 이름)의 실失을 면치 못하고, 문의 훈고文義訓詁는 오히려 근고近古에서 취할만한 것이 있는데, 『석경石經』(후한 때 채옹이 대학 문 밖에 새긴 오경과 자공子貢의 『시전詩傳』), 노나라 신배申培의 『시설詩說』 등이 그것이다. 선유先儒가 풍씨의 위찬僞撰으로 취급한 것 중에서 혹 고거할만한 것이 없지는 않다.

- 그리고, 주자의 『시경집전詩經集傳』은 선유先儒 제가諸家 중에서 최고로 순수純粹하며, 그렇지만 한 두 군데 미진한 곳도 있다. 『주자대전』이 찬술한 바에 의하면 제가諸家 동이同異는 한 두 곳이 아니다. 금인今人의 올바른 해석에 의하면 더욱 천략淺略하고, 그 중에서도 취할 만한 것도 없지는 않다. 우리 동인東人이 시詩를 논한 것은 미약하며, 현재 성호 이익의 『시설詩說』은 시인詩人의 심원深遠한 뜻을 발휘한 것이 많다.

- 수 천 년이 지난 지금 하나하나 통실洞悉(모두를 꿰뚫는 것)한다는 것은 어렵다. 금고今古 제가諸家 중에서 누가 과연 시인이 처음 지을 때의 그 본뜻을 헤아려 얻겠는가! 학자學者는 마땅히 참취병관參取幷觀하여 만의 하나를 얻기를 바랄 뿐이다. 이에 소서小序 이하에서 후인의 학설까지 편집하고, 또한 성호 이익의 학설을 한 편編으로 부기附記하였으며, 거기에다가 나의 비루한 학설

을 아래에 부기하여 『시경통의詩經通義』라 이름을 붙여서 피차간彼此間에 서로 통하여 편벽된 하나의 학설이 아니라는 것을 말하려고 한 것이다.

1751년 50세

- 3월 병조판서 김이원金履元(1553~1614, 본관은 선산. 소북小北에 속한 인물로 묘는 경기 양평 양백산에 있다)과 이현석李玄錫(1647~1703, 이수광의 증손으로 상규尙揆의 아들인데, 그가 묘지 글을 짓고, 이광사李匡師가 글을 썼다.)의 행장을 지었다.

- 윤6월에 성호 이익의 아들 이맹휴가 졸하자, 신후담은 성호 이익에게 성호 아들의 상喪을 위로하는 글을 올렸다.

- 7월에 성호 이익의 아들 맹휴가 졸함에 이익을 찾아가 조문을 하였는데, 이익도 이미 병이 위중하여 거동이 어려울 정도여서 사인使人의 부축을 받은 성호를 만나보게 되었다. 이때 이익이 공에게 말을 많이 하였으나 명확히 알수가 없었다고 한다. 그 중에서 이해할 수 있는 것은 약간의 조문條文이었다. 성호 이익은 "사단은 이理의 발이고, 칠정은 기氣의 발이란 이론은 본래는 어렵게 알 수 있는 정의正義는 아니었다. 정의를 어렵게 알도록 만든 것은 우리 동방에서부터 시작되었다."

  또한 "나는 『역』 중에서 대단공부大段工夫를 누가 세상에 널리 퍼지게 할수 있겠는가? 나의 역설易說 중에도 자네의 말을 인용한 것이 있다네. 일찍이 그대의 역설易說 전문全文을 보고 서로 강토講討하면서 상장相長의 자리를 마련코자 하였으나 그렇게 하지 못하였네!" 라고 한탄하였다고 한다.

  "또한 나는 여러 경서經書를 읽고 각각 질서疾書를 저술하였는데, 저술을 완료한 뒤에 새로운 사실을 다시 깨달은 내용은 미처 반영하지 못해 사설僿說(『성호사설』을 일컬음)에 실었네. 사설僿說은 나의 학문의 총요總要를 담고 있다고 할 수 있네." 이어 또한 "내가 평생 동안 저술한 것이 세상에 보익補益

의 언전言傳이 없지 않다는 여부는 논할 것이 못된다. 현재 수정修正도 갑작스럽게 쉽지 않으니, 자네는 능히 이를 변정辨正할 지권紙卷(두루마리 종이)이 있지 않은가?" 그리고는 시자侍者를 돌아보고는 "내가 죽은 뒤에는 나의 저술 가운데 수정修正할 일은 모름지기 이로耳老(신후담의 자)와 상의商議하라." 하였다.

- 8월 이대이李大而 제문을 지어 경기 안성에 가서 곡하였다.

- 성호 이익을 안산으로 다시 찾았는데, 병세가 위중하여 심각한 병상 중에도 거듭 공에게 말하길 "나의 계사繫辭 전초前草는 자네가 본 것이 많네. 바로 이 착설錯說은 내가 이미 버렸네. 후초後草는 순휴舜休가 가지고 있는데, 그것이 정본이네. 자네는 모름지기 찾아서 읽기를 바라네."

- 이순수李醇叟 제문을 지었다. 「몽이우기 夢二友記」를 지었는데, 이우二友는 이대유와 이순수이다.

- 12월 공조참의 심일희 沈一義의 행장을 찬술하였다. 성호 이익에게 『시경』과 『사단칠정』의 의義를 논하는 글을 올렸다.

「하빈의 자서전: 公自度不久於世 乃有示後孫文一篇曰 河濱老人 自五六讀書以至六十今病且死 記平生讀書之數以示後孫 余讀中庸最多萬 後不復計未知果爲幾 讀而想不下累千 大學半萬 後不計數 想去不遠 書易各數千讀 詩論語孟子各天餘讀 小學百讀 禮記春秋左氏傳五十餘讀 三傳半之 周禮儀禮孝經各數十讀 二程全書朱子大全心經近思錄性理大全終身所閱 而其中抄讀 至百遍或累十遍者有之 沈氏所輯百家類纂數十讀 而其中道德陰符南華參同則讀至累百 漢魏叢書中如大戴禮王氏易例 焦氏京氏易文 申公詩說之類 皆數十讀 太史公史記韓文公昌黎集亦抄讀或百遍或數十遍 其外讀不及數十者不記 多讀而單編小文不記 辛巳八月日書于金城草堂 是卽平生讀書處也 書中庸後說之末 中庸是平生嘉讀者也 風?不成字 强以汝

曹 翼汝曹之克嗣遺業也 嗚呼念之哉」

- 8월에 삼전三傳을 찬술하였다. 숙사塾師 박세흥, 파주坡州 정현주鄭顯周, 평택 김황金璜 등이 그들이다.

  『해조설海潮說』을 저술하였다. 건곤단사乾坤彖辭·『중용』·『대학』 의문疑問한 두 조문條文, 서양인설을 가지고 성호 이익에게 질의하는 편지를 올렸다.
- 9월 소남 윤동규가 문병 차 3일 동안 다녀가면서 강론하였다.
- 9월 다시 성호 이익에게 『중용』의 '수도修道의 수자修字'와 비은費隱의 의의를 질의하는 서찰을 올렸다.
- 겨울

  "나는 어릴 때 선진先秦 문자를 보았는데, 일찍이 여기에 힘을 쏟았다. 선진 경학을 공부하는 과정에서 스스로 터득한 것 중에는 속인俗人이 미치지 못한 부분도 있다. 내가 기술한 것이 모두 착오가 없다고 감히 말할 수는 없다. 그러나 그 중에서 백세 이후 혹 성인聖人이 미혹하다고 하지 않은 것도 있을지 모른다."

  신후은을 평생 지켜본 사람들은 도가道家로 이름 높은 태고자太古子 같았다고 한다. 신후은愼後恩(후담의 막내 동생)·이규제李奎齊(신후담의 동서)·신관하申觀夏(신후담의 친척 형) 등이 신후담과 친밀히 종유하였으나 아들이 연보를 만들 시기(신후담 사후 50년, 1811년 경)에는 모두 사망한다.

  묘는 경기 파주 백석면白石面에 처음 두었으나, 43년이 지난 1804년(순조 4) 갑자년에 한남漢南 용인현龍仁縣 수진면水眞面 손곡리孫谷里 자좌子坐 언덕에 이장하였다. 선고先考 연보를 만든 것은 선고 말년이다. 대부분 장로丈老와 선친을 평생 본 사람들이 또 있는데, 태고자선생太古子先生(후은後恩으로 계부季父), 별수蹩叟(절름발이 노인 이규제李奎齊), 오헌梧軒 신관하申觀夏 등이다. 이 세

분은 저희 선친과 종유從遊하면서 선친의 도학을 더욱 독실하게 하여 선친을 규측窺測하는 바가 있었을 텐데… 세 선생 모두가 지금은 세상을 떠난 지 오래되었다.

저는 불초하고 당시에는 어리고 세상물정을 몰랐다. 어찌 아는 바가 있겠으며, 계속해서 타방他方에 멀리 있다가 보니 선고 문적先考文蹟을 관리하지 못하여 남긴 문적 가운데 10의 두 셋은 산실散失되었고, 선고 사후 50년이 지난 지금 연보를 완성하여 선고의 언행, 정미한 말, 독경篤敬의 행위을 세상에 드러내고자 하나 어느 누구에게 질문을 하고 어느 곳에서 고거考據하겠는가? 삼가 남아 있는 문적文蹟들 가운데 저희 선고가 손으로 써서 기록해 둔 것과 불초 어린 시절 세 분 선생에게서 들은 것들을 채집하여 그 소략疏略을 완성하는 것이 심하도다. 어찌 만분의 일을 보충할까? 불초 고자孤子 신信 체읍涕泣(슬픔이 복받쳐 눈물을 흘림)하면서 삼가 쓴다.

1752년 51세

- 1월 이태길李泰吉(자는 여망汝望)의 제문을 지었다.
- 2월 심렴沈濂(사장査丈은 사돈집의 웃어른)의 제문을 지었다.
- 이해 안성을 지나면서 망우亡友 이대이李大而를 추억하였다고 한다. 추억 시 10구절이 있다
- 매제妹弟 심약沈鑰(자가 사정士精)의 제문을 지었다.
- 3월 진사 강준姜檇(1686~1751, 자는 자운子雲, 1721년 진사시에 합격, 부친은 강석후姜碩厚이고, 형은 강수姜稦이며, 동생은 강진姜榗이다.)의 제문을 지었다.
- 6월 「진수사㳙水辭(물의 재앙 이야기)」를 지었다. 경기 동협東峽에 폭우가 많이 내렸는데, 당시 많은 사인士人들도 죽었고, 포천에 살던 조성득趙性得(또는 수덕守德)이란 면식이 있는 선비가 폭우에 죽자 그 자녀들이 모두 순장殉孝하

였는데, 이때 며느리도 음식을 먹지 않고 자진하였다. 전가全家 효열孝烈의 사실은 고금에 없었던 바이다. 이와 같은 사실을 보면 과연 천도는 있는 것인지? 강린姜璘의 아들이 강석후이다.

• 10월 상사上舍 신정걸愼廷杰의 제문을 지었다.

1753년 52세

• 10월 진사 송광록宋光祿(?~1752)의 제문을 지었다.

1754년 53세

• 정언 이종연李宗延(1701~1753, 본관은 연안. 자는 여주汝冑. 상주인이다. 증조부는 형동泂으로, 조부는 만원萬元이고, 부는 지방之肪이며, 외조는 송유룡宋儒龍이다. 처부는 허조許稠이다.)의 제문을 지었다.

• 9월 필선 강기언姜基彦의 제문을 지었다. 그는 공보다 8세가 어리다. 성 서쪽에 살아 옛날 우리 집과 가까워 밀접하게 지냈다.

• 진사 신사권申史權 만시晩時 3수를 지었다.

1755년 54세

• 1751년부터 1755년까지 5년 동안은 공이 덕을 닦아 성가成家한 이후의 시기이다. 또한 이 기간에 공에게 다른 연고가 있었다는 것을 들은 적이 없는데, 어찌해서 저술한 것이 하나도 없다는 말인가! 대체로 공의 문적文蹟은 지금 4,5십년이 지난 뒤 열중에서 두 셋은 궐실闕失되었는데, 5년 동안 공의 문적이 전혀 없는 것도 이와 같은 궐실闕失된 비중에 들어있던 것이 아니겠는가?

• 궐실된 것 중에서 다른 저술들은 논하지 않더라도 『역도외편易圖外篇』·『하

락설河洛說』·『조석론潮汐論』 등의 문헌은 공이 정력을 쏟은 것들인데, 지금 찾아볼 수가 없다. 휴지가 되어 어느 곳에 버려졌는지, 시장에서 매매되어 어느 누구 가정 방안의 도배지로 전락했는지를 알 수가 없다. 나의 통탄스런 마음이 어느 날에 그칠지!

1756년 55세

• 공의 조모가 죽자, 갑자년1744에 돌아가신 부친 신구중을 대신하여 예로서 상례를 치렀다. 이해 공의 어머니 이공인李恭人이 연로하여 눈이 잘 보이지 않자 며느리들로 하여금 언문諺文으로 된 소설을 읽어주도록 명하였다. 어머니를 위해 『남흥기사南興記事』 4권을 지어주었다. 남송의 건국과정을 송사宋史를 참고로 하여 소설패사류小說稗史類 형식으로 저술하였다. 『남흥기사』는 원래 어머니를 위로하기 위해 지었지만, 지금에 와서 살펴보니 이제삼왕二帝三王(이제는 요와 순, 삼왕은 우왕·탕왕·문무)의 도道가 중국에 행해지지 않자 공이 이 저술에 그 뜻을 담았으며, 옛날 성인聖人(공자)의 부해지탄浮海之嘆을 부기附記한 것이 아닌가!

1757년 56세

• 『가례차의家禮箚疑』·『상제례설喪祭禮說』 등을 완성하였다.
• 공의 덕적도 장획臧獲(노비와 땅)이 오히려 관으로부터 고소를 당하게 되었다. 공의 아들 풍風이 비안比安으로 유배가게 되었는데, 이에 공이 지은 「송풍아적비안설送風兒謫比安說」이 있다.

1758년 57세

• 『상사신편象辭新編』·『계사통의繫辭通義』 등을 얼마간 수정하다.

• 2월 심공포沈恭浦(공포는 자 또는 호인 듯)의 제문을 지었다.

1759년 58세

• 경기 교하에 있었던 치현治縣을 다른 곳으로 옮김에 따라 교하 금성장金城
庄이 다시 공의 소유가 됨에 따라 공은 등원장藤原庄에서 금성으로 돌아와
그곳에 거처하게 되자, 선세先世 세거世居한 곳을 찾은 것이다.

• 공은 어릴 때부터 독서를 매우 즐겨하기 시작하면서 60세까지 하루도 그만
둔 일이 없었다. 이는 대체로 천성에서 우러나온 것이지 억지로 그렇게 하려
한 것은 아니다. 그러한 독서의 양은 옛 성인聖人이라도 더 많이 하지 않았을
정도라고 자부하였다.

• 공의 독서는 큰소리로 하지 않고 소리를 낼 때는 율려律呂에 맞춰서 내었고,
들음에도 부지런히 힘썼는데, 이는 많은 독서량에 의한 익숙한 탓이다. 비
록 한숨 소리까지도 노복은 귀에 익숙하지 않는 것이 없고, 입이 자연스레
저절로 따라할 정도이다. 처음에는 어떤 의미인지 알지도 못하면서 모두 당
돌하게 외우는 것이다. 공의 독서는 소리를 내는 것에만 그치지 않았다. 독
서한 내용을 생각하고, 신중히 변석辨析해보며, 명확하게 행동으로 실천하
려 하였다. 그리고 독실히 발휘하여 문장을 만들었다.

　이상과 같은 독서방법에 의해 많은 저술이 나왔던 것이다. 이른바 '성인
들이 발분發憤하여 식락食樂을 잊고 늙음이 장차 오는 줄을 걱정할 줄도 모
른다.'고 전해온 사실은 공에게도 거의 가깝다. 공은 독서나 저술을 할 때나
음식 수작을 할 때는 무릎을 단정히 꿇고 앉아서 하지 않은 적이 없었고,
가정이나 가까운 친척이 있는 데서도 다리는 마음대로 뻗어 앉지 않았는데,
이는 천성에서 나온 것이지 억지로 그렇게 한 것은 아니었다.

　오호라! 꿇은 자세로 독서하는 것은 군자의 일이라 누가 일컬었는가. '60

년 무릎 꿇음이 오히려 질병을 쌓이게 했다'고, 공 스스로 몸이 쇠한 이래로 양 다리와 정강이가 병이 나서 모두 소진되기에 이르렀다. 걷기도 불편하여 금년에 와서는 문밖 뜰에 조차 출입하기 어려울 정도가 된 것이다. 공의 다리 질환은 결국 다리가 마비가 되는 지경에 이르게 되어 걸을 수도 없게 되었다.

그러함에도 불구하고 무릎을 꿇고 독서를 하는 공부 방법을 그대로 실천하였다. 공의 마음이 『대학』 공부에 임할 때는 마치 증자曾子와 토론하는 것같이 하였고, 『중용』 공부에 임해서는 마치 자사子思와 토론하는 것같이 하였으며, 『주역』 공부에 임해서는 복희·문왕·주공·공자 등과 토론하는 것처럼 문답하는 형식을 취했다. 바야흐로 옛 성인聖人과 토론함에 앞으로 늙음이 다가올 지를 어찌 알겠는가! 늙음이 앞으로 다가올 지를 이미 몰랐는데, 또한 어찌 몸에 질병으로 속박되는 줄을 알겠는가? 공은 평소 날마다 새벽에 일어나서 사우祠宇에 들러 선조들을 알현하였는데, 금년 다리에 병이 난 뒤부터는 새벽에 사우를 알현하는 예를 할 수가 없었다. 그리하여 매일 아침 일찍 침상에서 일어나 앉는 것으로 다리가 불편하기 전의 예를 대신하였다.

- 낙서洛瑞 권구언權龜彦이 공을 찾아왔으나 만나지를 못하였다.
- 7월 글을 지어 송익조宋益朝의 죽음을 슬퍼하였다.
- 「금성리동내계약서문金城里洞內稧約序文」을 지었다.

1760년 59세

- 4월19일 어머니 우계 이씨羽溪李氏가 별세하였다. 공은 다리가 아파 일어설 수조차 없을 정도로 거동이 불편하여 모든 상례를 공을 옆에서 몇이서 부축하여 치르게 되었다.
- 8월 『외와공묘지畏窩公墓誌(신구중의 묘지)』를 찬술하였다.

- 『천문략天問略』·『곤여도설坤輿圖說』 등을 저술하였다.

그 서문에 "서양의 학문이 현재 동방에 크게 행해지고 있다. 서양의 학문은 불씨佛氏(불교)를 근본으로 하여 차츰 변질되어 스스로를 신神으로 하였다. 나는 일찍이 『서학변』을 저술하여 서양의 학문을 변척辨斥하였다. 그런데, 서학 중에서도 천지도수天地度數와 물리物理의 학설은 최고로 정미精微하고, 왕왕 그들의 학설은 매우 괴이하여 다 믿을 수는 없다. 『천문략』·『곤여도설』 두 저술에 실린 내용은 그 개요概要를 볼 수 있는데, 현재 약설略說을 수람隨覽하여 지식인들의 질정質正을 기다리고자 한다."고 기술되어 있다.

1761년 60세

- 공은 다리가 아파 거동이 어려운 이후부터 수염과 귀밑머리가 아주 희어졌고, 용모는 나날이 파리하여져갔다. 금년에 들어서는 병환이 점점 위극하여져, 공 스스로가 자신의 수명이 얼마 남지 않은 것을 짐작하고 있었다. 이에 공은 자손들에게 글 한 편을 적시하였다. 그 글은 '하빈河濱 노인은 5,6세부터 독서를 시작하여 60세에 이르러 이제 병이 들고 또한 죽게 되는데, 평생 독서를 한 숫자를 기록한 것을 자손들에게 보여준다.'는 것이다.

"나는 『중용』을 가장 많이 읽었는데, 그 읽은 횟수는 일만 번이나 되며, 일만 번을 읽은 것을 헤아린 이후는 다시 자세히 계상을 하지 않았으나 과연 몇 번 더 읽었는지 생각해 보면 몇 천 번 이하로 내려가지 않을 정도이다. 『대학』은 5천 번을 읽은 것까지 헤아렸으나 그 이후는 헤아리지 않았으며, 생각을 해 보면 독서 횟수를 헤아린 것 그 이후 헤아리지 않은 것을 합쳐보면 일만 번에 거의 가깝다.

『서경』·『주역』은 각각 몇 천 번을 읽었고, 『시경』·『논어』·『맹자』는 각각 천 여 번을 읽었으며, 『소학』은 백 번, 『예기』·『춘추좌씨전』은 각각 50여 번,

『공양전』·『곡량전』등은 각각 25번, 『주례』·『의례』·『효경』은 각각 수 십 번을 읽었다. 『이정전서二程全書』·『주자전서』·『심경』·『근사록』·『성리대전』 등은 평생 동안 독서하면서 그 중에서 중요한 것을 뽑아서 독서한 횟수가 100번에 이르고, 혹 수 십 번이 되는 것도 있다.

명나라 심진沈津이 편찬한 『백가류찬百家類纂』을 수십 번 읽었고, 그 중에서 『도경道經』·『음부경陰符經』·『남화경南華經』·『참동계』 등은 수백 번을 읽었다. 한위漢魏의 총서叢書 중에서 『대대례大戴禮』, 왕랑王朗의 『왕씨역전王氏易傳』, 초당焦戇의 『역림易林』, 경방京房의 『경씨역전京氏易傳』, 신공申公의 『시설詩說』 등은 모두 수십 번을 읽었고, 사마천의 『사기』, 한문공韓文公의 『창려집昌黎集』도 초록하여 독서한 것이 각각 백 여 번 또는 수십 번이나 된다. 그 외에 독서가 수십 번을 넘기지 못한 것은 그 수를 기록하지 않았다. 단편소문單編小文은 기록하지 않았다. 8월 8일 금성초당金城草堂에서 글을 쓰니, 이곳은 공이 평생 독서를 하던 곳이다. 공의 저술 『중용후설』 말미에 "『중용』은 내가 평생 즐겨 독서하던 책이다. 병으로 글을 더 이상 쓰지 못하고, 너희들에게 이 책을 주니 너희들은 유업을 지극히 이어받아 힘쓰기를 바란다. 이를 유념하거라!"라고 서술하였다.

• 봄 1월에 족형族兄 신후형愼後亨의 제문을 지었다. 그 제문의 개략은 신씨족보가 미흡할 때 이를 보완, 수정하는 작업에 10년 동안이나 전국을 돌아다니며 자료 수집을 도운 공이 매우 큼을 적시하였다. 그리고 그는 공과 함께 '의장의학義庄義學'의 기치를 내걸고 이를 기획하여 족친들 중에서 빈궁하면서 재능이 있는 자들의 교육을 돕는데 지극정성을 다하였다는 것이다.

• 2월에는 공의 누이(윤씨가尹氏家에 시집감)의 넷째 딸을 이정봉李廷鳳과 짝을 맺어 시집보냈다. 여동생이 죽자 윤씨가 외손녀 넷을 모두 공의 집에 데려와 성장시켜서 세 손녀를 차례로 시집보냈는데, 공이 병이 지중하면서 막내 손녀의

결혼이 늦어짐을 안타까워하면서 한으로 여기고 있었다. 이에 공은 장획藏獲을 팔아서 마지막 남은 막내 손녀를 혼인시켜 그 임무를 끝내게 된 것이다.

• 8월에는 『삼전三傳』을 저술하였다. 삼전三傳 가운데 첫 번째 전傳은 공이 어릴 때 공의 할아버지 신휘오가 공의 집 내에 특별히 숙사를 마련하여 공을 공부시킨 숙사塾師 박세흥朴世興에 관한 공의 회고담이고, 두 번째 전은 경기 파주坡州의 정현주鄭顯周에 관한 공의 회고담이며, 마지막 세 번째 전은 경기 평택의 김황金璜에 관한 공의 회고담이다. 그 총서總書에서 "나는 내 스스로 세상에 오래 있지 못할 것으로 생각하니, 평소 상념으로 부담이 되어왔던 세 분, 즉 박선생朴先生(박세흥을 일컬음)·정장鄭丈(정현주를 일컬음)·김생金生(김황을 일컬음)의 지행志行을 기술하는 것이었으나, 내 능력이 부족하여 그렇게 하지 못하였던 것이다. 하루아침에 갑자기 내가 세상을 떠나면 영원히 한으로 남을까 봐 이에 잠깐 기억을 더듬어서 전傳을 짓는다."고 하였다.

• 8월에는 『해조설海潮說』을 저술하였다. 『건곤단사乾坤彖辭』·『중용』·『대학』 등의 의문疑問 1,2개 조條, 서양인설西洋人說 등을 잘 베껴 정리하여 성호 이익에게 질의의 글을 올렸다.

• 9월에는 윤동규尹東奎가 병문안을 와서 3일 동안 머무르면서 강론도 하였다. 다시 성호 이익에게 『중용』의 내용 중에 '수도修道의 수修와, 비은費隱의 뜻'을 질의하는 글을 올렸다.

• 11월에는 서녀庶女를 양주楊州에 사는 조참규趙參逵에게 시집보냈다. 공은 조참규의 사람됨을 매우 좋게 여겨 그와 몇 날 동안 강론하였다. 이어 공은 그에게 유문遺文으로써 올바른 일을 닦아나갈 것을 부탁하였다. 11월 22일에는 『역경易經』상上·하下를 「삼절도三節圖」·「분층도分層圖」 등으로 그린 두 개의 도圖를 삭제하였다.

• 이해 공은 병이 위독하자 베개 옆에 두 개의 상자를 취하여 평생 저술한 것

을 바라볼 뿐이다. 공은 곁에 시중드는 자에게 "두 상자를 보관하라."는 명을 내리면서, 또한 "나는 어릴 때부터 선진先秦 문헌을 즐겨 보았고, 일찍이 이들 문헌에서 힘을 얻었으며, 내가 경전經傳 중에서 견득見得한 깨달음은 속인俗人은 이해할 수 없는 곳이다. 내가 저술한 것들 중에서 나 스스로 모든 내용에 착오가 없다고 생각하지는 않지만, 그 중에서 백세百世 후의 성인聖人이 나와도 혹시 미혹되지 않는 것도 가끔은 있지 않을까 한다."라고 자부할 정도였다.

- 11월 24일 공은 경기 교하 금성金城의 정침正寢에서 세상을 떠났다.

  공이 세상을 떠나는 아침에는 오히려 평상시와 같았다. 입으로 소서小序를 부르면서 군자로서 "마침내 올바름을 얻어 죽게 되는구나!"라고 하자, 공의 매제 조상오趙象五가 공의 유언을 받아 적었다. 이어 장례를 소박하게 치를 것을 명하면서 "심의深衣는 『예경禮經』 본문에 근거해서 내가 이미 만들어 놓았고, 관冠은 치포緇布(검은 베)를 사용하여 내가 검소함을 좇는 뜻을 따르라."고 하였다.

  임종 시일에 날씨는 매우 맑았고, 이미 고복告復(이미 돌아가신 분의 혼령을 불러들이는 의례)을 할 때는 빠른 바람이 정침正寢 위에서 일어나 남쪽에서부터 북쪽으로 불면서 소리가 심했다. 그래서 나무가 흔들리고 모든 덮개들이 바람에 끌려가지 않은 것이 없었고, 구름이 큰 비를 모으고, 눈이 장丈 정도가 될 정도로 쌓여 세상천지가 흰 소복처럼 되었으며, 이를 사람들은 기이하게 여겼다.

- 처음 공의 묘소를 경기 파주군 백석면白石面 갑좌甲坐의 언덕에 모셨으나, 43년 뒤인 1804년 갑자년에 한강 남쪽의 경기 용인현 수진면水眞面 손곡蓀谷 자좌子坐 언덕에 이장하였다.

- 아아, 원통하고 슬프구나! 이것이 나의 선친의 연보이다. 여러 어르신과 나

의 선친을 평생 보아오신 분들 또한 있으시다. 그분들은 바로 태고자太古子 선생으로 이름은 후은後恩이고, 우리 선친의 막내 동생이시고, 척수蹙叟 이 선생李先生으로 이름은 규제奎齊인데, 나의 선친의 매제妹弟이다. 오헌梧軒 신 선생申先生으로 이름은 관하觀夏이고, 이분은 우리 선친의 척종형戚從兄이시 다. 세 분 선생은 나의 선친과 종유하면서 나의 선친의 도학道學에 더욱 돈 독하여 이를 엿보아 그에 관한 헤아림이 있었을 것이다. 그러나 세 분 모두 지금은 세상을 떠난 지도 이미 오래되었다.

　나는 불초不肖하여 당시 아둔하고 어리석은 존재로 어찌 아는 바가 있었 겠는가? 계속하여 멀리 타방他方에서 살다보니 선친의 문적文蹟을 관리하 지 못하여 나 때문에 선친의 문적이 10중에 두 셋은 산실되게 되었다. 50년 이 지난 지금에 비록 연보를 만들어서 선친의 언행을 드러내고자 하나 나의 선친의 정미精微한 언어, 독실하고 경건한 행적은 앞으로 어느 분, 어느 곳 에서 질문을 하여 고거考據를 하겠는가? 삼가 남아 있는 문적을 취하고, 선 친께서 손수 쓰신 남겨 놓은 기록들, 그리고 불초자인 내가 어린 시절 세 분 선생님들에게 들은 기억들을 모두 채집採輯하여 엮지만, 그 소략함 또한 매 우 심하다. 어찌 만분의 일을 보완하는 데 만족하겠는가?

• 불초 고자孤子 신信 눈물을 흘리면서 삼가 씁니다.

찾아보기

ㄱ

가숙연원家塾淵源 66, 77

각골도角骨島 49

갈홍葛洪 95

갑술환국 34

거상법居喪法 105

거창신씨세보 41

경방京房 225

계수신기繼搜神記 55

고금동충古今同忠 36

고삼분古三墳 226

고치룡高致龍 49

곡강서원 81

곡사曲士 102

곤여도설 146, 210, 211, 234

곤여도설약론 84

곤여만국전도坤與萬國全圖 141

공명심서 120

공자가어 91, 92

공칠정이발설 235

공희로이발설公喜怒理發說 19, 62, 82, 234, 235

과두법科斗法 103

과정명황설科程命況說 103

곽광 46

교과敎科 204, 207, 208, 209

구강서원 81

구유拘儒 102

국어 91, 92

국조인물지國朝人物志 13, 14

군자학 114, 115

권구權絿 82

권대운權大運 43

권덕수權德秀 81

권두령權斗齡 44, 45, 47, 48, 49, 50, 51, 52

권만權萬 81

권수權脩 43

권집權緝 48

권철신權哲身 60, 63, 78, 233, 235

권혜權嵇 48

귀곡자 111

근사잡록 136

근사잡문近思雜問 223

금장태 18

금화외편金華外篇 55

기대승 78, 79, 235

기문도설奇聞圖說 55

기하원본 145, 146, 150, 156, 157

김덕재金德載 45, 47

김덕조 52

김병애 22

김선희 19

김정金淨 30, 35, 77

김지황 55, 228

김태남金台南 34, 35

김한식金漢植 15, 16, 17

김호金湖 49

ㄴ

나흠순羅欽順 136, 223

낙일가落日加 203

남강서원 81

남익한南翼漢 45, 47

남인 47

남정기南征記 82

남천택南天澤 43

남천한南天漢 43

남하정南夏正 56

노론 59, 61

노생盧生 95

녹문자鹿門子 92

논어차의論語箚疑 74, 222, 228, 230

논형論衡 116

뇌낭설腦囊說 149, 155, 157, 178, 179, 214

ㄷ

단경왕후端敬王后 35, 36, 37, 42, 66, 237, 238

당시광평 73

대덕대대례戴德大戴禮 225

대덕戴德 225

대동정로大東正路 13, 14

대복론大復論 98

대역통변大易通變 225

대학질서大學疾書 222

대학해大學解 74, 222

대학후설大學後說 19, 22, 83, 135, 222,

223, 224, 228

도과道科　204, 207, 208, 209

도널드 베이커리　17

도령내편　120

도필문刀筆文　103

독단獨斷　226

돈와전서遯窩全書　25, 69

동소만록　56

동식잡기　73, 236

동중서　92

등석자鄧析子　103

디아즈Emmanuel Diaz　143, 146

마테오리치Matteo Ricci　140, 142, 197

맹자차의孟子箚疑　74, 222, 228, 230

면앙주선俛仰周旋　105, 107

명가류　99, 103

목래선睦來善　43

묵가류　104

묵달비서과墨達費西加(Metphysica)　203

묵자론　104, 105

문대問對　120

문총文叢　125

물산기　73, 236

물외승지기　236

ㄹ ─────────────

로드리게즈Johannes Rodorigues(육약한陸
　　若漢)　142, 144

롱고바르디Licolas Rongobardi(용화민龍華民)
　　143

루지에리Machele Ruggieri(나명견羅明堅)　141

ㅁ ─────────────

마융馬融　92

ㅂ ─────────────

박문수朴文秀　50

박상朴祥　30, 33, 35, 77

박세당朴世堂　54, 55

박세흥朴世興　53, 55, 218, 219, 228

박원종朴元宗　29, 31, 32, 35, 66

박종홍朴鍾鴻　14, 15, 16

발리야노Alessanddro Valignano(范禮安)
　　139

백가류찬百家類纂　87, 89, 90, 126, 220, 221, 228

백과지　73, 236

백호통白虎通　116

법가류　96

법언法言　92

벽위편闢衛編　13

병가류　117

보유론補儒論　158

복창군福昌君　43

복평군福平君　43

불씨잡변　212

붕화상鵬和尙　44

비 록소비아 斐錄所費亞(필로소피아, 철학)　203

비서가費西加(physica)　203

사칠신편四七新編　62, 235

삼계서원　81

삼루사책론三累果四責論　103

삼비아시Sambiasi(필방제畢方濟)　143

삼신설　155, 157

삼엄三弇　219

삼유三宥　97

삼혼설　155

상제　166, 190, 191

상제례설喪祭禮說　83

서경집해　83, 135, 226

서광계徐光啓　140, 163

서학담론　148, 154, 159, 164, 178

서학변　78, 84

선우협　228

선우협鮮于浹　65

선원보감　238

선원보략璿源系譜寶略　37

설림說林　93

설선薛瑄　136

설원說苑　92

성토마스(성다마사聖多瑪斯)　184

ㅅ

사마승정司馬承禎　95

사비에르Francisco de Xavier(沙勿略)　139

사서의　73

사칠동이변四七同異辨　19, 78, 135

성호사설 148

성호사설유선 148

성호전서星湖全書 14

성호질서星湖疾書 59

성호학파 16, 18, 19, 57, 58, 63, 73, 133, 232, 233, 235

성희안成希顔 29, 32, 66

세스페데스Gregorio de Cespedes 140

소론 47

소수서원 81

소은록昭恩錄 66, 77, 237

소현세자 142

속도가續道家 55

속설잡기 73

속열선전續列仙傳 55

송문재 48

송시열 54

숙장문 50

순자 92

순허유물론循虛有物論 137

스콜라철학 13, 20, 158

시경통의 83, 226

시경해제 135

신감申鑑 92

신구중愼龜重 24, 25, 33, 34, 35, 37, 40, 41, 56, 64, 66, 70, 133

신규申奎 34

신기愼幾 25

신득례愼得禮 33

신득의愼得義 33

신득인愼得仁 33

신론 116

신몽상愼夢祥 41

신무愼楙 37, 38, 64, 65, 228

신방보愼邦輔 41

신방좌愼邦佐 41

신방필愼邦弼 41

신보愼簠 41

신비복위상소愼妃復位上疏 33

신사영愼思永 33

신서新序 92

신서新書 92

신수愼修 25

신수愼售 33, 36, 41

신수겸愼守謙 29, 32

신수근愼守勤 29, 30, 32, 33, 34, 35, 36,
　　37, 38, 42, 66, 77, 237, 238

신수영愼守英 29

신수정愼守正 41

신숭겸愼崇謙 41

신승명愼承命 25, 38

신승복愼承福 25, 38, 40, 41

신승선愼承善 25, 28, 29, 36, 37, 38,
　　40, 42, 77

신신愼信 68

신어新語 92

신언愼言 25

신용일 19

신원愼愿 36, 41

신이충愼以衷 25

신전설愼戰說 120

신전愼詮 25, 38

신지일愼之逸 41

신홍보愼弘輔 29, 33

신홍조愼弘祚 33

신홍필愼弘弼 29, 33

신후은愼後恩 69

신후일 49

신후팽愼後彭 48, 69

신후함愼後咸 50, 79

신휘오愼徽伍 33, 34, 38, 41, 64, 218

신휘전愼徽典 33

신희愼熹 33

심수현沈壽賢 50

심신론心腎論 149

심신설心腎說 155, 157, 178

심의深衣 60, 78

심진沈津 87, 89, 90, 126, 220, 228

쌍계야화 67, 73, 89, 132, 232, 237

ㅇ

아니마(영혼) 190

아담 샬Adam Schall(탕양망湯若望) 142, 143

아언雅言 236

아우구스티누스(아오사정亞吾斯丁) 183

안자춘추 91, 92

안정복安鼎福 16, 17, 22, 56, 60, 62, 63,
　　65, 66, 78, 79, 133, 134, 233

안종화安鍾和 13

알레니Giulio(예유략艾儒略) 142

양웅揚雄 92

양전균楊庭筠 140, 163

양천표梁天杓 51

양형보생설養形保生說 94

여씨춘추 116

여지비고 236

역전易傳 225

역학계몽보주 73

연양복식법煉養服食法 95

연횡책 112

염철론鹽鐵論 92

영가부부인永嘉府夫人 36

영성군靈城君 50

영언려작 14, 144, 146, 149, 150, 156,
    154, 160, 161, 162, 163, 164, 167, 168,
    169, 171, 172, 175, 195, 200, 202, 212

오광운吳光運 77

오시수吳始壽 43

오월춘추 226

오정위吳挺緯 43

오정창吳挺昌 43

옥산서원 81

옥화경玉華經 55

온릉溫陵 36

온릉지溫陵誌 37, 66, 77, 237

왕기王畿 138, 223

왕세정 220

왕세정 87, 89

왕세정王世貞 219

왕통王通 92

요동우신여기遼東遇神女記 55

용문자龍門子 92

용왕기龍王記 55

우르시스Sbatino de Ursis 142, 143

우하형寓夏亨 45

욱리자郁離子 92

원강袁康 226

원경元經 92

월절서越絶書 226

위백양魏伯陽 95

위사卮辭 92

유가류 91

찾아보기

유순정柳順汀 29, 31, 32, 66
유씨속편兪氏續篇 120
유희춘柳希春 130
육구연 223
육도 119
윤동규尹東奎 17, 22, 60, 61, 62, 65, 151, 233, 235
윤득재尹得載 46
윤문자 103
윤서尹嶼 49
윤증尹拯 54
윤하원尹夏源 82
윤휴 43
의과醫科 204, 208
의복법衣服法 105
이경업 45
이경환李慶桓 42, 43
이계강 52
이과理科 206
이광李洸 41
이광정李光庭 81, 141
이굉李紘 81
이기경李基慶 13
이기양李基讓 62, 63, 78, 233, 235
이기李曁 133, 134
이단 129, 132, 133, 135
이덕하李德夏 44, 47, 50
이덕해李德海 44
이도부李道夫 55, 228
이령李玲 81
이만부李萬敷 65, 150, 155, 157, 164, 234
이만용李萬容 81
이만채李晩采 13
이무李袤 43
이반룡李攀龍 220
이병휴李秉休 17, 57, 60, 61, 62, 63, 64, 65, 78, 222, 235
이부현 20
이상정李象靖 62, 78, 79, 82
이색李穡 44, 45, 46, 47, 48, 50, 51
이서우李瑞雨 42, 43, 73
이세진李世震 81
이세태李世泰 81
이수경李壽慶 43

이수광李睟光 141

이수연李守淵 81

이순관李順觀 44, 51

이식李植 130, 178, 234

이식李栻 65, 148, 150, 155, 156, 157,
   164

이여적李如迪 81

이염李濂 48

이영준李榮俊 142

이용발李龍發 45, 46, 47, 50, 52

이원순李元淳 14, 15, 16

이유익李有翼 44

이이 54, 78, 130, 235

이익李瀷 17, 18, 19, 21, 56, 59, 60, 61,
   62, 64, 65, 125, 133, 134, 148, 150,
   151, 152, 153, 154, 155, 156, 159,
   164, 178, 200, 221, 222, 228, 234

이인섭 63

이인좌 47

이인좌 난 43, 44, 51

이잠李潛 57, 134

이중협李重協 51

이지조李之藻 140, 144, 154, 163

이창일 19

이천경李天經 140

이천영李天英 44, 47

이태서李台瑞 43

이하진李夏鎭 57

이학異學 130, 132, 133, 134, 135, 159,
   220, 221, 223, 232, 233

이항복 220

이형상李衡祥 81

이황 78, 129, 130

이황필李黃必 49

인평대군麟坪大君 43

일경도日景圖 153

임부연 21

임서린任瑞麟 44

ㅈ

자공시전子貢詩傳 225

자화자 116

잠부론潛夫論 92

잡가류 114, 116

찾아보기

잡서수필 雜書隨筆 74

장경왕후章敬王后 30, 31, 32, 35

장사법葬死法 105

장성章成 29

장응일張應一 43

장자 168

장지연 14

장현광張顯光 65

적송자赤松子 95

전국책 111, 112

정구鄭逑 65

정두원鄭斗源 141, 142

정론政論 98

정몽주鄭夢周 36, 37

정선부鄭善夫 137, 138

정약용 19, 22, 235

정중복鄭重福 44, 45, 47

정지호鄭之虎 43

정현鄭玄 153

정현주鄭顯周 53, 54, 55, 228

조담趙潭 49

조사기趙嗣基 43

조석설朝夕說 84, 234

조선유교연원 14

조엽趙曄 226

조익趙翼 130

조징趙徵 46

조현명趙顯命 50

종횡가류 109

주돈이周敦頤 136, 196

주역상사신편 19, 235

주용해中庸解 74

주자대전초록 73

주자어류 197, 198

죽서기년竹書紀年 226

죽자 116

중론中論 92

중용해 222

중용후설 19, 83, 135, 222, 223, 224,
    228

중종반정 29, 30, 33, 36, 40, 41, 42,
    238

지봉유설芝峯類說 141

직방외기職方外記 14, 142, 146, 151,

152, 156, 159, 161, 162, 200, 201, 202, 203, 211, 212, 213

진단陳搏 136

진진陳瑱 136, 223

진헌장陳獻章 137

ㅊ ─────────────

창언昌言 92

채옹蔡邕 226

천문략天文略 84, 142, 146, 150, 157, 210, 211, 234

천주성교실록天主聖敎實錄 141

천주실의 14, 141, 146, 149, 150, 154, 156, 160, 161, 162, 164, 165, 196, 200, 202, 212

천학초함天學初函 144

청원부부인淸原府夫人 36

청윤淸潤 49

초공焦贛 225

최동희 15, 16

최봉영 18

최영진 19

추정기문趨庭記聞 70, 77

춘추경전총안 83, 226

춘추번로 92

춘추잡지 83, 226

춘추전 168

충경忠經 92

치과治科 204. 207, 208, 209

치력연기治曆年紀 142

칠보사七寶寺 44, 47

ㅌ ─────────────

태극도설 168

태극설 196

태평유기太平遺記 55

티코브라헤 211

ㅍ ─────────────

판토야Diagode Pantoja(방적아龐迪我) 143

팔가총론 73, 74, 87, 89, 90, 91, 123, 125, 133, 126, 221, 223, 230, 232, 237

팔가총평 87, 89, 90, 123, 125, 126,

133, 221, 223, 230, 232, 237

패합捭闔 111

풍속통 116

풍응경馮應京 140

프란체스코 삼비아시(필방제畢方濟) 163

ㅎ

하경명河景明 98

하빈전서河濱全書 69

하빈전집 25

하화문물 154, 155

한문서학서 145, 158

한시외전韓詩外傳 92, 225

한영韓嬰 225

한정운韓鼎運 62, 63

합종연횡 113

합종연횡설合從連橫說 110

합종책合從策 112

해동방언 73, 236

해신기海蜃記 55

해조설 234

행진법行陣法 117, 118, 119, 120

허목 43, 65, 125

허식許侙 13

허적許積 42

허후許厚 65, 228

혼개통헌渾盖通憲 154

홍광국 79

홍성민 21

홍우원洪宇遠 42

홍이섭洪以燮 13, 14, 15, 16

홍장전紅粧傳 55

황명제가평요皇明諸家評要 74, 223

황병기 19

황소 45

황제내경 179

황진기黃鎭紀 44, 45, 47

회남자 116

후독서지後讀書志 87, 219

휴신虧臣 106

휴자虧子 106

휴제虧弟 106